Johannes Georgius Meusel

Museum für Künstler und für Kunstliebhaber

oder Fortsetsung der Miscellaneen artistischen Inhalts

Johannes Georgius Meusel

Museum für Künstler und für Kunstliebhaber
oder Fortsetsung der Miscellaneen artistischen Inhalts

ISBN/EAN: 9783741166815

Hergestellt in Europa, USA, Kanada, Australien, Japan

Cover: Foto ©Andreas Hilbeck / pixelio.de

Manufactured and distributed by brebook publishing software (www.brebook.com)

Johannes Georgius Meusel

Museum für Künstler und für Kunstliebhaber

Museum
für Künstler
und für Kunstliebhaber

oder
Fortsetzung der Miscellaneen artistischen Inhalts.

Herausgegeben
von
Johann Georg Meusel,

Hochfürstl. Brandenburgischem und Quedlinburgischem Hofrathe,
ordentlichem Profesor der Geschichtkunde auf der Universität
zu Erlangen, und Mitglied einiger Akademien.

Erstes Stück.

Mannheim,
bei C. F. Schwan und G. C. Goz.
1787.

Vorbericht.

Es hat mich nicht gereuet, daß ich im J. 1779, als ich noch in Erfurt lebte, im Verlage der dortigen Keyserischen Buchhandlung, ein Kunstjournal, unter dem Titel: Miscellaneen artistischen Inhalts, angelegt, und es hernach, als ich in demselben Jahr nach Erlangen berufen wurde, in jenem Verlag, mit ununterbrochenem Beyfall des Publikums, bis zum 30sten Heft, der in gegenwärtigem Jahr erschien, fortgesetzt habe. Ich genoß das Vergnügen, Künstler und Kunstfreunde auf mehr als eine Art mit einander bekannt zu machen; jenen Belohnung und Absatz, diesen den Besitz herrlicher Werke zu verschaffen.

Wie

Wie lohnend, wie erfreulich für mich war es, wenn ich Gelegenheit fand, schlummernde Talente zu wecken, junge Genies zu ermuntern, unbekannte oder auch verkannte Köpfe und ihre Arbeiten dem Publikum vorzuführen und zu empfehlen! Begierig ergriff ich jeden Anlaß, Kenntniße und Nachrichten, die entweder dem Künstler, Dilettanten oder dem artistischen Schäzer und Liebhaber auf irgend eine Art nüzlich oder angenehm seyn konnten, zu verbreiten.

Freylich war es nicht möglich, allen Klassen meiner Leser in jedem Hefte Genüge zu leisten. Die eine verlangte lauter theoretische und ästhetische Abhandlungen: die andere, Neuigkeiten: die dritte, Verzeichniße und Preise von Kunstarbeiten: die vierte, Beschreibungen derselben: die fünfte, nichts als Nachrichten von Gemälden und Kupferstichen: die sechste, von Tonkünstlern und Musikalien: die siebente, lauter ausländische Früchte: die achte, inländische oder teutsche und s. w. Ich habe mich immer bestrebt, allen allerley zu werden, und gehoft, die eine Klasse von Leser, die diese oder jene Nachricht für unbedeutend hält, werde so billig seyn, und bedenken, daß sie es nicht andern Klaßen sey; und umgegewendet. Diese Billigkeit erbitte ich mir wenigstens für die Zukunft, wo ich ohnehin durch Verbindungen mit mehrern Künstlern und Kunstkennern in den Stand kommen werde, jährlich noch häufigern und mannichfachern Stoff zur Sättigung der Wißbegierde und zum Nachdenken zu liefern. Man war bisher, im ganzen genommen, mit meinen Bemühungen zufrieden, und künftig wird man es, wie ich mir schmeichle, noch mehr seyn.

Die Freunde, die mich seit acht Jahren thätigst und anhaltend unterstützten, werden hoffentlich aus Patriotismus, auch ohne meine besondern Aufforderungen, fortfahren, mir ferner ihre gütige Behülfe angedeihen zu laßen. Und diejenigen, die sich neuerlich mit mir zur Beförderung dieses Unternehmens verbunden haben, wissen aus meinen Briefen meine Absicht und die ihnen vorgeschlagenen Bedingungen. Die hierauf erhaltenen Versprechen werden sie, ohne weitere Bitten geneigt erfüllen. Kunstwerke, Bücher, Abhandlungen und Nachrichten, deren baldige Bekanntmachung man wünsche, beliebe man unmittelbar mir zuzusenden. Bey der bisherigen Einrichtung meines Kunstjournals konnte ich, was baldige Bekanntmachung betrift, nicht immer, wie ich gewünsche

)(2   hat

hatte, willfahren. Um dies thun zu können, hab' ich eben den Verlag geändert, und von der Schwan- und Göbischen Hofbuchhandlung in Mannheim das Versprechen erhalten, auch außer den Oster- und Michaelmessen einige Stücke abdrucken zu laßen; und zwar jährlich wenigstens vier, jedes von sechs Bo- gen. Sechs derselben werden einen Band aus- machen und mit einem Register versehen werden.

Uebrigens wird die bisherige Einrichtung die- ser periodischen Schrift beybehalten werden. Man hoft ihr die möglichste Vollständigkeit zu geben, auch dadurch, daß man nützliche Auffäße und Nach- richten aus Büchern, die gewöhnlich nicht in die Hände der Künstler und Kunstfreunde kommen mit gebührender Anzeige der Quellen, ausheben und sie dadurch in stärkern Umlauf bringen wird.

Weiter hab' ich meinen Lesern vors erste nichts zu sagen. Ich trete demnach einstweilen zu- rück, und überlaße ihnen den beliebigen Genuß der hier aufgetischten Gerichte.

Geschrieben zu Erlangen, am 12ten Septem- ber 1787.

J. G. Meusel.

Inhalt

Inhaltsanzeige.

1. Gedanken über das Edle in der bildenden Kunst, von einem Künstler. 1

2. Nachricht von Herrn Langenhöffel in Mannheim ꝛc. 14

3. Junkers artistische Bemerkungen auf einer Reise von Augsburg nach München. 20

4. Nachricht von einem neuen Kunstetablissement in Berlin. — Aus einem Schreiben des Hrn. Profeßor Grißo an den Herausgeber. 43

5. Moses Mendelssohn, dem Könige Friederich Wilhelm II. unterthänigst gewidmet von der jüdischen Freischule zu Berlin 1787. Gemalt von J. C. Frisch, gestochen von J. G. Müller in Stuttgardt. 46

6. Siebente Fortsetzung, artistischer Bemerkungen auf einer Reise durch Gegenden des fränkischen Kreises. 48

7. Achte Fortsetzung dieser artistischen Bemerkungen. 52.

8. Nach-

Inhaltsanzeige.

8. Nachricht von neuen Kupferstichen.   65.
9. Jacob Dorner.   74.
10. Vermischte Nachrichten.   87.
11. Todesfälle.   100.

1.

Gedanken über das Edle in der bildenden Kunst *).

Vom Edeln in dieser schönen Kunst geschiehet öfters Erwähnung aber ich habe nirgends ein neu deutlichen Begrif, nirgends etwas praktisches davon gefunden. Vielleicht ist etwas Gutes darüber im Drucke vorhanden, mir aber verborgen geblieben; welches bey dieser Veranlaßung irgend ein gütiger Gelehrter mir entdecken wird, wofür ich gerne dankbar seyn werde.

Bey Ermangelung beßerer Belehrung, unterrichtete ich mich selbst; und so entstand dieser Aufsatz, der vielleicht jungen Künstlern nicht ganz unnütz ist; weswegen ich ihn auch zu meiner eignen Belehrung, wahren Kennern zur Prüfung und Berichtigung öffentlich vorlege.

Würde es nicht zur Aufnahme der Kunst viel beytragen, wenn die fähigsten und größten Künstler sich am

*) Von einem Künstler.

Meusels Museum 1tes Heft.

deutliche Begriffe selbst mehr bemühten? und ihre Gedanken und Entdeckungen öffentlich mittheilten? würde die Theorie nicht dabey gewinnen, gründlicher und für die Ausübung brauchbarer werden?

Freilich erfordert rein, fließend, schön zu schreiben, sehr viel Fähigkeit, ein besonderes Studium und lange Uebung, welchem der Künstler sich selten unterziehen kann, wenn er auch den stärksten Hang dazu hätte. Man würde sich bey manchem begnügen müssen mit kleinen, nicht mängelfreyen Aufsätzen, abgebrochenen Gedanken, mehr und weniger rohen Materialien zum künftigen Gebäude der Kunsttheorie. Mit Dank nehme ich jede nützliche Wahrheit, jeden erleuchtenden Strahl, jede brauchbare Bemerkung an; wenn sie auch dem Auge oder dem Ohre nicht schmeichelt; denn der gute Unterricht, auch des wenig geübten Redners, ist mir lieber als ein süßtönendes leeres Geschwätze: aber ich verkenne nicht den Nutzen und Vorzug des vollkommenen Vortrages und schönen Stils! Ich will nur bemerken: daß wenn man vom Künstler in Ansehung der Schreibart zu viel fordert, er auch das nicht geben dürfte — was er geben kann, und das manchem jungen Künstler und Kunstfreunde doch angenehm und sehr nützlich seyn möchte. —

Um den Begriff des Edeln deutlicher unterscheiden zu können: wird eine (wenn auch kurze) Vergleichung der Wirkung des Edeln, Erhabenen und Reizenden nicht undienlich seyn.

Alle edle, erhabne, schöne, reizvolle Empfindungen, Gedanken, Handlungen und Werke, sind Früchte

über das Edle in der bildenden Kunst.

te natürlicher und durch Ausbildung erlangter, vervollkommneter, vorzüglicher Kraft und Güte des Geistes und Herzens. Ist der Geist und das Herz ausserordentlich stark; so entstehen große, erhabne Gedanken und Empfindungen, kühne gefahrvolle Thaten *). Die Gattung des Erhabnen, die aus Güte, Großmuth, Gerechtigkeit entstehet, hat, einige Fälle abgerechnet, das Edle mit dem Erhabnen gemeinschaftlich; letzteres entstehet nur durch höhere Grade. So ist die rührende, ernste Grazie edel und wird deswegen, die hohe genennt. Die fröliche, kommt aus ei-

---

*) Geist und Herz können, wenn sie auch in Gefahren nicht unerschrocken sind, doch in andrer Rücksicht, sehr edel und groß seyn. Es giebt furchtsame Menschen von großer Verstandes- und Urtheilskraft, seltner bewundrungswürdiger Fühigkeit, und die edel, erhaben, großmüthig denken, und thun: hingegen giebt es Menschen, die unerschrocken und kühn sind, aber wenig Vernunft, wenig Geist, besitzen. Unerschrockenheit ist auch mehreren Thieren eigen; bey welchen weder Geistskraft noch Güte des Herzens statt findet. Unerschrockenheit gründet sich oft mehr auf das Bewußtseyn körperlicher Kraft und auf mächtige Leidenschaften, als auf Eigenschaften des Herzens und Geistes; ja, oft entstehet sie aus Unwissenheit und Dummheit, in dem mancher in Gefahren kühn ist, weil er diese Gefahren nicht kennt, nicht beurtheilen, nicht ermessen kann! Unerschrockne Kühnheit ist also nicht immer ein Beweis eines edlen großen Herzens und Geistes, welches von manchen wohl erwogen zu werden verdienet, um nicht falsch und ungerecht zu urtheilen.

nen von Natur sanften Herzen und friedigen Geiste. Das charakteristische des Erhabenen überhaupt ist, daß es Ehrfurcht, Erstaunen, Schrecken wirket; *) das Edle aber, Wohlgefallen, Beyfall, Hochachtung, Bewunderung; und das Reizende, Zuneigung, Liebe und Entzückung.

Was uns wohlgefallen soll, muß schön seyn; und nur das, was Werth und Vorzüge hat, kann auf den Beyfall, die Hochachtung und Bewunderung vernünftiger und gesitteter Menschen Anspruch machen. Man nennt einen Stein, ein Metall, ein Werk edel, wegen Festigkeit, Feinheit, Nutzbarkeit, Werth und Schönheit. Darum ist Gold edler als Silber; das geläuterte edler als das gemischte und unreine; darum ist der an Geist und Herz vorzügliche Mensch edler, als der von minder vorzüglichen Eigenschaften und Verdiensten.

Dem Edeln ist das Gemeine, Niedrige, Geringhaltige und Unsittliche, entgegen gesetzet. Diesemnach bestehet die Natur und Wesenheit des Edeln, im Vorzüglichen; sowohl im physisch- als moralischen Verstande **).

Aus

---

*) Versuch über das sichtbare Erhabene in der bildenden Kunst, von Hrn. Hofbildhauer Melchior in Frankenthal s. Mannheim.

**) Diese Definition des Begriffs des Edeln ist freylich auch großentheils anwendbar auf das Erhabne und Reizende: aber das benimmt ihr doch wohl nichts von ihrer Brauchbarkeit in Rücksicht des Edeln. Auch ist oben schon bemerkt worden, daß vieles dem Erhabenen, und selbst dem

Rei-

Aus meinem Begriffe des Edeln folget: daß je edler ein Gegenstand ist, desto vollkommner und schöner muß er seyn; weil das Vollkommene höchst vorzüglich ist.

Das Edle ist entweder geistig oder physisch. Unter erstern begreife ich das vorzügliche des Herzens und Verstandes: unter dem andern, das Vorzügliche und Schöne des Körperlichen. Das eigentliche Edle und die Form, oder die Art der Darstellung oder Einkleidung, müssen abgesondert gedacht werden; denn Inhalt und Gefäß sind nicht ein Ding.

Ich will meinen Begriff vom Edeln auf die Haupttheile der ausübenden Kunst anwenden, um ihn so deutlich und brauchbar zu machen, als es mir in einem kleinen Aufsatze möglich ist.

Je mehr Rücksichten der vorzustellende Gegenstand oder Inhalt interessant ist, um so vorzüglicher und wichtiger ist er auch. Die Auswahl des Gegenstandes ist nicht so unwichtig, als mancher Künstler denkt oder gedacht hat. Es gibt freylich Werke, die gleich-
gül-

Reizenden gemeinschaftlich zukommt. Es ist, wegen dieser Vermischung, sehr schwer, wo nicht unmöglich, das jedem ausschließlich Eigenthümliche, gänzlich zu unterscheiden und anzusondern. Ich wünsche sehr, daß Herr Professor Engel in Berlin oder Herr Professor Garve diesen Gegenstand beleuchten möchten. Der gute Geschmack würde dadurch viel gewinnen, so wie die Kultur der Kunst. Die Natur des Erhabnen setze ich in das Außerordentliche; im guten Verstande versteht sich.

gültige Gegenstände darstellen und doch wegen guter Zeichnung, Färbung, Beleuchtung, wegen der trefflichen Bearbeitung und Kunst nicht wenig geschätzt sind: aber, würde solche Arbeit nicht weit mehr, weit höher geachtet werden, wenn sie interessantere würdigern Gegenstände darböte? Die Kunst sollte jeden Gegenstand ausschließen, der unnütz oder schädlich ist; sie sollte nur reinen, edeln erhabenen Stof bearbeiten, der auf Verstand und Herz nützlich wirken, dieses rühren, erwärmen, zum Guten geneigt machen, jenen mit würdigern Gedanken beschäftigen, beyde vervollkommnen, erheben könnte; dieser Stoff oder Inhalt ist des philosophischen, edeln Künstlers vollkommen würdig, und sehr erstes Augenmerk, wo er frey wählen darf.

Wenn der darzustellende Gegenstand nicht aus der Geschichte oder den Werken der Dichter genommen ist; so gehört er zur Erfindung. Im ersten Falle findet der Artist die Handlung, den moralisch-sittlichen und oft auch den physischen Charakter, so wie die eigenthümliche persönliche Gestalt in vorhandnen Bildnißen bestimmt: ist dieses nicht; so gehört der Gegenstand in jedem Betracht zur Erfindung; nämlich: Charakter, Bedeutung, Gedanke, körperliche Form, Stellung, Ausdruck, u. s. w. Die Erfindung wird durch Zweck und Zweckmäßigkeit edel, indem sie alles zweckwidrige ausschließet.

Das Edle, das die Anordnung hervorbringt, bestehet darin, daß alles und jedes die Stelle erhält, wo es die beste, zweckmäßigste Wirkung thut; ein harmonisches Ganzes bildet, an dem sich alles auf die Hauptsache beziehlt, ihr untergeordnet ist, sie verschönert, erhebt, deutlicher, verständlicher, vollkommener und wirksamer machet. Der vorzügliche Künstler richtet bey allem sein Auge aufs Ganze, daß desselben Kraft und Eindruck nicht durch irgend einen Theil oder ein Theilchen geschwächt werde.

Die Stellung und Bewegung des Körpers und der Glieder werden nicht bloß durchs Ungezwungne, und durch das zu dem Affekt, Gemüthszustande und der Handlung passende, edel: sondern durch das, was sie in Ansehung des Standes oder der Würde und des moralischen Charakters zur anständigsten, schicklichsten bedeutendsten, schönsten macht. Eben so wird in der Kunst der Ausdruck der Gemüthsbewegung und Leidenschaften nur edel durch den genau abgewogenen weder zu starken, noch zu schwachen, nach allen Rücksichten dem Gegenstande zukommenden schicklichsten Grad, in geschmackvollster, das moralische Schöne rein, kraftvoll darstellender, und die angenehmsten Empfindungen wirkender Form.

Die Muskeln und Formen des Körpers sind, nach der eben geschehenen Forderung bearbeitet, im hohen Grade des Edeln empfänglich; denn sie können Gesundheit, Stärke, Leichtigkeit, Geschmeidigkeit, Zweckmäßigkeit der Bestimmung anzeigen; Leiden, Schmerzen, des Geistes Willen und Thätigkeit stark und schön ausdrücken. Will man Beweise? so nenne ich Laokoon den Borghesischen Fechter, den Farnesischen Hercules, die Ringer zu Florenz, den vatikanischen Apollo. —

Genug, den hellsehenden, gefühlvollen Mann zu überzeugen!

Welche herrliche Werke nannte ich! welche Meisterstücke, Wunder fast übermenschlicher Kunst! Dank sey Dir! Ehre, dir, hoher Genius der Vorwelt und der erhabnen Griechen! Komm, o eile vom Sitze der Götter schnell hernieder zur schönen Erde! Hauche dein sanftes Feuer über die Welt, deinen kraftvollen, göttlichen Geist über den aufblühenden Jünglig! dann dann bringt dir reizend edle Früchte zum würdigen Opfer die Kunst!

Ich gehe in meiner Betrachtung weiter.

Auch in der Bekleidung findet das Edle in so ferne statt, als sie Empfindungen erregt und bedeutend ist. Sie ist eines vielfachen Ausdrucks fähig; indem sie Würde, Stand, sittlichen Character, Gemüthszustand, Leidenschaft, körperliche Bewegung, Thätigkeit und Ruhe bezeichnen helfen kann; so wie Reichthum und Armuth, Freude und Traurigkeit, behägliche und unbehägliche Empfindung; nämlich durch Leichtigkeit, Schwerheit, Fein- und Zartheit, Grob- und Rauheit, Bequem- und Unbequemheit, das Wärmende oder nicht Wärmende. Wer wird bey'm Anblick eines zerlumpten, halb nackenden von Frost halb erstarrten Menschen oder Menschleins ohne Empfindung ohne Mitleid bleiben?

So ist jener Schmuck dem Edeln nicht entgegen, der schicklich, wohlanständig und bedeutend ist. Kränze und Kronen, welche dem Ueberwinder, Orden, die dem Staatsmanne, Patrioten, Gelehrten, Künstler

als

über das Edle in der bildenden Kunst.

als Verehrung und Belohnung der Verdienste ertheilt worden, sind edle Zierden, wie der Kranz des Rosen-Mädchens. Aber alles Zierliche, das unschicklich, dem Zwecke nicht beförderlich, demselben entgegen oder unnöthig ist, ist falsch — es mag in Stellung, Bewegung, Mine, oder in Kleidung, Schmuck und Haaren sich äußern. Das Edle hat mit dem Erhabenen und wahren Reizenden gemein, daß sich weder das Gezwungene und Gekünstelte, noch das Uebertriebene mit seiner Natur vereiniget.

Was ich von der Bekleidung gesagt habe, läßt sich zum Theil auch auf die Haare anwenden. Das Wilde, Unordentliche, Unruhige, Nachläßige an denselben und das Gegentheil wird das Sittliche, Leidenschaftliche stark bezeichnen helfen; und derselben Strafheit, Kraushelt, Weichheit wird körperliche Eigenschaften andeuten u. s. w.

Daß vorzügliche Beleuchtung und Farbengebung den Darstellungen des Pinsels mehr Vollkommenheit, Kraft und Wirkung geben, ist gewiß. Beyde tragen bey zur größern Deutlichkeit und Harmonie; beyde beleben das Auge und ziehen es fest an: beyde können Heiterkeit und Melancholie verbreiten. Welcher Unterschied wird durch die verschiedenen Abstufungen in Licht und Farbe, von der höchsten Hellung bis zur tiefsten Dunklung und Schwärze hervorgebracht! Wie ganz anders ist der Eindruck, den Menschen von verschiedenen Farben, Haut, Haare, Augen ic. auf uns wirken. Jedes Clima, jedes Temperament hat seine eigne Farbe; wie Gesundheit, Krankheit und jede Leidenschaft.

sicht und Farbe geben in der Nachahmung, dem Wasser den Schein der Durchsichtigkeit, Flüßigkeit, das spiegelnde, des Wahren; durch sie glaubt man in Kunstwerken des Thaues Silber auf der Rose zu sehen — im Auge des Menschen die zitternde Thräne und auf der Wange, die stillfließende des Kummers oder der Freude. Sie geben der Wange der schamhaften Jungfrau die bezaubernde Röthe der jungen Rose und der Unschuld, der Angst bleiches Schrecken, den geschwollenen Adern des wütenden Kämpfers lechendes Blut, dem mordenden Auge Glut, blitzende Feuerstralen, den Gliedern Schweiß und Dampf, vorschießendes Blut den frisch Verwundeten, dem Sterbenden langsamfließend stockendes von minderm Dampfe. Genug, Färbung und Beleuchtung können das Edle und seine Wirkung, bis zur gröſten Kraft und Täuschung erhöhen.

Ausführung, Stil.

Der Gegenstand, die Idee mag schön, reizend, edel, groß, erhaben, äußerst interessant, Erfindung, Anordnung u. s. w. geschmackvoll, vortreflich seyn: ist aber die Ausführung, die Vollendung der Darstellung nicht — in jeder Rücksicht wie sie seyn sollte, die vollkommste; so ist auch derselben Wirkung, so groß sie seyn mag, nicht die stärkste, die der Kunst erreichbar ist, und das Werk, ist mit all' seinen Vortreflichkeiten doch nicht vollkommen. Es herrschen in diesem Punkte schädliche Vorurtheile; selbst große Männer sind nicht frey davon. Man glaubt, die fleißige Vollendung sey dem Kunstwerke

über das Edle in der bildenden Kunst.

werke nachtheilig, sey eine sklavisch geistlose Bemühung. Solche Urtheile stammen von unrichtigen Begriffen oder vom Eigennutze ab; denn die vollkommene Ausführung kostet mehr Mühe und Zeit, als die flüchtige! dem schädlichen, falschen Fleiß rede ich das Wort nicht; sondern dem, der zur Schönheit, Vollkommenheit und Wirkung der Darstellungen beyträgt; sich auf richtiges Urtheil, Geschmack und Empfindung gründet. Dieser Fleiß ist edel, rühmlich dem Künstler, der Kunst beförderlich, und empfehlungswürdig.

Ein Kunstwerk wird, nach Beschaffenheit des Stils des Künstlers, mehr oder weniger vollkommen seyn. Der Stil gründet sich auf Geschmack, praktische, mechanische Fähigkeit, und erstreckt sich über alle Theile einer Darstellung. In Rücksicht auf Geschmack, ist er groß oder kleinlich, simpel oder künstlich und zierlich, leicht oder schwer, geschmeidig, fließend, weich, mannigt, oder steif und hart, kräftig, feurig, zärtlich oder matt und kalt u. f. w. In Ansehung des mechanischen zeigt er eine sichere, feste, kühne, leichte Hand, oder ohne, die ungewiß, furchtsam, schwer, ungeübt ist; mühe und schweißvolle Arbeit.

Daraus folget nun, daß der Stil nicht edel oder, welches eins ist, nicht groß, simpel, fest, kühn, anmuthig und geschmackvoll seyn könne — Wenn nicht der Artiste Beurtheilungskraft, wahre Begriffe, Gefühl, Geschmack und praktische, mechanische Fähigkeit in sich vereinigt oder sich eigen gemacht hat; indem das eine ohne das andere zu vollkommenen Kunstwerken nicht hinlänglich ist. Es folget auch, daß der dargestellte

Gegenstand gemein, so gar niedrig, unedel und doch der Stil, mit dem es gearbeitet wird, edel seyn könne. Aber der schlechte Stein bleibt, auch in Gold gefaßt, schlecht; die Faßung hätte mehr Werth, als das Eingefaßte, und würde auch von Kennern mehr geachtet, aber zugleich bedauert werden. — daß sie keinen Edelstein ziere. Und wie die Reize des schönsten Mädchens, durch unförmliche Kleider verunstaltet, dem Auge entzogen werden; so viel und mehr noch, kann der edelste Gegenstand durch den schlechten Stil des Künstlers verliehren. Man kann das Gold, in Bley gehüllet, nicht mehr erkennen. —

Ein Werk, welches das Edle fühlbar darstellen, durch aus edel seyn soll, und nur in einigen Theilen es ist, gleichet unreinem, ungeläutertem Golde. Das Edle läßt sich durch keine andre, als schöne, edle Formen ausdrücken; es verträgt sich in der Kunst mit keiner unedeln Einkleidung, und die Mängel der Zeichnung u. s. w. schwächen die Wirkung des Geistigen und Edeln, und das Vergnügen des Kenners. Der Künstler, der nach Vollkommenheit trachtet, muß also in allen Theilen der Kunst die ihm mögliche, äußerste Fähigkeit sich eigen machen; denn jeder Theil trägt zur Vollkommenheit bey; und, was dazu beyträgt, ist selbst edel; indem es die Frucht eines veredelten Verstandes, Geschmacks, die Frucht der Kraft eines edeln Herzens und Geistes ist. Vollkommenheit ist des weisen Artisten Ziel, und gibt seinen Werken das Gepräge derselben, weil er edel und würdig denkt, weil er ein vollkommener Künstler ist, oder es zu werden immer-
tet

rühmlichst strebt; sein Geist ist erhaben; darum trachtet er nach gegründeter Ehre und einem seiner würdigen Ruhme. Er überläßt es unedel denkenden — klein zu handeln, sich Verachtung und Schande zu verdienen! —

Da man aber das Edle nicht anders, als durch geschärfte Vernunft und verfeinertes Gefühl erkennen, empfinden, denken, hervorbringen kann; so muß des Künstlers größte Sorge seyn, daß Kopf und Herz durch Uebung veredelt, durch Eindrücke und Kenntnisse reich, zum gründlich Urtheilen fähig, für alles Gute und Schöne empfänglich werde; welches der rohe ungebildete Mensch gewiß nicht ist.

Betrachtung der Natur und der besten Werke der alten und neuern Kunst; der besten moralisch-philosophisch-historisch-poetisch- und theoretischen Schriften; Nachdenken — und der Umgang mit gelehrten, gesitteten, edeln Menschen: das sind Mittel zur Bildung des Geistes und Herzens; welche auch dem Gedächtnisse einen Reichthum interessanter Gedanken und in der Kunst, wie im menschlichen Leben, anwendbaren würdigen Stoff darreichen.

Das sind nun meine Gedanken über das Edle in der bildenden Kunst — so wie ich sie in diesem kleinen Raume und der wenig übrigen Zeit vorzutragen vermochte. Ich widme diesen Aufsatz den geist- und genievollen Jünglingen, die den edeln Entschluß faßten oder noch fassen, durch die bildende Kunst groß und nützlich zu werden. Ich hoffe, meinen Zweck nützlich zu seyn, nicht ganz verfehlt zu haben; auch hoffe ich von beßern Einsichten — wo ich irre gegangen wäre — menschenfreundlich auf den rechten Weg geleitet zu werden.

L. v. M. B.

2.

Nachricht vom Herrn Langenhöffel, in Mannheim, aus einem Schreiben von ihm an den Herausgeber.

Im 15ten Heft der Miscellaneen artistischen Inhalts S. 186. wurde gefragt: wer die Zeichnungen auf Art der Federrisse in dem Recueil des Desseins gravées d'après les fameux Maitres, tirés de la Collection de l'Academie Electorale Palatine des beaux Arts à Dusseldorf (1780.) verfertigt habe? Diese Arbeiten sind von mir. Die Ursache, warum mein Name nicht darauf gesetzt wurde, war Neid. Es ist sehr verdrießlich, daß man von einigen Kunstakademien sagen muß, sie seyen Sammelplätze von Zänkereyen und Intriguen, wo junge Leute vom wahren Zweck der Kunst abgeleitet werden. Für diejenigen, die kein außerordentliches Genie haben, sind sie deswegen höchst nachtheilig. Sie verderben den guten Geschmack mehr, als daß sie ihn befördern sollten.

Ich erinnere noch, daß im ersten Heft jenes Werks das Titelkupfer, nebst einer Platte nach Palma Giasone, nicht von mir ist. Im zweiten Heft sind die wenigsten von mir: die ich aber gemacht habe, sind leicht zu erkennen.

Ehe ich die wahre Ursache wußte, warum mein Name war weg gelassen worden, war ich froh; indem ich wohl einsahe, daß viele Zeichnungen von der Akademie zu flüchtig gewählt und von mir zu übereilt bearbeitet worden sind. Doch, ich bin entschuldigt, weil diese Platten die ersten Versuche waren, etwas in Kupfer zu radiren, und das erste Feuer mich hinriß, und ich nichts, als nur dasjenige in Kupfer zu bringen suchte, worauf nur der wahre Kenner der Kunst sieht, und mehr sehen muß, als auf alle gleichgültige Nachahmungen der meisten sclavischen Kupferstecher, auf ihre ängstlichen Manieren und oft erbärmliches Nachkritzeln.

Nach diesem Versuch zu radiren, wagte ich es auch, auf eine ausführlichere Art zu radiren; so wie auch in der englischen Punktirmanier einige Versuche zu machen *). Meine Kupfer sind bisher noch nicht ausgegeben worden, weil es an einer guten Druckerey fehlte.

Durch

*) Ein paar Blätter, auf beyderley Art ausgeführt, die mir der brave Künstler mit überschickte, sind so gut ausgefallen, daß es sehr zu bedauern wäre, wenn er nicht weiter hierin fortfahren wollte. Das eine ist ein heil. Joseph nach einer Zeichnung von Luttl aus der akademischen Sammlung zu Mannheim; das andere der heil. Hieronymus nach einem Gemälde von Guido Reni in der Gallerie. M.

Durch meinen ersten Versuch zu radiren, sind Se. Kurfürstl. Durchlaucht gnädigst bewogen worden, der Akademie zum Besten ihrer Handlung zehentausend Gulden vorzuschießen, und ihr nachmals zu schenken. Das akademische Institut hat bisher durch den Handel noch nichts gewonnen. Ich glaube, daß bey einer Untersuchung das Kapital schwerlich zusammen zu bringen wäre. So werden oft die großmüthigsten Unterstützungen der Fürsten gemißbraucht!

Im Jahr 1782 mahlte ich für die königliche Prinzeßinn von Oranien ein Bild, welches sie in ihr Kabinet hängen zu laßen, für würdig fand, und mir dafür eine goldene Dose voll Dukaten gnädigst überreichen ließe.

Gleich darauf mahlte ich für den kleinen Speisesaal in dem neuen Gebäude, das dem Prinzen von Oranien die Staaten von Holland und Westfriesland bauen laßen, Skizzen, die vor vielen andern, die sich um diese Arbeit bewarben, den Vorzug erhielten. Mir ward sogleich die Arbeit aufgetragen, mit der Bedingung, sie in drey Jahren zu endigen. Die Gemälde bestanden in zwey langen Seitenstücken, wovon jedes 22 Schuh lang und 9 hoch ist. Die Vorstellungen hatten zum Gegenstand den Sabinerraub und Frieden. Außerdem noch sechs Thürengemählde en bas relief, mit Geschichten des Bachus, die zu diesem Saale noch gehörten; ehe man mir diese Arbeit übergab, wurden die Kompositionen gegen andre nach großen Meistern gestochene gehalten, um zu sehen, ob ich auch ganz Original wäre.

Nachricht von Herrn Langenhöffel rc. 17

Im Jahr 1782 reißte ich mit dem Auftrag dieser Arbeit nach Mannheim, um da mit Muße und Beyhülfe des schönen Antikensaals, sie zu verfertigen. In demselben Jahre geruheten Se. kurfürstl. Durchl. von Pfalzbayern mir das Patent als Hofmahler, nebst einem jährlichen Gehalt, gnädigst zu ertheilen.

Im Jahr 1785 brachte ich die eben erwähnte Arbeit nach dem Haag, und erhielt von allen Kennern, die diese Mahlereyen sahen, allgemeinen Beyfall, nebst meiner bedungenen Bezahlung, und einer schriftlichen Versicherung, daß bey Aufstellung der Gemählde, die durch mich geschehen sollte, ich noch besonders ein Geschenk, das der Staaten würdig sey, erhalten sollte. Wegen der vielen innerlichen Unruhen sind die Verzierungen des bemeldeten Saales noch nicht fertig geworden; indem jetzt überhaupt schläfrig am ganzen Gebäude fortgefahren wird.

Im Jahr 1786 habe ich ein Gemählde, vorstellend die Medea, für die hiesige Gallerie verfertiget, welches auch da zu sehen ist, und mir schon viele Bekanntschaft erworben hat. *) Auch habe ich in demselben Jahr für den regierenden Herzog von Zweybrücken ein Gemählde den

*) In der Mannheimer Zeitung 1786. Nr. 130. finde ich davon folgende Nachricht: Am zehn Novembr. hatte der vortreffliche Mahler, Hr. Langenhöffel, die Ehre, öffentlich in den Vorzimmern der ersten Kavaliere Sr. Kurfürstl. Durchl. ein Gemählde, die Medea vorstellend, vorzuzeigen. In ihrem Gesichte zeigt sich zugleich Wuth und Mitleiden. Das jüngste Kind wird von einer alten Sklavin der Mutter hin

gemacht, wie Kalliope singt und auf der Leyer spielt, und Homer ihr zur Seite in Begeisterung steht. Ein anderes, wie Venus den Amor zum Bion in die Lehre bringt, nach seinen eignen Gedichten. Diese beyden Gemählde erhielten den gnädigsten Beyfall des Herzogs, und dessen erster Hofmahler, Herr Manlich, ließ mir sagen, daß diese Gemählde ihm so wohl gefallen hätten, als die besten Herkulanischen. Vorher schon hatte er mir mündlich versichert, daß ich ganz in der Manier des griechischen Geschmacks arbeite. Dieses Urtheil hat mich destomehr gefreuet, da es von einem Manne kam, der selbst ein großer Künstler ist, und ich von Seiten seiner biedermännischen Aufrichtigkeit so sehr, als von Seiten seiner Kenntniß versichert seyn konnte. Wie sehr wäre zu wünschen, daß Künstler sich oft selbst nicht schaden, und mehr mit vereintem Geiste sich bestreben möchten, dem großen Zweck der Kunst behülflich zu seyn.

Beylage aus der Mannheimer Zeitung vom Jahr 1786. Nr. 144.

Der durch so viele vortrefliche Arbeiten bekannte Hofkupferstecher, Herr Verhelst, zu Mannheim, hat das Portrait Sr. kurfürstl. Durchlaucht zu Trier, nebst einer

hingehalten; ganz unbewußt seines Schicksals, schmeichelt es seiner abscheulichen Mutter, die mit innerlichem Kampf den Dolch schon gehoben hat u. s. w.

N.

einer hierzu nach dem feinsten Geschmacke gewählten Allegorie, auf das neue Residenzschloß zu Koblenz, gestochen. Der Kurfürst ist von der Seite in einem Oval mit vollkommenster Kennbarkeit vorgestellt. Höher haben Aßlaub und Bartolozzi ihre Manier nicht getrieben, als Herr Verhelst dieses Portrait zur Bewunderung aller Kenner gestochen hat. Das übrige des Stiches ist von Herrn Langenhöffel, Kurpfalz Bayerischen Hofmahler gezeichnet, ein Künstler, der durch seine Talente und Art zu mahlen, den Zeiten des Perikles und Alexanders Ehre gemacht haben würde. Zur Seite des Portraits stehet die Minerva, mit einer Hand auf das neue Residenzschloß deutend, welches nebst dem Wappen auf dem Fußgestelle, worauf das Portrait stehet, angebracht ist, mit der andern aber im Begriffe, dem Kurfürsten einen Lorbeerkranz aufzusetzen. — Auf der andern Seite stehet man die Viktoria, wie sie den Kurhut bekrönet. Unter ihr hält einer von den beyden Löwen zwey Ruder, wovon das eine den Rhein und das andere die Mosel vorstellt. Unter den Figuren ist die auf den feyerlichen Einzug gemachte Inschrift angebracht. Wegen Kürze der Zeit haben die Nebensachen dieses Stiches nicht können mit dem gehörigen Fleiße ausgearbeitet werden; denn in vier Wochen hat die Platte nebst den Abdrücken fertig seyn müssen. Dieser Kupferstich, welcher den gnädigsten Beyfall Sr. Kurfürstl. Durchlaucht, der königlichen Prinzeßin Kunigunde, und Sr. Excel. des ersten Conferenzministers Freyherrn von Dominique erhalten, wurde an dem Tage des feyerlichen Einzugs in das neue

Residenzschloß unter die Vornehmen bey Hofe ausgetheilet, auch alsbald an auswärtige Höfe versandt, dem Herrn Langenhöffel aber noch vor seiner Abreise ein Geschenk gnädigst überreicht. Die von dem Kupferstich übriggebliebene Abdrücke werden in Kostanz zum besten der Armen verkauft.

3.

Artistische Bemerkungen auf einer Reise nach Augsburg und München von
L. B. Junker.

Ich theile Ihnen hier, bester Herr Hofrath, einige Bemerkungen, von einer Reise mit, die ich so eben vollendet habe. Ihre Bekanntmachung hat vielleicht den Nutzen, daß künftig mancher Reisende das Beste auffinden kann, ohne lange suchen zu dürfen.

Die erste Stadt, auf die ich, über Creilsheim hinaus, traf, war Dünkelsbühl.

Das können Sie denken, daß die Besuchung des Doms, mein erstes Geschäfte war, — aber, außer einem Sebastian (einem Seitenaltarblatt) hat diese Kirche wenig Mahlereyen von Belang. Die meisten sind Kopien nach Rubens. Doch, unter diesen fand ich einen vortreflichen Christuskopf, voll Güte und

Gra-

Grazie; die Darstellung ist, in Moment, da er bey seiner Gefangennehmung spricht: "wen suchet ihr?"

Herrlich ist aber das Altarblatt, das die Carmeliterkirche besitzt! Es ist voll guter Handlung, und großer Wirkung, und zu Brixen gemahlt. Es stellt vor, die heil. Catharina, wie sie mit heidnischen Philosophen über die Gottheit Christi disputirt. Die Hauptfigur der Catharina stehet im schönsten Licht; und im Mittelpunkt des Gemählbes.

Aber ist es möglich? — in eben dieser Kirche, die sonst von so guter Wirkung ist, sahe ich auch an der Seitenwand, einen gekreuzigten Christus, in Lebensgröße, von Holz, der mich äußerst frappirte; nicht nur weil er mit lebendigen Farben angestrichen, äußerst unedel, und schächerisch war, sondern weil er auch Menschenhaare auf dem Kopf hatte, die ihm borstend über das Gesicht hereinfielen. So ein Anblick ist empörend; und er ist immer mit dem innigsten Seufzer über den Verfall des Geschmacks, und der Kunst verbunden.

Beym ehemaligen fürstlich-tarischen Cammerdiener Moriz, der nun in Dünkelsbühl privatisiert, sahe ich noch eine gute Sammlung von Gemählden, worunter Mouwermans, ein guter Bourgignon, einige gute Bemels, und besonders, ein schöner H. Hubertus, sich befinden.

Dieß Cabinet ist noch versehen mit einer niedlichen, schön rangirten Sammlung, von Antiken, in Bronze.

"Wie gut mögen die Dienste dieses Fürsten seyn!"

Nördlingen.

Mein erstes Geschäfte in dieser vortreflich liegenden Stadt war dieß, Herrn Musikdirektor Nopitsch zu besuchen. Ich bat ihn, mir einen Orgelschmauß zu geben, — und ich hatte nur zu wünschen.

Herr Nopitsch ließ sich mit der gefälligsten Güte über eine halbe Stunde lang auf einer sehr herrlichen Orgel hören. Er spielt sie mit Kraft, Geschmack und Empfindung, und zwar in der, der Orgel ganz eigenen Spielart! So wie er gewiß einer der besten unsrer Orgelspieler ist, der nichts als Wahrheit sucht, so schreibt er auch gründlich über seine Kunst.

Er spielte mir in seinem Hause die Partitur eines Oratoriums, das er für Nürnberg setzte, vor; und ich wünschte, daß jeder Setzer seinen Dichter so gut verstünde, als er, seinen Cramer verstand und erfüllte.

In der Gesellschaft dieses braven, freundschaftlichen Mannes, besuchte ich verschiedenemale, unsern Biedermann Wekhrlin; und beynahe die vergnügtesten Stunden meiner Reise verlebte ich in der Gesellschaft dieses Mannes von Herz und Kopf.

In eben dieser Hauptkirche, bey welcher Hr. Nopitsch in Diensten stehet, sind außer der herrlichen Orgel, noch einige Kunstsachen, von äußerster Erheblichkeit.

Am untern Altar befindet sich ein herrliches Blatt vom Albrecht Dürer; es ist zuverläßig eines seiner besten Stükke! und noch besonders gut erhalten; Es ist die Grablegung Christi.

Mich

auf einer Reise nach Augsburg u. München.

Mich dünkt, Dürer hat sich hier, in Absicht des Ausdrucks, und des Colorits, selbst übertroffen.

Man weiß dieß Gemählde auch zu schätzen, denn es ist beständig verhüllt.

Noch ist eine Creuzhinausführung aus der Rubensischen Schule in dieser Kirche. So schön dieß Gemählde ist, so getraute ich mir doch nicht, wegen seiner Entfernung zu behaupten, ob es von Rubens selbst sey, oder nicht.

Uber am Hochaltar stehet ein Crucifix in Holz von Lebensgröße, darunter eine weinende Maria, und Johannes, — und dieß möchte ich das Crucifix von Teutschland nennen; so was, — ich wollte darauf schwören, ist in Teutschland nirgends zu sehen! Da ist eine Wahrheit, da ist ein Ausdruck, der alle Vorstellung unendlich weit übertrift; der nicht beschrieben, nur empfunden werden kann.

Die Vorstellung ist im Moment des Sterbens. Aber der Künstler hat so viel Ruhe, so etwas unbeschreiblich Stilles und Gelassenes in diesem Moment gelegt, daß es gleichsam nur ein Mittelstand zwischen Sterben und Einschlafen wird.

Eben bricht das Aug, eben gehet der letzte schwache Athemzug, aus dem halbgeöffneten Munde, und das so algemein verständlich, daß tausende schon staunend vor diesem Bilde standen, und daß mich ein Schauer überfiel, als ich die letzte Stufe, am Altar hinauf treten wollte.

Und dann, das Schwellen der Adern, die Anstrengung aller Muskeln und Sehnen, in der letzten empor-

strebenden Lebenskraft, im letzten Athemzug — — o da
ist so unendlich viel Natur, so unendlich viel Weisheit,
und dabey doch so viel Würde, so viel Christliches; —
man befindet sich in der vollsten Täuschung; man fühlt
sein Herz ganz ausgefüllt, man segnet den Künstler.

Zöge mich nichts nach Nördlingen hin: so viel weiß
ich doch, diesem Crucifix allein zu Gefallen, reise ich
noch einmal, — und noch einmal hin.

Das Stück selbst kam aus Rom, und ist von Michael Angelo, diesem Feuerkopf.

Augsburg.

Hätte Augsburg nichts, als seine vielen herrlichen
Gemählde von Holzer; so würde sie schon immer, für
den Liebhaber der Kunst, eine wichtige Stadt bleiben.

Am Tage meiner Ankunft hörte ich sogleich ein
Conzert im Straußischen Gartenhaus. Der alte Graf
war nicht dabey, und doch hofte ich hier, seine Bekanntschaft machen zu können. Er soll, sagte man mir
in diesem Conzert, seinen Ton mehr, auf der Flöte hervorbringen können.

Allein, dieß siehet einer Verläumdung ähnlicher,
als der Wahrheit.

Herr Graf, an dem ich einen braven Mann, von
Lebensart kennen lernte, findet es nicht nöthig, sich
mehr mit der Flöte abzugeben, befindet sich bey seinem
Componiren besser, und giebt sich, hauptsächlich nur
mit der Aufführung geistlicher Musiken ab.

Die

auf einer Reise nach Augsburg u. München. 25

Die Musik, die ich hörte, bestand aus etlich und zwanzig Spielern, worunter besonders ein guter Oboist seyn soll, der aber Unpäßlichkeit wegen, abwesend war.

Die Besetzung des Orchesters war diese: 4 erste Violinen, 4 zwote Violinen, 2 Flöten, 2 Oboen, 2 Hörn, 2 Violen, 2 Violoncelle, 2 Halbviolons, 1 Contraviolon.

Die Bässe waren sehr gut besetzt, auch das Piano wurde ziemlich gut beobachtet.

Ich hatte hier Gelegenheit den beliebten Instrumentenmacher, Herrn Steiner, mit seiner Tochter, kennen zu lernen.

Sie ließ sich, in einem Trio von Kozeluch, Variationen von Mozart, und einigen kleinen Arien, wozu sie auch sang, hören; sie spielt das Klavier, mit vieler Fertigkeit, ausdrucksvoll, mit Geschmack, und Deutlichkeit im Vortrag.

Uebrigens ist die Musikliebhaberey der Augsburger sehr klein! Der Concertmeister versicherte mich, daß nur ohngefähr 22 Dilettanten in Augsburg wären.

Das Concert wird als eine Gelegenheit, sich zu versammlen, betrachtet; deswegen wird wenig Ruhe, Stille, Theilnehmung beobachtet.

Auch hier zeigen sich ganz die Wirkungen des Patriziats, auch hier, giebt die sogenannte Noblesse den Ton an, und der ist, wie durchgehends, steif und zwangvoll; auch hier herrscht die gegen Fremde gewöhnliche reichsstädtische Unhöflichkeit.

In Absicht seiner Brunnen, kann Augsburg mit allen Städten Teutschlands wetteifern. Die besten darunter sind, ein Merkurius auf der Weinstraße; der Herkulesbrunnen beym Siegelhaus von Bronze, und beyde verfertigt von Adrian de Vries; der Augustusbrunnen auf dem Perlach, gegossen von Hubert Gerhard.

Die Figuren an diesen Brunnen, sind voll Wahrheit der Stellung, voll Leben, und Bewegung! Nur sind durchaus die Muskeln zu hart und bestimmt angegeben.

Das Cabinet des Domdechants von Reischach ist eines der sehenswürdigsten; vorzüglich bemerkungswerth habe ich darinne gefunden, einen Rembrandt, (doch ist es das einzige Gemählde in der Sammlung, für dessen Originalität ich nicht stehen möchte) einige Wouwermanns, drey Rubens, worunter die Creuzigung das beste, ein Smiloni, zwey herrliche Landschaften von Hakert, ein Teniers, ein Ostade, ein sehr schönes Blumenstück von Os, ein Mieris, eine Landschaft von Ruisdahl, Rugendas, Kopetzky, zwey herrliche Köpfe vom Zell.

Zell mahlt in der feinen Manier Denners, und mit Glück. Da ist beynahe jedes Schweißlöchelchen, jedes Haar, am Hinterkopf, und Bart besonders bezeichnet; so undankbar diese Manier ist, so natürlich ist sie auf der andern Seite, gewissermaßen.

Zell macht mit Metterleiter, (der sich gegenwärtig in Petersburg befindet, und von dem ich, im Dom, eine Auferstehung Christi sah, die sehr viel von ihm verspricht) seiner Vaterstadt, sehr viel Ehre.

auf einer Reise nach Augsburg u. München. 27

Außerdem hat im Dom, vorzüglich ein Bataillenstück von S. D. Breda, meine Aufmerksamkeit an sich
gezogen. Es ist eine der besten Mahlereyen, von der
Art, die man sehen kann; und eins der größten, in Absicht der Menge ihrer Figuren.

Wer die besten Rugendas sehen will, der muß sie
vielleicht bey Hrn. Haid suchen; bey ihm, sahe ich
wenigstens die zwey schönsten, die ich noch je gesehen
habe; er hat außerdem noch einige gute Stücke, die er
zum Theil schon durch den Stich von seiner Hand, bekannt gemacht hat.

Wer Freund ist von alten Handschriften, und seltenen Bibelausgaben, der muß sich an die Bibliothek
des Klosters Ulrich wenden; hier findet er auch eine
gute Sammlung alter Kupferstiche, und viele Handzeichnungen von alten Meistern, besonders viele illuminirte Handzeichnungen, von Alb. Dürer.

Auch in der zahlreichen Bibliothek des Handels-
herrn Velt, befinden sich alte Handschriften, und
seltene Bibelausgaben; bey ihm sahe ich eine der schönsten Mönchschriften.

In seinem Kunstkabinet, dem nichts als ordentliche
Einrichtung fehlt, und worinnen sich besonders
ägyptische Gottheiten, alte Münzen, griechische
Basreliefs, alte Mahlereyen, chinesisches Porzellan,
griechische Lampen, Urnen, Thränengefäße, ic. ic. auszeichnen, — gefielen mir hauptsächlich, vortrefliche
Wasserfarbmahlereyen, von dem Leiden Christi, aus
alten Codicibus geschnitten. *) Auf

*) Des Herrn v. Stetten Cabinet konnte ich nicht sehen, weil
er sich auf dem Lande aufhielt.

Auf dem Rathhaus, ist der große Saal das sehenswürdigste, wegen seiner Höhe, wegen seiner guten Verhältnisse, und soliden Verzierungen! Die Thüren, und Gesimse sind besonders in einem großen Geschmack. Nur der, in kleine Abtheilungen zerstückelte, und mit Emblematen ausgefüllte Plafond, thut keine gute Wirkung.

Ich glaubte, die Musik möchte sich in diesem Saal gut ausnehmen: man versicherte mich aber das Gegentheil, es müßte denn seyn, daß er voll Menschen wäre.

Unter den Mahlereyen des Rathhauses ist, außer einigen Stücken vom Rager, besonders sein jüngstes Gericht, — hauptsächlich merkwürdig, Delila und Simson von L. Cranach, in der Rathsstube; freylich ein Gemählde das mehr, um seines Meisters, als der Kunst willen, wichtig ist, und bey dem man, wie bey allen Gemählden damahliger Zeit, über die Landschaft hinweg sehen muß.

Noch zeichnen sich besonders aus, vier Thierstücke in Lebensgröße vom Roos; worunter das Pferd- und Hirschstück die schönsten sind.

Sie sind aber nicht zum besten erhalten, und die letzte Ausmahlung fehlt.

München.

Mein erster Gang war in die Bildergallerie, die der jetzige Kurfürst, von Schleißheim aus, nach München bringen, und in einem, am Schloßgarten neu erbauten Pavillon aufhängen ließ.

Ueber-

auf einer Reise nach Augsburg u. München. 29

Ueberhaupt schien sie mir nicht so ausgesucht, und so zahlreich zu seyn, als die Mannheimer! Aber bey 600 Stücke sollen noch in Schleißheim hängen, worunter sich auch die bekannte sterbende Maria vom Sandrart befindet.

Die Gallerie ist in Zimmern vertheilt, die ihr Licht von oben herab erhalten, und in Schulen eingetheilt; in die niederländische, altteutsche, italiänische, französische und neuholländische; doch ist man auch durchgehends diesem Plane nicht getreu geblieben, und konnte es vielleicht auch nicht, wegen Mangel des Platzes.

Die Gemählde alle sind gut erhalten, und mit breiten stark vergoldeten Rahmen eingefaßt.

Einer besondern Bemerkung werth schienen mir folgende Gemählde, und ich wünschte, daß jeder Reisende, sie vorzüglich studierte.

1) Die Jahreszeiten von Sandrart, gleich im ersten Zimmer!

Hier sahe ich den Haasen selbst, über dessen Täuschung, ich einmahl einen kleinen Aufsatz, in Ihren beliebten Miscellaneen *) drucken ließ; ich hörte aufs neue, die nemliche Anecdote, vom Gallerieinspektor bekräftigen. Ich habe überhaupt von diesem Meister, in dieser Gallerie, vortrefliche Thiere, und besonders Fische gesehen.

2) Thierstücke vom Sneyers! Sie sind voll Natur, voll Wahrheit des thierischen Charakters, voll
Wahr-

*) Im 21sten Heft S. 141. u. f.

Wahrheit der Stellung und Bewegung; außer einigen Thierklumpen, zeichnet sich besonders, eine Rehboljagd aus.

3) Der barmherzige Samariter, vom Daniel Seyder! Die Lage, des, unter die Mörder gefallenen, ist sehr schwer! Das Grundbild kommt mir übrigens etwas zu manieirt vor.

4) Eine Götterversammlung von Jansen. Die Figuren sind in Lebensgröße! Die Zeichnung ist vortreflich; das Kolorit ist etwas kalt.

5) Maria, die den todten Christum auf ihrem Schoofe hält, ihn umfaßt, und über ihm weint; von Daniel de Voltera, oder wie einige Kunstkenner glauben vom Raphael, oder nach andern, die sich aber sehr betrügen, vom Alb. Dürer.

Das Stück ist wenigstens ganz eines Raphaels würdig, und die Krone der ganzen Gallerie; man vergißt alles darüber, man eilt nur immer wieder hin zu ihm, und erquickt sich an seinem Anblick.

Der Körper des todten Christus ist unvergleichlich weich, und vortreflich anatomisch richtig! Der Ausdruck voller Würde; noch zeichnen sich auf dem Gesichte alle Spuren seines Leidens; aber auch das Stille, das Ruhige des Hinsterbens, hat der Künstler durch einen eigenen Zug von Seelengröße und Gutheit, in Aug und Mund ausgedrückt, — ein Zug, der sich fühlen aber nicht bestimmen läßt.

Maria ist durch den ganzen Charakter der innigsten Theilnahme kenntlich! Aber der tiefe Schmerz der Mutter, hat eine so weise Mischung, vom stillen Vertrauen

trauen und Gottanheimstellung der Christin, daß man ungewiß ist, ob man mehr den Geschmack, oder die hohe Weisheit des Künstlers bewundern soll.

6) Zwey Bataillenstükke vom Altendorfer. Sie sind mit unbeschreiblichem Fleiß gemahlt; es ist immer nur eine Hauptgruppe, von einigen hundert geharnischten; jede Figur, jeder Harnisch, jeder Helm, ist besonders, mit dem nemlichen Fleiß, mit der nemlichen unbeschreiblichen Genauigkeit ausgemahlt. Auch die Landschaft, und die Luft, ist besonders an dem einen Bilde vortreflich.

7) Eine Creuztragung Christi vom Alb. Dürer. So stark das Gefolge ist, so zeichnet sich doch die Hauptfigur sehr gut aus. Dürer scheint bey diesem Gemählde, besonders in Absicht der Drapperie, ganz seine eigene Manier verläugnet zu haben! Man rechnet es unter seine besten Stükke.

8) Zwey sehr große, Schlachtstükke von Bourgignon.

9) Ein Jahrmarkt von Teniers. Das Stück ist ungewöhnlich groß; und gewiß das größte das Teniers mahlte! Der Verwirrung von den unendlich viel Figuren, ist vorgebaut, durch kluge Vertheilung der Gruppen.

10) Dido und Ascanius von Lairesse. Ein vortrefliches Stück! voll Erfindung, und weiser Anordnung! das Kolorit ist äußerst saftig! nur der Vorhang im Vordergrunde, thut wegen seiner grellen Lichtpartien, auf das Ganze, keine gute Wirkung.

11) Noah von seinen Söhnen verspottet, von Carl Loth! Noch ein sehr herrlicher Christuskopf, von eben diesem Meister.

12) Eine alte Frau, die ihr Söhnchen lauſt, vom Bartholomeus Jonilla. Das Kind ſitzt der Alten im Schooß, und läßt ſich, indeß die Alte lauſt, ein Stück Brod recht gut ſchmecken; vor dem Kind wartet ein Hündchen auf, um auch ſeinen Antheil zu bekommen! Alles iſt Natur, — täuſchende Wahrheit.

13) Lucretia vom Giordano. Die Kompoſition dieſes großen Gemähldes, worinnen die Figuren in Lebensgröße ſind, iſt vortreflich! Der Ausdruck der Sterbenden, die ſeitwärts gewendet iſt, iſt voll Wahrheit, und Rührung! Die Gewänder ſind nach einem großen Geſchmack.

14) Ein gekrönt werdender Chriſtus vom Michael Angelo! Dieß Gemählde hat nach Art dieſes Meiſters, ſehr tiefe, gebrochene Schatten, und hohe Lichter; denn es iſt bekannt, daß M. Angelo, wie Rembrandt, zu ihren Gemählden, ſich ſo gerne, des Fackellichts bedienten; dieß Gemählde iſt beſonders in Abſicht des g'übenden Kolorits ſehr ſchätzbar.

15) Maria mit dem Kinde, und Joſeph, von van Dyk.

Dieß möchten, wie ich denke, die Hauptgemählde der Gallerie ſeyn! Die Rubens habe ich übergangen, weil ſie mir nicht zu den beſten Stücken, dieſes Meiſters zu gehören ſcheinen.

Vom Rembrandt, ſind ſo viel ich mich erinnern kann, blos einige Porträte da.

Ich

auf einer Reise nach Augsburg u. München.

Ich will zu diesen Gemählden noch einige der besten Altarblätter, die ich in Kirchen sahe, hinzufügen.

Die Augustinerkirche hat ein vortrefliches Altarblatt, von ungeheurer Höhe, die Creuzigung Christi, vom Tintoret. Alles ist über Lebensgröße, und doch stehet das Creuz Christi, mit den beyden andern, merklich im Hintergrunde.

In eben dieser Kirche, befindet sich an einem Seitenaltar, die Dreyeinigkeit von Rubens! Ich glaube nicht, daß Rubens etwas besseres gemacht habe. Der Ausdruck an Vater und Sohn (wer sollte aber die Taube nicht wegwünschen) ist überaus edel; die Gewänder sehr groß geworfen und kolorirt; nur das ist schade, daß keine Handlung im Gemähldbilde ist, und daß die Personen bloß da sitzen, um sich anzusehen.

In der Carmeliterkirche, ist eine vortrefliche Pest, von Leonardo da Vinci. Man kann die Kranken und Elenden nicht ohne Mitleid ansehen.

In der Peterskirche eine Anbetung der Hirten, von Correggio! Bis auf das im Vordergrund stehende Lämpchen ist alles täuschende Wahrheit! Besonders die Figur der Maria ist voll Grazie.

Noch ist in dieser Kirche vorzüglich zu bemerken, eine über den abgenommenen Christum weinende Maria vom van Dyk.*)

Auch

---

*) Man könnte noch eine der herrlichsten Galerien errichten, von den vielen vortreflichen Bildern, die sich in den Kirchen befinden. Der Galerieinspektor zu Düsseldorf soll den

Auch in Nymphenburg, wo sich übrigens so oft, gesuchte Größe und Pracht, mit Geschmacklosigkeit durchkreuzen, und wo ich statt edler Statuen, meistens nur Farcen sah, fand ich, außer einem eigenen Bilderkabinet, worunter sich besonders einige gute Landschaften auszeichneten, — einen herrlichen Raphael, an einem Kabinetaltar.

Es ist Maria mit dem Kinde! unbeschreiblich weich, und mit Grazie, und gewiß aus der besten Zeit dieses großen Mannes.

Würde sich dieser Raphael nicht besser, zu München in der Gallerie befinden?

Außer den meisten Zimmern in der Residenz, die sich hauptsächlich nur durch Pracht, und schwere Vergoldungen auszeichnen, wo man aber doch hin und wieder, manch herrliches Gemählde findet, — fand ich hauptsächlich sehenswürdig, die sogenannte schöne Kapelle, und das Antiquarium.

In der schönen Kapelle, läßt sich, der Kurfürst, oder die Kurfürstin, nur allein Messe lesen, und zwar nur, wo ich nicht irre, an hohen Festen.

Kunst, und Pracht vereinigen sich hier gemeinschaftlich, und ich zweifle sehr, ob man in ganz Teutschland, in einem so kleinen Raum, mehr Reichthum finden wird, wie hier.

Der

Kurfürsten auch wirklich den Vorschlag gethan haben, die Altarblätter der Kirchen in Empfang zu nehmen, und dafür neue mahlen zu lassen. Theils, an die Ausführung ist gar nicht zu gedenken.

Der Fußboden, und die Wände, sind en Mosaique, mit guten Steinen eingelegt; also eigentliche Mahlereyen; in denen man besonders das Perspektiv, nicht genug bewundern kann.

Die vier Reliquienkästen, die sich in dieser Kapelle befinden, sind außen, mit lauter vortreflichen Gemmen, und Kameen eingelegt. Der Vorzeiger dieser Kapelle versicherte mich, daß die Engländer gar nicht, von diesen Kästen wegzubringen wären.

Ich konnte ihm dieß leicht glauben, denn es gieng mir eben so.

Die Orgel ist massiv Silber! und Pfeifen und Claves sind mit guten Steinen besetzt.

Ich bin gewiß kein Freund von Pracht; aber, hier hatte alles eine so gute Verbindung unter sich, und zu einem Ganzen, daß ich mich sehr wohl in dieser Kapelle befand.

Das Antiquarium, thut gleich beym ersten Blick, eine große Wirkung. Es ist ein langer Saal, mit vertieften Fenstern, im gothischen Gschmack. Das Gothische, hat ein gewisses, so unauslöschliches, so augenblicklich fühlbares Gepräge von Alter, daß es mir hier sehr gut angebracht zu seyn schien. An den Wänden herum, stehen durch drey Stuffen übereinander, die Antiken. Es sind blos Büsten; einige von Kolossalgröße, einige, unter der natürlichen Größe. Die Sammlung der Philosophen, und Kaiser, halte ich beynahe für vollständig; aber von Mythologie ist beynahe nichts da! Deswegen fehlen Basreliefs, Gruppen, Statuen.

Unter den Urnen und Lampen, zeichnen sich vorzüglich einige hetrurische, aus.

Die Büsten werden gegenwärtig geputzt, und gesäubert! „Man sollte ihnen das Gepräge ihres Alterthums nicht nehmen" sagte ich, und mein Führer befürchtete noch oben drauf, sie möchten, verballhornisirt werden.

Auch meine Sehnsucht nach guten Mussken, wurde hier gestillt.

Ich hörte gleich am ersten Abend, die neu umgeänderte Operette, der Barbier von Sevillien; die Musik von Paisello, der nun unter die Lieblingssetzer der Münchner zugehören scheint; und dessen Schreibart in der That, sehr elegant, und voll Grazie ist.

Madame Broschard sang die Rolle der Rosine; und sie singt gewiß mit sehr viel Geschmack, und Ausdruck. Die Begleitung, des zahlreichen Orchesters, das Herr Winter dirigirt, war außerordentlich gut, und pünktlich. Fagott, Clarinett, Flöten, hatten Gelegenheit, sich in obligaten Arien hören zu lassen, und sie thaten es, mit außerordentlichem Glück.

Das Komödienhaus aber selbst, nebst den Dekorationen, kommt bey weitem, dem Mannheimer nicht gleich.

Am Sonntag hörte ich in der Hofkapelle, nach der Predigt, (wo Pater Frank brav auf die Toleranten, wie er sie nannte, schimpfte, sie endlich mit den Pharisäern dem Teufel übergab, und zum Glauben an die Kirche, ermunterte) eine Messe.

Das

auf einer Reife nach Augsburg u. München. 37

Das Orchester war bey weitem nicht so stark besetzt, wie ich es ehemals in Mannheim, bey dergleichen Fällen fand; aber daran kann die weit kleinere Orgel in München schuld seyn.

Auch die Execution schien mir in Mannheim immer besser.

Die Komposition, die vom dirigirenden Kapellmeister war, hatte außer einem Miserere, gar nichts besonders; und war in einem alten schleppenden Stil.

Montags hörte ich Akademie! Jeder Zuhörer, dem der Eintritt in den Saal verstattet wird, (und verstattet wird er jedem Fremden) erhält unter der Thür vom Kapellbiener, ein gedrucktes Verzeichniß der Stücke, die aufgeführt werden, — und zwar gratis. Ich setze Ihnen eine Abschrift davon her:

ACADEMIE.

Simphonie	de	Mr. Cannabich.
Sopr.		Mr. dal Prato.
Hautb.		Mr. Ramm.
Conc. Alt.		Mr. Giorgetti.
Violin.		Mlle. Crux.
Air.		Mlle. Marchand.
Clarinet.		Mr. Taufch.
Simphonie	de	Mr. Toefchi.

Lundi le 10 Juillet 1786.

Herr Ramm wetteifert mit den größten Oboisten unsrer Zeit! Sein Ton ist äußerst sanft und schmelzend! sein Vortrag deutlich und bestimmt! keine Schwierigkeit ist ihm zu groß! sein Piano ist bis auf den leisesten, nur noch hörbaren Laut herabgestimmt.

Eben so vollkommen ist Herr Tausch, seines noch weit undankbarern Instruments Meister. Sein Clarinettenton ist leises Geflüster der Liebe! unbeschreiblich weich, und singend! so bläßt er auch das Allegro mit der bestimmtesten Fertigkeit; kein Ton fehlt ihm.

Aber nun, lieber Meusel, komme ich auf eine Virtuosin, die mich damals zu Thränen rührte, an die ich noch mit Bewunderung zurück denke; deren Spiel mir jetzt noch räzelhaft und unerklärlich bleibt.

Es ist Demoiselle Crux. Ein Mädchen von 13 Jahren; die Tochter eines Balletmeisters. Die sich ohnlängst schon vor der Königin von Frankreich, und in den Niederlanden hören ließ, und die nächstens eine Reise nach Wien und Prag machen wird.

Es ist unbeschreiblich, mit welcher Bestimmtheit, Reinigkeit, mit welcher Grazie, mit welchem Geschmack und Gefühl, dieß Mädchen die Violine spielt! wie unschenirt, wie ihrer Sache so gewiß, sie hintritt, vor einem so zahlreichen glänzenden Hof, vor einer Menge solcher braven Spieler.

Gern wär ich dem holden Mädchen um den Hals gefallen, gern hätte ich den wärmsten Kuß auf ihre Lippen gedrückt.

Ihr Vater lud mich am folgenden Tag zu sich ein! und hier kannte ich noch eine sehr gute Klavierspielerin,

und

auf einer Reise nach Augsburg u. München.

und eine gute Zeichnerin, an diesem lieben Mädchen kennen. *) Wie viel kann sich Fränzel auf diese Schülerin zu gute thun!! Aber das heißt auch, ganz für die Kunst gebohren seyn. **)

Das Beste von Kompofition, was ich in dieser Akademie hörte, war eine Arie, von Demoiselle Marchand selbst gesetzt und gesungen! Voll Größe, voll Pathos.

Uebrigens fehlten einige der größten Künstler. Cannabich war krank; Fränzel noch auf Reisen; le Brun mit seiner Frau, (der ehemaligen Danzy) in Neapel.

Im Saal selbst nimmt sich die Musik nicht zum Besten aus! Daran mag vielleicht seine innere Einrichtung, und besonders die schweren Tapeten, womit er verziert ist, schuld seyn.

Uebrigens scheint nicht die Musik, sondern das Spiel, die Hauptsache zu seyn; und durch ungefähr 30 Spieltische, woran der zahlreiche Hof spielt, entstehet immer, nothwendig ein solch Getöß, daß man dem Solospieler nicht ohne Mitleiden, zuhören kann.

Unter die angenehmsten Bekanntschaften, die ich in München gemacht, rechne ich vorzüglich, die mit Hrn.

Hof-

*) Gegenwärtig ist ein Brief an sie, unterwegs: worinnen ich sie, um ihre Silhouette, und eine ihrer Zeichnungen bitte. Ich werde mich mit beyden groß machen.

**) Der Kurfürst selbst sagte zum Vater: „Sie hat wie ein Engel gespielt!"

Hofkupferstecher Heß, und Hrn. v. Göz, der sich ehemals in Augsburg aufhielt.

Heß ist ein sehr guter Kupferstecher; er hat eine Folge von Rembrandtischen Gemählden, die sich zu Düsseldorf befinden, geliefert; ganz im Geist und der Manier Rembrandts.

Auch seine radirten Aussichten des englischen Garten zu Schwetzingen, sind in einer großen Manier.

Sein neuestes Blatt ist nach einem Gemählde von Poußin, in der Münchner Gallerie; eine Conversation von Faunen, worinnen er die Manier der Engländer außerordentlich glücklich nachahmt.

Uebrigens ist zu bedauren, daß er so wenig arbeitet! daran mag hauptsächlich Schuld seyn, sein guter Gehalt.

Göz ist ein schöner, launigter, ganz gesellschaftlicher Mann. Seine Sache scheint hauptsächlich Miniaturmahlerey zu seyn; doch habe ich auch ein Oehlgemählde von ihm gesehen, wo ich nicht irre, eine Scene aus König Lear, wo jedes Gesicht voll wahren Ausdrucks, die Kleidung kostüm, die Bewegung wahrscheinlich war.

In Absicht der Recensionen seiner leidenschaftlichen Entwürfe, behauptet er: „daß er mehr Glück, als Verstand gehabt habe." Dieß mag gesagt seyn, um ihn als einem Mann ohne alle Prätension darzustellen.

———

II.

Allgemeine Anmerkungen.

1)

Ich fand eine Vorstellung von Christo, durch ganz Bayern, die ich sonst irgendwo gesehen zu haben, mich nicht erinnere.

Christus sitzt auf seinem Creuze, und unterstützt sein Haupt mit seiner linken Hand, deren Arm auf das Knie eben dieses Fußes gestützt ist.

So soll er von einer vorausgesetzten Müdigkeit, oder nach der Bibelsprache, von der Arbeit seiner Leiden ausruhen.

Die Vorstellung ist, wie man siehet, gelehrt, und wider die Wahrheit.

2)

Bigotterie herrscht im höchsten Grad in M***! Auf Aufklärung darf man sobald nicht rechnen. Man predigt tapfer gegen die Toleranz. Einer meiner Freundinnen, die in der Stille gut lutherisch ist, wurde von ihrer Hauswirthin, sobald sie erfuhr, daß sie eine Ketzerinn sey, das Logis aufgesagt.

3)

Vom guten Herzen des Kurfürsten spricht man allgemein.

Mich dünkt folgende Erscheinungen sind sehr dafür gemacht, diese Wahrheit zu unterstützen.

Der Kurfürst ist überaus gerne in großen Gesellschaften! da, wo er viel Menschen siehet, da ist ihm wohl.

Man will bemerkt haben, daß er allemal, wenn er das Komödienhause voll antrift, eine besonders fröhliche Mine annehme. Ist es leer; so ist er übler Laune.

Seine Kinder liebt er mit besondrer Zärtlichkeit; der Tod einer gewissen Gräfinn hat ihm drey bangevolle Tage gemacht.

Er ist ein Feind von allem Zwang. Deßwegen ist im Hofgarten eine Tafel angeschlagen, laut deren man wünscht, daß sich niemand scheniren, niemand den Hut abziehen möchte.

4)

Ueber den Verfall der Kunst klagt man in München sehr, und, wie ich glaube, mit Recht.

Die meisten jungen Künstler haben etwa 300 fl. wovon sie freylich nicht leben können. Dieß macht, daß sie expatriiren. Höck, der größte Violinspieler dieser Kapelle, macht wirklich Miene dazu, wenn er keine Zulage erhält.

So ließ man die Sängerinn Lang, die jetzt in Wien engagirt ist, um einer Kleinigkeit willen ziehen: und mit Recht gehört sie unter die größten Sängerinnen. Graf Seeau suchte sie zur neuen, von Vogler komponirten Oper, Castor und Pollux, auf künftigen Winter, anzuwerben. Sie verlangte aber 1000 Louis d'ors.

Ein Verlangen, das ihr schwerlich bewilligt werden wird.

5)

Die Gallerie ist immer bey der Menge ihrer Stücke, doch noch unvollständig; weil ihr die größten Meister fehlen.

auf einer Reise nach Augsburg u. München. 43

fehlen. Sie hat nur einen einzigen Genius vom Tizian; sie hat nur ein Knieſtück vom Michael Angelo; ſie hat nichts vom Raphael, nichts vom Correggio, nichts vom Mengs ꝛc. ꝛc.

6)

Der Garten zu Nymphenburg, darf ſich bey weitem nicht mit dem zu Schwetzingen meſſen. Seine Anlage iſt zwar groß, aber ſteif und ängſtlich. Die Figuren, von Bley gegoſſen, und im Feuer vergoldet, ſind von keinem Belang. Ihre Erfindung und Zuſammenſetzung iſt geſchmacklos. Uebrigens ſiehet man nichts, als gerade Linien und Sterne. Nur die Mortaſcade nehme ich davon aus, die ſehr groß, und von guter Wirkung iſt.

4.

Nachricht von einem neuen Kunſtetabliſſement in Berlin. Aus einem Schreiben des Herrn Profeßor Grillo an den Herausgeber.

Ich ſende Ew. ꝛc. hiemit zum Gebrauch für die Miſcellanen, eine Nachricht von einem neuen Kunſtetabliſſement, das hier ſeit ohngefähr einem Jahre, angelegt worden iſt. Der Stifter deſſelben, iſt ein hieſiger Kaufmann, Herr Johann Mark Paſcal. Es iſt

hier

hier zu Lande, das erste von der Art. Die Absicht deſſelben ist, merkwürdige und intereſſante Kupferstichwerke aller Art, zu verlegen und heraus zu geben. Zur Errichtung und Förderung deſſen, ſind verſchiedene bekannte, auswärtige Künſtler verſchrieben worden, die gegenwärtig hier in Arbeit ſind, z. E. Herr Dominicus Cunego aus Rom, Carl Townley aus London, Herr Haas aus Kopenhagen. Andre und jetzt unter Weges, als z. E. des erſtern beyde Söhne, Joſeph und Aloys, nebſt andern, die ich jetzt noch nicht nennen kann.

Seine Majeſtät, der jetzt regierende König, hat dieſer Kupferſtichofficin vor einigen Wochen, das Prädicat Königl. HofKupferſtichofficin, beygelegt, und ihr verſchiedene Privilegia ertheilt, z. E. die Freyheit, Papier, Kupferplatten und Kunſtinſtrumente, welches alles, hier zu Lande nicht ſo gut verfertigt wird, von auſſerhalb kommen zu laſſen; ferner die Erlaubniß, in den königl. Gallerien hier und in Potsdam, die merkwürdigſten Mahlereyen kopiren, und in Kupfer ſtechen zu laſſen, wodurch die Kupferſtich Liebhaber, eine anſehnliche Menge intereſſanter Blätter, mithin der wichtigſte Theil der Potsdamer Gallerie, in kurzem in genauen und ſchönen Nachbildungen, erhalten, werden. Auch iſt derſelben ein Privilegium zur Vorbeugung des Nachſtiches, ausgefertigt worden, dergeſtalt, daß nicht allein der Nachſtich und Verlag im Lande verbothen; ſondern auch auf die Einbringung und der Debit der auswärts nachgeſtochenen Blätter, eine Strafe von 50 Thalern gelegt worden iſt, woran

Herr

Herr Pascal die Hälfte, die andre die hiesige, königl. Akademie der Künste, erhält. Zugleich ist ihr auch das ausschließende Recht ertheilt worden, neue und schöne Kupferstiche und andere Kunstwerke, von außerhalb kommen zu lassen, und solche in die königl. Gallerien, Kabinette und Bibliotheken zu liefern, weshalben sich Künstler, nur beygedachter königl. Hofkupferstichofficin, in der neuen Friedrichsstraße melden dürfen.

Diese königl. Hofkupferstichofficin, wird nächstens zwey merkwürdige Blätter herausgeben. Das erste stellt Se. Majestät, den hochseligen König, Friederich der Zweite, im Paradesarge, nebst den drey wachehabenden Obersten vor, nach der Natur von dem Hofmahler Herrn Bock gemahlt, und in schwarzer Kunst gemacht von dem Hofkupferstecher Herrn Townley aus London. Das zweyte von eben denselben beyden Künstlern stellt die Scene in Sanssouci dar, wie seine jetzt regierende Majestät, den eben verschiedenen Monarchen sieht, in Gesellschaft der Herren Grafen von Herzberg und von Görz und anderer Personen.

Eben derselbe wird auch eine pitoreske Beschreibung des Fürstenthums Bayreuth mit vielen schönen Kupferstichen in Folio, Heftweise verlegen, welche der königl. preußische Resident im fränkischen Kreise, Herr Kriegsrath Baumgärtner verfertiget, von dem, als einem markgräflichen Diener, der das Land genau kennt, sich viel schönes hoffen läßt. Er wird zweyerley Ausgaben veranstalten, eine deutsche und eine französische, damit die Sprachliebhaber wählen können. Diese Beschreibung beschäftigt sich nicht allein mit

dem

dem mahlerischen, das will sagen, mit der schönen, großen und wilden Natur des Fürstenthums, sondern sie wird auch ihr Augenmerk auf Geographie, Kultur Producte, Industrie, politische Verfaßung, und auf alles Interessante des Landes, richten.

Der bisherige Verlag der königl. Hofkupferstich= officin, kann aus dem beygelegten Verlagsverzeichniß ersehen werden. Ich ersuche Ew. dieses Verzeichniß so wie es da ist, nebst diesem Aufsatz abdrucken zu laßen, damit die Einrichtung und Absicht dieses Kunst= instituts, allgemein bekannt werde, wobey ich verharre.

Berlin den Oct. 1786.

Fr. Grillo.

f. Beylage.

5.

Moses Mendelsohn, dem Könige Friedrich Wilhelm II. unterthänigst gewidmet von der jüdischen Freischule zu Berlin 1787. peint par J. C. Frisch. Gravé à Stoutgard par J. G. Müller, Professeur à l'acad. Carolin. &c.

Herr Professor Müller in Stuttgardt hat nunmehr sein schönes Werk mit dem versprochenen Bildniße des verewigten Moses Mendelsohn vermehrt. Ich darf hoffen, daß dieser, durch seinen edlen Charakter eben so sehr, als durch seine große Geschicklichkeit

Manier	Maaß		Preiß	
	Höhe	Breite	Thlr.	Gr.
Gestoch.	1 Fuß.	1 F. 2 Z.	1	8
Gestoch.	dieselbe	dieselbe	1	8
Gestoch.	1 F. 6 Z.	1 F. 2 Z.	2	—

	Manier	Maaß		Preiß	
fl.		Höhe	Breite	Thlr	Gr
in.	Gestoch.	1 F. 9 Z.	8 Zoll.		
e	Gestoch.	dieselbe	7½ Zoll.	2	
e	Gestoch.	dieselbe	6 Zoll.		
e	Gestoch.	7½ Zoll	1 F. 4 Z.	2	
e	Gestoch.	6 Zoll	11½ Zoll.	1	8
g.	[...]	2 F. 2 Z.	1 F. 4 Z.	6	
il.	dieselbe	1 F. 7½ Z.	1 F. 1 Z.	3	
	dieselbe	dieselbe	dieselbe	3	
	dieselbe	dieselbe	dieselbe	3	
	dieselbe	1 F. 2½ Z.	10½ Zoll.	2	
	dieselbe	dieselbe	dieselbe	2	
g.	dieselbe	dieselbe	dieselbe	1	16
	dieselbe	dieselbe	dieselbe	1	16
	dieselbe	1 F. 7 Z.	1 F. 2 Z.	3	
	dieselbe	1 F. 4 Z.	11 Zoll.	2	
	dieselbe	1 F. 4 Z.	dieselbe	2	
	dieselbe	1 F. 4 Z.	dieselbe	2	
	dieselbe	dieselbe	dieselbe	2	
	dieselbe	dieselbe	dieselbe	2	
	dieselbe	dieselbe	dieselbe	2	
	dieselbe	dieselbe	dieselbe	2	
	dieselbe	dieselbe	dieselbe	2	
g.	dieselbe	11½ Zoll.	7½ Zoll.	1	
	dieselbe	dieselbe	dieselbe	1	8
	punctirt	11½ Zoll.	8½ Zoll.	2	
	dieselbe	8½ Zoll.	6 Zoll.	1	12
	dieselbe	8½ Zoll.	6 Zoll.	1	8
	dieselbe	6½ Zoll.	5 Zoll.	—	16
	dieselbe	6½ Zoll.	dieselbe	1	
	dieselbe	6½ Zoll.	dieselbe	1	
	[...]ch.	8 Zoll.	6 Zoll.	—	12
		dieselbe	dieselbe	—	8
		1 F. 2½ Z.	10½ Zoll.	2	

liebenswürdige Künstler, auch in Teutschland, jedem Kenner und Liebhaber bekannt seyn wird *). Das mit obiger Unterschrift vor kurzem erschienene Portrait hat, der meisterhaften Behandlung des Grabstichels zu geschweigen, auch das Verdienst großer Aehnlichkeit. Der scharfsinnige, geschmackvolle Weise scheint mit uns zu sprechen. Er ist im bloßen Haupte mit einem Blicke voll Menschenliebe und mit der höhern Ruhe abgebildet, die seine große S.*e empfunden haben mag, wenn er trostvolle Wahrheiten gedacht und zur Belehrung der Menschheit allgemein faßlich niedergeschrieben hat. Ein leiser Zug von Kränklichkeit scheint mir über dem Ganzen zu schweben und sein heiteres, feuriges Auge zu trüben.

Das Blat hat ungefähr gleiche Größe mit dem bekannten Wille'schen Portrait von unserm Künstler. Ein sehr vortheilhaftes Format; denn die Hauptsache, der Kopf, nimmt einen ansehnlichen Raum ein, und ist weder mit unnützer Drapperie überladen, noch mit einer weitläufigen Einfaßung verbrämt, die zu nichts dient und unnöthig vergrößert. Es ist mit jener Sicherheit und Richtigkeit in der Zeichnung, mit jenem reinen und ausdrucksvollen Grabstichel, voll Würde und Wahrheit, mit jener Einsicht in die Mahlerey bearbeitet, die jeder Kenner in den Werken unsers Künstlers, auch ohne mein Erinnern, wahrnehmen wird, und die uns

in

*) Ein Verzeichniß seiner Werke steht im ersten Heft der Miscellaneen artist. Inhalts. S. 223. u. f. f. das gegenwärtige Bildniß ist, glaube ich, bey dem Verfaßer für einen Conventionsthaler in Commißion zu haben.

48　7te Fortſ. artiſtiſcher Bemerkungen auf einer

in ihm einen zweiten Edelink hoffen laſſen. Welcher Vortheil für die Kunſt, ja für den Abgebildeten ſelbſt, ſind ſo geſtochene Bildniſſe! Nur in ſolchen ſollten meiſterliche Männer der Nachwelt geliefert werden. Von einer ſolchen Hand, großer vortrefflicher Mann, der du mich denken gelehret haſt — — darzeihe mit dem ſtolzen Ausbruch unvergeßlicher Dankbarkeit! — von einer ſolchen Hand, Platner, möchte ich Dein mir unauslöſchliches Bildniß ſehen.

— — — r.

6.

Siebente Fortſetzung artiſtiſcher Bemerkung, auf einer Reiſe durch Gegenden des Fränkiſchen Kreiſes. *)

Anſpach. . . .

Den in meinem letztern Brief beſchriebenen zwey Künſtlern, ſind noch folgende, welche dieſen Namen verdienen, an die Seite zu ſetzen.

Herr Pinchas, Hofminiaturmaler, vorher am Bayreuthiſchen Hof, ſeit 1769 aber in Anſpach, arbeitet, ohngeachtet ſeines herannahenden Alters, mit Geſchmack, und punctirt ſeine Portraite, die beſonders ſprechen-

*) Vergl. Miſcel. artiſt. Inhalts Heft 19. S. 152. u. f.

sprechende Aehnlichkeit haben sollen, noch mit außerordentlichem Fleiß. Andere Arbeiten, als Antiken, Historien u. d. g. sah, ich nicht von ihm, weil solche, wie er mir sagte, nicht gesucht werden. Er war in seiner Jugend ein sogenannter jüdischer Kalligraph, oder Zehngebotschreiber, und daß er schon damals eine gute Anlage im Zeichnen gehabt habe, bezeuget ein hebräisches Manuscript auf Pergament von ihm, das in der herrschaftlichen Bibliothek aufbewahret wird. Der jetzige Herr Stadtpfarrer Rabe, nennt es in einer beygefügten kurzen Beschreibung, ein Rituale Paschatos, das ein jeder Jude haben muß, und übersetzt den Titel folgender gestalt: Ordnung der Gebräuche des Osterfestes mit schönen Buchstaben und lieblichen Figuren, die ich mit der Feder geschrieben und gezeichnet, und ein Werk meiner Hände zum Preise, im Jahr 507 der kleinen Zahl, nach damaliger Rechnung 1747. Die Gebräuche der Juden an ihrem Osterfeste sind auf der ersten Seite in zwölf kleinen Vorstellungen mit der Feder aufgezeichnet, das Uebrige handelt mit Beziehung auf die Aussprüche der Talmudischen Lehre, ägyptischen Dienstbarkeit, von der Erlösung durch Mosen, von den zehen ägyptischen Plagen, (mit Farben abgebildet) von dem Durchgang durchs Schilfmeer u. d. g. welche bis auf die ägyptischen Plagen mit der Feder sehr fleißig ausgeführt, jedoch in Ansehung der Zeichnung nur mittelmäßig sind. Die meiste Bewunderung verdient die reine, gleiche hebräische Schrift, an deren Regelmäßigkeit und beobachteten Symmetrie ich mich nicht satt sehen konnte. Wie wohl thut es nicht dem Auge eine Schrift in ihrer vollkommenen Schönheit, ohne Schnirkelwerk und sonstige ungestaltete Verzierungen, worin unsere teutsche Handschriften so viel Vorzug suchen, kurz, in ihrer ursprünglichen Natur, gleichwohl mit vieler Eleganz und Feinheit, zu erblicken! Aber, wie bald wurde nicht mein Auge zurückgehalten, als ich vor dem betenden David ein aufgeschlagenes Buch dieser genau genommenen Größe entdeckte, worauf, wie Hr. Rabe in seiner Erklärung sagt, der ganze erste und ein großer Theil des zweiten Psalms deutlich und kenntlich geschrieben stehen. Wie oft hab ich diejenigen bedauert, die ihre gesunde Augen in ehmaligen Zeiten einer so grob- und kunstlosen Arbeit aufgeopfert haben. Vielleicht haben es die meisten zu spät bereuet, daß sie auf Kosten ihres Gesichts eine Kunst darinnen gesucht haben. Für eben so unnütze halte ich es, gedruckte gewöhnliche Bücher nach Art des Druckes, oder sonst zierlich abzuschreiben, wovon ich zum Beispiel in B— vor etlichen Jahren eine neuerlich geschriebene Bibel gesehen habe, oder gar die Zeit an gewöhnliche Sackkalenderchen zu verschwenden, die man für wenige Kreuzer haben kann. Hieher gehört auch das geschriebene Crucifix des ehmaligen Bayreuthischen Kalligraphen Köppels, welches mir in der Bibliothek, wo die seltenen Werke und Handschriften aufbehalten werden, gezeigt wurde. Das Ganze ist auf einer halben Pergamenthaut gegen die Höhe, mit unbeschreiblichem Fleiß, jedoch so geschrieben, daß es bis auf das Gesicht und die Haare

mit

Reise durch Gegenden des fränkisch. Kreises. 51

mit blosen Augen gelesen werden kann. Dem Stück ist ein anderer Bogen untergelegt, worauf die Schatten der Zeichnung angezeigt sind, die sonach durch das Original sichtbar werden *). Ich hätte hier Gelegenheit, mehrere Beyspiele solcher Miniaturschriften anzuführen, wenn deren nicht bereits schon zur Genüge in diesen Miscellaneen gedacht worden wäre.

Herr Georg Christoph Schöll, Kabinetsbildhauer, ist ein erfindungsreicher Künstler, sowohl in mechanischen Arbeiten, als auch im Modelliren, Elfenbeinschneiden, Vergolden und Lakiren. Jetzt arbeitet er zwar nicht viel mehr selbst, giebt sich aber mit einem Verlag und Handel geschmackvoll geschnittener und vergoldeter Spiegelrahmen, Tischgestellen, Consolen u. d. g. ab. Ich sah ihn eine große Kupferplatte in eine Flanelldruckerey ausarbeiten. Dergleichen Kupferstechen habe ich hier zum erstenmal gesehen. Er meiselte mit Beihülfe eines Schlegels die aufgezeichneten Schnirkelwerke und Blumen so in die vor ihm aufgeheftete Kupferplatte hinein, als wenn sie von Wachs wäre. Die Späne davon fielen wie starker Bindfaden ab.

Auch Herrn Gößinger suchte ich auf. — Dieser Künstler hat sich nicht nur durch seine fleißigen und korrekten Gravierarbeiten schon längst in den Ruf der besten Medailleurs gesetzt, sondern auch dadurch ein Verdienst erworben, daß er seit etlichen Jahren mehr

D 2 als

*) Erl. BK. H. 3. S. 51.

als 2000 nach den besten Antiken abgeformte Glaspasten und Gemmen oder Schwefelabgüsse geliefert hat, die durch ihre Schärfe und Richtigkeit vor allen denen, welche seitdem in Braunschweig und Leipzig erschienen und nachgemacht worden sind, großen Vorzug haben. Der Verschliß war Anfangs in den Händen eines nürnbergischen Kaufmanns, mit welchem sich Gözinger in gewiße Verbindlichkeiten eingelassen hatte. Dieser versendete solche, allemal 100 in schönen Kästchen, unter fremden Namen aus Rom kommend, weil sie von den Römischen nicht im mindesten unterschieden waren, legte ihnen ein dem Gözingerischen nachgedrucktes Verzeichniß bey *) und war so lange damit glücklich, bis dergleichen Abgüße auch anderwärts verfertiget wurden. Zu spät sah Gözinger vielleicht ein, daß den größten Nutzen der Kaufmann hatte, daher kündigte er selbst vor kurzem diese Sammlung aufs neue an, monatlich 50 Stück für 2 fl. 45 kr. Allein, da der größte Theil der Liebhaber damit versehen ist, so soll der Absatz schlechten Fortgang haben. Er überläßt gegenwärtig seine Münzstöcke, Petschafte und andere Bestellungen mehrentheils seinen Söhnen, und dieß macht, daß sein Ruf und seine Kunst einigermaßen darunter verlieren. Wenn also letztere manchmal mittelmäßig ausfallen sollten, so darf man es nicht auf seine Rechnung schreiben. Die Liebhaber werden, wie man mir sagte, freylich sehr geschwind und wohlfeil bedient; es wäre aber besser, wenn er einen größ-

fern

*) Lit. Mst. H. 2. S. 22.

fern Werth auf seine Kunst setzte, und manche Arbeit nicht in einem oder zwey Tagen lieferte, wozu ein anderer von seiner Kunst öfters mehrere Wochen brauchen dürfte, seinen Plan oder seine Idee auszudenken, dann würde er auch nicht Ursache haben sich übergeringe Zahlung u. d. g. zu beklagen. Er war eben mit der Büste seines Fürsten beschäftiget, die er poussirte und dann in Gyps abzuformen gedenkt. Ob es ihm glücken werde, steht zu erwarten, da er die Aehnlichkeit und das Ganze blos nach seiner Imagination ohne das Original vor sich zu sehen, herauszubringen gedenkt. Er lebt übrigens sehr einsam, und ist nach seiner Sprache ein besonderer Geist, ist beständig zu Hause, ja, man sagte mir, daß man ihn seit vielen Jahren nicht öffentlich gesehen habe. Hingegen, wenn er im Jahr einmal einen Ausflug wagt, so nimmt die ganze Familie Theil daran —

Endlich darf ich Ihnen den in Anspach allgemein verehrten Herrn Rath und Professor Rabe, Bruder des würdigen und durch seine Verteutschung des Thalmuds bekannten Hrn. Consistorialraths und Stadtpfarrers,*) nicht unbemerkt lassen. Er ist ein gründlicher, theoretischer Mathematiker, der als Hofmeister mit dem verewigten Cronegk, schöne Reisen durch Italien, Frankreich und Holland gemacht hat. Noch mehr aber wird er wegen seiner ausgebreiteten Kenntnisse in der Physik und Astronomie geschätzt, und ist in diesem

Zu-

*) Herr Stadtpfarrer Rabe besitzt auch eine ansehnliche Inselten- und Naturaliensammlung.

betrachte ein ungemein schätzbarer Lehrer des hasigen Hustern Gymnasiums. Er besitzt einen kostbaren Apparat dahin einschlagender Instrumente, darunter ich vorzüglich seine Elektrisirmaschinen bewunderte, womit er jene Menge schöner Experimente macht. Er verfertiget auch sehr gute Thermometer.

Dieß waren diejenigen Künstler und merkwürdigen Personen in Anspach, welche in Ihrem artistischen Museum aufbehalten zu werden verdienen. Außer diesen fand ich, was eigentlich zum Betrieb der Kunst gehört, nichts Merkwürdiges, als etwa noch eine Fayencefabrik vor der Stadt und dann etliche Lackirer, von denen ich schöne Arbeiten, insbesondere Chaisen, gesehen habe, deren Lack die feinste Politur hatte und eine ungemeine Härte besaß.

So eben erscheint eine Anzeige einer Beschreibung der Stadt Anspach von Herrn Geheimenkanzlist Fischer *). Ich werde also meine Bemerkungen von daher beschließen, weil wir vielleicht etwas vollständigeres von Anspach zu erwarten haben; nur erlauben Sie daß ich mit Uebergehung einer genauern Beschreibung der herrschaftlichen Bibliothek und dem großen Schatze des Münzkabinets, noch ein und andere Kunstsachen berühre, die jene noch ausserdem enthalten. Herr Hofkammerrath und Bibliothekar Wegel hatte die Gefälligkeit, mir

*) Ist, ehe dieser Aufsatz abgedruckt werden konnte, erschienen, beide Verfasser haben aber, jeder seinen eigenen Plan bearbeitet, so, daß sie nicht im geringsten zusammen getroffen sind. N.

mir beide, nämlich die Bibliothek und das Münzkabinet — mithin auch die in denselben befindlichen Kunstwerke zu zeigen, und da er selbst ein großer Kenner der Antike und an Ort und Stelle gewesen ist, wo sich die Originale befinden, so war mirs von großem Nutzen, zugleich seine Gedanken und Erklärungen darüber zu hören.

Die Bibliothek steht in einem geräumigen Saale und in zwey Seitenzimmern. Eine Welt- und Himmelskugel 3 1/2 Schuh im Durchschnitt, stehen oben an. Sie ist reich an Seltenheiten und an Originalhandzeichnungen, vornemlich an Landschaften und einzelnen Thieren von Roos, ferner von Ermels, Felix Meyer, Bemmel, Perspektiven und Ruinen von Harms u. a. m. Eine beträchtliche Sammlung alter Kupferstiche und Holzschnitte in zehen großen Foliobänden von Albrecht Dürer, worunter die vornehmsten seiner Blätter, nämlich der verlohrne Sohn, Adam und Eva, der heil. Hubertus und heil. Hieronymus und sein eignes Portrait anzutreffen sind; von Altorfer, von welchem ich einen seltenen Holzschnitt, die schöne Maria von Regensburg, sah; von Martin Schön, Holbein, Golzius, Matthäus und Theodor Zagel, Lukas Krug, Dietrich von Stern oder Staren, Lukas von Leiden und viel a. m.

Im Münzkabinet befinden sich unter andern Statuen von Bronze:

Ein junger Bachus von vortrefliche Schönheit.
Ein schreiter.der Mars (Mars gradivus).
Jupiter.

Eine Vase, zwey Schuh hoch, worauf das Opfer der Jphigenie vorgestellt ist. Eine Repetition von dem großen marmornen Gefäße, das im Mediceischen Pallaste steht.

Eine Flora von weisem Marmor.

Die Büste von Voltaire in Gyps, röthlich, wie gebrannte Erde, gefärbt, von Houdon, und von ihm selbst nachgearbeitet.

Ein elfenbeinerner Becher, worauf ein Bachanal in antikem Geschmacke geschnitten.

Drey ovale Fruchtstücke von Mosaik.

Folgende, in schönen nach antiken Formen ausgeschnittenen und vergoldeten Rahmen gefaßte Zeichnungen von Statuen und Gruppen sind von dem berühmten Srydelmann aus Dreßden, der sich lange in Rom aufgehalten, sie auch daselbst verfertiget hat, und sich gegenwärtig in St. Petersburg befindet. Sie sind durch eine gewiße Gradation der Haltung und Zusammenschmelzung großer, vielleicht auf das feucht gemachte Papier aufgetragener Punkte, die man erst bey näherer Betrachtung gewahr wird, mit so vieler Kunst getuscht, daß sie in der Ferne täuschen und den alten marmornen Statuen ganz ähnlich sehen. Diese Manier im Tuschen ist die beste und schönste für die Antiken und den Oelmalereyen bey weitem vorzuziehen. Es kostete aber auch, wie man mich versicherte, das Stück, 25 bis 30 Dukaten. Sie sind größtentheils zwey und einen halben bis drey Schuh hoch und zwey Schuh breit.

Fruppen

Gruppen

1. Laokoon mit seinen beyden Söhnen, nach dem im Belvedere zu Rom.
2. Der sogenannte Fechter (nach Lessing Chabrias.) aus der Villa Borghese.
3. Apollo, im Belvedere.
4. Der sogenannte Apollino nach dem in der Tribune zu Florenz.
5. Ein ruhender Mars, mit einem Amor zu Füßen, aus der Villa Ludovisi.
6. Die Mediceische Venus, in der Tribune zu Florenz.

Büsten.

7. Der Kopf von Laokoon, in Lebensgröße.
8. Apollo im Belvedere.
9. Der sogenannte Antinous, ein halber Rumpf in Lebensgröße.
10. Ein Kopf der ohngefähr im Jahr 1772 gefunden worden. Es ist vermuthlich ein bärtiger Hector, vielleicht mit Achilles-Helme, der dem Patroklus vom Haupte gefallen.
11. Merkur im Capitoglio.
12. Ein unbeflügelter Genius, gegenwärtig im Museo Clementino, der vielleicht dem geflügelten Genius in der Villa Borghese, den Winkelmann mit so vieler Begeisterung beschreibt, noch vorzuziehen ist.
13. Die sogenannte Ariadne im Capitoglio, (nach Winkelmann Leukothea) im Profil.
14. Der ganze Kopf derselben.

15. Klo-

15. Niobe, die Mutter.
16. Eine ihrer Töchter, sonst in der Villa Medicis zu Rom, gegenwärtig zu Florenz.
17. Ganymed.
18. Das Haupt der Medusa im Hause des Marchese Rondanini in Rom.

Von eben demselben Künstler ein mit Farben getuschter Plafond nach Guido Reni. Es stellet Phöbus im Sonnenwagen mit den ihn umtanzenden Horen vor, nebenher Lucifer mit der Fackel und Aurora an der Spitze.

Imgleichen eine Skizze nach Raphael, die Hochzeit der Psyche.

Eine Menge Miniaturgemälde, vorzüglich von der berühmten Miniaturmalerinn Rosalba von le Nebure, welch letztere ihren Werth in architektonischen Gebäuden haben; die bekannte Semiramis von Menge ein grosses Stück von Hrn. von Chevallerie in Baireuth und die zwölf Monate von Nicolaus Gaßner. Sandrart hat in seiner Akademie auch zwölf Monate, als die besten Arbeiten dieses Künstlers angezeigt, die er für das kaiserl. Kunstkabinet gemalt haben soll, und schildert solche mit folgenden Worten, die sehr genau mit obigen zwölf Monaten übereinstimmen:

„Da präsentiren sich in den Wintermonaten die Wir-
„kungen der bittern Kälte, die Wasser mit Eis ge-
„harnischt; die Lüfte mit Schnee durchstöbert, die Er-
„de kahl und erstorben. Der Frühling mächte die Au-
„gen mit Wollust vorstellig, die neubegrünte Erde, in
„der Luft das hellholde Wetter, von den neuerwachten
„Vö-

„ Vögeln durchschallet, die Bäume beknospet, beblät-
„ tert und beblühet. In dem Sommerland liessen sich
„ sehen, der zeitigende Getreid und Wieswachs neben
„ den lieblich daher schimmernden Wassern, die Luft mit
„ Blitzen durchleuchtet, da die untermischte Regenwol-
„ ken seltsame Figuren vorstellig machten. Das Herbst-
„ gemälde prangte mit zeitiger Frucht an Bäumen und
„ Weinstöcken und drohte mit dem wieder annahenden
„ Winter durch Entblätterung der Aeste und Entkleidung
„ der bald kahlen und kalten Erde. " *).

7.

Achte Fortsetzung artistischer Bemerkungen auf einer Reise durch Gegenden des fränkischen Kreises.

Anspach...

Ehe ich Anspach verließ, machte ich eine zwote Neben-
reise nach Deberndorf, einem fürstlichen Lustschloße,
wo sich der anspachische Hof, der Jagd und seiner schönen Lage wegen, zur Herbstzeit öfters aufzuhalten pfleget.
Der Weg dahin ist nicht der beste und gehet eine gute
Strecke durch den in Zeiten des Faustrechts bekannten Haßlacher Wald. Es ist ein niedliches Gebäude,
zwey Stockwerke hoch, mit einem gebrochenen Dach,
und

*) Landrats Materale P. II. S. 11.

und von Quaderſteinen aufgeführt. General Dietmar hat es erbauet, nach deßen Tode es vor etlich und dreißig Jahren an das Haus Anſpach gefallen iſt. Es iſt ſeitdem um vieles verſchönert, auch ſind artige Gärten angelegt worden. Beſonders wohl gefiel mir ein etwa zweyhundert Schritt langer Bogengang, der ganz mit Weinreben bewachſen iſt, und fürtrefliche Trauben bringen ſoll, die im Herbſt bey ihrer Zeitigung einen lüſternen Anblick machen müſſen. Die Hauptfacade, welche zu beiden Seiten einen Vorſprung hat, ſiehet gegen den Eingang vor einem großen, mit einer lebendigen Hecke eingeſchloßenen Hof, der eigentlich ein Parterre mit vier grünen Feldern bildet, welches mit Kinderſtatuen und lebendigen Niſchen ausgezieret iſt. In den Zimmern fand ich wider mein Erwarten ein Kabinet, das eine zahlreiche Sammlung niederländiſcher und anderer guten Malereyen enthielt. Zu meinem Bedauern konnte mir mein Führer wenig oder gar keinen Beſcheid geben, und weiter nichts nützen, als daß er mir die Zimmer öfnete. Die meiſten der Gemälde haben, weil ſie in Vertäfelung, oder Boiſerie gefaßt ſind, durch das Beſchneiden der Länge und der Breite nach viel verlohren, dadurch ſind nicht nur einige ſehr gemißhandelt, ſondern auch der Name manches braven Meiſters weggeſchnitten worden. Auſſer noch verſchiedenen andern guten Materialien in den übrigen Zimmern, haben wir vorzüglich folgende in dem Kabinete, das außerdem noch eine maleriſche Ausſicht hat, gefallen.

Zwey Landschaften; eine davon stellt den Rheinfall vor von Ruisdael.

Der Winter, mit einem Viehmarkt.

Der ägyptische König Sesostris, wie er von den überwundenen Königen im Triumphwagen gezogen wird. Ein schönes Gemälde, wovon man den knochigten Bau der Figuren, das lebhafte Colorit, besonders die Leidenschaften und innerlichen Kränkungen der überwundenen Könige bewundert. Auf Holz gemalt, von Hugtenberg.

Zwey holländische Viehmärkte. Voll Veränderung und Unterhaltung.

Ein Frauenzimmerkopf, von Holbein.

Fünf Mannsköpfe, von eben demselben.

Ein Bachantenfest.

Eine Landschaft mit einem Dannhirsch und andern Thieren.

Eine dergleichen mit zwey Bären.

Zwey schöne Landschaften, von Johannes Sohnens.

Ein Bataillenstück.

Simon im Gefängniß mit seiner Tochter. Ferner Cleopatra und die heil. Lucretia in Lebensgröße, sämtlich von Feuerlein.

Ein gosses Bataillenstück von Rugendas.

Portrait der Madame de Brüe.

Ein holländischer Marktplatz, mit vielen Figuren.

Zwey mythologische Stücke von Sperling.

Eine kreisende Frau, mit der Hebamme, dem Nobilus und Gesslichen.

Ber.

Verschiedene gute Frucht- Blumen- und Jagdstücke, von Sperling und Schneider.

Die Zimmer des Schlosses haben allenthalben eine vortrefliche Aussicht und zwar von diesen erstbeschriebenen Kabinet über ein grünes oder platt beschnittenes Dach einer Lindenallee, gegen eine in der Nähe liegende Eremitage, wo sich im äußersten Mittelpunkte des Waldes dem Auge in gerader Linie ein Berceau entgegen stellt. Die Eremitage selbst enthält außer diesem Berceau, von dem man den nemlichen Gesichtspunkt durch den ausgehauenen Wald wider nach dem Schlosse hat, unterschiedliche Gänge, Alleen und ein künstlich angelegtes verfallenes Eremitengebäude, das inwendig aus einem geräumigen Saale, einer kleinen Kapelle und in der äußern Gestalt eines Holzstoßes die Küche besteht. Die zweite und schönste Aussicht ist auf dem andern Ende des Schlosses vom Saal aus gegen Habersdorf zu. Sie ist hier noch viel freyer und uneingeschränkter; denn man kann etliche Meilen weit und viele Ortschaften zugleich übersehen.

Ich nahm meinen Rückweg über Bruckberg, die dasige Porcelainfabrik im Vorbeigehen zu sehen, wohin ich erst auf einem ganz abscheulichen Weg von drey Stunden kam. Man merkt sogleich an dem äußerlichen des Gebäudes, daß es zur Residenz eines Prinzen bestimmt war, welche nach dem Plan des Kopenhager Schlosses in verjüngtem Maasstabe aufgeführt, noch zur Zeit aber nicht ausgebauet ist. Das hier verfertigte Porcellan, wozu die feine Thonerde von Passau geholet wird, ist in Ansehung der Masse dem Berliner und Dreßdner beinahe
gleich

gleich, in Ansehung der Farben und der Malereyen überhaupt giebt es ihm nichts nach. Es werden, da die Fabrik gute Pouffirer hat, außer dem gewöhnlichen Tafelzeug, auch andere schöne und künstliche Sachen daselbst verfertiget. Ihre Vorsteher sind zwey um ihre Kunst sehr verdiente Männer, die sie hier gleich näher kennen lernen sollen.

Herr Kommissarius, Joh. Fried. Kändler, geb. 1734. zu Neukirchen im Vogtland. Lernte bey dem 1775 verstorbenen Kammerkommissär Kändler, seinem Vetter, in der Meißner Porcellanfabrik die Modellirkunst. Von da kam er 1759 nach Anspach in fürstliche Dienste, wo er bald darauf die Fabrik in Brulberg errichten half.

Herr Joh. Melchior Schöllhammer, Malereyinspektor, geb. 1745. zu Anspach, wurde 1762. bey der Fabrik angestellt. Bewundrungswürdig sind seine, mit Erfahrung und Klugheit verbundenen Wissenschaften, die er sich in Behandlung der Farben und deren Eigenschaften, ohne gereißt zu haben, durch eigenes Nachdenken erworben hat. So hat er z. B. nebst andern Farben das Lazurblaue durch wiederholte Versuche so hoch und schön herausgebracht, als ich es noch gesehen habe. Seine Verdienste um die Fabrik, werden auch geschätzt und belohnt. Ihr vornehmster Maler ist gegenwärtig

Herr Stengelein. Er lernte in der Brulberger Fabrik seine Kunst, reißte darauf in Frankreich, und kam nach einer 14jährigen Abwesenheit, während der er in den vornehmsten französischen Fabriken arbeitete, vor einigen Jahren wieder zurück. Seine Landschaften und Thiere haben einen vorzüglichen Werth.

Nebst

Nebst diesen hat die Fabrik noch mehr geschickte Männer aufzuweisen. Sie steht indeß nicht in starker Arbeit; denn außer den sogenannten türkischen Bechern, die in großer Menge nach Wien und von da weiter gehen, wodurch sich die Fabrik bisher größtentheils selbst erhalten hat, werden wenig andere auswärtige Bestellungen gemacht, was nicht allenfalls für die Herrschaft selbst gearbeitet, oder im Lande verschlossen wird. Schade ist es, daß dieses so gut eingerichtete Werk in einer öden, traurigen Gegend und außer der Straße liegt. Das Hauptmagazin ist zwar in Anspach, allein es würde der Fabrik in Ansehung des Zeitverlustes, und den Fabrikanten in Ansehung ökonomischer Umstände von nicht geringem Nutzen seyn, wenn solche an einer gangbaren Straße und in einem Orte sich befände, wo eines Theils die Lebensmittel mit minderer Mühe, als hier geschehen muß, zu bekommen wären, anderntheils die Fabrikanten nicht in die Nothwendigkeit gesezt würden, sich aus ihrer Einsiedeley, der Zerstreuung wegen zuweilen in die Stadt zu begeben, wo sie oft in wenig Tagen, wie der Matrose der auf der See keine Gelegenheit hat, sein Geld anzubringen, das wieder aufgehen lassen, was sie in mehrern Wochen verdienen.

Meinen nächsten Brief erhalten Sie aus der Gegend des, an der schwäbischen Gränze liegenden, so berühmten Hesselbergs, und mit diesem den weitern Verfolg meiner kleinen Reise. Ich bin rc.

S.

8.

Nachricht von neuen Kupferstichen; an den Herausgeber dieser Miscellaneen.

Mir schweben noch immer die schönen Meisterstücke der Kupferstecherkunst vor meinen Augen, welche ich einige Tage her zu wiederholtenmalen hier bey Herrn Artaria, gesehen habe.

Dieser artige Mann, der mit einer feinen und richtigen Kenntniß zugleich eine genaue Beurtheilung der Kunstwerke verbindet, und seinen ausgebreiteten Kunsthandel mit Verstand und Klugheit führt, schenkt uns alle Jahr einmal das Vergnügen, mit einem Theile seines Kupferstich- und Musikalienhandels hieher zu kommen, und ist auch hier so glücklich, hin und wieder Liebhaber und ächte Kenner zu finden. Ich würde nicht fertig werden, wenn ich Ihnen nur einen geringen Theil der vornehmsten Producte des englischen Witzes und Kunstfleißes, die er bey sich hatte, anzeigen wollte; es sey mir also erlaubt, nur bey solchen Blättern stehen zu bleiben, welche Theils auf Unternehmung dieser, schon im 13ten Heft der artistischen Miscellaneen gerühmten und noch beständig Talente unterstützenden Kunsthandlung selbst herausgekommen, theils auch von englischen Künstlern aus den Lieblingsromanen unsers Vaterlandes kopirt worden sind. Voraus müssen sie wissen,

wissen, daß nunmehr Hr. Artaria den Verlag des Braunischen und Schmidtischen Cabinets, mithin auch einen Theil der Arbeiten der Prestelschen Eheleute übernommen, und den Vorschuß derselben durch alle Kunsthandlungen Teutschlands besorgt. Das neueste Blatt, welches Frau Katharina Prestel für diesen Verlag in Bister oder braunen Abdrücken verfertigte, ist ein wahres Meisterstück, nach einem Originalgemählde von Dietrich, aus dem Cabinet des Hrn. Lausberg in Frankfurt. Die Landschaft stellt eine wilde, rauhe und bergigte Gegend vor. Im Vorgrunde hebt links eine alte halb verfallene Brücke an, die sich längs den aufgethürmten Bergen herumziehet und in der Mitte von einem darauf befindlichen alten Gebäude unterbrochen wird. Der eng zusammenlaufende Hintergrund verliert sich zwischen Gebirgen, die in der weitesten Entfernung sich endlich in die Gewölke versenken. Vorn am Wasser weiden einige Hirten mit Vieh. Was ich an dieser Landschaft bewundere, ist die kühne Erfindung in Behandlung des Schattens und Lichts. Denn ich habe so leicht nichts natürlichers, nichts erhabeners gesehen, als diese Ruinen und das spiegelnde, unter den finstern Bogen sanft hervorlaufende Wasser. Das leicht hingeworfene Licht macht mit den Vertiefungen eine täuschende Wirkung, daß, wenn die Landschaft in einer gewissen Entfernung betrachtet wird, man nichts natürlichers, nichts beleuchtenders sehen kann. Das Blatt ist auf starkes Papier auf der Seite angeleimt, 2 Sch. 1 Z. lang und 1 Sch. 7 Z. hoch.

Haupt-

Nachricht von neuen Kupferstichen. 67

Hauptansicht der Residenzstadt Wien, und des größten Theils ihrer Vorstädte, vom Belvedere anzusehen, ohne Spatium 13 Zoll hoch und 20 Zoll lang. Eine Fortsetzung der bereits angezeigten Wiener Prospekte. Im Vorgrund präsentirt sich der Garten dieses Pallastes und am Ende desselben das Gartengebäude. Zur Rechten erblickt man das Stift der Salesianerinnen, die daran stoßenden Gärten und Gebäude, links aber in gleicher Distanz, erhebt sich die prächtige Karlskirche und der Schwarzenbergische Pallast mit seinem Garten. Hinter diesen Gebäuden erscheint erst die große Kaiserstadt selbst, die noch einigermaßen durch die dazwischen liegende Aue getrennt wird; alsdann beschließen den Hintergrund sanfte, abwechselnde und sehr gut beleuchtete Gebürge. Das Ganze dieses Blattes, der Fleiß und die richtigen Verhältnisse des Perspektives entsprechen der Erwartung des Künstlers, Hrn. Schütz, vollkommen, der auch hier das Costume genau beobachtet — und den Garten durch seine Staffage sehr unterhaltend gemacht hat. Nebst diesem gefielen mir auch die Bassins und die Färbung des Baumschlags zur Rechten. Wenn nun der Illuminist hin und wieder noch einige Theile gehörig in Schatten legen würde, wie z. B. die Gegend von St. Ulrich bis an die Pfarrkirche in der Alstergasse, auch die Schatten an den Gebäuden hinter dem Schwarzenbergischen Pallast bis zu den Salesianerinnen etwas kräftiger ausdrückte, so möchte der Prospekt sehr viel dadurch gewinnen. Die Dächer dürften alsdann auch nicht so hellroth seyn. Ich werde nicht erst erinnern dürfen, daß einige Stunden vor Sonnenuntergang, der schicklichste Augenblick ist, Prospekte aufzunehmen. Die Morgen sind mehrentheils neblicht, die Mittagsstunden machen zu wenig Schatten, mithin auch keine Haltung, der Nachmittag oder Abend hingegen ist von Dünsten gereiniget, und die niedere Sonne wirkt auf alle Theile einer Landschaft, deren Stralen da eine Parthie beleuchten, dort, wo sie nicht mehr durchdringen können, in angenehme und finstere Schatten versetzen. Das Neue, welches ich auf diesem Blatt bemerkte, sind die Vögel am Horizont, welche die Nummer vorstellen und unten die Gebäude, Kirchen u. d. g. anzeigen, das sonst durch Zahlen geschehen pflegt, aber auch die Prospekte nicht wenig verunstaltet.

Unter die neuern Portraite aus diesem Verlag, gehören vorzüglich:

Gustav III. König von Schweden, von Fabris gezeichnet, und Mansfeld gestochen.

Ferdinand IV. König von Sicilien, gest. von Mansfeld.

Maria Karolina, Königin von Sicilien, gezeichnet zu Neapel von Tagliolini, Mansfeld gest.

Peter Leopold, Großherzog von Toskana, in Florenz von Zoffani gem. und Adam gest.

Anton Raphael Mengs, von ihm selbst gemahlt, eines der neuesten seiner Portraite, und von Adam gestochen.

Ich beschreibe Ihnen ferner eine Sammlung illuminirter, man darf auch sagen gemahlter italiänischer Landschaften, die ich noch nirgends angezeigt gefunden habe.

Nachricht von neuen Kupferstichen. 69

habe. Sie verdienen in Absicht ihres Baumschlages, ihrer Färbung, der getreuen Natur und besonders des italidnischen schönen Himmels, einen Rang, ich will nicht im Ganzen behaupten, doch gewiß in Absicht des Baumschlags, über alle, die ich noch in dieser Manier gesehen habe. Du Cros heißt der Künstler, dem wir die Sammlung zu danken haben.

Le Lac d'Albano. Der See ist mitten auf der Landschaft. Zur Rechten erhebt sich aus dem Vorgrund eine felsigte bewachsene Anhöhe, worauf verfallene Mauern und endlich auf der Spitze ein Landhaus zu sehen sind. Um den See zieht sich links ein erhöhetes Ufer. Der Hintergrund verliert sich in dem heitern Horizont.

Le Tombeau des Horaces & de Curias a Albano. Links ein steiler Felsen mit einem Landhaus, in der Mitte das Tombeau; rechts ein schöner Baumschlag. Im Vorgrund einige weibliche Figuren.

La Grotte di Palazzuolo sur le Lac d'Albano. Felsen, zwischen denen verschiedene Gesträuche hervorwachsen; eine kleine Aussicht über den See, in welchem sich Sonnenstrahlen spiegeln.

La Grotte de Neptune a Tyvoly. Verschiedene Wasserfälle, die sich unten in Staub auflösen, und selbst der ganze Prospekt der großen Felsenmasse, den man hier hinter der gewölbten Grotte sieht, sind ganz Natur. Der Vorgrund ist gut staffirt.

Le Mornis Pontains. Im Vorgrund auf einer Anhöhe der Papst mit Gefolge; ein Ingenieur zeigt einen Riß vor. Römische Wache. Zur Rechten im Ecke zwischen zwey alten Steineichen ein Piedestal mit der Aufschrift: Pio VI. p. m. In der Entfernung die großen Flächen der pontinischen Sümpfe, durch welche sich hin und wieder Gräben und Kanäle schlängeln. Im Hintergrund die See.

Vue de la Vallée de la Riche. Im Vorgrund verbreiten sich die Aeste einer bejahrten Steineiche über den größten Theil der Landschaft, hinter welcher aus dem Thale herauf die reichste Abwechslung eines unverbesserlichen Baumschlages zu sehen ist.

La Cascade de Terny. Voll Mahlerey, voll Schönheit. Das Wasser wird schon auf dem halben Wege seines Falles zu Staub, der wie Rauch sich neben den bewachsenen Felsen heraufdrängt. Unten sammelt sich dasselbe wieder, und ergießt sich noch einmal, ehe es seinen Lauf fortsetzen kann. Der Prospekt geht in die Höhe und wird zu beiden Seiten, mit mahlerisch beleuchteten Bäumen und Felsenwänden eingeschlossen.

La Castatelle de Tyvoly. Viel wilder, als der vorhergehende Wasserfall. Er theilt sich in verschiedene Fälle, und stürzt sich viermal, bis er in das wilde rauschende Bette des Stroms kommt.

Auch der zweite Heft, der bey Wagner in Paris verlegt werdenden von Wolff nach der Natur gemahlten, und unter der Aufsicht des Hrn. Vernet mit eingedruckten Farben herauskommenden Vues remarquables des Montagnes de la Suisse, empfiehlt sich durch Pracht und Aufwand. Er enthält:

1) La Lutshinen portant du Glacier inferieur du Grindelwald.

2) Bachalp au haut du Grindelwald.

3) Chûte de la Tritt, près les fonderies de fer, a Oberhasti, und

4) Chûte de l'Aar au dessus de Guttannen. Zwey herrliche Blätter. Auf erſterem iſt der Regenbogen, wie er ſich im Staub des Waſſerfalls beym Sonnenlicht bildet, vorgeſtellt, wovon uns die Reiſebeſchreiber ſchon ſo viel gerühmt haben.

5) L'hopital ſur le Grimſel. Ein ungemein ſchönes Blatt, ſanft und weich.

6) La Groſſe pierre ſur le Glacier de Vorderaar. Eine ungeheuere Felſenmaſſe, oder Brocke iſt hier durch wunderbare Spielung der Natur auf einem pyramidalen Eisberge oder Gletſcher ſitzen geblieben, davon der größte Theil in der Luft ſchwebt.

7) Les Luteurs ſur le remparts de Berne Lundi des Paques, peint d'après nature par Marquard Wacher fils, terminé par Janinet. Ein die Schweitzerſitten ſehr gut charakteriſirendes Blatt. In dem Kreis einer großen Menge Volks ringet ein Paar miteinander. Bemerkenswerth fand ich, daß die Vordern im Kreis (unter welchen zugleich die Kinder ſich befinden) ſie mögen vom Stande ſeyn oder nicht, entweder auf der Erde ſitzen, oder knien, damit die hintern bequemer über die erſtern hinwegſehen können, und dadurch zugleich ein großer Theil des Raums gewonnen werde. Außer dieſen befindet ſich viel Volk auf den Bäumen, Gerüſten und den Stadtmauern.

Endlich einige engliſche Blätter, die ſich wegen ihres intereſſanten Inhalts empfehlen.

Werther contemplatiny on Charlottes Wedding-Ring. Defignit by H. Kingsberg. Die Handlung ist aus der Stelle: „Heut saß ich bey ihr — saß, sie spielte „auf ihrem Klavier, manchfaltige Melodien und all „den Ausdruck ꝛc." Werther sitzt voll Schwermuth der Lotte gegenüber, und es scheint, daß er weder auf die Töne des Klaviers einige Aufmerksamkeit hat, noch das Kind beobachtet, welches mit der Pupe auf seinem Knie spielt. Werther ist voll Ausdruck, aber Lotte scheint nicht so viel dabey zu fühlen. Besser ist das Gegenstück, wo sich der Künstler mehr in die Geschichte hineingedacht hat.

The Laſt Interriew of Werther and Charlotte. James Northcoli pinx. C. Knight fc. — „Er widerstand „nicht, ließ sie aus seinen Armen, und warf sich „unsinnig vor sie hin." Er hält ihre Linke mit beiden Händen und benetzt sie mit Thränen, indem sie die Rechte vor die Stirne hält und vorwärts gebogen der Thüre zueilt. In ihrem Gesicht ist Wehmuth und Bitterkeit ausgedrückt, und die runzelden Augenlieder Werthers laſſen bemerken, daß es nun mit ihm aufs äuſſerſte gekommen sey. Die ganze Vorstellung ist sehr rührend. Beide Blätter sind in rundem Format in Regalfolio bunt und einfärbig abgedruckt.

Sorrows of Werther. Ramberg Inv. F. Bartolozzi fc. Hier hat Lotte eine begeiſternde empfindsame Stellung am Klavier angenommen. Sie singt dabey, ist voll Bewegung und im größten Affekt ihres Spiels. Werther sitzt, den linken Arm auf das Klavier stutzend, tiefsinnig gegenüber, mit unverwandtem Blicke auf Lot-

Lottens Finger, woran sie den Ehering hat. Das
Kind, welches zwischen seinen Füßen spielt, ist außerordentlich schön und liebenswürdig.

Das Gegenstück ist von dem nemlichen Meister und
der Augenblick gewählt, wo Lotte dem Jungen die
Pistolen giebt. Albert sitzt an seinem Schreibtisch und
man erräth an ihm den fragenden gleichgültigen Blick,
wegen ihrer Zögerung: Was denn das geben sollte?
Lotte ist in tieffster Bewegung und ihr Gesicht voll
Schmerz und schrecklicher Ahndungen.

Am meisten nahm mich ein Blatt aus Yoriks
empfindsamen Reisen ein. Die Vorstellung ist der Puls
und die Handlung nach dem Text Seite 142. "Fühlen
" Sie ihn rc." Yorik sitzt an ihrer Seite. Seine
schalkhaften Augen, deren Blick der schönen Kauf-
mannsfrau begegnen, drücken alles aus, was sich zur
Geschichte denken läßt. Sie macht eine vertrauliche,
zuversichtliche und erwartende Mine gegen Yorik, von
dem sie mit Begierde die Weissagungen des Pulses zu
erfahren hofft. Northcole inv. Parker sc.

Auspach u. s. w.   R.

9.

Jakob Dorner. *)

Im Jahr 1741 ward dieser Künstler zu Ehrenstätten, einem Marktflecken bey Freiburg im Breisgau, gebohren. Die Künste riefen ihn schon früh in ihren Tempel. Nösch, Mahler zu Freiburg, war der erste, der die Wünsche des sehnsuchtsvollen Knaben zu befriedigen suchte; indem er ihm selbst die Anfangsgründe der edlen Mahlerkunst beibrachte. Mit flammenden Eifer zu höhern Dingen, verließ er im Jahr 1759 sein Vaterland, reißte nach Augsburg, Trient, Padua, Venedig; besonders dort legte sich der Jüngling auf die Studien des höhern Geistes, welchen er in den Gemählden der großen Italiäner erblickte; hier blieb er, so lange es ihm sein mäßiges Geld erlaubte; dann nahm Teutschland den Lehrling der Römer und Griechen wieder in seine Arme zurück. Er mahlte in der Gegend von Memmingen eine Kirche in Fresco, auf welche Art Mahlerey, vom italiänischen Stil angefeuert, er sich damals verwendete. Itzt besucht er Augsburg zum zweitenmal, und hilft Mages verschiedene Häuser auf nassen Kalk mahlen. Im Jahr 1761 lockten ihn die Künste nach München, jener berühmten Stadt Teutschlands, welche sich die Huldgöttinnen schon vor alten Zei-

*) Aus dem Pfalzbairischen Must, vom J. 1786. St. 6 u. 7.

Zeiten zu ihrem annehmlichen Wohnplatz ausſonderten. *) Die zwo vortreffliche Bildergallerien, zu Schleisheim, und jene in der hieſigen Burg. Eine Nation, welche ſehr viel Anziehendes für ihn hatte: gewiſſe biedere, teutſche Redlichkeit, ſo da herrſcht: Freunde **) — hielten ihn zu München feſt. Der damalige Galleriedirektor von Jasmann führte den jungen Mann dem liebreichen Maximilian Joſeph vor, und übergab zugleich ein Bruſtbild von dieſes Künſtlers Hand dem Durchlauchtigſten Fürſten; die Wirkung war, daß Dorner im Jahr 1762 ſchon als Hofmahler angeſtellt und mit dem Bedinge die Stelle eines Generalinſpektors verſah, vier Cabinetsſtücke nach Gerard Dows Geſchmacke, jährlich zu liefern. Man zählte 1766, als der Kurfürſt ihm befahl, ſeine Künſte zu bereichern, eine Reiſe nach Niederland, Frankreich und England vorzunehmen. Düſſeldorf war der erſte Ort, der den Reiſenden an ſich zog; die

Schätze

---

*) Oeffentliche ſowohl als Privatgebäude waren ehemals mit guten Schildereien angefüllt; noch ſtehen Denkmäler aller Orten, was die Künſte hier verrichteten: indeſſen haben Britten, Holländer und Schweizer auch ſchon ſo manches mit ſich fort.

**) Unter ſeinen Gönnern, deren Andenken ihm immer noch ſo ſchätzbar iſt, ſind — — der ſel. Herr von Bergmann, Stadtoberrichter, ein Mann von großen Kenntniſſen: Baron la Fabrique, und beſonders der damalige Kunſtfreund, von Jasmann, deſſen Verdienſte geziemend zu rühmen wir an ſeinem Orte nicht unterlaſſen werden.

Schätze der niederländischen Schule, die dort verwahrt werden, hatten für ihn unwiderstehliche Reitze; er sah hier ein Kolorit, das außer Titian und Coreggio in ganz Italien vermißt wird; zwey volle Jahre wendete er darauf, die Geheimniße der niederländischen Färbung zu durchdringen: hier war es, wo ihn der königl. brittische Antiquar Alton, der zugleich nebst Kunstsachen für seinen König zu kaufen, auch Künstler anzuwerben hatte, mit vorzüglichen Verheisungen an den Londner Hof einlud; doch die Reise nach England ward durch kurfürstl. Befehl gehindert. Amsterdam Harlem, Leiden, Haag und Rotterdam waren die Städte seines fernern Aufenthalts und seiner Arbeiten, welche er hinter sich ließ. In Antwerpen macht er sich zum Hauptgeschäft, die Akademie zu besuchen; unter den neuankommenden Fremden, welche um den Platz zeichneten, erhielt er den Ersten: eine Krone junger Schüler umgab ihn, denen er seine Kenntniße mit aller Herzensfreude, so, wie es seine Sitte noch immer ist, mittheilte. Nicht ohne Thränen riß er sich von ihnen los, seine Reise über Brüssel nach Paris fortzusetzen. In dieser vollreichen Stadt sah er alles, was seiner Sehnsucht nach den Schönheiten der Kunst, Nahrung verschafte. Er mahlte das Portrait des großen Kupferstechers Wille, und durch mehrere Briefe von Freund Saßmann zurückberufen, erschien er zu München wieder. Er legte die auf seiner Reise eingesammelten Früchte zu den Füßen seines Souverains; die Belohnung war ein besserer Gehalt, und die wirkliche Stelle eines Generalinspektors.

Im Jahr 1774 verfertigte er auf Ansuchen einer hochlöbl. gfstl. Rathsschulkommißion den Plan zur Zeichnungslehre für die kurbaierischen Schulhäuser. Zu München versah er selbst die Stelle des Zeichnungslehrers 4 Jahre lang; überließ dann selbige wegen überhäuften andern Arbeiten einem wackern Manne, Namens Ott. — —. Itzt nahm Carl Theodor die Musen in Schutz. Dorner wird der jährlichen Arbeit der einzuliefernden 4 Cabinetsstücke überhoben, zum wirklichen Hofkammerrath, und nach der zu München eingerichteten Gallerie im Hofgarten zum zweiten Direktor erhöht. *)

Dieses ist die Skizze der Lebensumstände des Künstlers, von dessen Pinsel ich itzt reden werde. — Der Mensch, der Geist und Seele hat, weiß, was es für ein großes Leeres ist, mit Würden, Ehren und Besoldungen, mehr als eine ägyptische Mumin mit hieroglyphischen Amuletten umwunden zu seyn; er bedauret die Geduld des Marmors und des Metalls, das so oft zum Werkzeug dienen muß, der Welt eine ungeheure Lüge vorzusagen; was sind Helm und Schwerdter, wenn sie nicht ein Held getragen? Verdienste, welche Dichter und Redner preisen, ohne die Thaten? Das ist jene Sai-

*) Unser erster Galleriedirektor ist Johann Nepomul, Edler von Beigenfeld, Reichsritter und kurfürstl. wirklicher Hofkammerrath. Wie erhaben der Geschmack dieses vortrefflichen Herrn für die bildende Künste ist, beweißt unter andern sein Gemähldekabinet, welches ohnstreitig itzt die beste Privatsammlung in München ist.

Seifenblase der Eitelkeit, über welche die Weisen klagen, die größte Thorheit der Menschen, welche auf das Kapital einer Null stolz sind, weil sie mit einem albernen Griffel geschrieben ist. Es giebt Menschen, wie die Krebse; sie müssen öfters zurück auf ihre Ahnen kreisen, da andere Menschen vorwärts gehen; einige sind wie das dreymal selige Kameel, das von Damaskus nach Mekka reiset und *) Windfahnen auf dem Tempel des Rufs. Die That ist wie das Gewissen; Richter und der Schuldige zugleich; sie allein entscheidet über unsern wahren Werth. — Ich würde dem Künstler und dem Gelehrten also wenig Ehre erweisen, wenn ich sein Verdienst blos nach dem äußerlichen Putz beurtheilen wollte; **) den erhielt

auch

---

*) Dieses Kameel wird von den Türken als hochheilig gehalten, und mit ganz sonderbarer Inbrunst verehrt, weil es das Glück hatte, auf seinem Rücken Schätze zu Mahomeds Grabe zu tragen. Ein sehr treffendes Sinnbild der Reichen, deren Verdienst blos im Golde besteht, das ihnen die Natur durch eine wohlthätige Geburt aufgepackt hat. Auch ein Sinnbild derjenigen, welche auf erhöhten Stufen am Throne der Ehre stehen und reiche Einkünfte genießen, und dennoch außer lasttragenden Schultern weiter keine Fähigkeiten besitzen.

**) Ich schmeichle mir, daß, wenn ich eine besondere Recension liefere, die ohne Empfehlung zu haben ist, ich auf gewisse auszeichnende Bestimmungen sehe, aus denen der Charakter der Sache jedem in die Augen leuchtet; auch etwas Neues sage und mich weder in Lobsprüche ergießen will, welche den Recensenten erschöpfen, und den Mann, der gelobt wird,

scham-

auch schon so mancher in der Welt, der es nicht verdiente; das Glück ist eine ungerechte Königin.

Dorner nach vollbrachten italiänischen Studien legt sich auf den Geschmack der Niederländer, welche sich im Kolorit vor allen Schulen auszeichnen. Gerard Dow's Delikateß unaufhörlich zu betrachten, und Frans Miris Kühnheit *) war seine mühsame Be-

schamroth machen; noch verlange ich jemand an den Pranger zu stellen. Ich muß es gestehen, daß die Recension, nachdem man sie für jede Klasse um ordentlichen Preis, wie die Weine süß und sauer, nur wie man's wünscht, haben kann, ihren Werth beinahe ganz verlohren hat. Es ist einem gescheidten Manne so wenig dran zu thun, ob er in einer Recension gelobt oder getadelt wird, als wenn ein Wind durch seine Locken bläst oder eine Mücke an der Stirne vorüber summt. Er weiß, daß es mit der Recension gerade ähnlich aussieht, wie mit der Versteigerung. —

*) Ich verweise den Leser an die Gerard Dow's, welche die kurfürstl. Gallerie bewahrt; die Kastanienbraterin; die Frau, welche den Knaben kämmt; das Angesicht des Mädchens, das Wasser ausgießt, wie auch das unternstehende Bastrellief, um von der Feinheit des Pinsels zu urtheilen. Man betrachte dagegen die Miris: das Frauenzimmer im rothen Pelz mit den Austern; die Lautenschlägerin; das Frauenzimmer mit dem Papagey; um von dem ananderstrefflichen Schmelze zu urtheilen, welcher mit so vieler Kühnheit verbunden ist. In der Reinigkeit des Kolorits überwindet keiner den andern; der erste aber hielt zu viel auf Reinigkeiten, und seine Harmonie ist nicht so ruhig, wie jene des Miris. Hätte dieser auch die Lichter ordinirt,

wie

Beschäftigung; und darin brachte er es auch so weit, daß man ohne Schmeicheley sagen darf, er sey in der Reinigkeit der Schatten und dem Helldunkel ein sehr großer Meister. Seine erstern Stücke, die er in diesem Geschmack verfertigte, waren meistens Gesellschaften nach niederländischer Art; einige sind hier zu sehen; die meisten wurden nach Wien, der Schweitz, Holland, den Niederlanden, Frankreich, Engelland und Italien versendet. Er schien für diese Art Mahlerey gebohren zu seyn; indem er nebst reinem Kolorit die allgemeinen Leidenschaften der Menschen, besonders gut ausdrückte; *) doch sein Geist klebte nicht zu lange an dieser Schaale. Die niederländischen Kleinmahler sind doch meistens nur Schmetterlinge der Kunst; über das Kolorit und die gemeinen Leidenschaften schwangen sie sich wohl niemals hinauf; sie blieben auf Blumen sitzen, und vergaßen über ihren schönen Farben den Honig.

Die Heldengeschichte, auch die hohe Allegorie, hatte viel Anziehendes für ihn; er durchblätterte die Geschichten der Römer und Griechen, nahm auch nicht selten

<small>wie Correggio: so würde man Correggio im Hohlspiegel sehen, wenn man eine Miris betrachtet. Ueberhaupt, wenn man die niederländischen Kleinmahler beurtheilen will, muß man die Natur im Hohlspiegel dagegen halten.

*) Wie schwer das ist, reine Schatten zu mahlen, weiß nur der, der sein Studium darauf richtet; das kann blos durch Lasuren geschehen, welche die Stelle der Zwischenluft zu vertreten, wie relaugefärbte Gläser übereinander liegen müssen.</small>

Jakob Dorner.

ſelten Gegenſtände aus dem heiligen Text und brachte ſie mit vielem Beyfall in ſeine Gemählde. Ehe ich
aber zu dem Geiſtesausdruck ſchreite, das Meiſterſtück
der Kunſt, woran er gegenwärtig ſeine ganze Seele
heftet, will ich etwas von ſeiner Kompoſition oder
Zuſammenſetzung, ſagen. Nicht die Anzahl der Figuren, ſondern die Auswahl derſelben, beſtimmen ſeine
Gruppen; und wirklich ein kluger Mahler, wenn es
nicht die Noth erfordert, ſoll ſich für Volksmenge hü-
ten; wenige waren hierinnen noch glücklich. Dieſe
Gruppen weiß nun Dorner ſo ganz vortreflich anzu-
ordnen; weder leer noch überfüllt ſind ſeine Gemählde;
eine ganz unſtudirte Pyramidalform leuchtet heraus;
er weiß Stillſtand und Bewegung ſo zu wählen, daß
eines dem andern auf die gefälligſte Art widerſpricht.
Seine Lichter ſind nach Correggios Methode in große
Maſſen vertheilt, und wieder große Schatten nehmen den angeſpannten Blick des Auges liebreich
auf. Alles iſt mit Zwiſchentönen ſo durchwebt, daß
auſer der Hauptparthie keine ganze Farbe erſcheint;
worin eben der Zauber der Harmonie beſteht. Auch
weiß er durch Kleidung, Anſtand, Beleuchtung und
Handlung, die Perſonen immer ſo merklich zu machen,
daß man bey dem erſten Anblick darauf weiſen kann.
Sein Beywesen erhöht auch die Gruppen ungemein.

Der Ausdruck des Geiſtes iſt eigentlich jener
Strahl der Allmacht, welcher aus des Mahlers Seele in das Gemählde hinüber flieſſt, ein Ergießen ſeiner
ſelbſt in das Bild, welches dadurch belebt wird, das
ſich nicht anders als durch die Würkungen erklären
läſt

läßt. Die Regel hält hier den Finger auf den Mund; die meisten Antiquen sind vergessen; der Zirkel liegt ruhig zur Seite; der ganze Mechanismus der Kunst tritt zurück, wenn Seelen ihr Ebenbild erschaffen. Wie schwer dieser Theil der Mahlerey sey, erhellt schon aus dem daß man die größten Gallerien durchgehen darf, und die meisten Stücke ausdrucklos findet; oder die Ausdrücke sind in Regeln gepreßt, daß sie beynahe alle Würkung verliehren *) Dorner hat sich dieses Kleinod der Kunst itzt zum einzigen Geschäfte gewählt. Die Fertigkeit, die er in den übrigen Theilen sich schon so ganz eigen machte, hat alle Hindernisse weggeräumt, die sonst der besten Fähigkeit, seine Seelenkräfte auszugießen, im Wege stehen. In Wahrheit, der Mahler, der seinen Geist dem Gemählde mittheilen will, muß das mechanische der Kunst so ganz inne haben, wie der Komponist auf dem Klaviere, die Hämmer und Akkorde. In einer Probe des Geschmacks, wie weit es Dor-

*) Ich will meinen Lesern ein sehr begreifliches Beyspiel vor die Augen legen. Man betrachte den rasenden Herkules des Dominichino, wie er seine Kinder ins Feuer wirft; man betrachte in Rubens Kindermord den Soldaten, der ein Kind am Pfeiler zerschmettert; diese zwey Gemählde liegen so nahe bey einander, daß man sie fast zugleich und mit einem Blick übersehen kann. Denkt dem rasenden Herkules statt der Löwenhaut eine andächtige Kapuze hinzu; ihr seht das Bild eines ganz frommen Mannes vor euch, der in seinem Leben nicht ein Glas zerbrach, da im Gegentheil der zuschmetternde Soldat so ganz Leben und Geist ist.

ner in diesem Theile der Kunst gebracht, *) will ich ein
Stück rgenstren, das erst vor einigen Wochen die Staf-
feley verließ. **) Cimon, ein alter Athenienser, wurde
eines Verbrechens wegen, dem Hungertod im Kerker zu
sterben, verurtheilt. Pero, seine Tochter, erhielt durch
die merkwürdigste That sein Leben, indem sie ihn mit
ihrer Brust ernährte. ***) Der allgemeine Fehler der
Mahler ist, daß sie gleich mit dem nächsten besten Umstand der Geschichte zufrieden sind, und, das Schöne her-
auszuheben, eben so wenig vermögen, als der Schwarm
der Komödiendichter, welche meistens immer einerley
Gequäcke haben, um das Neue unbekümmert ****)

F 2   Aber

*) Die hiesige Gallerie besitzt mehrere Stücke von ihm, wor-
in man seine beyden Style sehen kann. Sein Zahnarzt
und der Bilderpritschler sind auszeichnende Beweise
wie gut er das Allgemeine zu schildern wisse, ohne ins eigenthümliche der Denners, Ostade und Browers zu fallen; Auf
der Kranken Frau ist schon edler Schmerz gezogen; Er.
habenheit in dem Tode Lucretiens; das Porträt
seiner Eltern, und zwo Landschaften zeugen von einer
besondern Fertigkeit, die er sich auch in diesen Theilen der
Kunst erwarb. Eine nähere Beschreibung dieser Stücke
wird mit der Beschreibung der Gallerie folgen, welche die
pfalzbayerische Muse zu liefern versprach.

**) Auf Kupfer. Kleine Figuren.

***) Valerius Maximus. V. 4. Ext. 1.

****) Wie in den meisten Schauspielen die Charaktere nicht neu
und ausschreibend sind; so steht man auch nur das alltägliche
auf den meisten Gemälden; das Neue, das Aufgesuchte
ist so selten, als eine Engelerscheinung. Ich will zum Beweiß, wie der Künstler das Schöne herausheben soll, ein

Ge-

Aber dieses Gemählde ist von ausgesuchter Erfindung. Dorner wählte den Augenblick des Nachdenkens der Tochter, daß nun bald ihr der Lebenssaft ausbleibe, und sie außer Stand gesetzt werde, ihren Vater von dem grausamsten Tode ferner zu retten. Hager und ausgezehrt liegt der Vater zu den Füßen seiner Tochter, hält seine Retterin fest im Arm, wie Menschen in den letzten Augenblicken thun, einem gewaltsamen Tode zu entrinnen; man sieht die äußerste Anspannung im ganzen Nervensystem, das Bestreben seiner letzten Kräfte, das heißhungrige Ansichdrücken der Brust, das Ausschlürfen des letzten Tropfens Lebenssaft, dessen Verlust die Natur ist nicht mehr zu ersetzen vermag; noch hungert ihn sehr, aber die mütterlichen Eingeweide versagen ihren Dienst. Dieser Jammer, dieser Schmerz, ihren Vater nicht mehr nähren, nicht retten zu können, ist

*Gemählde des Guido anführen. Dieses Stück in der kurfürstlichen Gallerie zu Mannheim stellt die Kreuzigung des Erlösers vor; man weiß, wie der Künstlerpöbel diesen Stoff behandelt. Was that Guido? er nimmt die Allegorie zur Gehülfin. Knieende Engel in Stellungen des Jammers trocknen das vergossene Blut auf; in der Entfernung steht er, weinend die Rotte der Henker. Jesus Christus, Mittler zwischen Gott und dem Menschen, schwebt in der Mitte zu größerm selbem Blutpfer. Die edle Bildung des Menschenfreundes, welche Guido recht göttlich machte; die schöne Proportion des entblößten Körpers, ein Maaß zwischen Antinous und Apoll; das Hinüberschweben; die Engel; — das zerstört so ganz die pöbelhafte Idee eines Missethäters eines sterbenden Menschen, und weit die Seele zu hohen Schmerzen und Entzückungen auf.

ist in der Tochter lebhaft geschildert, welche hofnungs-
los, vom Stein, auf dem sie sitzt, und an den ihr Vater gefeßelt ist, beklommen zum Himmel aufringt;
die Hand reicht zwar dem Greise die Brust, aber das
über die Schulter ihres Vaters zurückgesenkte Angesicht, das in Thränen schwimmende Aug, der seufzen-
de Mund, die zerstörte Mine, verräth die schmerzen-
volle Bangigkeit, die Unmöglichkeit, die Verzweiflung
kindlicher Liebe. Der Säugling, welcher, des menschlichen Elends noch unwissend, neben der Mutter ruhig
auf der Erde schläft, giebt durch den wohlangebrach-
ten Kontrast der Handlung einen neuen Schwung.
Uebrigens ist ein düsterer Kerker, von dessen Seite furcht-
sames Schlaglicht hereinfällt, der Ort dieser gefühlvollen Scene. Das Helldunkel hierin ist ein Meisterstück;
der Ton ist falb-gräulicht; man glaubt in der Zwischenluft herumgehen zu können, so täuschend sind die
Lassuren der Entfernungen. Die Anordnung besteht
aus zwo Gruppen; Tochter und Vater, hebt sich von
der Mitte die Hauptgruppe; der erstaunte Kerkermeister mit der Wache hinter einer geöfneten Thür eine
etwas entfernte Seitengruppe; er scheint den übrigen
Stillschweigen zu gebieten, in dem frömsten Geschäfte
der kindlichen Liebe die Tochter nicht zu stören. Allgemeine Züge und Stellungen, und Kontraste bezeichnen zwar diese Menschen, denen man aber Ernst und
Erschütterung ansiehet, auch dadurch wird die Hauptgruppe edler, *) und erhöht das Mitleid, daß die Zuschauer

---

*) Das allgemeine als eine Nebensache betrachtet, erhöht den Haupt-

schauer schmelzt. Sonst sind Farben, Beleuchtung, Abweichung, das Ineinanderschweben der Zwischentöne, nebst der reinsten und gar nicht daßglichen Ausarbeitung nach Regeln der Optick und der Harmonie gar wohl verbunden; doch bleibt immer der Ausdruck des Geistes, das Meisterstück dieses Gemähldes — der so schwer ist, den so wenig Künstler erreichen. — — Soll ich von Dorner mein Urtheil in wenig Worten sagen; so ist mein Behaupten, daß wenn der Künstler auf dem festen Vorsatze bleibt, nur dem höhern Geistesausdrucke nachzuspüren, sich allein auf die Allegorie und Heldengeschichte legt, besonders aber ruhige und stille Leidenschaften studirt *); Sein Bild neben

van

Hauptgegenstand, wie des Wolf den König; nur darf es nicht ins Ekelhafte übergeben, wie der Beisler im bekannten Schauspiele der Bürgermeister; denn das Ekelhafte kann niemals in Verbindung mit dem Schönen bestehen.

*) Diejenigen Leidenschaften, welche in dem Nervensystem keine große Veränderungen verursachen, sind am schwersten zu schildern. Die Grazien im Florgewande und in der dunkeln Höhle die keusche Venus; erlaubens stille Wehmuth die Größe der Tochter Jephta; Jeremiäens Leiden; das Hoffen auf die Unsterblichkeit; der ruhige Geist des sterbenden Seneca; die Entschlossenheit eines Kodrus; das Vertrauen oder das siegesfrohe Antlitz der Judith; die Weisheitslinien des Salomons — — so ein schmelzendes Adagio Glucks auf Sterns empfindsamen Flügel ist auch der prächtigsten Symphonie eines Halben weit vorzuziehen. Beyspiel in diesem Fache ist das Porträt von van Dyck St.

mehr

van der Werff *) unter den großen Mahlern dißseits der Alpen im Tempel der Ehre schimmern wird.

10.

Vermischte Nachrichten.

1.

Der König von Großbrittannien hat den berühmten Herrn Robert Strange Esq. zum Ritter erhoben.

2.

Eine überraschende Augenweide gewährten vor einiger Zeit dem Herausgeber dieses Museums Abbildungen Schmetterlingen, ganz nach der Natur und so von täuschend gemahlt, daß man beym ersten Blick sie in ihrem niedlichen geschmackvollen, mit Glas bedeckten Rahmen für wirkliche Schmetterlinge halten sollte **).
Der Werth dieser schätzbaren und in Ansehung der Kunst die Seppische übertreffende Sammlung wird

noch mahlin auf hiesiger Gallerie; der ganze Character dieser Frau steht auf ihrem Angesicht.

*) Dessen ansehnlichste Gemäldesammlung zu Düsseldorff ist. Er wußte den Schmelz der Niederländer mit geistreichen Erfindungen zu verbinden. Schade, daß seine Dirnen ein wenig ins Elfenbeinartige fallen. Das Ecce homo Bild ist eines der schönsten Stücke von diesem Meister zu Düsseldorff.

**) Wenigstens scheinen die Flügel nicht gemahlt, sondern von den Schmetterlingen selbst abgezogen.

noch dadurch erhöhet, daß unter jedem Vogel ein reizendes Landschäftgen meistens, wie es scheint, Rheingegenden in einer sehr angenehmen Manier getuscht erscheinet. Die Formen der äußeren, schwarzgebeizten und innen vergoldeten Rähmchen sind theils viereckigt, theils Medaillonförmig. Alle aber sind in Bücherformen auf grünen Taffet befestigt; so daß man äußerlich eine Reihe von Quartanten zu sehen glaubt. Auf dem Rücken eines jeden steht. Ars imitatrix Naturæ T. I. u. s. w. — Nun, und der Urheber? wird man fragen. Ist, antworte ich, ein jetzt 73jähriger Mann, der ehemals Amtsrath in Hessen-Homburgischen Diensten war, der aber seiner Lieblingsneigung halber quittirte, nun seit zwanzig Jahren in Burgfriedberg privatisirt, und sich einzig und allein mit dieser Natur- und Kunstsammlung auch noch ist, beschäftiget. Er heißt Schatzmann. Noch weit schöner und mannigfaltiger, als die Abbildungen in Quartformat, sollen acht Foliobände seyn, die der Herausgeber des Museums nicht gesehen hat. Außerdem besitzt er auch eine große Sammlung natürlicher Schmetterlinge. Einen so trefflichen Künstler dem artistischen Publikum vorzuführen, hält man für desto verdienstlicher, je länger dessen Bescheidenheit solche Talente im Verborgenen gehalten hat.

3.

Im Journal de Paris von diesem Jahr Nro. 347. wird von einer Dame etwas erzählt, das allen unsern mit Kupferstichen à la Chodowiecki ausgeschmückten Büchelchen ein trauriges Ende machen würde, wenn es allgemein und ein Nationalfehler werden sollte; zum Glück

Vermischter Nachrichten. 89

Glück ist es nur individuell, aber doch so sonderbar daß es verdient, bemerkt zu werden. Eine junge Dame fand sich in einem Hause in einer Versammlung in der man weder zu spielen, noch über den Nebenmenschen zu lästern pflegte. Ihr Witz und ihre Artigkeit gefiel allen Anwesenden. Plötzlich erblaßt sie, verdreht die Augen und der Tod sitzt ihr auf den Lippen. Man hatte alle Mühe von der Welt, sie wieder zurecht zu bringen und nun erzählte sie: daß sie von ungefähr auf einem Arbeitstischchen eine Schrift des Herrn von Florian mit dem voranstehenden Kupfer erblickt und dies ihr solche Angst und Beklemmung verursacht hätte; denn Spielkarten, Kupferstiche, Gemählde könne sie zwar sehen — aber in keinem Buche, und dies seit sie einmal in ihrer Kindheit aus einem Buche das Portrait Ludwigs XIV. ausgeschnitten, ihr Vater dazu gekommen und ihr mit drohenden Worten, die alle ihre zarten Nerven erschüttert hätten, zugerufen habe, daß wenn sie dies noch einmal thun würde, lauter Teufel aus dem Buch oder Bilde herauskommen sollten. Weder Religion, Philosophie, Medicin, noch Alter und gesündere Begriffe hätten sie bisher von diesem Uebel befreyen können. Der Erzähler verbrämt nun diese Geschichte noch mit andern Antipathien, z. B. daß Heinrich III. in keinem Zimmer wo eine Katze war, bleiben konnte, daß ein Herzog von Epernon vor einem Haasen gezittert und der Marschall d'Albert bey einem Tractament durch den Anblick eines Spanferkels in Ohnmacht dahin gesunken; daß Joseph Scaliger beym Anblick vom Brunngreß an allen Gliedern gezittert habe, daß der Cantzler Bacon eine Ohnmacht bekam, wenn eine Sonnen- oder Mondsfinsterniß einfiel, das Bayle das Rauschen des Waßers, wenn es aus einem Hahnen herauskam, nicht aushalten konnte; daß ein gewißer sehr frommer Mann, wenn er das 53ste Cap. Jesaiä verlesen hörte, alle Sinnlichkeit verlohr, daß la Mothe le Vayer keinen Violinstrich aushalten konnte und Catharine von Medicis der Geruch der Blumen auch dann noch zuwider gewesen, als sie nicht mehr selbst Rose — vor Mangel, Hunger und Kälte dem Tod nahe war und was dergleichen Historielchen mehr sind, die man bis ins Unendliche fortführen könnte.

4.

Der im vorigen Jahre leider zu früh verstorbene Herr Assessor Hartlaub in Regenspurg hat bekanntlich eine sehr zahlreiche, auserlesene und mit den seltensten Stücken prangende Sammlung von Kupferstichen veranstaltet, die nunmehr, zu Folge eines dem Herausgeber dieses Museums zugeschickten Verzeichnißes derselben im ganzen verkauft werden soll. Sie besteht aus 36900 Blättern, worunter die seltensten vom Anfang der Kupferstecherkunst bis auf Albrecht Dürer, und viele andre Seltenheiten (z. B. Rembrands Original vom Bürgermeister Six) sind; außerdem die herrlichsten und kostbarsten Stücke neuerer Meister von allen Schulen. Was aber die Sammlung noch schätzbarer macht sind 9 geschriebene Verzeichniße von den Werken einzelner Meister in 9 Foliobänden, welche die gründlichsten und nützlichsten Anmerkungen enthalten,

und

Vermischte Nachrichten.

und an welchem der Verstorbene viele Jahre lang mit dem eifrigsten Fleiß gearbeitet hat. Dieser ganze Schatz wird für 25000 Gulden rheinl. oder 5000 Dukaten feil geboten. Möchte er doch in unserm teutschen Vaterlande bleiben!

5.

Berlin am 6ten Febr. Bey der am 3ten d. M. gehaltenen monatlichen Versammlung der königl. Akademie der Künste und mechanischen Wissenschaften, wurde die Demoiselle Felicitas Tassaert, Tochter des verdienstvollen königl. Hofbildhauers und Rektors dieser Akademie, Hrn. Tassaert, die durch unermüdeten Fleiß und Kultur ihres vorzüglichen Talents zur Mahlerey sich darum ganz besonders auszeichnet, und bereits vortrefliche Stücke von ihrer Arbeit geliefert hat, die bey der vorjährigen öffentlichen Kunst-Ausstellung den algemeinen Beyfall den Kenner erhalten, einstimmig zum Ehrenmitgliede der Akademie ernannt, und beschlossen, ihr das gewöhnliche Patent darüber auszufertigen.

6.

Berlin, im Januar. Es ist gegenwärtig ein Italiener, Namens Poggi, hier, der in London als Verleger und Mahler etablirt, und zwey merkwürdige Gemälde, Bataillen von einem amerikanischen Obersten Trumbull gemahlt, besitzt. Poggi versichert, dieser Mann mahlte nur seit drey Jahren unter West.

Anweisung. Trumbull habe sich von Jugend auf wider Willen seiner Eltern, mit allem dem, was in die Mahlerey einschlägt, abgegeben. Während des englisch-amerikanischen Krieges habe er Kriegsdienste genommen, sey während desselben nach London gegangen, um bey West zu studiren; sey als Spion arretirt, endlich aber wieder losgelassen worden, sey nach Hause gereist, und habe bis zu Ende des Krieges allen amerikanischen Feldzügen beygewohnt. Nachher sey er wieder nach London gereist, und habe diese Bilder gemahlt. Das eine ist der Angriff der Engländer auf Bunkershill, wo General Warren blieb. Das andere ist die Belagerung der Festung Quebeck, wo Montgommery ums Leben kam. Ersteres hat viele Vorzüge vor letzterem. Der Ausdruck, die Farbe, der Pinsel, die Beleuchtung, die Haltung, alles, alles ist schön; die Personen sollen treffend ähnlich seyn. Ist dies nicht ein herrliches Beyspiel eines drangvollen Genies, das der Welt bekannt zu werden verdient? — Unser Berger arbeitet nun in der beliebten englischen punctirten Manier. Er hat bereits zwey angenehme Blätter herausgegeben. Das erste ist nach Angelika Kaufmann, und stellt die bildenden Künste vor. Das andere ist nach der in Silberstift gezeichneten Manier von Graf in Dresden. Beyde ganz vortrefflich gerathen! Bald werden wir mehr von ihm in dieser Art erhalten.

7.

Nürnberg. Hat Johann Ludwig Stahl allhier, ein noch junger, viel versprechender Künstler, hat

Vermischte Nachrichten.

hat zu Anfang des Februars jetzigen Jahres einen Nachstich nach Chodowiecki's vortreflichen Blatt: Ziethen sitzend vor seinem König, herausgegeben, und zwar über die Hälfte verkleinert. Er hat einige Monate daran gearbeitet, und das ganze Werk mit möglichstem Fleiße ausgearbeitet: es sind auch die darauf vorkommenden Personen dem Original getreu, sehr wohl getroffen. Uebrigens wäre unnöthig, mehr zu dessen Lobe zu sagen, da dieses Blatt den Beyfall der größten Nürnbergischen Künstler und Kenner erhalten hat, welches ihm gewiß viele Ehre macht.

C. J. W. K. J. H. v. H.

Der Herausgeber des Museums bezeugt dies mit vielem Vergnügen. Der Stich ist nicht allein ungemein sauber und nett, sondern die Personen sind auch denen im Original vollkommen gleich, so daß derjenige, dem nur daran gelegen ist, den übermäßig vertheuerten Chodowieckischen Stich gar wohl entbehren kann. Der Nachstich, mit der Erklärung der Personen, kostet nur 16 Ggr. sächs. oder ein Gulden 12 kr. rhein.

8.

Wien, am 27 Februar 1787. Am 25sten dieses Monats wurden bey der hiesigen k. k. Akademie bildender Künste einverleibten Poussir- und Erzverschneiderschule, die jährlichen Preise für das verfloßene Jahr ausgetheilt. Diese Kunstschule, welche Geschmack und Erfindung unter den Metallarbeitern gemeiner zu machen, eröfnet worden ist, wird als eine mit der Handlungs-

lungsleitung in Verbindung stehende Anstalt, zugleich von der Niederösterreichischen Regierung unterstützt, deren würdiger Präsident, Herr Landmarschall, Graf von Pergen, in Anwesenheit einer zahlreichen Versammlung von Gelehrten und Kunstschätzern, die Preise den Zöglingen eigenhändig ertheilte. In der Erzverschneidung war die Aufgabe die antike Statue des Bachus, von Wachs in Basrelief auf einer Schieferplatte zu poussiren, und nachher medaillenförmig in Erz zu verschneiden. Hier erhielt den ersten Preiß Karl Krinzinger, den zweyten Thomas Schmidbauer. Die Wachspoussirer hatten Romulus und Remus, wie sie an der Wölfin säugen, auf einer oktav großen Schiefertafel vorzustellen. Die Preise erhielten Joseph Reinhold und Ignaz Karlsperger. Die Aufgabe der Zeichner war: ein wohlgeformtes und verziertes Potpouri auf einem Regalbogen zu entwerfen. Die Zeichnung des Andreas Schuhmacher erhielt den ersten, und die von Isaak Wertheim den zweiten Preiß. Alle Preisnehmer sind von Wien gebürtig. Bey dieser Gelegenheit hielt Herr Hofrath von Sonnenfels, als beständiger Sekretär der k. k. Akademie, eine Anrede an die jungen Kunstbeflissenen über den eigentlichen Zweck der jährlichen Kunstbewerbung, aus welcher wir uns nicht versagen können, den Schluß, der den Verfasser der wichtigen Abhandlung über die Vaterlandsliebe ganz bezeichnet, hieher zu setzen:
„Das ist, — sprach er mit der ihm eigenem Wärme, „das ist der Zweck von dieser Wohlthat des Fürsten, „dessen Huld ihrer ehrerbietigen Denkbegierde keine andere

„dere Pflicht auferlegt, als daß Sie sich dieselbe wahr-
„haft und nach dem ganzen Umfange zu Nutz machen,
„und auf diesem Wege, so viel an Ihrer Verwendung
„liegt, zur Erreichung der großen Absicht mitwirken,
„der Nationalemsigkeit, der Nationalgeschicklichkeit ei-
„nen solchen Trieb, dem Geiste, dem Geschmacke der
„Künstler der Nation, einen solchen Schwung zu ge-
„ben, daß fremde Waaren, welche die Vorsorge des
„Regenten noch zur Stunde durch Verbot und er-
„höhte Abgaben hintanzuhalten sich in der Nothwen-
„digkeit befindet, in Zukunft ohne Zwangmittel, schon
„durch den unverkennbaren Vorzug der vaterländischen
„Erzeugnisse, ausgeschloßen werden mögen." —

9.

Berlin, am 18ten August 1787. Der König
hat den aus Potsdam gebürtigen Historienmahler Hrn.
Gottlieb Puhlmann, wegen seiner vorzüglichen Talente, aus Rom hierher berufen lassen, und ihm die
seit des Gallerie-Inspektors Oesterreich Tode erledigt
gewesenen Gallerieinspektion sämtlicher königl. Gemälde sowohl in Berlin als in Potsdam, mit einem ansehnlichen Jahresgehalt zu konferiren, auch die Bestal-
lung darüber gratis ausfertigen zu lassen geruhet.

10.

Auch aus Berlin erhalten wir folgende angenehme Nachricht: unter den kriegerischen Thaten Friedrichs
des Zweiten, ist die Schlacht bey Prag ohne Zweifel

fel auch darum eine der merkwürdigsten, weil in derselben einer der größten preußischen Generale, aus Liebe zu seinem Könige und dem Vaterlande, sich wie ein zweiter Decius gewißermaßen aufopferte, indem er, sein Regiment zum weitern Vorrücken zu ermuntern, einem Junker die Fahne wegnahm, und mit derselben in der Hand den Tod des Helden starb. Diesen rühmlichen Tod des Generalfeldmarschalls von Schwerin hat der königl. Hofmaler und Rektor der berlinischen Akademie der bildenden Künste, Herr Frisch gemalt, und hat bei der diesjährigen öffentlichen Ausstellung der Akademie über dies Gemählde den ungetheiltesten Beifall des Publikums erhalten. In der Hauptgruppe sieht man den auffallend ähnlich gemalten Helden, noch mit der Fahne im Arm, todt daliegen. Sein Stallmeister und sein Jäger sind im Begriff, ihn vom Schlachtfelde aufzuheben. Unter den übrigen Figuren, welche die Hauptfigur umgeben, und denen der Künstler sämmtlich den angemeßensten Ausdruck gegeben hat, zeichnen sich besonders die beiden Adjutanten des gefallenen Helden aus: von denen der eine, sein Neffe, herbeieilt, und der andre ein Herr von Platen, den Entschluß faßte, den er wirklich ausführte: sich ins feindliche Feuer zu stürzen, und da den Tod zu suchen. Diese ganze Erfindung gründet sich auf die Wahrheit der Geschichte. Kenner und Liebhaber wünschen dies Gemälde voll Geist und Leben durch den Grabstichel vervielfältigt zu sehen; ich bin daher entschloßen, es in Kupfer zu stechen, und zwar eben in der Größe, als das bekannte Blatt, welches

Vermischte Nachrichten.

ches den Tod des Generals Wolff von Woollet vorstellt, nemlich 16 1/4 Zoll hoch und 22 1/2 Zoll breit. Was die Manier betrift, so werde ich allen Fleiß anwenden, um nicht zu weit hinter dem englischen Künstler zurück zu bleiben. Da ich zur Anfertigung der Platte 14 Monat Zeit bedarf, so wähle ich den Weg der Pränumeration, deren Betrag ich auf einen Friedrichsd'or bestimme. Damit jeder Pränumerant versichert seyn könne, einen guten Abdruck zu bekommen, werde ich überhaupt nur 400 Pränumeranten annehmen. Die Pränumeration ist vom unterzeichneten Tag an, vier Monat offen. Nach Verlauf dieser Zeit wird ein Abdruck nicht anders, als für drey Dukaten verkauft werden. Wer zehn Pränumeranten sammlet, hat den gewöhnlichen Vortheil, daß er das eilfte Exemplar unentgeldlich erhält. Berlin den 16 Aug. 1787.

Daniel Berger,
Ritter der königl. preußis. Akademie der bildenden Künste.

II.

Bayersdorf, am 11ten August 1787. Als ich auf einer Reise durch das Vogtland, Ebersdorf besuchte, und daselbst alles Merkwürdige in Augenschein nahm; so lernte ich auch in dem Brüderhause einen sehr achtungswürdigen Mann kennen. Er heißt Friedrich Strubi; ist ein Schweizer, und ein großer Künstler. Er ist ein Schüler des berühmten Röntchen zu Neuwied, und mit ihm einer der ersten Kunstschreiner. Unter andern vorräthigen Stücken, sahe ich von ihm eine Meusels Museum 1tes Heft.

vortrefliche, angelegte Arbeit in der Größe eines Quart‑
blats, welches nach der richtigsten Zeichnung in sehr
lebhaften und passenden Farben einen am Tisch sitzen‑
den Hausherrn vorstellet, welcher mit seiner sehr auf‑
merksam und nachsinnend neben ihm stehenden Köchin
zusammenrechnet. Das Zimmer ist auf verschiedene
Art ausgeschmücket, und die auf so mannichfaltige
Weise gefärbten Holzgattungen sind so ineinander ge‑
preßet, daß man nicht den geringsten Abstand gewahr
wird, auch so gar, diese Holztafel wie ein Bret abhobeln
darf. Sie verdienet unter den größten Meisterstücken
von Gemählden zu hängen; man wird gewiß glauben,
sie sey auch Malerey. Demohnerachtet, soll dieses
Stück nur drey Carolin kosten. Der Mann ist einer
allgemeinen Bekanntmachung werth, und verdienet
durch Beifall und Unterstützung großmüthiger Gön‑
ner noch mehr aufgemuntert zu werden.

B.

12.

In Magdeburg haben die Gebrüder Meinecke eine
Kunsthandlung errichtet.

13.

Nachricht.

Lange schon ist es, daß ich die Freunde der schö‑
nen Künste öffentlich ersucht, mir Berichtigungen und
Zusätze zu einem teutschen Künstler‑Lexicon oder Ver‑
zeichnis der jetztlebenden teutschen Künstler und dem
bey‑

Vermischte Nachrichten.

beygefügten Verzeichniß schätzenswürdiger, Kunst- Münz- und Naturalienkabinete in Deutschland und der Schweiz, gütig mitzutheilen. An einigen Orten hat auch meine Bitte Eindruck gemacht, und man hat mich willfährig unterstützt; wofür ich immer dankbar bleiben werde. Indessen scheint doch in mehrere Gegenden mein Gesuch nicht hingedrungen zu seyn, und ich habe bisher vergebens gewartet. Deswegen wiederhole ich es hiermit angelegentlichst, mit der Versicherung daß ich gleich nach Michael d. J. die Bearbeitung der gedruckten und bis dahin einlaufenden ungedruckten Materialien anfangen werde, wenn ich auch inzwischen keiner weitern patriotischen Unterstützung genießen sollte. Künstler und Kunstfreunde mögen es sich alsdann selbst zuschreiben, wenn sie in dem zur nächsten Ostermeße herauskommenden Nachtrage nicht alles so finden, wie sie es vielleicht wünschen werden Insonderheit ersuche ich auch thätige Litteratoren, auf das Bibliothekenverzeichniß geneigte Rücksicht zu nehmen. Die Notizen von Bibliotheken, Kunst- und Naturalienkabineten müssen kurzgefaßt werden, weil das Verzeichniß für Reisende eingerichtet ist, die sich nicht mit vielen Bänden schleppen können. Zugleich erinnere ich meine Gönner und Freunde geziemend, die den für die nächste Ostermeße bestimmten dritten Nachtrage zur vierten Ausgabe des gelehrten Teutschlandes Beyträge zugedacht haben, mir solche, so weit sie die erste Hälfte betreffen, bis zu Ende des Septembers, und die übrigen bis zu Ende des Oktobers, in der bewußten Form, gefälligst zu übersenden. Wegen des frühern Eintritts der nächsten Ostermeße muß ich auch um frühere Einsendungen bitten. Erlangen, am 16. July 1787.

Johann Georg Meusel.

10.
Todesfälle 1787.

1.

Im Februar starb zu Braunschweig ein sehr geschickter Künstler, der Münzkommissar und Medailleur Krull; den Lessings-Büste, die bekannte Medaille auf den Herzog Leopold, und der Stempel der neuern braunschweigischen Gold und Silbermünzen rühmlichst bekannt gemacht haben.

2.

Am 6ten May starb in München der berühmte Hofmaler, Herr Heinrich Karl Brand. Er nahm sich selbst das Leben, vermuthlich in einem Anfalle von Melancholie, die bis zur Verrückung angewachsen war.

Druckfehler.

Seite 3. Zeile 11. streiche man die Kommata weg.
— 8. Zeile 9. lies Jüngling. Nach dann setze
 man Komma.
— 11. Zeile 24. lies wenn statt Wenn.
— 12. Zeile 6. lies werden — statt werben. —
— 12. Zeile 14. lies durchaus
— 17. Zeile 8. lies Haag
— — Zeile 23. lies ge- statt ben
— 19. Zeile 6. lies Verhelst.
— 20. Zeile 9. lies L. C. Junker.
— 38. Zeile 9. lies blößt statt blößt.
— 61. Zeile 25. lies großes statt gotes

Museum
für
Künstler
und für
Kunstliebhaber

oder

Fortsetzung der Miscellaneen artistischen Inhalts.

Herausgegeben
von
Johann Georg Meusel,
Hochfürstl. Brandenburgischem und Quedlinburgischem Hofrathe,
ordentlichem Professor der Geschichtkunde auf der Universität
zu Erlangen, und Mitgliede einiger Akademien.

Zweites Stück.

Mannheim,
bey C. F. Schwan und G. C. Götz.
1788.

I.

Briefe über einige Gemälde der Reichsgräfl. von Schönbornischen Bildergallerie in Pommersfelden.

von C. Lang.

Erster Brief.

Bester Freund!

Wieder eine kleine, aber auch ganz kleine Reise, nach — damit sie es auf einmal wissen, von Erlangen nach Pommersfelden, gemacht, dann Lustschloß, von dem Nicolai der Welt viel schönes gesagt hat — wieder die herrliche Bildergallerie Stundenlang angestaunt, und wieder voll Entzücken zurückgekommen! Sie wissen, wie hoch mein Herz hüpft, wenn ich das Wort Bildergallerie höre, und das Ihrige hat so ganz einen Klang, und eine Stimmung mit dem meinigen, daß ich mich noch ganz müde vom Sehen hinsetze, um sie an meiner Freude Antheil nehmen zu lassen. Vom Schloß selbst könnte ich Ihnen Wunderdinge erzählen, daß es fast in allen seinen Theilen ein Meisterwerk der

Baukunst sey, daß es ein kostbares Treppenwerk habe, daß ein sehr schöner Marmorsal mit großen Säulen und schönen Bronzstatuen darinn sey — aber, Sie würden alles dies im ersten Band der Nicolaischen Reisen doch besser lesen, als ich es Ihnen sagen könnte, und ich habe überdies jetzt nur für die Gallerie Augen.

Sie kennen den Namen des göttlichen F. Mieris; Sie kennen schon seinen unerreichbaren Pinselstrich, vom größten Fleiß geführt; Sie wissen die Anekdote von ihm, daß er einst einen Schuhflicker, der ihn aus einer Grube zog, mit einem Gemälde belohnte, für das der Arme 800 baare Gulden erhielt: dies alles wissen sie schon; daß ich Ihnen also nur sagen darf, ich habe zwey, denken Sie nur, zwey Stücke von seiner Hand gesehen, um Ihre ganze Neugierde rege zu machen, um sogar Lob bey Ihnen zu verdienen, wenn ich sie auch nur halb so gut beschreibe, als ich gesehen habe.

Daphne und Apoll sollen mich zuerst beschäftigen. Gerne möcht' ich mein Entzücken hinschreiben können, das mich bey einer solchen Arbeit ergreift, und das mir bey jeder Wiedererinnerung so ganz neu und groß wird. Der Gegenstand ist schon oft bearbeitet worden; aber er ist, wie mich dünkt, sittlich, und vielleicht nie so fein behandelt, als hier. Das Stück ist nicht groß, und auf Holz. Daphne in der Stellung, wie sie dem nahenden Ufer des kleinen Flusses zueilt, ihre Hände gen Himmel hebt, und, um ganz voll Jubruuft entzuflehen, den Kopf stark hinter sich biegt. Sie hat kaum ausgebetet, und ist schon erhört. Ihre Augen schlummern in Tod über, sie sind geschlossen. Ihr

Gesicht verräth noch Eile, und Staunen, es ist blässer worden, aber auch zugleich Wehmuth, so schnell erhört zu seyn: sie läßt ihre Arme ausgestreckt, um gleichsam eine neue Verwandlung zu erflehen.

Sie will noch fliehen, und bleibt, weil ihr einer den Boden berührender Fuß fünf ganz feine Wurzeln geschlagen hat.

Eben der Fuß, samt dem Schenkel fängt sichtbarlich an, starr zu werden, das Blut stockt darinn. Auch sieht man noch die Geschwindigkeit der Flucht, indem ihr Fuß nur mit der vordersten Spitze ganz leicht den Boden berührt. Apoll, den schlaffen Bogen in der Hand, schon nahe an ihr, unwissend des neuen Wunderwerks, freut sich über das trägere Eilen der schönen Nymphe, und Amor, der über ihm flattert, und die Flüchtige scheint nicht haben überholen zu können, muntert den schon matten Verfolger zum letzten kühnen und siegreichen Sprung auf. Es ist etwas köstlicheres, wie die blendende, blütenweiße Mädchenfleischfarbe mit der männlichern des Leiergotts harmonirt. So schön er ist, so kennt man doch den Mann — auch Amor bleibt hier der lose, lächelnde Knabe, der er sonst ist. Die Luft ist milde Abendluft.

Das Gegenstück von der nemlichen Größe auch auf Holz, ist ein am Ufer schlummernder Held. Nachläßig hingestreckt liegt er unter einem Baum, dessen Stamm ganz meisterhaft ausgearbeitet ist. Er hat nur den Kriegsrock an; die kostbaren Waffen liegen zu seinen Füßen. Auf dem schlummernden geschloßnen Aug ruht Hoheit, und über die ganze Miene ist ein

angenehmer Traum einer Heldenthat, oder sonst einer
glücklichen Begebenheit ausgegossen. Der schönste
Mann könnte nicht schöner schlummern, als dieser
Göttersohn. Um ihn her schwärmt ein Haufe
Nymphen, voll Eifer und Geschäftigkeit, eine
Blumenkette um ihn zu schlingen. Eine davon steht
halb im Wasser, und bietet den andern einen geflocht-
nen Kranz hin, ihn dem Liebling aufzusetzen. Für
wen ich den Held halten soll, weiß ich nicht; den
Umständen nach könnte es vielleicht ein schlafender Achill
seyn, den seine Mutter, vielleicht die vom Wasser her-
vortragende, die Mühe eines harten Tags vergessen
macht. Doch dies mag Muthmasung seyn. Ich
erinnere mich nicht, irgendwo ein Gemäld so ineinander geschmelzt, so gehalten, so gefällig, und fleißig
gesehen zu haben. Kurz, sie müssen selbst hinreisen,
um mit den Augen die Schwäche meiner Schreibart
ergänzen zu können — und wissen sie was? da gebe ich
wieder mit, und führe sie schnurgerade an die Meisterstücke hin, und wir beede verstummen.

Zweiter Brief.

Dacht' ichs doch, daß Sie die weite Entfernung
meinem Vorschlag vorschützen würden, und daß Sie
lieber etwas geringes davon lesen, als gar nichts
erfahren wollen. Abschlagen kann ich Ihr Begehren
nicht:

nicht: Ich gewinne selbst zu viel dabey, bin auch vielleicht ein bischen stolz, und was weis ich alles, warum ich es nicht abschlagen kann. Vorher sollen Sie mit mir die ganze Gallerie nur flüchtig übersehen.

Man kömmt durch eine Seitentreppe in den ersten Stock dieses Prachtgebäudes. Ein kleines Vorzimmer wird geöffnet, und man bekömmt schon hier Vorschmack von alle dem, was Aug und Herz noch in der Folge e warten dürfen. Die niedlichsten flammländischen Stücke, und drunter eins, und wieder eins, und besonders zwey, die ich Jhnen jetzt noch nicht nennen will, um Sie recht neugierig zu erhalten, machen einen beinahe vergessen, daß man noch grössere Gegenstände zu bewundern hat. Jetzt öffnet sich die Saalthüre, und man staunt; so weit das Aug reicht, nichts, als Gemälde, und wo es nur ausruht, nichts als grosse und kühne Gedanken, die in die Seele überfliegen und diese bald froh bald traurig machen. Ein wenig zu hoch ist der Saal meinem Aug, das die Gegenstände so nicht genau auffängt und bewahrt.

Paul Veronese nimmt zwey grosse Stücke der gegenüberstehenden Wände ein. Seine Arbeit stellt die bedrückte, und triumphirende Kirche vor, die in augenblicher Pracht im hellsten Seraphslicht mit vier schwanenweissen Rossen gen Himmel fährt. Rembrandt, Rubens, Holbein, Kupetzky, Wouwermann, van Dyk, und noch viele Grosse haben sich Denkmäler auch hier gestifftet. So weit gieng noch vor einem Jahr ausser einigen Seitenzimmern die Gemäldesammlung: aber der edle Herr Graf, der eben so grosser Kenner als

Liebhaber ist, der nur darum auf alle seine Schätze stolz ist, weil er andern durch sie Nutzen und Vergnügen gewährt, ließ im Jahr 86 noch drey große Zimmer einrichten, und mit Gemälden von einem andern Lustschloß, Gaybach im Steigerwald, anfüllen.

Man geht also jetzt aus dem Saal die Treppe vorbey, durch die neueren Zimmer, in deren erstem die beschriebnen Mieris gleich rechts an der Thüre, im zweiten lauter biblische und religiöse Stücke hängen, dann, durch den großen Hauptmarmorsaal in die zwey älterern Zimmer, die unter andern, mit Schildereien von Dürer, und einer Madonna von Raphael prangen.

Sie sind vielleicht eben so müde vom langen Nachgehen, als ich es durch den langen Perioden geworden bin; und doch wünschen Sie gewiß nun auch nähere Beschreibung einzelner Stücke. Also zurück, ins erste kleine Vorzimmer! In meinem Leben vergesse ich es nicht, wie mich zwey kleine Stücke darinn in Erstaunen ge'ezt haben. Sie sind von Schalken, dem großen Maler der Feuerfarbe. Ein Bürgermädchen mit einem Licht in der Hand. Sie hat es, dünkt mich, ausgelöscht, aber schnell wieder anzublasen gesucht, auch glücklich angeblasen. Der Augenblick ist, wie sie aus dem erstorbnen Dunkel plötzlich hellbeleuchtet da steht. Das ganze Gesicht, Nasenspitze und Kinn am meisten, ist voll Feuer, und das Licht selbst so wahr, daß meine Augen vom langen starren Hinblick blinzten. Um der Flamme aufzuhelfen, hält das Mädchen die linke Hand vor, und an dem etwas zu steifen Arm habe ich den

Jun-

über die Gemäldegallerie in Pommersfelden.

Zauberer Schatten erkannt, wenn mich auch die Schönheit des Ganzen nicht sogleich auf seinen Namen geführt hätte. Das Gegenstück ist ebenfalls eine Weibsperson. Sie hält ein Licht, das sie in die Laterne stecken will, so schräg, daß ihr einige feurige Tropfen auf die Hand fallen, die an diesem Gemälde den Meisterzug machen. Die Beleuchtung ist in diesem eben so edel und wahr, wie im ersten, nur würde ich es, wäre ich sein Besitzer, in besseres Licht hängen, um ihm seinen vollen Wirkungskreis anzuweisen.

Gleich dabey, ein Gemälde auf Holz, im alten teutschen Geschmack, von Frank; das die Werke der Barmherzigkeit vorstellt.

Der Hauptgedanke ist das Elend theurer Zeiten. Man kann ohne Rührung die Jammerscene nicht ansehen. Menschen, denen Hunger und Krankheit nichts als die dürren Knochen übrig gelassen haben. Kinder, die am letzten Bissen nagen, während die Mutter schon todt auf der Erde liegt. Hier schleppt man Todte hinweg; dort jammert ein Haufe Nackender, und alle Züge und Mienen sind Züge der Noth und des Verderbens. So schrecklich sieht der ganze linke Grund aus: aber eben so froh ruht auch das Aug auf der rechten Seiten, wo von einem edlen Teutschen und seiner Frau einem Haufen Bettler Brod und weiter hin Kleider ausgetheilet werden. Greise und Männer und Weiber mit reger dankvoller Seele auf dem Angesicht entschädigen hier für all die trüben Mienen, die man auf der andern Seite erblickt. Sonst ist die Haltung,

A 5 wie

wie bey allen den alten Werken aus teutscher Schule, nicht die beste.

Drehen Sie sich jetzt um, so sollen Sie gleich wieder ganz heiter werden. Sie finden hier ein Bauernstück von Teniers, mittlerer Größe, aber ganz seiner würdig. Wie ich da immer vor guten flammländischen Stücken stehe, und die Arme übereinander schlage, und nicht begreifen kann, wie die Leute in so trübem dunkeln Grund so lichtvolle Körper ausdrücken konnten — so gieng mir es auch hier: und wenn ich künftig von einem Werk dieses lieben Malers rede, und Sie wollten gerne wissen, wie ich mich dabey benehme, und möchten mich so hinzeichnen; so denken Sie sich meine Miene erst voll Ernst, dann etwas lächelnd, die Arme fest ineinander, den Kopf in Bewegung, aber doch nur so, daß das Aug nicht vom Gegenstand, den es gefaßt hat, abgedrängt wird, und nach einer Pause die Worte: es ist doch etwas herrliches!! o so haben Sie mich gewiß recht gedacht.

Das Stück bildet eine Bauernschenke ab, in der viele Bauern hin und her am Tische sitzen. Die Hauptgruppe sind drey Personen am Spieltisch. Ein Mann von mittlerm Alter, eine alte Frau, die den Krug, wohl in sich selbst zufrieden, in der Hand hält, und ein alter Bauer mit eisgrauem Haar. Der jüngere hat ausgeworfen, und blickt spielend seitwärts, ohne auf die Karte des andern zu merken: aber der benutzt den Augenblick, und sinnt tief nach, was er ein tauglichsten dagegen spielen will. Ein herrlicher Ausdruck in dem etwas gesenkten Kopf, und in der

nach-

über die Gemäldegallerie in Pommersfelden. 15

nachdenkenden Stirne. Selbst Teniers muß großen
Gefallen an diesem Geschöpf gefunden haben; denn er
hat den nemlichen Kopf mehreremal angebracht. So
hat er ihn als Gärtner benutzt, auf einer der fünf Tafeln
von den Sinnen, wo er den Geruch vorstellt, die
Gaberteli aus der Gräfin von Verrue Kabinet ihm
nachgeflochen hat. Nur daß jener am Spieltisch sitzt,
und dieser im Freien steht, eine Nelke in der Hand, die
er aufmerksam beriecht.

Viele Geräthschaften charakterisiren die Stube, und
die ganze Haltung ist unverkennbar. Zum Gegenstück
hängt eine ähnliche Bauerngesellschaft da, fein und
wahr aufgetragen; aber ich halte es nicht für die
Arbeit der nemlichen Hand.

Ueber der Seitenthüre schlummert eine nackende
Venus, von Titian, die viele in Erstaunen setzt, und
entzückt macht.

Mein Aug ist, offenherzig gesprochen, ziemlich
stumpf für ihre Reize — das Fleisch der schönen
Wollüstigen scheint mir zwar sehr fein, nur ein
wenig zu unidealisch, zu gelb, und der Kopf ohne
Verhältniß mit dem Ganzen. Etwas, so etwas
Großes blickt aber dennoch aus dem schelmischen Aug,
das einem bange macht um die Brust her, wenn
man es zu lang angafft, so etwas, das nur Titian
seinen Paphien zu geben vermochte! Genug von ihr,
wenn unsere Unterredung lauter wird, möchte sie auf-
wachen, und uns desto gefährlicher werden. Also zur
Abkühlung in eine Alchymistenwerkstätte, von P.
Weiß 1666. Voll Unordnung; überall Kolben zur

Er-

Erbe, Retorten, und Büchsen und Flaschen: auch neben am Fenster, wo die Hauptbeleuchtung in das schwarze Gemach dringt, ein Vogelbauer mit seinem Bewohner. Mitten im Zimmer sitzt bey der Arbeit der Chymist. Sein Blick ist nicht Geschäftsblick, nicht Nachdenken; augenscheinlich verräth er Ungewißheit und Zweifel in sich selbst, ob der Versuch glücken werde. Licht und Schatten sind sehr gut darinn gehalten, und die Ausarbeitung mild und angenehm. Jetzt steht uns der Hauptsaal offen; aber, sehen Sie, wie neidisch ich bin — jetzt sollen Sie mir bis auf den nächsten Brief harren, und eher keine Sylbe von all den Schönheiten hören. Leben Sie wohl.

Dritter Brief.

Der Gallerlesaal steht uns offen; und ich will Ihnen daraus einige Umrisse geben; denn mehr kann ich wohl doch oft nicht. Lessing hat's auch mir in die Seele gesprochen:

— — Ich tanze wie ich kann,
   Nur könnt' ich's freilich lieber besser noch
   als schlechter — — — — .

Hören Sie also. Ein Abendmal Christi, ganzes Kniestück, darauf aber nur Jesus, Johannes, Petrus, und die Hauptperson Judas Ischarioth. Der Zeitpunkt über die Gemäldegallerie in Pommersfelden. 13

gemalt ist, da die Jünger unruhig sind, über die Nachricht, daß den Lehrer einer aus Ihrer Mitte verrathen werde. Petrus legt sich gegen den Schoosjünger hin, um die Sache auszuforschen: aber schon taucht Jesus den Bissen ein, um ihn Juda zu reichen. Dieser fährt schrecklich auf, und sein ganzes Gesicht ist sein Verräther. Fürchterlicher, gepeinigter hätte ihn wohl Dante selbst nicht für seinen Minos in der Hölle stellen können, um ihm, mit achtmal umschlungnem Schweif, ein Urtheil der schreklichsten Strafe anhören zu lassen. Beinahe zitternde Bösewichtsangst, quälendes Gewissen, und dabey der höchste süseste Grad der heimlichen Rache, die ihm das Verbrechen gerne etwas kleiner machen möchte, weil es jetzt nur Rache dieser Beschimpfung ist. Alles dies lese ich deutlich in seiner Miene. Er steht, ganz angestaunt, etwas rückwärts gebogen. Wenn ich nicht überzeugt wäre, daß Sie ein grosses Gemälde doch groß nennen, ob Sie auch die Hand, die es schuf, nicht wissen; so würde ich Ihnen mit Zuversicht einen da Vinci, oder sonst einen der grösten Namen nennen: des grösten ist es wenigstens würdig.

Weiter hin ein köstlicher Seesturm, von Bakhuysen. Die Wellen thürmen sich hoch auf, sind um und an mit sehr natürlichem Schaum bedeckt, und treiben besonders ein Schiff (denn es sind fern und nah noch mehrere darauf) im Vordergrund schnell vorbey. Es ist ganz voll Menschen, meistens Holländern, auf deren Gesichtern Herzhaftigkeit, Frechheit, Furcht, Angst und Redlichkeit ausgedrückt sind.

Eine

Eine junge Dame in schwarzer Kleidung am Klavier sizend, von Rembrandt. Ganz der köstliche unerreichte milde Ton der frühern Pinselstriche dieses Meisters, ehe sie noch der männlichere Muth so ausgelassen und rasch machte. Sanfte Bildung, schönes Fleisch, und ein hohes aufmerksames Aug aufs Klavier charakterisiren dies Stück.

Weiter hin wieder eine Arbeit von Teniers. Eine Gallerie im Kleinen, voll niedlicher Stücke, darunter mir eine Feuersbrunst am besten gefallen hat. Am Tisch steht ein Aufseher, der einem altteutschgekleideten Edelmann ein Gemälde hinhält. Der Mann ist eben so still aufmerksam, als der andre geschwäzig in seinem Lob zu seyn scheinet. Es fällt mir dabey ein Gedanke ein, den ein Nürnberger Gemäldeliebhaber ausführte, und der Ihnen in gewissem Betracht eben so, wie mir gefallen wird. Er ließ ein leeres Zimmer auf eine Tafel malen, und bat nun alle damalige Maler in Nürnberg, darein ein Stückchen zu arbeiten. Sie thaten es, und so entstand eine kleine Gallerie in der seltensten Mischung von Manieren, von Dietsch Kleemann, und andern. Nur Schade, daß der Mann nicht Bedacht zu haben scheint, daß in seinem Gemäldezimmerchen immer ein Stückchen Einfluß aufs andre in Licht und Schatten haben müsse, dann so hängt alles so grell, und licht da, daß es das Aug beleidigt. Teniers Saal hingegen hat Verhältniß, und ist in jedem Stück überdacht, und wird dadurch angezwungen — es scheint dabey doch nur flüchtig hingepinselt zu seyn.

Eine

Über die Gemäldegallerie in Pommersfelden.

Eine Semele, ganz so wie Titian seine Danaen mahlte, ganze Figur, Lebensgröße. Sie liegt nackend auf dem Faulbett, erblickt den im ersten majestätischen Blitz ihr zueilenden Tonnerer, und erschrickt heftig, und verbirgt das Gesicht halb in die verkehrte Hand. Das wahrhafteste Mädchenfleisch, das die Phantasie je auf Leinwand hingezaubert hat. Es ist blendend weiß, und mit roth gar fein unterlaufen, daß man jede Ader zählen zu können wähnt. Nach der Angabe wäre sie von Schalken.

Wenn an einem recht hellen Sommertage die Sonne mächtig herabbrennt, und, wie es dann wenn sich eine schwärzliche Wolke erhebt, und die Stralen dämmt, wie es einem wohl thut, und man sich freut, daß sich die schwarze Wolke erhoben hat, eben so mag ich auch bey Gemälden gerne eine Abwechselung leiden, mag gerne nach einer blendenden Semele an einem ernsten Flammländer mein Auge wieder erholen, und ich weiß gewiß, Sie sind auch darin mit mir einerley Meinung.

Also eine Spielgesellschaft gleich dabey, von Verbruggen. Junge muthige Helden unter Cypris Fahne sitzen um einen Tisch her mit ihren Mädchen, und üben sich mit ihnen in Spiel, und Scherz. Die Krieger haben noch ihre Harnische an, an denen der Maler seine Kunst in Färbung von Eisen und Stahl gezeigt hat. Die Gesellschaft ist recht gut gruppirt, und fein und fleißig verfertigt. Man sieht die Munterkeit auf jedem Gesicht: nur gebietet die Karte dem einen da, dem andern dort etwas aufmerksamre Mienen.

Wie

Wie schnell, und wie leicht mich's fortwirbelt, wenn mich meine Lieblingsneigung erhascht! Erst jetzt sehe ich, daß mein Brief lang worden ist, und es sollte mir doppelt leid thun, wenn er Jhnen zu lang schiene.

Der Jhrige.

Vierter Brief.

Wir sind noch immer in der eigentlichen Gallerie, und wenn Sie Lust und Belieben dazu haben, so mögen wir wohl noch ein halbes Stündchen drinne bleiben. Ich endigte den vorigen Brief mit einem Stück aus der niederländischen Schule, und diesen fange ich wieder mit einem an. Es riß mich ganz an sich, und dem Zeichen nach, mag Terburg der Verfasser dieses Stücks seyn. Ein junger Ritter sitzt am Tisch, und schreibt. Er hat den köstlich erleuchteten Helm noch auf dem Kopf, hat noch den Küras umgeschnallt, und lauscht aufmerksam unter dem Helm hervor auf das, was andre am Tisch nebst ihm in Berathschlagung ließen, um es sodann niederzuschreiben. Gute Haltung, und edle Zeichnung machen das Stück angenehm. Der Schreibende sitzt kaum merklich gebogen, weil ihn der Panzer klemmt.

Ein

Ein Postwagenangriff von Rubens. Fürchterlich schön und schauernd! Nach einem ähnlichen Kupferstich, den ich mich vom nemlichen Stück gesehen zu haben erinnere, und nach der Art und Weise, wie's gesetzt ist, und nach — kurz es ist von Wouvermann. Da wird mir bange auf die Beschreibung: denn bey dem Fleck in jedem Punkt des Auges, und der Nase, und des Mundes und der gehobenen Hand und des zur Flucht gesetzten Fußes so etwas Sprechendes, wozu die arme Menschensprache eben so wenig Worte hat, als zu den Werken Raphaels und Rubens. Nacht, überd Ganze hingezogen. Der Wagen fährt unter einem düstern Felsen vorbey, und wird dort grimmig angegriffen. Die Räuber fallen den Pferden in die Zäume, fordern mit wildem Blick die Baarschaft, und von den Reutern, die den Wagen bedeckt zu haben scheinen, haben zwey die Flucht ergriffen; einer ist erschossen, und sein Pferd mit vollem Mantelsack wird schon hinweggeführt: noch einer hat sich bisher zu Pferd erhalten, aber retten kommt' er nicht — er giebt der Uebermacht nach, und scheint wehmütig zu betheuern, daß er selbst keine Baarschaft habe. Das Pferd ist hart angefallen, und sucht, sich sträubend, los zu werden. Die Reisenden im Wagen blicken schreyend heraus, und die höchste Furcht ist in ihren großen Augen und auf der gerunzelten, verzerrten Stirne.

Aber jetzt! aufgemerkt — wir stehen an einem Gemälde, dessen Name schon — ja, damit ich recht hoch, mit einigen neuern Gemälden und Naturalien kabinetbeschreibern, die Backen aufblase, schon tausendfache Wonne in mir erzeugt. Es ist eins von Mignon. Ich lüftete längst schon, den so hoch gepriesenen Naturnachkeiferer näher kennen zu lernen, und hier fand ich ihn mehrmal. Viel dacht' ich mir, wenn ich mir ihn dachte, aber ich fand meine Erwartung noch weit übertroffen. Der feinste Gedanke, mit den feinsten Pinselzügen ausgeführt! Sie wissen, daß Mignon besonders an Blumen und Insekten den höchsten Grad des Fleißes anwendete; und auch hier sind dieß seine Gegenstände. Das Ganze stellt einen Baumstamm mit einigen Zweigen hart an einer Rosenhecke vor, voll blühender Rosen, an denen man bey der ächten, täuschenden Färbung nur den lieblichen Duft vermißt. Dieß ist der Hauptschauplatz, auf dem eine ganze Geschichte vorgestellt wird. Eine stumme Erzählung, aber doch so redend, und deutlich, daß sie ein Kind daraus zusammensetzen könnte, ohngefähr des Inhalts. In der Jahrszeit, als der Rosenstrauch Knospen gewann, sahen sich ihm zwey Stiglitze zur Wohnung aus. Sie dachten: der wird schön dicht, er schützt uns gewiß für jedem Unfall, und ergötzt uns durch seine Blumen; auch wird er manches Insekt herbey locken, das wir sogleich haschen, und aufzehren. Sie bauten ein mühsames Nest, auf einem Ast des benachbarten Baums, der sich in den Rosenstrauch verlohr. Das Weibchen legte Eier, und brütete emsig darüber, indeß das Männchen etwas höher auf einem Zweig saß, und Lieder zum Zeitvertreib sang. Sie glaubten nun ganz glücklich zu seyn: aber sie hatten

sich

sich berechnet. Eine lüsterne Maus erspähte ihr Nest: kroch hinauf, und griff es an. Das brütende Weibchen erschrack heftig: es wich dem Räuber aus, und schlug mit dem Flügel nach ihm; aber die Maus wußte durch Schnelligkeit ihren Schlägen zu entkommen: sie biß an, und genoß ihren Raub. Das Männchen sah traurig oben herab, wollte zu Hülfe eilen, und hatte nicht Herz genug. Eine Eidexe kriecht vielleicht in der nemlichen Absicht an den untersten Zweigen empor, aber eine Natter mit spitzer Zunge stellt sich ihr entgegen. Die andre Maus lauert im Moos am Eingang ihrer Höle, um ihrer raubenden Gespielin den Rückzug zu sichern. Ein so schönes Fabelchen läßt sich diesem Gemälde nach erzählen, und selbst die Moral sollte nicht fehlen, wenn mir daran gelegen wäre, eine herauszuziehen.

Unten sizt noch ein pflegmatischer Frosch, der den Hals doch aufreckt, und den Angegriffnen Trost zuquackt. Die Figuren sind alle in Lebensgröße. Aus dem Auge der schlauen Maus blickt Freude über den Fand, und doch ist immer noch ein scheuer Seitenblick auf den Vogel hin, um seinem nächsten Flügelschlag ausweichen zu können. Der Sammt in den sie gekleidet ist, ist so natürlich und fleißig, daß man jedes Haar zählen zu können glaubt — und doch merkt man ihm keinen ängstlichen Fleiß an. Umher flattern einige Schmetterlinge, von denen man gerne den Farbenstaub abblasen möchte: andre Insekten schwirren umher, drunter eine Hummel, die aus einer Blume saugt, und ganz die Natur zu verhönen scheint. Der

Boden ist voll köstliches Moos. Es sind außer diesem noch herrliche Insekten und Blumenstücke in der Sammlung: aber so voll Kunst und Geschmack, wie dieses, hat mein Auge keines erblickt.

Gleich daran stossen zwey Landschaften von Berghem. Er bleibt auch darinn der nie mittelmäßige Meister. Die Thiere darauf sind reizend, und die Luft angenehme Frühlingsluft.

Eine Heerde Schaafe weidet auf einem freien Platz an einem alten Gemäuer, ein braun- und weisgefleckter Stier dabey, und einige Mädchen zur Hut. Der Stier ist das Hauptstück darauf. Er steigt lässig und langsam von der Seite her, und hat viel Edles an sich: ein Stier, wie ohngefähr der, in den sich der weiland heidnische Obtze J.od, sonst Jupiter genannt, verwandelte, als er sein gottloses crimen raptus, zu teutsch, Jungfernraub, begieng. Ländliche Ruhe, und Unschuld herrschen auf dem Stück.

Das Gegenstück sieht schon gefährlicher aus, und wenn Sie nicht verliebt werden wollen; so rathe ich Ihnen, ein wenig auf die Seite zu sehen. Doch hören Sie erst: auch eine Heerde im Gras, lustig und froh an einem alten Gemäuer, unter dessen labendem Schatten, ach! zwey Liebende sitzen. Aber ach! und wieder ach! beide Liebende sind ein alter Knasterbart und eine eben so alte sechzigjährige Donna, die sich entzückt an den Alten anschmiegt, und der's so recht wohl behagt, daß ihr pastor fido mit der einen Hand ihr langes spitzes Kinn streichelt, das mit einer Unterlippe zusammenhängt, die keinen einzigen Zahn mehr zu verbergen scheint.

scheint. Ich mußte eben so herzlich über den Inhalt lachen, als ich mich über die zarte und angenehme Behandlung, und schöne Färbung freute.

Leben Sie wohl, und lachen Sie mit mir und freuen Sie sich mit mir, bis wir uns wieder sprechen.

Fünfter Brief.

Noch will ich Ihnen eine Nachlese aus der Gallerie geben. Denn wenn ich so eins und das andre überdenke, und jetzt völlig überdacht zu haben glaube, so drängen sich mir wieder neue Stücke ins Gedächtniß zurück, als wenn sie mir sagen wollten: auch wir verdienen angeführt zu werden. Von den hochobenhängenden kann ich am wenigsten urtheilen. Mein Auge reicht nicht so weit, jeden Punkt der Miene aufzufassen, und wenn ich sie auch sehe, würde ich doch nur dunstlich an ihre Beschreibung gehen, weil bey so großen Stücken der meiste Betrug vorzugehen pflegt. Lebensgroße Figuren sind immer leichter, und täuschender nachzumachen, als Stücke mittlerer Größe, wo der Ausdruck auf einem Punkt ruht, der sich alsdann in der Kopie nur zu leicht zu verrathen pflegt.

Die mittlern und untersten Gegenden der Wände sind vorzüglich die Felder, auf denen ich Blumen für Sie pflücke. Porträte, meists Kniestücke, sind mehrere recht gute im Saal, darunter eins, nach der Angabe von Holbein ganz vortreflich ist.

Ein alter Geiſtlicher in ſchwarzer Kleidung aus den Zeiten der Reformation; er hat einen Kelch vom Abendmal in der Hand, und ſcheint viel Wichtiges bey ſich zu überdenken. Wahrer kann man kein Augenpaar malen, als dieſes, und feiner die Farben nicht ineinander ſchmelzen, als ſie es hier ſind. Kupezli, von ihm ſelbſt. Groß und erhaben — als ob ers recht gefühlt hätte, daß er Kupezli malt. Neben ihm liegen Briefſchaften, und ſein kleiner Sohn mit einem runden vollen Geſicht ſteht dabey. — .

Nicht weit davon ein köſtliches Geflügelſtück, auch von Mignon. Ein Lebensgroßer Pfau, eine Gans, und wo ich nicht irre, ein Phaſan hängen an einem Nagel beiſammen. Natürlicher habe ich nichts geſehen. Der Pfau hängt ſo, daß er den ganzen Hals und die Bruſt zeigen kann: ſie ſpiegeln herrlich blau, bis zur Täuſchung, und das Thier ſcheint noch im Tod auf ſeine Pracht ſtolz zu ſeyn.

Nun wieder eins von der erhabneren Art. Ein hiſtoriſches Stück von Gerhard Duffeit in Lebensgröße. Valerius Maximus erzählt die Sache, und aus ſeinem Munde ſollen Sie dieſelbe von mir hören.

Schon damals war ſie ein Gegenſtand, an dem Maler ihre Größe erprobten. Cimons Tochter ernährte ihren eisgrauen Vater, der ins Gefängniß, ohne Nahrungsmittel zu erhalten, geſperrt war, mit ihrer Milch. Der Kerkermeiſter hatte niemand, als der Tochter, erlaubt, zu ihm zu gehen; er hatte ſie aber ſtets fleißig durchſucht, und wunderte ſich daher um ſo mehr, da er nach acht und mehr Tagen den Vater

noch

noch lebendig sah. Er belauschte die fromme Tochter eines Tags, und sah nun in ihrer Handlung den höchsten Ausdruck kindlicher Zärtlichkeit. Er zeigte es an, und die schöne That wurde mit der Freilassung des Vaters belohnt. Valerius setzt hinzu: „die Leute hefteten staunend ihre Augen auf ein Gemälde, das diese That vorstellt: ihre Bewunderung des jetzt gegenwärtigen Schauspiels versetzt sie in alle Lagen dieser Vergangenheit; sie glauben, statt unbiegsamer, blutloser Gliederzeichnungen, lebensvolle, und athmende Körper zu sehen."

Der Augenblick ist, da die Tochter voll Muth, aber auch voll Schmerz dem siechen Vater die Brust hinreicht. Der Greis durch einen langen, weißen Bart noch ehrwürdiger, sitzt beinahe nackend auf elendem Stroh, an Händen und Füßen in Fesseln, von denen man den Eindruck am abgezehrten Arm, und an der schwachen Wade herauf sieht. Es ist eine Thräne im Aug des Vaters, aber sie kann sich nicht herabdrängen, „sie geht, wie Dante sagt, aufs Herz" und brennt da doppelt schmerzlich, daß er sein Leben auf eine so kümmerliche Art erhalten muß, und es der edlen Erzeugten nicht danken kann, die ihn erhält. Die Tochter fühlt alle Leiden ihres Vaters, und sucht mit Mühe den Schmerz zu verheelen, den sie ihr machen. Zur Seite herab lauscht der Kerkermeister, voll Staunen über die unerhörte kindliche Liebe. Es ist ein kühner Gedanke, die Scene in einem Kerker unter der Erde vorzustellen, mit ihrem wahren Schatten und Licht, das doch nur aus dem Seitengitter fallen kann; aber

auch

auch dies ist dem Meister geglückt. Der Auftritt hängt noch einmal höher oben, nur in halber Figur, aber er mag immer hoch hängen bleiben; denn er kommt diesem Gemälde weder an Ausdruck noch an Zusammensetzung gleich.

Weiter links von der beschriebnen Geschichte rührte ein andres Schauspiel mein Gemüth wieder auf eine andre Art zum Mitleiden. Ein großes Bauernstück mit menschenhohen Figuren. Ein Dorfzahnarzt über der Arbeit einem armen, zur Erde liegenden Bauer auf eine jämmerliche Weise einen Zahn im wahren Verstand auszureissen. Der arme Malefikant streckt Arme und Füße von sich, und fleht mit dem großen, stieren Aug um Gnade, indem er seine Verzweiflung aus vollem Hals herausschreyt. Ein köstlicher Kopf — so wild, so fürchterlich, und so ungezwungen, daß man ihn gar nicht für gemalt hält. Auf der Umstehenden Mienen macht Furcht und Mitleid einen sonderbaren Kontrast mit den selbst zufriedenen, zuversichtlichen, und kalten Zügen des unmenschlichen Dentisten. Färbung, Kühnheit des Ausdrucks, und der Stempel der hohen Einbildungskraft verrathen mir einen Meister aus der flämischen Schule: Nach dem Katalog ist es Hondhorst.

Zwey Fruchtstücke von van Heem, in gutem Geschmack. Auf dem einen liegen Zitronen halb abgeschält, daß man ins Mark sehen zu können glaubt. Auf einem Teller liegen offne Austern, die dadurch noch täuschender werden, daß eine Schmeißfliege drauf um-
her-

über die Gemäldegallerie in Pommersfelden.

herrlicher: auf dem andern sind Krebse, auch Früchte in gleicher Schönheit angebracht.

Leben Sie wohl für heute.

Der Ihrige.

Sechster Brief.

Noch einmal zurückgeblickt, lieber Freund! wir gehen nun aus der Gallerie; aber nicht weit — denn gerade die Treppe hinüber stehen uns wieder die Thüren zu neuen Gemäldesälen offen. Sie wurden, wie schon gesagt, erst im Jahr 1786 eingerichtet, und ebenfalls ganz mit Malereien behängt. Das Aug wird hier sanfter ergriffen, aber doch eben so stark und lang gefesselt, als beim Beschauen der weit größeren Galleriestücke. Meistens Gemälde, deren Werth ihre Größe weit übersteigt, fallen gleich das erste Zimmer an. Mieris hängt rechts am Eingang. Gleich über ihm sind meisterhafte Köpfe, auch von van Dyk und Albrecht Dürer. Gegen die Mitte zu eine Sprinx in Mieris Ton auf Holz, nicht zwey Fuß hoch. Schön, wahrlich schön! Der Faun, der ihr nachrillt, steckt über die Hälfte im Schilf, und lacht hämisch, daß nun die Nymphe durch den Fluß verhindert wird, seinem bräunigem, braunen Arm weiter zu entfliehen. Er ist kein grobhaarigter, häßlicher, sondern ein röthlich-brauner Waldgott, dem nur das spitze Kinn und die überhangende Nase, auch die Ohren, etwas verrathen. Das Mädchen erschrickt über den unvermutheten Aufenthalt, und daß ihr der Faun so nahe ist — sie hat sich halb umgedreht, um ihn mit bangem Blick zum Rückzug zu bewegen; hat, da er nicht zurückbleibt, eben so hastig, wie Daphne, die Götter um ein verzweiflungsvolles Ende gefleht, und ist erhört worden. Das benachbarte Schilfrohr drängt sich schon schwesterlich um sie her, um mit dem vollen, schönen Körper sich zu vermischen. Die Ausarbeitung ist fleißig, und voll Geschmack: viel blau in der Färbung: Bäume und Buschwerk edel, und der schönen Natur gemäß.

Gleich daneben, als Gegenstück, hängt noch so eine Ovidiana: das fürwitze Fräulein Europa, im Augenblick, da sie, der jungfräulichen Zaghaftigkeit zum Troß, auf den blumenbekränzten Stier sitzt. So fein die Pinselstriche sind; so kann ich doch kein großes Vergnügen an dem Stück finden. Es ist vom nemlichen Meister der Sprinx, aber es scheint kaum Kopie nach ihm zu seyn. Die Mädchen darauf sind alle zu schön, und nichts als schön: keiner einzigen scheint die Kühnheit der Königstochter neu und unerhört: keine einzige ist besorgt um ihre Fürstinn, und selbst diese sitzt nur wie auf einem Thron, ohne zu denken, wo sie sitzt. Freilich müßte, nach meinem Geschmack, etwas Stolz im Auge der Dreusten seyn, so ein Bewußtseyn des Siegs über die weibliche Feigheit: aber so ganz müßte der noch vorhandne Schatten davon sich nicht verlietern. Auch hat mir der Stier gar nichts tück: ches, wenigstens nichts muntres: er liegt so träg da, daß

man

man kaum glauben kann, dieß sey eben der Petitmaitre, der durch Schmeicheleien die edle Jungfrau bis zur höchsten Vertraulichkeit brachte.

Weiter, zwey große Stücke, im doppelten Einngroß: auf Leinwand von Lingelbach. Das eine ist ein offner Platz am Seehafen, wohin man Kaufmannsballen und andre Waaren gepackt bringt. Viel Volks darauf in türkischen Trachten. Ein Alter steht in der Mitte des Vorgrundes mit einer beladenen Tragbahre, dem ein andrer etwas entweder aufladen, oder wegnehmen, oder untersuchen will. Der Alte wehrt sich, und beide sind im Wortwechsel. Zwey Sklaven ruhen auf Waarenkisten aus, beide aneinander gefesselt, so recht in der Miene von Menschen, denen die Ruhe selten zu Theil wird, denen sie aber auch doppelt wohlbehagt. Das Ganze ist flämisch gefärbt, voll Ausdruck und Leben, und das Verhältniß der Figuren, in Schatten und Licht, voll Ordnung. Der mit Quatern belegte Boden ist mit einer grauen Heldenstatue geziert, und die Luft neblicht.

Das Gegenstück ist ein offner Marktplatz, voll Thätigkeit und Handlung. Weiber und Männer bieten ihre Waaren an, die sie in Körben vor sich stehen haben, andre feilschen darum, und dadurch entsteht ein buntes und angenehmes Gemisch, das durch die gute Haltung noch angenehmer wird. Auch dieser Platz ist mit Säulen und Prachtgebäuden ausgeschmückt. Die Luft ist mild und die Fernungen gut.

Eine Nachtlandschaft von van der Neer, über allen Ausdruck erhaben. Der Mond glänzt durch die Dun-

sein Nachtgewölke hervor, und spiegelt sich sanft in einem Teich, der ans Dorf stößt; die Gebäude sind dem Mondschein entgegen geworfen, so, daß er nur hie und da hervorbricht, und die Gegend beleuchtet: und der Wiederschein davon vom See her wirft auf einige Bauern sein Licht, die ihre Garne umher gespannt haben, und leise dahinter hinschleichen. Die Wolken sind dicht aufgethürmt, aber der volle Mond versilbert doch ihren Rand hie und da, und läßt nur noch dünnen Dunst übrig. Wär es heute Mondschein, und ich könnte so die Wirkungen dieses großen Lichtes selbst sehen, so würde ich mir wohl noch manches ins Gedächtniß rufen, zum Lobe der schönen Landschaft, das mir jetzt entfallen ist.

Nacht ist es wenigstens, schon Mitternacht, und der Schlaf mahnt mich an seine Rechte.

Der Ihrige.

Siebenter Brief.

Mit Mignon will ich Ihnen den Brief anfangen. Ich habe Sie schon auf dieses Stück aufmerksam gemacht, und die genauere Beschreibung desselben wird Ihnen daher desto willkommener seyn. Es ist ein Geflügelstück, worauf ein großer todter Kapaun in der Mitte, eine Schnepfe, samt einer ganzen Büschel kleiner wilder Vögel zur Seite herabhängen. Der Kapaun ist weiß, und

und gefleckt, und hat schöne volle Federn. Im Abwürgen mag er sich wohl gesträubt haben; denn die schönen Federn sind ganz in Unordnung; o, wie fein, wie fürtreflich ist jede davon ausgearbeitet! man kann die kleinsten Flöckchen daran zählen. Noch ist er nicht ganz starr: man sieht noch ein bischen Ueberrest von Leben ums halbe Aug her, und zum Mund heraus strömt ein Tropfen Blut, durchsichtig wie ein Thautropfen, und wunderbar täuschend. Wenn man das Werk aushienge, ich dächte manchem Kater könnte es den Appetit rege machen: aber dann würde ich diesem Betrognen eher verstatten, in meine Haut seine Krallen zu setzen, als in dies köstliche Gemälde.

Wieder zwey von Schalken, etwas größer, als die im ersten Zimmer, aber nicht minder des Namens würdig. Eine alte Matrone bey einer Lampe, die ihr Licht über alle Furchen des Alters hinstreut. Das Mütterchen beschäftigt sich s geringeres als ihr Kassensturz: sie läßt die alten Kaiser durch die Hand paßiren, und giebt recht genau drauf acht, daß kein falscher und unwürdiger mit in ihre Kisten eingehe. Ihr Blick hängt starr darüber her; sie würde sich durch nichts irre machen lassen. Die Haltung ist vortreflich, und die Flamme meisterhaft.

Das Gegenstück (so wenig es auch Bezug auf das erstere hat) ist ein studirender Mathematiker. Beim Licht, das ihn von der offnen Stirne bis herab beleuchtet, macht er geometrische Figuren in ein Buch. Er ist kein Greis, mit einem langen Bart, wie sonst Mathematiker gemalt zu werden die Ehre haben, sondern ein Mann in guten Jahren. Er ist tief in Gedanken, grüßend mit der edlen Zeit, nicht, wie das alte Weib, mit den metallenen Fürsten.

Gleich dabey, Hirtenstücke von Roos. Kostbar gedacht, und eben so kostbar ausgeführt. Auf dem einen liegen zwey schöne, weißgefleckte Stiere im frischen Gras — so ganz satt, und schläfrig, mit zusammengezognen halb blinzenden Augen. Ihr Hüter, eben so faul, nur wie es Menschen in heissen Sommernachmittagen sind, liegt dabey, und spielt, wo ichs anders noch recht weiß, mit dem Hund, um sich des Schlafs zu erwehren. Schaafe und Ziegen um ihn her. Das andre ist voll Haltung und Anmuth. Eine Hirtinn sitzt auf einem Rasen an altem Gemäuer, und hält ihr muntres Kind im mütterlichen Schoos. Der Vater kömmt herbey, und hält dem Kind ein zartes Lamm hin, nach welchem dies die Händchen ausstreckt, und es zum Gespielen verlangt. Daneben liegt eine Ziege, die ihr Junges säugt. Das Stück flößt arkadische Empfindungen der zwanglosen Natur ein. Der Vater ist so ruhig, und die Mutter und das Kind, und die Luft so sanft und mild.

Wieder eins von Teniers. Eins der schönsten von dieses Meisters Hand. Eine Wirthsstube mit acht lustigen Jünglingen und Mädchen um den Tisch her. Sie sitzen froh und einig beim Glas, und Scherz und Freude ist unter ihnen. Einer davon steht, hebt hoch den Becher auf, und singt ein Lied aus hellem Mund; ein Mann von etwas Ansehen, auf den Ellenbogen gestützt, blickt dem frohen Sänger unten hinauf ins Aug,

Aug, und freut sich recht, daß er so frölich ist. Das Stückchen ist äußerst fein aufgetragen, und so lachend und rein, daß das Auge gern darauf verweilt.

Leben Sie wohl.

Ihr

L.

Achter Brief.

Wir gehen in das zweite neue Zimmer, das mit lauter religiösen Stücken behängt ist. Auf allen Seiten lauter große hohe Bilder, die den Geist erheben, und edle Gedanken erwecken.

Ein gekreuzigter Jesus, von Rubens, auf Holz. Groß und köstlich; der Kopf besonders voll Ausdruck und Sprache. Der Gemarterte leidet noch; er fühlt noch den Schmerz, den ihm sein undankbares Volk macht; aber er fühlt auch sich — er ist in dem Augenblick mehr als Mensch. Sein Auge, halbgebrochen, hebt sich zuversichtsvoll zu dem im Himmel. Es ist kein Laokoon, kein Mann, der noch aller angewandten Stärke der größeren Macht des Schicksals nachgiebt, den die itzt gesunkene Macht, und die vorige Höhe, und die Ueberraschung vom tückischen Unglück schmerzten: aber doch so etwas im rückwärtsgeworfenen Haupte, in der edlen Gesichtsbildung, das Alter abgerechnet, und in den Muskeln, die der Schmerz hebt;

so

so etwas ist auf beiden Köpfen gemein. Ich habe in Junkers Abhandlung über Christus Köpfe einen gefunden, fast in dem Ton; aber er hat mir zu viel von Laokoon, zu wenig von dem, was den Dulder Christus über jenen Dulder erhebt. Die Muskeln des ausgespannten Körpers, besonders die Armmuskeln sind meisterhaft: die Färbung ist vortreflich, und fällt ins Braune.

Gleich unter diesem ein eben so herrliches, aber kleines Gemälde auf Holz von van der Werft. Sie müssen mir dabey den Entusiasmus verzeihen, in den mich jede Erinnerung daran setzt! Eine büssende Magdalene. Sie ist in einer Höle, durch die der Tag nur seitwärts einbringt. Sie liegt, oder lehnt vielmehr fast nackend an einem Felsen, ein Buch vor sich, das sie mit der einen gestreckten Hand zu berühren scheint. Ihr Kopf ist ein Meisterstück. Nicht der wilde Ausbruch des Schmerzens, keine Verzweiflung über ihre Fehler — ja keine Thräne ist in ihrem Aug. Wenn man nach dem ersten brausenden Uebergang der Trauer, wo das Aug die Thränen schon alle verweint hat, noch eben so stark, wohl stärker und tiefer, aber nur innerlich fühlt; oder wenn uns jetzt der stärkste Grad von Jammer überrascht, und keinen Ausbruch verstattet, wenn man alsdann desto schmerzlicher ihn tief in sich wühlen siehe, und starr auf einen Fleck hinblickt, und laut weinen möchte, und nicht kann, so lehnt diese herrliche Dulderinn da. Sehen Sie, so wahr hat der Maler Leidenschaften studirt, und die noch größere Kunst, sie auszudrücken, verstanden.

Ihr

Ihr Auge sieht starr vor sich hin; sie überdenkt sich ernsthaft und feierlich, um dann erst laut in Thränen auszubrechen, und auf den Knien um Gnade zu flehen. Ihr langes, lockigtes Haar fließt mehr über den Busen, als es hängt, ohne poetische Floskel gesprochen; es glänzt, wie Gold, und ist im kleinsten Theilchen ausgearbeitet, ganz wellenförmig. Ich muß gestehen, ich hatte meine Gränzlinien in der Kunst immer noch zu eng gedacht, bevor ich auch dieses Stück sah — man fürchtet durch jeden Hauch die glänzenden Locken in Unordnung zu bringen. Das Fleisch ist in gleicher Vollkommenheit mit dem übrigen; alles unglaublich zart aufgetragen, und geschmelzt. Zur Seite liegen Nahrungsmittel der Kluftbewohnerinn, ein Stückchen Honigwapen und einige Zwiebeln.

Zwey große Holzgemälde von Bys. Das eine bildet das erste Menschenpaar im sogenannten Stand der Unschuld ab. Lauter sanfte gute Geschöpfe in einer milden Luft, und angenehmen Gegend. Der Mensch noch ganz ohne Sünde, im vertrauten Umgang mit Gott, noch Herr über alle Mitgeschöpfe, die sich gern um ihn her sammlen. Eine ganze volle Schöpfung vom Löwen bis zur Maus, und vom Adler bis zum Zaunkönig in unendlichem Gemisch, und in lauter niedlichen Gruppen, und in verschiednen Beschäftigungen, alle ruhig, und in gesellschaftlichem Frieden untereinander. Hier ein Löwe im Vorgebüsch schlummernd, und gleich neben ihm ein majestätischer Hirsch, voll Zuversicht, ohne Furcht im Aug. Unfern eine Gruppe von Tigern, Wölfen, Bären, wie Schaafe zusammengedrängt; Pferde dabey, stolz und edel bewäbnt. Die Vertraulichkeit einer großen Katze mit einem noch größeren Jagdhund gefällt mir besonders darauf. Der Kater reibt sich das Fell an dem Hund, ohne daß dieser scheel darüber sieht, oder gar auf Rache denkt. Die Geflügelarten hängen in dichter Menge auf allen Bäumen umher; neben ist ein Teich, in dem Fische aller Art frölich spielen.

Gegenüber im Gegenstück sieht das Aug alle Thiere wieder, die es hier sah — aber — in andern Gruppen, in andern Leidenschaften. Das erste Menschenpaar hat seinen sündlosen Zustand verscherzt, und Gott hat eben Befehl gegeben, die Undankbaren dafür zu züchtigen. Engelheere fallen vom Himmel in der Absicht herab, der Erzengel Michael, mit dem bekannten Schild und Flammschwerdt an ihrer Spitze. Schrecken betäubt die sichern Paradiesbewohner: sie fliehen eilends vor den Blitzen und Donnern der Engel. Einer von der Schaar schleudert einen Schwefelstral auf die noch kurz vorher ruhige Gruppe von Tiegern, Wölfen und Bären: und er wirkt schrecklich. Plötzliche Raserey befällt alle: sie bäumen sich hoch auf: und heulen fürchterlich; besonders ein großer Wolf, dem der Stral gerade auf den Pelz fällt. Die andern Thiere fliehen scheu davon; der Hirsch, seine Gefährtinn zur Seite, nimmt den ganzen Körper zusammen, um so schnell als möglich der schrecklichen Scene zu entgehen. Selbst im Teich werden die Fische hoch auf von den Wellen geworfen. Eva flieht, den Kopf eingezogen, als ob sie den Donnerschlag im Nacken fühlte; Adam

hin-

hingegen, so furchtsam er ist, wagts doch noch einmal umzublicken; und ich halte dies für einen Zug, der dem Maler Ehre macht. So viel vom Historischen der Stücke!

Jetzt zu einigen Punkten, bey denen Tys doch immer etwas verliehren wird, auf die Zusammensetzung, und das Verhältniß von Licht und Schatten. Jedes einzelne Geschöpf auf diesen beiden Gemälden ist und bleibt ein Meisterstück. Der Pinselstrich ist fleißig, jedes Haar ausgearbeitet: der Maler hat die Stellung, die leidenschaftliche Geberdung, die Gestalt jedes Thiers so gut gekannt, daß man drüber erstaunt: aber Zusammensetzung war seine Kunst nicht. Er dachte nicht an die Wirkung, die Schatten und Licht auf jeden Körper eben dadurch machen, daß er mit andern zusammengestellt wird. Seine Vögel auf den höchsten Gipfeln sind so wohl getroffen, als die auf den untersten, dem Auge nahen Zweigen; aber sie sind auch mit den, ihrer Gattung eignen, Farben gemalt, wie diese, ohne daß die Entfernung der höheren Luft, oder sonst etwas Einfluß darauf hat: ganz so, als hätte Tys eine Naturgeschichte über seine Gemälde lesen wollen. Am meisten fällt dieser Fehler bey der Gruppe von Engeln, und ihren Handlungen auf. Michael schwebt voran mit Schild und Schwerdt, und jetzt die andern wie angewachsen hinten drein. Die Luft ist helle, gewöhnliche Tagsluft, nur da, wo die Engel herabziehn, wird sie glänzend und röthlicht, aber auch ohne Harmonie. Wär' ich Tys gewesen, ausgerüstet mit der Feinheit des Pinsels, und begabt mit dem seltenen Fleiß: ich

hätte

hätte eine schwarze Gewitterwolke um die ganze Schöpfung hergezogen, hätte darum meine Thiere verborgen: alsdann, durch fürchterliche Blitze, in denen die Engel, wenn sie ja da seyn mußten, (wie Rubens Würgengel auf das Assyrerlager,) herabfielen, die Nacht hie und da zerrissen, und Adam und Eva, und die besten Thiergruppen zusammengeschreckt beleuchtet. Bys Blitz wirkt, aus der Hand seiner Engel geschleudert, da wo er hinfällt, nur so, als würden Funken von einem Licht herabgeworfen. Tadeln Sie mich nicht, daß ich einen so großen Mann zu tadeln wage! Ich rede immer frey von der Brust, und würde, wenn's Fehler ist, mir selbst ihn nicht aufopfern. Hab' ihm ja auch sein gebührendes Lob nicht versagt?

Der Ihrige.

Neunter Brief.

Wahr ist's, ich habe Ihnen noch wenige aus Rubens Schule angeführt: aber, nur einige Augenblicke Geduld, so sollen Sie reichlich entschädigt werden. Hören Sie doch:

Christus Darstellung im Tempel, von A. Dieppenbek, einem der würdigsten Schüler Rubens. Das Stück ist nicht groß, aber desto vortreflicher. Das Kind Jesus wird mit der gewöhnlichen Gabe von zwey Tauben dem Priester in den Tempel gebracht. Simon hat

hat es auf dem Arm, und sein Kopf ist ein Werk des größten Genies. Er blickt links herab auf das göttliche Kind, mit einem Ausdruck im Mund, und mit einem Aug, das über alle Beschreibung erhaben ist. So innig, so mit einer, alten Leuten eignen, großen Freude, die nur halb auf sie wirken würde, wenn sie nicht dabey weinen könnten. Die Thräne glänzt in seinem Aug: aber, es sind nicht nur Dank und Freude, die sie ihm ablocken, auch Wehmuth ists, weil der Greis im prophetischen Blick alle Leiden und Verfolgungen zu übersehen scheint, die des guten Kindes harren. „Meine Augen haben deinen Heiland gesehen" so ruft er aus. Scheitel und Bart sind weiß, wie Schnee, und machen den Mann ehrwürdiger. Maria und Joseph mit der Gabe und noch einige stehen ihm gerade gegenüber, wundern sich theils, theils nehmen sie Antheil an seiner Freude. Der Schmelz der Farben, und Kenntniß von Schatten und Licht, die Rubens Schule in so hohem Grad einzig eigen ist, machen, nebst der edlen Zusammensetzung das Stück zu einem der vortreflichsten der ganzen Sammlung.

Eine betende Magdalene, Kniestück. Ein Weib, noch bey der höchsten Betrübniß schön. Sie betet bey einer Oehllampe auf einem Gestell, die das ganze Antlitz röthet. Neben ihr liegt ein großer Todtenkopf, auf den die nächsten, und stärksten Stralen der Lampe herabfallen. Die Flamme selbst ist hinter dem Oehlgefäß versteckt. Ich hätte wohl wetten mögen, daß man dieses nur umdrehen dürfe, um das ganze Feuer zu sehen. Denn wenn man durch die köstliche

Beleuchtung dieses Stücks neugierig gemacht, den Quell des Lichts gerne sehen möchte, und auf die Seite geht, um dahinter zu schauen, so verräth sich am Rand ein ganz kleiner Feuerpunkt, welcher macht, daß man voll Freude das ganze Licht zu sehen glaubt. Ich kenne den Namen des Künstlers nicht: aber so viel weiß ich, daß es mich Mühe kostete, mein Erstaunen nicht laut auszudrücken. Die Manier ist flämisch.

Eine Predigt Jesu, von Köning, im alten teutschen Geschmack. Viel Volks ist um einen Wald her gelagert. Jesus mitten unter ihnen, stehend, im edlen, großen Anstand eines gutmüthigen Lehrers. Auch Vornehme zu Pferd mit langen Bärten hören ihm zu, aber ihre Absicht scheint nicht die edelste zu seyn. Soldaten stehen im Kriegsrock hin und wieder in der Versammlung, mit sanften andächtigen Mienen, denen sein Vortrag das Martia:sche benommen zu haben scheint. Selbst die Bäume sind voll Menschen, die den guten Lehrer gerne hören. Der Baumschlag, die Luft, und überhaupt die ganze Haltung ist nach der bekannten altteutschen Manier; und ich möchte sie nicht tadeln, wär' es auch nur darum, weil ich selbst ein Teutscher bin. Die Figuren sind etwas zu kurz: aber ihre Kleidungen, und das Putzwerk daran sind sehr fleißig ausgearbeitet.

Eine Nachtlandschaft, ebenfalls nach der alten Weise, mit Mondschein. Großer Wald im Vorgrund an einem See; am Eingang desselben Joseph mit Maria und dem Kind auf einem Esel. Joseph geht voran, und

und erleuchtet seinen Weg durch eine Fackel, die aber leider schon bis auf ein Stümpfchen abgebrannt ist. Die sorgsame Mutter hält das Kind ganz eingewickelt auf dem Arm, und der Esel geht gedulbig seinen Schritt fort. Das Licht der Fackel ist der höchste Lichtpunkt, (denn der Mond ist nur wenig sichtbar) und wirft seine Stralen auf diese Gruppe, und die nächsten Bäume, auch auf den See hin. Alles ist so ganz ruhig und still, und der Maler ist gewiß in der Natur mehr als einmal lauschend umhergegangen, wenn Nacht auf ihr lag, die nur kaum durch den Mond getrennt wurde. Auch das hohe Altar macht das Stück ehrwürdig.

Der Ihrige

L.

2.

Neunte Fortsetzung artistischer Bemerkungen auf einer Reise durch einige Gegenden des Fränkischen Kreises.

Wassertrüdingen . . .

Da mir von meinen Freunden in Anspach der in der Nähe liegende Heffelberg so gerühmt wurde, welcher nebst dem Hohenlandsberg, zwo Stunden von Uffenheim in Franken, zu den höchsten Bergen des Fränkischen Kreises gehört; so entschloß ich mich, Ihrem Rath zu folgen, weil doch einmal der enge Zirkel meiner Reise nichts anders zur Absicht hat, als nebst bemerkungswerthen Kunstsachen auch die Schönheiten der Natur aufzusuchen. Ueberdies wissen Sie, daß ich mir kein größeres Vergnügen weiß, als meine Augen an dem herrlichen Schauplatz einer ausgebreiteten Aussicht zu weiden, welche besonders von diesem Berg aus ganz vortreflich seyn soll. Unsere moralischen Aussichten, werden ohnehin öfters eben so sehr eingeschränkt und in Nebel verhüllt, als unsere Wünsche vereitelt. — Um aber nichts vorbeigehen zu lassen, was meine Wißbegierde befriedigen könnte; so nahm ich meinen Weg über Trießdorf, der Sommerresidenz des Herrn Markgrafen, und Schwaningen eines der nieblichsten Schlößer des Fürstenthums Anspach.

Von Anspach bis Trießdorf rechnet man drey Stunden, welche aber zurückgeleget werden können, in fünf Viertelstunden. Der Weg dahin ist schön und beinahe bis zur Hälfte mit einer doppelten Allee, die übrige Hälfte aber mit Obstbäumen von mancherley Gattungen besetzt. Sobald man außer der Stadt den Berg hinaufgefahren, gehet der Weg eine gute Strecke durch ein in der That sehr malerisches Gehölze, weil die Linden an der Chaussee, und hinter diesen zu beiden Seiten, die im Wald unter den dunkeln Fohren und Fichten vermischt da stehenden Eichen und Buchen dem Maler verschiedene Farben des Grünen darbieten und kleine Gruppen von Landschaften bilden. Die zweite

Hälfte

Hälfte dieses Weges läuft in schnurgerader Linie bis an den Thiergarten fort und wird durch nichts unterbrochen, als durch ab- und zugehende Personen, wovon diese Straße nie leer wird.

Wenn ich Ihnen Trießdorf mit einem Wort beschreiben soll, so muß ich es einen englischen Landsitz oder Park nennen. Der ganze Bezirk ist mit einer Mauer von Backsteinen eingeschlossen, an welcher er innerhalb eine kleine Viertelstunde breit rings von einem Birken- und Buchenhain begränzt wird. Das Ganze mag immer über eine Stunde im Umfang haben. Schon der Eingang ist anmuthig. Denn ehe man nur im geringsten etwas sieht, das den Aufenthalt eines Hofes vermuthen lassen möchte, hat man vom Thor an beinahe noch eine Viertelstunde durch den dunkeln Wald des schönsten Laubholzes zu fahren, bis man etwas abwärts in eine riesenmäßige hochgewölbte Lindenallee kommt, und so fort nach und nach einzelne Theile dieses fürstlichen Landsitzes erblickt. Die wahre Idee eines Parks erfüllte sogleich mein Gemüth, als ich hier eine große Anzahl starker wohlgebauter Stutten und Fohlen von verschiedenem Alter, Gewächse und Farben weiden sah. Ich stieg in einem Wirthshause zum Falken ab, wo Fremde ziemlich gut bewirthet werden. Mitten in der Wirthsstube und zwar schon im Erdgeschosse übersieht man in einer viele Meilen weiten Ebene einen guten Theil des Altmühlgrundes, der in der Entfernung von einem abwechselnden blauen sich meinem Standpunkt nähernden Gebürge begränzt wird. Die Stadt Gunzenhausen, welche etwa drey Stunden entfernet seyn mag, liegt im Mittelpunkt; im äußersten Hintergrund sieht man an einer Bergspitze die Vestung Mülzburg, die weissen Mauern des öttingischen Schlosses Spielberg, und die, sich dem Auge nähernden Flecken Muhr, Ohrenbau und andere mehr. Noch weit mehrere Gegenstände entdeckte ich endlich mit einem immer in Bereitschaft liegenden Fernrohr. Dies ist nicht die einzige schöne Aussicht, denn diese außerordentliche fruchtbare Gegend liegt unmerklich hoch, so daß man mehrere dergleichen Augenweiden in Trießdorf genießt, um welchen Willen die Lage viele Vorzüge hat.

Wenn die Gebäude in Trießdorf beisammen stünden, so würden sie eine kleine Stadt ausmachen; sie sind aber zum Theil zerstreut und manchmal versteckt. Es sind hier eigentlich drey Schlösser, aber keines von einiger Erheblichkeit. Das älteste hat nichts besonderes, als seine malerische Lage, und wird einzig und allein von dem dasigen Militäre bewohnt. Das sogenannte neue Schloß ist ebenfalls ein altes irreguläres Gebäude, dessen Hauptseite sich gegen den Garten zuwendet und von ankommenden Fremden und einigen Hofkavallieren bewohnt wird. Es enthält jedoch schöne geräumliche Zimmer, worinn ich unter andern eine Flora auf Kupferblech von Sperling, als ein Meisterstück dieses Künstlers bemerkenswerth fand. Er hatte eine vorzügliche Stärke in natürlicher Darstellung der Blumen und Früchte, wovon dies Gemälde ein sprechender Beweis ist. Das neueste ist das sogenannte Falkenhaus, wo die Herrschaft ganz allein ihren

Wohn-

Wohnsitz hat. Es ist ein zweigädiges ganz einfaches von Backsteinen aufgeführtes Gebäude, das am Eingang in der Mitte einen halbrunden gebrochenen Vorsprung hat, in welchem rechts und links die Treppen in einem halben Zirkel hinauflaufen. Die Zimmer darinn sind nicht groß, ganz im ländlichen Geschmack, erst kürzlich neu eingerichtet und durchaus antik meublirt. Die Wände im Vorzimmer des Herrn Markgrafen sind mit abgebildeten Falken, einigen Hunden und Pferden behängt, erstere meistens von dem ehemaligen Hofmaler Liebhard. Ueber den Thüren sind verschiedene schöne Landschaften und Ruinen auf nassem Kalk und im Speisesaal die Büsten der Ceres, Pomona, Diana und Flora größtentheils von Naumann grau in grau gemalt. Unter andern schönen Arbeiten blieb ich bey zwey Kaminen, die mit weissem Marmor ausgelegt sind, stehen, und bewunderte einen mit bunten Bändchen geflickten Schirm von den Händen der Frau Markgräfinn, dessen Guirlanden und herabhängende Blumenkorb den besten Mahlereien gleich kommen. Das Kabinet des Herrn Markgrafen ist sehr niedlich eingerichtet und befindet sich, unter andern schönen Sachen, eine auserlesene Handbibliothek von englischen und französischen Büchern darinn. Hier sah ich zum erstenmal die große englische Originalausgabe von Cooks letzten Reise. Die geschmackvollen Zimmer der Frau Markgräfinn enthalten verschiedene gute Mahlereien, und in einem derselben trift man eine sehr vollständige Sammlung ausländischer Vögel von

der

der kleinsten bis zur mittlern Größe an, welche in großen gläsernen Kästen aufgestellt sind.

Trießdorf besteht, außer den schönen und weitläuftigen Ställen, herrschaftlichen Wohnungen, und andern wirthschaftlichen Gebäuden, aus einer Menge Gärten, Berceaux, Parterre's u. dergl. die allenthalben auf eine mannichfaltige und abwechselnde Art angelegt sind. Der größte von allen ist der Hofgarten, welcher an dem neuen Schloß anstößt. Er verdient wegen seiner majestätischen ungewöhnlich hohen Lindenalleen besucht zu werden. Obschon diese Alleen 18 bis 20 Schritte breit sind, so machen doch die Gipfel der in die Höhe gezogenen ungekünstelten Bäume oben eine Wölbung, wo nur hin und wieder der blaue Himmel und die Stralen der Sonne durchblicken können. Unten an den Stämmen laufen immer Wände von beschnittenem Heckwerken mit fort, welche überhaupt in unterhaltende Spaziergänge und Labyrinthe eingetheilt sind. In dieser Art traf ich auch ein Theater an. Ha! dachte ich, hier wirst du etwas Edles und Großes aus der Bildhauerkunst antreffen; aber meine Freude verlohr sich, da ich das Parterre, welches eine steinerne Brüstung erhebt, die grüne Culissen, die Nischen und Seitengänge einsam und verlassen fand. Ganz furchtsam entfernte ich mich von diesem einsamen, grünen Theater, und beruhigte mich blos mit dem angenehmen Gedanken, daß es bey einem wirklichen Gebrauch desto reitzender seyn müsse, obgleich die leblosen Figuren oder Staturn hier ganz und gar mangeln. So überraschend nun einem Fremden die kolloffalischen verjährten Bäume vorkommen, so ersättigt er sich doch bald an dem immerwährenden Einerley, so abwechselnd auch die schattichten Gänge sind. Man findet zwar Teiche, die aber größtentheils der schädlichen Ausdünstungen wegen ausgetrocknet worden; einige Parterre und Bassins, sie haben aber nichts aus der edlen Bildhauerkunst aufzuweisen; denn das Ganze dieser Anlage ist blos zu einem Landsitze der Oekonomie, zur Jagd und andern ländlichen Vergnügungen bestimmt. In dieser Art werden dem Landwirth die vortreflichen Stuttereien, eine beträchtliche und gewiß seltene Meierey des schönsten Schweizerviehes, von ungewöhnlicher Größe, in Bewunderung setzen.

Unter andere schöne Anlagen und Gebäude ist auch das mit Hirschgeweihen äußerlich gezierte Jägerhaus, und die nicht weit von meinem Logis stehende schöne Pfarrkirche zu zählen. Letztere gehört eigentlich zu dem gleich an Triesdorf stossenden Dorfe Weidenbach, welches mit diesem Landsitze gleichsam vereint ist, und am Ende dieses Dorfes verdient auch die Fasanerie besucht zu werden.

Sobald ich Triesdorf verlassen hatte, so verlohr sich auch die Chaussee. Indeß gehet der fünf Stunden lange Weg hieher zwischen fruchtbaren mit Dünkel und Waizen besäeten, größtentheils auch mit Kraut und Rüben bepflanzten Feldern. Von allen Seiten genießt
man

man einer freien Aussicht, auf entfernte Oerter und Kirchspiele, wobey man immer in verschiedenen Wendungen das graue Haupt des Hesselberges vor sich siehet. Nach einer Stunde kam ich in die sogenannte Heide, einem Wald, der auf dem halben Weg einen großen, freien Ackerraum einschließt. Nicht weit vom Ausgang dieser Heide paßirt man im dunkeln Wald eine Gegend, die hier, wie eine Denksäule beweiset, ehehin sehr unsicher war. Am Ende dieser einsamen Landschaft liegt Dennenlohe, ein noch nicht lang erkauftes Rittergut des Grafen von Frieß, welches ein schönes neues Schloß mit vielen daran stoßenden wirthschaftlichen Gebäuden hat, aber sehr mit den elenden, augenblicklichen Einsturz drohenden Hütten der dasigen Einwohner kontrastirt.

(Die Fortsetzung folgt.)

3.

Kunstnachrichten aus Koppenhagen, von Herrn Christian Schule, Kupferstecher aus Koppenhagen, gegenwärtig zu Leipzig in der Nicolaistraße, im goldenen Horne. *)

Neue Kupferstiche und Gemälde.

Sokrates — dedié à Monsieur Charles Bonnet, Membre de plusieurs Académies, à Geneve. Abilgaard pinx. J. F. Clemens sculpf. Se vend à Copenhague chez l'Auteur.

Dieses vortrefliche Blatt ist ein wahres Meisterstück dieser beiden Künstler. Sowohl Maler als Kupferstecher zeigen sich hier in ihrer völligen Größe. Sokrates sitzt in nachdenkender Stellung, den linken Arm auf das linke Knie gegen den Kopf, den man im Profile sieht, gestützt. Der rechte Arm liegt nachläßig auf dem Schooß. Im dunkeln Hintergrunde schweben, kaum sichtbar, seine beiden, miteinander streitenden Genien. Das Licht fällt blos auf die Hauptfigur, und verursachet die angenehmste Wirkung. Kurz, ohne das Blatt zu sehen,

*) Hr. Schule ist ein gebohrner Däne.

sehen, ist es unmöglich, sich es so zu denken, wie es ist. So weit haben es jetzt die Künstler in Dänemark gebracht, daß ihre Arbeiten den besten englischen und französischen an die Seite gestellt werden können. Der Subscriptionspreiß für jedes Exemplar war 2 Rthlr. 3 Mark Dänisch.

Das Bildniß des Kronprinzen von Dänemark, nebst dem Pendant dazu, des Prinzen Schwester, die Kronprinzeßinn Luise Auguste; beide nach Juels Gemälden, zeigen ganz das Verdienst ihres Meisters, Clemens. Das Exemplar von jedem kostet 2 Rthlr. Beide Stücke sind jedem Bildnißliebhaber zu empfehlen.

Zu Wessels Schriften hat Clemens das Bildniß des verstorbenen Dichters nach Juel gestochen. Die Vignetten sind, nach Paulsens Zeichnung, von Schule gestochen.

Jetzt arbeitet Clemens an den Kupfern zu einer schönen dänischen Ausgabe in Quart von Klimms unterirrdischen Reise, die er als Pendant zu Holbergs Peter Paars, wozu er auch die Kupfer und Vignetten nach Wiedewelts Zeichnungen gestochen, herausgeben will. Dieses bedeutende Werk wird mit Kupfern, nach Abildgaards Malereien, geziert, und der Herausgeber wird weder Fleiß noch Arbeit sparen, um es so schön, als möglich, zu liefern. Es wird aber eben deswegen sobald noch nicht erscheinen.

Neulich hat Clemens auch das Porträt der Kronprinzeßinn, nach einem Gemälde von Juel, in Octav gestochen. Es ist zu einem Elementarbuch bestimmt.

Eine

von Hrn. Chr. Schule.

Eine große Landschaft mit Wald und Wasser — Juel pinx. Bradt & Clemens sculps. Es ist ein dunkler umschlossener Wald, mit einem See, worinn sich einige Mädchen baden. Dies Blatt macht eine herrliche Wirkung. Sehr gut ist die Landschaft und das Wasser in englischer Manier vom Bradt bearbeitet, und die Figuren von Clemens gestochen. Der Subscriptionspreiß war 1 Thlr. 3 Mark Dänisch.

Von Bradt hat man auch zwey ganz schöne Landschaften, nach niederländischen Gemälden, aus der königlichen Bildergallerie, im englischen Geschmack bearbeitet. Er hat sie im vorigen Jahr gestochen. Der Preiß ist für jedes Blatt 1 Thlr. Auch stach er im vorigen Jahre ein gutes Porträt in Kreidenmanier; das, als erster Versuch, sehr gut ausfiel.

Das Taschenbuch für Schauspielliebhaber von 1785 und 1786 ist mit Bildnissen verschiedener Schauspieler und Schauspielerinnen von Mad. Clemens gezieret. Das erste vom J. 1784 war mit Scenen aus Holbergs Schauspielen von Bradt geziert, konnt' aber nur wenig Beifall erhalten, weil auch in Dänemark ein Chodowiecki bekannt ist und geschätzt wird.

Georg Haas hat uns das Bildniß des Professors Winslow nach Juels Gemälde geliefert. Der Subscriptionspreiß war 1 Thlr.

Paulsen hat letzthin fünf herrliche Landschaften, die Aussichten von dem Landgute des Herrn Agentrn de Coninst und zur Verzierung seiner Gemächer sind, für dessen Besitzer gemalt.

Meusels Museum 2tes Stück.   D   Die

Die Bildniffe, die unfer Bildnißmaler Lorenzen zu seiner Aufnahme in die Akademie gemalt, sind: das Bildniß des Bildhauers und Professors Weiderhaupt und des Miniaturmalers Müller. Beide sehr ähnlich und gut gemalt. Auch hat er das sehr gleichende Bildniß des Schauspielers Gielstrup gemalt.

Herr Wolf, ein Zögling des verstorbenen Professors Mandelberg, erhielt beim Konkurs im J. 1785 den großen goldenen Preis. Das den Malern und Bildhauern aufgegebene Sujet war, wie gewöhnlich, aus der Bibel, nemlich Christus, der im Tempel die Käufer und Verkäufer austreibt. Die Komposition war herrlich, und die Ausführung gut; sein Pinsel kräftig und frey; die Christusfigur war gut gezeichnet: jedoch das Kolorit für sie etwas zu schön. Vor vier Jahren konkurrirte er zugleich mit Herrn Cabott, der sich jetzt in Rom aufhält. Sie hatten zur Aufgabe: Saul bey der Hexe zu Endor. Keiner von beiden bekam den Preis. Bey dem Konkurs für das J. 1787 erhielten weder Maler noch Bildhauer Preise; wohl aber zwey Architekten, die zur Aufgabe ein Komödienhaus im Plan und Profil, nebst der Facade, zur Aufgabe hatten.

von Hrn. Chr. Schule. 51

Anzeige.

Folgende Kupferblätter sind beim Kupferstecher Schule in Leipzig zu haben:

Die Hauptpromenade im Rosenburger Schloßgarten zu Koppenhagen, Schule del. & sculps. 1 Thlr.
Der Eingang im Friedrichsberger Schloßgarten zu Koppenh. Pend. zur vorigen, Schule del. & sc. 1 Thlr.
Das Begräbniß des hochsel. Königs Christian VI. von Wiedewelt in Marmor ausgeführt, Wiedew. del. 12 Gr.
Bildniß eines jetzt verstorbenen 112jährigen Greises zu Koppenh. nach einem Pastell von Rab. Clemens, 8 Gr.
la Marchande d'Amour, Antique Trouvée dans les Ruines d'Herculanum, 8 Gr.
Vue de Doblen en Saxe. Wagner pinx. 8 Gr.
Bildniß eines adrrischen Chirurgi zu Koppenh. 8 Gr.
Chodowieckis Bildniß 6 Gr.
Gräfinn de la Motte Bildniß. 6 Gr.
9 Blatt Carricaturköpfe nach verschiedenen Meistern 8 Gr.
4 Blatt nach Chodowiecki 6 Gr.
1 Ditteskupfer aus Virgil nach Cochin le fils 4 Gr.
Wem Gott ein Amt giebt, dem giebt er auch Verstand 4 Gr.

Wer die ganze Samml. nimmt, bekommt sie für 4 Thlr. und auf 10 Exempl. giebt man das 11te frey.

4.

Nachricht von den Miniaturfarben des Herrn Johann Christoph Schmid in Nürnberg, von ihm selbst aufgesezt.

Da die von mir schon seit geraumer Zeit mit vielem Fleiß und nicht geringer Mühe fabricirten feinen Miniaturfarben sowohl hier, als auch anderwärts, mit vielem Beifall aufgenommen worden; so habe mich, auf Zureden einiger Kenner und Freunde entschlossen, solche auch in ganzen Sortimenten und von verschiedenen Größen und Preißen, zu verfertigen, um sie desto bequemer auch an entfernte Liebhaber versenden zu können. Ich mache dies hiermit den Kunstliebhabern bekannt, die an der Miniatur- und Wasserfarbenmalerey Vergnügen und Zeitvertreib finden, aber doch die dazu gehörigen Farben nicht selbst machen können, oder sich die Mühe nicht nehmen mögen, sich dieselben zuzubereiten. Diesemnach sind bey mir alle Sorten guter und brauchbarer Miniaturfarben zu haben, welche sowohl auf Papier, als auch auf Pergament und Elfenbein damit zu malen tauglich sind. Sie befinden sich in Käftchen, in Form eines Buches in Quartformat, mit zwey Schubladen, 30 Stück Porzellanschälchen in der Größe eines Conventionsthalers; 28 davon sind mit Farben ausgefüllt, und 2 sind leer zum Farbenmischen. Dabey liegt noch ein Stückchen feiner schwarzer Tusche

und

und 7 Stück feine Pinsel. Ein solches Kästchen kostet einen Dukaten. Dann folgen etwas kleinere mit eben so viel Schälchen in der Größe eines Konventionsgulden, mit der Tusche und 6 Stück Pinseln; alles in gleicher Güte mit obigem, für einen Laubthaler. Dabey sind immer nur die feinsten und besten Hauptfarben gewählt, weil mit den vielen vermischten Farben den meisten Liebhabern nicht gedient ist, indem fast jede Malerey eine andere Mischung erfordert. Ferner mache ich in eben demselben Bücherformatkästchen gleichfalls mit 2 Schubladen, in welchem aber statt der Porzellanschälchen Teich- oder Flußmuscheln befindlich sind. Die Farben aber sind von gleicher Feinheit und Güte. In den größten Kästchen dieser Art liegen 40 Stück Muscheln, nebst 4 feinen Pinseln. Jedes dieser Kästchen kostet 1 Gulden und 12 Kreutzer Rhein. oder 16 Groschen Sächsisch. Eine mittlere Sorte, mit 36 Muscheln und 3 Pinseln kostet 48 Kreutzer; und die kleinsten, mit eben so viel Muscheln und Pinseln, 36 Kreutzer. Ich verfertige auch Sortimente in ordentlichen viereckigten Kistchen (die nicht Bücherformat haben) für 40 und 30 Kreutzer. In jedem sind ebenfalls 36 Muscheln und 3 Pinsel. Die Güte der Farben ist aber durchaus einerley. Nur die Größe und Mehrheit der Schälchen und Muscheln macht den Preiß verschieden. In den Kästchen mit Muscheln aber sind mehrere vermischte Farben; denn der Hauptfarben haben wir so viele nicht. Die Liebhaber werden unter meinen Farben einige finden, deren Zubereitung eben nicht allgemein bekannt ist, z. B. die feine Cochenille, die wir Carmin beim Malen und Tuschen zu gebrauchen, und zwar ohne Glanz; welches bey der gewöhnlichen der Fall nicht ist. Ferner, das Liliengrün, welches in Ansehung der Fläßigkeit und Schönheit gleichfalls Beifall finden wird. Vorzüglich aber hab' ich mir mit einer Art Saftbraun Beifall erworben; denn es ist von dem sonst bekannten Nußbraun merklich unterschieden. Es ist schon in Ansehung der Couleur sehr angenehm, und geht so flüßig aus dem Pinsel, daß man die feinste Haarlinie damit machen kann. Was die mineralischen und Erdenfarben betrift; so sind sie so fein, als möglich, gerieben. Eines wünschte ich dabey noch zu Stande zu bringen, wie nemlich dem verdrießlichen Ausspringen der in Schaalen oder Muscheln getrockneten Erdenfarben vorzubeugen sey. Es sind mir zwar verschiedene Mittel dagegen bekannt: aber sie benehmen alle den Farben etwas an Güte und Schönheit. Ein wahres Vergnügen für mich würde es seyn, wenn jemand ein hierzu taugliches Mittel, oder auch andere Verbesserungen meiner Farben mir an die Hand geben könnte und wollte.

Noch zeige ich an, daß ich für bloße Liebhaber der mathematischen Zeichenkunst, denen die andern, zur Malerey gehörigen Farben überflüßig sind, Kästchen verfertige, worinn ich bloße Saft- und Tuschfarben in 13 Porzellanschälchen befindlich sind, nebst 2 leeren Schälchen zum Farbenverdünnen oder auch zu Wassergefäßen zu brauchen. Jedes Kästchen kostet 1 Gulden und 30 Kreutzer Rheinisch.

Briefe

Briefe und Gelder sind frankirt einzusenden, weil die Preiße ohnehin schon auf, das geringste angesetzt sind.

Johann Christoph Schmid,
am Spitzenberg in Nürnberg.

5.

Schreiben an den Herausgeber über die Kunstarbeiten des Hrn. Ploos van Amstel
in Amsterdam, und über die neuesten
Schweitzerischen Kunstwerke.

Bern, am 1 März 1787.

Im Fall in Ihrem art. Miscell. keine Nachricht von den schönen Blättern des Hrn. Ploos van Amstel, die bis zur Täuschung kolorirte Zeichnungen nachahmen, enthalten wäre, welches ich, da ich sie vom 24ten Heft an nicht mehr fortsetze, nicht sagen kann; wird es den Liebhabern nicht unangenehm seyn folgendes davon zu wissen. — Durch Ansicht französischer Kupferabdrücke en Crayon, und ohne die englischen von Knapton und Pont gesehen zu haben, kam Hr. Cornelius Ploos van Amstel, Mitdirektor der Zeichneralademie zu Amsterdam, auf

auf die Erfindung, ähnliche Abdrücke von Handzeichnungen in allen Farben zu machen, so daß er dazu weder Grabstichel, noch Aetznadel, noch Ponse braucht, sondern sie durch gewisse Grundfirnisse, Pulver und Feuchtigkeiten auf seine Platten überträgt. Allerdings ist die Erfindung zum Bewundern, und es läßt sich nichts schöneres, sanfteres und natürlicheres denken, als diese neue Art Kupfer. Bis jetzt hält er zwar sein eigentliches Verfahren geheim: doch scheint er eine schriftliche Nachricht davon zurückgelegt zu haben, weil er versichert, seine Absicht sey nicht, der Nachkommenschaft diese Erfindung vorzuenthalten. Schon 1758 druckte er, nach Hrn. Saftleben, die zwey ersten Platten einer Sammlung, die zu 35 Blättern, nebst einem Bildtitel, angewachsen ist, welche zusammen 200 holländische Gulden kosten. Von allen diesen erschienen nach und nach 19 Berichte in den Vaderlandsche Letter-Oefeningen, und sind jetzt wieder zusammen in 4 Bogen in gr. 8vo gedruckt. Da man aus diesen Kupferabdrücken die Manieren der berühmtesten niederländischen Maler kennen lernen kann; so will ich hier auch die übrigen 33 Originale verzeichnen. 4) Abr. van de Velde. 5, 6) Rembrand. 7) Abr. van Ostade, 1673. 8) Hendr. van Avercam, 1681. 9) Ant. van Dyk. 10 & 11) Jan Josefszoon v. Coijen, 1653. 12) Gerrit Douw, 1660. 13) Rudolf Balbuijzen, 1674. 14) Gabr. Metzu. 15) Nic. Berghem, 1654. 16) Abr. Blomaert, 1611. 17) Abr. v. Ostade, 1673. 18) Hendr. Golßius, 1612. 19) Corn. Vischer, 1651. 20) Phil. Woumermans, 1660.

1640. 21) P. Saenredam, 1630. 22) Karel v. Mander, 1603. 23) Govert Flinck, 1643. 24) P. Coops. 25) Adr. Brouwer 1635. 26, 27, 28) Franz v. Mieris, de oude (der ältere.) 29) Cornel. Düsart. 30) Gerster Burch, 1666. 31) Ger. Netscher, 1664. 32, 33) Rudolf Backhuizen. 34) Lukas v. Leyden. 35) Thomas Wyck. 36) Allart van Everdingen.

Ob ich Ihnen in meinem letzten, von der neuen schönen und großen Aussicht von Lausanne geschrieben, weiß ich mich nicht mehr zu erinnern. Diese Aussicht ist vom nemlichen Standpunkt ungefähr gezeichnet, wie die Aberlische von Lausanne: doch ist sie viel größer, als diese letztere, nemlich von derselben Größe, wie die Aberlischen 4 großen Vues de Cerlier & du Lac de Bienne, d'Yverdun, &c. die ich Ihnen bereits beschrieben, und kostet, wie sie, einen halben neuen Louisd'or; Hr. Lardy, ein Graveur, der sich bisher zu Lausanne aufhielt, nun aber jetzt eben, wie ich höre, nach Genf zieht, hat sie mit vielem Fleiß und, ich kann sagen, mit vieler Richtigkeit gezeichnet und radirt, so daß man auf die Genauigkeit der Umrisse, da er sich dazu der Camera obscura bedient hat, verlassen kann. Auch ist sie gut radirt; nur kommen mir die Umrisse der Berge etwas zu hart vor; doch mögen die spätern Abdrücke, die immer bey radirten Platten zum Illuminiren besser sind, auch dann minder oder gar nicht hart seyn. Uebrigens ist's doch, wenn sie recht fleißig und gut illuminirt werden, worauf das meiste ankommt, die beste und schönste Vue, die man bisher von Lausanne hat. Nächstens soll das Hauptstück da-

58   Schreiben an den Herausgeber über die

dazu, eine andre viel malerischere Ansicht, von dieser an malerischen, ausnehmend-schönen Aussichten so fruchtbaren, Stadt und Gegend, von eben dem Maler erscheinen; da ich dann versichern darf, daß diese zwey Stücke, wenn leztere Aussicht mit dem Fleiß bearbeitet wird, den sie verdient, eben so gut in jedes Liebhabers Sammlung verdient zu seyn, als die Aberlischen so berühmten treflichen Aussichten. —

In wenigen Wochen wird eine andere, sehr fleißige, richtige und gewiß recht schöne Vorstellung vom ganzen Lauterbrunnenthal und v/m berühmten Staubbach, bey Hrn. Fehr, Kupferstichhändler in Bern, erscheinen: sie ist von Lory gezeichnet und von Marquard Wocher radirt, in der nemlichen Größe wie die obbemeldten großen Aberllschen Vues, und im selben Preiß, nemlich einen halben neuen Louisd'or. Zwar hab' ich nur noch die Originalzeichnung davon gesehen, aber für die schöne Ausführung davon woll' ich selbst voraus zu bürgen mir getrauen. Noch, denke ich, wird jedem Liebhaber von schönen Schweizeraussichten wohl eben so angenehm seyn, auch eine auserlesene Sammlung von eben so gut gezeichnet- als illuminirten und radirten Trachten der verschiednen Innwohner dieses, in aller Absicht so merkwürdigen Landes, hier verzeichnet zu finden. Bereits vor 10 Jahren machte Hr. Aberli den Anfang zu einer solchen Sammlung mit folgenden 6, nach der Natur gezeichneten und illuminirten Trachten, deren jede 15 Groschen kostet: 1. Paysanne servante à Berne. 2. Paysan des environs de Berne, (ein Alter.) 3. Paysan des environs de Berne, (im mittlern Alter.)

4.

4. Payſanne des environs de Berne. 5. Payſan des environs du lac de Morat, (in der Provinzialſprache ein Huper.) 6. Payſanne de l'Argow. — Dazu hat obiger Hr. Sehr folgende ſeither, von Lory und andern gezeichnet und von Wocher radirt, illuminirt herausgegeben, jedes à 15 Groſchen, welche dann, wenn ſie gut illuminirt werden, Hr. Aberli ſeinen wahrlich noch übertreffen: 7. Payſan du canton de Lucerne. 8. Payſan du Canton de Bâle. 9. Payſanne du même Canton. 10. Payſan de la Forêt-noire. 11. Eine Appenzellerinn, innern Rodens. 12. Ein Appenzellerbauer des innern Rodens. 13. Ein Appenzellerbauer des aussern Rodens. 14. Vacher du Rigiberg dans le Canton de Schweitz. 15. Vacher allemand du Canton de Fribourg. 16. Fille d'Oberhaali, vallée du Canton de Berne. 17. Payſan du Canton de Zurich. 18. Ein Bauer aus dem Kanton Underwalden. 19. Laitiére du Canton de Soleure. 20. Eine Bürgersfrau aus der Stadt St. Gallen, (in der, jetzt, laut Nikolais Reiſen, 7ter Band, abgeſchafften Kirchenkleidung.) 21. Fille d'Heriſau du cant. d'Appenzell außern Rodens. 22. Payſanne de la Forêt-noire. 23. Ein Bauer aus dem Thurgeü am Bodenſee. 24. Payſanne du Canton de Lucerne: (etwas verzeichnet.) 25. Payſanne du Canton de Zurich.

Noch iſt neulich ein vorzügliches Stück bey eben dieſem erſchienen, von Lory gezeichnet und Wocher radirt, welches heißt: L'amant ſans intrigues, etwas größer, als die vorigen, zu einem halben neuen Thaler das gewöhnlich illuminirte Exemplar. Will man aber

ein

ein recht vorzüglich gut und fleißig illuminirtes vom Maler selbst haben, (und erst denn kann man über die Schönheit dieses Stücks urtheilen) so zahlt man 25 Groschen. Es stellt ein wegen ihrer Schönheit so berühmtes Bernerisches Landmädchen neben einem dergleichen jungen Bauer (Küher, heißt er in unsrer Sprache) stehend, und sich mit ihm unterhaltend, vor. Die umliegende Gegend, so wie das übrige, ist nach der Natur gezeichnet. Es kann ein artiges Hängestück zu dem vor mehrern Jahren vom Maler Locher von Friburg nach der Natur gezeichneten und illuminirten: Les trois Graces du Gouggisberg. in nemlicher Größe und Preiß, abgeben. — Zu der, schon vor Jahren, gleich bey ihrer Erscheinung von mir in den artist. Miscell. *) angezeigten Vue de la vallée de Chamouny prise près d'Argentiere, von Hrn. Karl Hackert zu Genf, ist nun selbher das schöne Hängestück von nemlichem Preiße und Größe (nemlich ein halber neuer Louisd'or) erschienen: es ist die Vue de la Mer de Glace & de l'hôpital de Blair, prise du sommet du Montanvert en Août 1781. Es ist ein schönes Stück in Hackerts bekannter Manier, welche das Mittel hält zwischen der Gouache und dem Lavis, doch ersterer mehr ähnelt. Von eben diesem Hackert sind in nemlicher Größe und Manier noch einige Vues de Geneve von zwey sehr malerischen Standpunkten herausgekommen, nebst einer von Nyon oder Neus, (Schloß im Kanton Bern), und einer andern von der Source de l'Arveron, die alle im

nem-

*) Heft X. S. 235. u. f.

nemlichen Preiß, wie Hackert sie verkauft, auch bey Fehr zu haben sind, und welche angezeigt zu haben genug seyn wird; denn sie wollen mir in der Ausführung nicht durchaus behagen. — Dagegen verdienen vier andre trefliche Blätter Bauernsceuen aus der Schweiz, von Hrn. Freudenberger in Bern gezeichnet, radirt und vortreflich illuminirt, vorzüglich allgemein bekannt und gerühmt zu werden. Die zwey größern Blätter, die zusammengehören, und bey 13 Zoll breit und 8 hoch sind, heißen: Le Départ du soldat Suisse de son pay, und das Gegenstück; Le retour du Soldat Suisse dans son pays. Jedes kostet 3 französ. Laubthaler. Die zwey kleineren, die nicht getrennt werden, wie die vorigen, deren jedes 2 Laubthaler kostet, bey 10 Zoll hoch und 6 breit ist, heißen: La propreté villageoise und La Toilette champêtre. Alle sind so schön in aller Absicht, daß ich nichts zu ihrer Empfehlung hinzusetzen darf. —

Hier hätten Sie denn so ziemlich, die bereits vor langer Zeit von mir verlangte Anzeige, aller erheblichen Schweitzerischen Kunstwerken, zu beliebigem Gebrauch. Noch eins. — Immer verwundre ich mich in Ihrem Kunstjournal keine Anzeige und Beurtheilung der prächtigen und vortreflichen Voyage pittoresque de la Grèce, par Choiseul - Gouflier, groß Follo, davon der erste Band längst fertig ist und so trefliche Kupferstiche enthält, zu finden. Hätte ich 9 neue Louisd'or für einen einzigen Band zu geben, längst hätt' ich Ihnen das Verzeichniß der Kupfer zugeschickt. So aber muß ichs andern überlassen. —

M. S.

62 Schreiben an den Herausgeber rc.

N. S. Noch sind zwo wohlgerathene, schöne, illuminirte Aussichten: 1. Vue de la ville & forteresse d'Arbourg, dans le Canton de Berne, & 2. Vue de la ville d'Arau, dans le même Canton, welche ebenfalls in Hrn. Fehrs Verlag 1786 erschienen sind, mit Empfehlung anzuzeigen. Es sind Gegenstücke, die, beide zusammengenommen, 2 Laubthaler kosten; aber einzeln kostet jede derselben 2 Reichsthaler. Noch giebts drey andre schöne Stücke von obigem Hrn. Heckert, ungefähr 7 Zoll breit und 4 hoch, das Stück zu einem halben franz. Laubthaler, davon das eine die Auffchrift hat: à Chamouny; das andre: à la Tour-ronde; das dritte aber hat keine Auffchrift. Alle drey sind in der obenbeschriebenen Gouachermanier, und um die hier benadhten Preiße, auch bey Hrn. Fehr in Bern zu haben. Eben hat dieser letzte nun auch die oblige schöne Platte vom Trippelschen Rheinfall bey Schaffhausen, in seinen Verlag erkauft, und werden also von nun an bey ihme, aufs beste besorgte, und keine andre als vorzüglich illuminirte Exemplar, um den jedoch gewohnten Preiß der 2 Laubthaler, zu haben seyn. — —

6.

Nachricht von dem verstorbenen Bildhauer Pigalle.

Am 20 August 1785 starb der berühmte Künstler und Bildhauer, Joh. Baptista Pigalle. Er war zu Paris im J. 1714 gebohren; sein Vater ein Tischler und Bauunternehmer, hatte ihn schon im 8ten Jahr seines Alters dem berühmten Bildhauer, le Lorrain, in die Lehre gegeben: allein zum Zeichnen hatte er keine Anlage; das Modelliren gefiel ihm, ohne daß er dazu Geschick noch Leichtigkeit verrieth; alles kostete ihn viele Mühe und Arbeit. Man glaubte ihn nun zu nichts tüchtig, als etwa ein Handwerk zu erlernen, er aber wollte durchaus ein Bildhauer werden. In seinem 20sten Jahre kam er zu le Moyne; hier wagte er es, aber ohne glücklichen Erfolg, um den Preiß der Akademie sich zu bewerben. Nun schämte er sich und verabredete es mit einem seiner Kameraden, eine Reise nach Italien zu thun. Drey Jahre verweilte er da und ward in seiner Dürftigkeit von einem Landsmann, dem jüngern Couston, von Zeit zu Zeit großmüthig unterstützt. Nun gieng er nach Frankreich zurück und verfertigte zu Lyon seinen Merkur, den er, nachdem er anderthalbe Jahre dort verweilt hatte, mit sich nach Paris nahm. Als le Moyne seine Arbeit sahe, küßte er ihn, und sagte: Mein Freund, ich wünschte, ihn gemacht zu haben. Nun ward er in die

Akademie aufgenommen, und bekam den Auftrag, seinen Merkur in Marmor auszuführen; dies geschahe 1744. Lange litte er gleichwohl Mangel und mußte ums Brod arbeiten. Er verfertigte eine H. Jungfrau für das Invalidenhaus, und d'Argenson lernte ihn kennen, der ihm Auftrug, die Bildsäule Ludwigs XV. zu machen. Die Frau von Pompadour bestellte ihre eigne Bildsäule bey ihm, die des Gottes der Verschwiegenheit, und die Gruppe: Liebe und Freundschaft: nun war für seine Bedürfnisse gesorgt. Der König befahl ihm, seinen Merkur im Großen auszuführen, und bestellte zum Pendant eine Venus bey ihm; beide Stücke wurden dem König in Preußen als ein Geschenk übermacht. Diesen Arbeiten folgten viele andre, weniger beträchtliche; worunter sich ein Kind, das einen Käfig in der Hand hält, aus dem ihm sein Vogel entwischt ist, meisterhaft auszeichnete. Die wichtigste Arbeit aber, die er je ausgeführt hat, ist sein Grabmal des Marschalls von Sachsen in der St. Thomaskirche zu Straßburg, das dem Könige, der es errichten lassen, dem Helden, für den es errichtet worden, und dem Künstler, der es ausgeführt, gleich große Ehre macht. Nach dieser Arbeit goß er in Erz die Bildsäule Ludwigs XV. zu Fuß, für die Stadt Rheims, und legte abermals Ehre ein; die zwo Seitenfiguren sind eine weibliche, die einen Löwen am Schopf hält, und eine männliche — auf Verlangen der Stadt das wohlgetroffene Bildniß des Künstlers — die auf einem Packwagen sizt. Der alte Bouchardon übertrug ihm nun auch, seine Bildsäule Ludwigs XV. zu Pferd für die

Stadt

von dem verstorbenen Bildhauer Pigalle. 65

Stadt Paris zu vollenden. Voltair's Bildsäule, welche seine Gönner und Freunde ihm errichten wollten, ward ihm nun auch aufgetragen; allein, da er den so ganz außerordentlichen Mann und nackenden Freund der Wahrheit auch auf außerordentliche Art und ganz nackend darstellte, und von dieser Idee durch keine Gegenvorstellungen abzubringen war, so lieferte er zwar ein anatomisches Meisterstück: aber ein Gerippe, das die Augen beleidigt, und folglich nicht öffentlich aufgestellt werden konnte. Eben diesen Fehler begieng er beim Grabmale des Herzogs von Harcourt in der Kirche Notre Dame zu Paris, wo ein Sterbender, und durch Krankheit entkräfteter Körper, eben kein angenehmer Anblick ist, so große Kunst er auch daben gezeigt hat. Seiner Freunde, Diderot's, des Abbé Raynal, Perrault's, Gougenots u. a. Porträte, hat er con amore gemacht. Seine letzte Arbeit war eine junger weibliche Figur, die sich einen Dorn aus dem Fuße zieht. Die Maleralademie zu Paris hatte ihn 1744 zu ihrem Mitgliede aufgenommen, 1745 wurde er Professoradjunkt, 1752 Professor, 1770 Rektoratsadjunkt, 1771 Rektor, 1785 Kanzler, und 1769 ward er zum Ritter des St. Michaelordens ernennt worden. Er hat, da er schon bey Jahren war, eine seiner Nichten geheurathet, und keine Kinder hinterlassen.

Was oben von Pigalle's langsamem Fortschritte in der Kunst angemerkt worden ist, hatte er mit mehrern alten und neuen Künstlern gemein. Der größte noch lebende Porträtmaler, de la Cour, erzählt von sich: er habe eine so ungeschickte Hand gehabt, daß er nie ge-

Meusels Museum 2tes Stück.   E   glaubt

glaubt habe, Meister darüber werden zu können. Ludovico Caracci hatte in seiner Jugend so etwas Langsamträges und Ungeschicktes, daß man ihn nur den Stierochsen hieß, und etwas ähnliches war auch dem Dominichini begegnet. Sie waren vernagelt, sagte hierüber ein Wißling.

Ohne alles das, was man am Grabmale des Marschalls von Sachsen mit Recht und Unrecht getadelt hat, hier zu wiederholen (und worüber man diese Miscellaneen nachsehen kann,) glauben wir, was unser Auge am meisten frappirt hat, die Figur des Helden sey zu kurz gefaßt und habe nicht genug heroischen Ausdruck, so sehr wir auch wissen, was dagegen erwidert werden kann. Bey allem dem ist es ein bewundernswürdiges Kunststück, bey dem man nie lange genug verweilen kann.

Auch darinn sind wir mit Pigalle's Urtheil einstimmig, daß die zween schönsten Köpfe, die er in seinem Leben gesehen habe, die Köpfe Ludwigs XV. und Friedrichs II. gewesen seyen; jener in Ansehung der edlen Form, und dieser in Rücksicht auf die feine geistvolle Gesichtsbildung.

R . . .

7.

Nachricht von einer neuen Art zu malen — aus einem Briefe Hrn. Pfarrer Lavaters zu Zürch, vom 13ten Julius 1787, an Hrn. von Mechel, bey seinem Aufenthalte in Wien.

Uebung und Zufall zeugten und gebahren eine ganz neue Art von Malerey, welche in gewißen Stücken Epoche machen wird. Es ist ein Mittelding, ein glückliches Gemeng von Oehl- und Wasserfarbe, von deren Perfektion und Perfektibilität man sich, bevor man Proben gesehen hat, keinen Begriff machen kann. Alles was die Malerey en Guache gutes und leichtes hat, ohne ihre schmelzlose tödtliche Kälte, alles was die Oehlmalerey Gediegnes hat, ohne ihre operose, unterbrechende Bearbeitung, vereinigte sich in dieser neuen Manier. Sie ist merklich geschwinder als die fein arbeitende Oehlmalerey, und erfordert doch mehr Zeit, als die blos en Guache. Sie erfordert einen vortrefflichen Zeichner, weil die geringsten Fehler sehr auffallend sind — und einen mit den besten Meisterstücken vertrauten Koloristen. Sie kann ununterbrochen fortgesetzet werden. Sie trocknet unter dem Pinsel in zwey Minuten. Nur zwischen der ersten und letzten Arbeit erforderts 8 Tage Stillstand. Sie kann auf einem beliebigen Grad verändert und vervollkommnet werden. Dies ist der sonderbarste, kaum glaublichste und wesentlichste Vortheil. 20, 30, 40 = male kann der Versuch gemacht werden, dem Gemälde und jedem Theile desselben ein wärmeres, sanfteres, stärkeres, graziöseres, höheres, tieferes, nuanzirteres Kolorit zu geben, ohne daß ein noch so vielfacher Versuch das einmal Gute das man besser zu machen strebte, verdirbt, oder in Gefahr setzt kothig oder unrein zu werden. Leichter ist der Staub von seiner Pflaume abgewischt, als diese neuen Nuanzierungen, Schattierungen, Erhöhungen, Schmelzungen, coupe de vierge weggewischt sind, wenn sie nicht gefallen, und wenn sie gefallen und den gewünschten Effekt machen: so sind sie in einer Minute fixirt. Dies ist ein unerhörter, unbezahlbarer Vortheil, der bey keiner andern Art Malerey anzutreffen ist. Glauben Sie mir daher * * * ich hasse alles Widersprechen und Hoffnung machen, wo nichts zu hoffen ist, von ganzem Herzen — ich spräche nicht, was ich spreche, wenn ich meiner Sache nicht völlig gewiß wäre. Lange schon lag mir die Idee im Kopfe! lange schon dacht' ich, hofft ich einen jungen Künstler, den wir beide kennen, dadurch glücklich zu machen. Aber solche Vollkommenheit, ich gesteh es, konnt ich weder denken noch ahnen. Es ist kein Ton, kein Mezzotinto, kein feingeistiger Nebel, keine Magie des Helldunkeln, keine Erhöhung der Lichter, keine Art von Transparenz, Wärme, Kraft, Farbenspielung, Harmonie möglich, die nicht vermittelst einer eben so leichten als sichern Operation anzubringen sind. Ich übertreibe nicht, wenn ich sage:

Ge-

Geben Sie mir das zauberhafteste Gemälde von Rembrand, das eine ganze Gallerie überschlägt und ecrasirt — ich will mit dieser neuen Manier den Rembrand eben so niederschlagen, wie er alles andre niederschlug. Und so unentdeckbar das Arkanum ist, so ist's so leicht, wie des Colombo Ey zu stellen, wenn man's gesehen hat. Noch einmal: Hätt' ich nicht die Probe vor mir, ich schämte mich so zu sprechen.

8.
Einige artistische Bemerkungen auf einer Reise nach Ludwigsburg, und Stuttgardt, im Junius 1787.
von C. L. Junker.

Kein Regent, glaube ich, hat in seinem Lande, ohne alle auswärtige Einflüsse, so viel gute Köpfe, so viel brave Künstler gebildet, als der Herzog von Wirtemberg; durch Hülfe seiner Akademie: Man siehet mit Bewunderung die Kunstproben seiner Zöglinge, in den Sälen der Akademie aufgestellt; und findet überall seinen Geschmack, seinen Durst nach Schönheit, gestillt. Drey, dieser jungen Künstler, die am meisten versprechen, befinden sich auf Kosten des Herzogs in Italien

nemlich Hetsch, Heydlof, und Schefauer! Die beiden
erſten, Maler: der letere, Bildhauer.

Hetſch wird nächſtens zurück erwartet. *) Ich ſah
von ihm zwey Gemälde, die er dem Herzog aus Italien
geſchickt, und die in Abſicht der Erfindung, der Zuſam̃enſetzung, und des Kolorits, ganz den Beifall des
Kenners verdienen.

Das erſte iſt, die Freigebigkeit, wie ſie das Genie
belohnt.

Sie ſizt in Geſtalt einer ſchönen Frau, mit einem
weisatlaſſenen, großfältigten Gewand umworfen, auf
einem Halbthron, und ſpendet ihre Gaben aus. Das
Genie, als ſchöner, faſt ganz nackender Jüngling, mit
dem Feuerflammchen auf dem Haupte, nähert ſich ihr.

Das zweite, und letztgeſchickte, ſtellt vor, die Tullia
vor dem Leichnam ihres Vaters.

Hier iſt ſchon unendlich mehr Zuſammenſetzung,
und ein Schmelz der Farben, der an Ideal gränzt.

Wie ſich die zwey, vor ihrem Waagen geſpannte
Schimmel ſträuben! Wie ſchauerhaft, ſtarr geſtreckt,
der Todte da liegt, unter dieſen ſchäumenden Pferden!
Wie in zwey vertheilten Gruppen, die Zuſchauer, Angſt,
Furcht, Schrecken, Mitleid, und Entſetzen fühlen! Wie
groß das alles gedacht, wie feurig entworfen, wie wahr
es hingeworfen iſt!

Nur allein der Ausdruck im Geſicht der Tullia, entſpricht, nach meinem Gefühl, dem Ganzen nicht völlig.

Heyd-

*) Er iſt wirklich im Herbſt 1787 zurückgekommen.

R.

Hendlof ist gleichfalls ein großer Komponist; ein Mann, in dessen Farbenton, und malerischer Erfindung, Meister Gulbai wieder aufzuleben scheint, dessen Fach auch mehr Ideal als wirkliche Welt zu seyn scheint, wie es das Fach seines Meisters war; aber Hetsch ist mehr! Hetsch hat ihn übersprungen.

Schefauer hat eine Blumengöttinn im karrarischen Marmor geliefert, ganz nach griechischem Großgefühl! Le Jeune wäre erstaunt, hätte er sie gesehen.

Der Kopf ist ganz, nach dem bekannten Ideal der Schönheit, geformt. Das Gewand ist Wassergewand, das die Glieder durchschimmern läßt; und sich am Körper anschmiegt; ohne in Kleinlichkeit der Falten zu verfallen.

Es ist gewiß kein übereilter Ausdruck, wenn ich behaupte, daß le Jeune durch diesen jungen Künstler, der seine völlige letzte Bildung, dem reifen Studium der Antike zu danken hat, völlig wieder ersetzt sey.

Hrn. Professor Müller besuchte ich auf seinem Arbeitszimmer in der Akademie. Er ist noch an der großen Platte des jetzigen Königs von Frankreich begriffen; und, entspricht der Stich der Zeichnung, wornach er arbeitete, so hat er sich selbst übertroffen; so haben wir wieder ein Produkt, von jener bekannten auffallenden Korrektheit, und Grazie, und nie erreichten Weichheit eines Drevets.

Wie viel Ehre macht es uns Teutschen, daß Müller der einzige war, der dieses Geschäfts würdig erfunden wurde! Zwar hat er seinen Nebenbuhler in Paris, der besonders das Fleisch gut bearbeitet: aber Müller wird

E 4   ihn

ihn, in Abſicht des Ganzen, und beſonders der Drey=
perie, weit zurücke laſſen, und den Preiß erhalten.

Von dem Bilde ſelbſt will ich nur ſo viel bemerken:
daß der König, in ganzer Figur, ſeitwärts gewendet, in
der ruhigſten Stellung, mit einem Mantel angethan, da
ſtehet.

Ganz gewiß aber muß dieſer Mantel dem Künſtler,
die meiſte Mühe und Arbeit verurſachen, nicht nur, we=
gen des locker zu bearbeitenden Pelzes, mit welchem er
gefüttert iſt; ſondern auch wegen der Schwere des
Stoffes. Es iſt ein Sammetmantel, noch dazu mit
ſchweren Lilien von Silber geſtickt.

Welch ſchwere Brüche entſtehen dadurch! Wie
ſchwierig wird dadurch die Beleuchtung! Und wie vor=
ſichtig, wie, ſeiner Sache gewiß, muß der Künſtler da
zu Werke gehen, wenn er ſeine Falten, nicht durch=
ſchneiden will. *)

Noch will ich hiebey nur erinnern, daß man das
beſte Gemälde, das F. Tiſchbein gemalt hat, und malen
wird, bey H:n. Müller antrift. Es iſt die eigene Gattin
dieſes Künſtlers; er hat ſie, unter dem Titel la tendre
Mere, herausgegeben.

In

---

*) Hrn. Müller ſind für dieſe Arbeit 10000 Livres accordirt.
Er arbeitet zu gleicher Zeit an dem Bildniß des ehrwürdi=
gen Biſchofs Spangenberg zu Barby.

M.

In Abſicht der Gemälde,*) die im Ludwigsbur⸗
ger Schloſſe hin und her zerſtreut ſind, und die ich
vielleicht, künftig vollſtändiger beſchreibe, haben haupt⸗
ſächlich zwey Eindruck auf mich gemacht.

Es iſt erſtlich das Altarblatt, in der katholiſchen
Hofkapelle, von Carloni. Die Vorſtellung iſt, die
Austheilung des Abendmahls, durch den Salvator
ſelbſt.

Natürlich iſt der Künſtler dem Lehrbegriff ſeiner
Kirche von Anstheilung des Abendmahls unter einerley
Geſtalt, getreu geblieben.

Aber das Gemälde ſelbſt, gehört unter die beſten
maleriſchen Produkte! Es iſt ganz, mit dem Geiſt der
Liebe, in Abſicht Jeſus, und mit dem Geiſt der Andacht
und Verehrung, in Abſicht, der Genießenden, geſtem⸗
pelt. Es hat alſo, das erſte Requiſit jedes Kunſtwerks,
nemlich, das Bedeutende, — das Ausdrucksvolle.

Das ganze Gemälde iſt voll Handlung. Jeſus, in
der Geſtalt eines ſchönen jungen Mannes, erſcheint als
Hauptfigur, in dem Mittelpunkt, des Gemäldes, und
zeichnet ſich, als Held des Stücks ſehr vortheilhaft aus,
theils durch die Würde des Ausdrucks, theils durch das
iſolirte ſeiner Bewegung, theils durch das erhöhte
Kolorit ſeiner Drapperie.

E 5 Ueber

---

*) Ich habe vergeſſen, zu ſagen, daß ich nun von Stuttgardt
nach Ludwigsburg verſetzt ſey; wo man eigentlich Gemälde
ſuchen muß.

Ueber ihm, schwebt ein Theil himmlischer Glorie, voll Theilnahme, und Triumph über diese Handlung.

Uebrigens ist auch in diesem Gemälde, nach Art der italienischen Schule, das Kolorit, in Absicht des Incarnats, und der Drapperie, von einem manirten Dunkel.

Es ist zweitens ein Christuskopf, in dem Fürstenstand, in dieser Kapelle.

Wenigstens nach meinem Gefühl, entspricht er vollkommen dem Ideal männlicher Schönheit und Würde. Ich setze ihn, überhaupt, in Absicht aller Erfordernisse zu einem guten und wahren Christuskopf, unter allen denen, die ich noch sahe, — oben an; und möchte ihn, aus der Fülle meines Herzens, allen jungen Künstlern im Felde der heiligen Gesichter, als einziges Studium empfehlen.

Der Plafond dieser Kirche, der eine himmlische Glorie vorstellt, zeugt zwar von einem unbegränzten Reichthum in Erfindung: aber, er ist zu überladen, und sein Kolorit ist zu falb und zu matt.

Ueberhaupt habe ich in Absicht von Plafontmalereien, Gulbals Kolorit noch nie erreicht gefunden.

Ohnstreitig macht diese Kapelle viel Eindruck, wegen ihrer Höhe, wegen ihrer schönen runden Gestalt, und wegen der großen Marmorstücke, die sogleich in das Aug fallen; ohnstreitig hat sie mehr innern Werth und Gehalt, als die lutherische Hofkapelle, die ihr gegenüber liegt.

Aber doch macht die letztere unendlich mehr Eindruck auf den ersten Blick, und überrascht weit mehr, wegen

ihrer

ihrer edlen Einfalt, wegen ihres reinen Einklangs! ſie iſt blos ganz weiß, mit Gold. Freilich hat ſich das Auge bald ſatt geſehen, und wünſcht bald die Ueberladung von Gold weg! aber ich rede auch nur vom erſten Eindruck; der iſt bezaubernd! der erhebt die Seele, und giebt ihr Ausdehnung! zumal da die weiſſe Farbe, und der Goldglanz, noch ein hohes Licht verurſachen.

Mit dieſen Bemerkungen über die bildende Kunſt, will ich noch einige, über die Tonkunſt verbinden.

Das ganze herzogliche Orcheſter beſtehet aus lauter Zöglingen der Akademie, aus lauter einheimiſch gebildeten Männern.

Keiner davon kam je aus Stuttgardt; keiner erhält Erlaubniß, reiſen zu dürfen, das freilich manchem, wie er mir verſichert, ein hartes Schickſal zu ſeyn ſcheint.

Ihre Größe haben ſie alſo ganz allein (Naturanlage abgerechnet) theils dem Unterricht guter Meiſter, theils unausgeſetzten Proben und Muſiken zu danken. *)

Die Leute ſpielen aber vortreflich zuſammen! und dies iſt ſehr begreiflich; da ſie miteinander aufgewachſen, ganz zuſammen gewöhnt ſind, und unter einem Kapellmeiſter ſtehen, dem um genaue Aufführung zu thun iſt.

Das

---

*) Alle Sonnabend Vormittags iſt Probe im Opernhaus! und alle Wochen, (Sommer und Winter) iſt zweimal Schauſpiel; ſehr oft Operetten, und faſt immer Ballet, oder Divertiſſement, das heißt, Tanz ohne Bedeutung, und Handlung.

Darunter sind überdem noch Solospieler, die jedem Hof Ehre machen würden: z. B. Jumsteeg auf dem Violoncell, auch ein bekannter Setzer; und Schweitzer auf der Flöte; — die ich aber kennen lernte.

Das Orchester kann besetzt werden mit 16 Violinen; jede Violin achtmal; 2 Bratschen, 2 Kontraviolons, 3 Violoncells, 2 Fagotts, 2 Horn, 2 Flöten, 2 Hoboen, Trompeten und Pauken.

Ich hörte bey meinem Aufenthalt zwey Operetten, 1. Grotta di Trofonio vom Salieri; der Text war aber äußerst mager und elend! Schade um die herrliche Musik! — Und la Frascatana vom Paisello. Salieris Musik gefiel mir unendlich besser! Salieri ist ein besserer Herzenskündiger und ein größerer Maler! der besonders durch seine Blasinstrumente große Wirkungen hervorzubringen weiß! Paisello hat sie in dieser Oper fast gar nicht angebracht. Dies mißfiel mir!

Nur einige Scenen will ich von der Grotta di Trofonio ausheben, die von unbeschreiblicher Wirkung sind.

Die erste ist, wie Trophonius aus seiner Grotte heraustritt, und die Geister beschwört — —

    Spiriti invisibili
    Ch'ite per l'aere
    di tuoni, e folgori
    eccitator. — —

    Restate meco
    in questo speco!

Es ist erstaunend, wie viel Feierlichkeit, wie viel tragische Würde der Setzer in diese Arie gelegt, und mit welch glücklichem Portamento sie vorgetragen wurde! Alles war bis zur Täuschung.

Die zweite, wie Artemidor mit Platos Schrift in der Hand, sich beim Gefühl ländlicher Ruhe und Stille glücklich preißt.

> Di questo bosco ombroso
> al Solitario aspetto
> un placido riposo,
> d'insolita diletto
> Tutto m'inonda il cor.

Eine Arie voll süßer Einfalt, und Grazie! Wie sicher hat Salieri, dadurch bewiesen, daß er ganz die Gänge in das Herz kennt; und daß es nur bey ihm stehe, durch himmlischen Zauber sich desselben ganz zu bemächtigen. Wie weich sah ich die Zuhörer bey dieser herrlichen Arie gestimmt! Wie floß hie und da eine stille Thräne, zum Preiß des Setzers!

Salieri läßt diese Arie, hauptsächlich, und fast ganz allein, durch Blasinstrumente vortragen! Wie weise und klug! Denn sind sie es nicht hauptsächlich, die dies Gemälde ländlicher Glückseligkeit unterstützen? Ihm, erst die rechte Farbe auftragen können? Sind sie es nicht diese Blasinstrumente, die uns, durch Assoziation der Ideen hauptsächlich in die Handlung selbst verflechten, und uns in süße Täuschung versetzen?

Die dritte Arie, wie Doris versichert, sie habe in der Grotte nichts gesehen, als Uhu und Eulen; nichts gehört, als zischende Insekten um die Ohren schwirren.

Ueberaus glücklich hat der Setzer hier gemalt! Er läßt sie uns hören diese zischenden Inselten! Er trug das frappauteste Gemälde auf; und erwählte seine Violinen dazu.

Am Frohnleichnamstage hörte ich eine Messe vom Poli, in der kleinen Schloßkapelle zu Stuttgardt. Der Herzog war selbst gegenwärtig; und dieß mag Ursache seyn, warum sich die Spieler, jetzt selbst zu übertreffen, bestrebten.

Der Satz war sehr singbar, leicht, und für das Ohr! Aber nicht in der Natur des Kirchenstyls; der immer mehr verlohren zu gehen, scheint.

Auch der Probe im Opernhaus wohnte ich bey! Dießmal probirte man, wegen des Todes der Fürstinn von Thurn und Taxis, das Requiem vom Jomelli; dies non plus ultra der Kunst; dann, ein libera me, vom Jomelli, und ein Miserere vom Vogler.

Vogler darf sich nicht zu Jomelli stellen! Poll fragte nach der Probe Schubarten, der den Baß mitsang, wie ihm das Miserere gefiel? Schubart antwortete: „Es ist mathematisch gut, und ästhetisch schlecht!" Ich unterschrieb dies Urtheil.

Den Kapellmeister Poli lernte ich bey dieser Probe, als einen warmen, seiner Sache gewissen, korrekten Aufführer kennen! Dem sehr viel an der richtigen Aufführung gelegen ist; der auch, unausgesetzt, so lange probiren läßt, bis es recht gehet.

Hie-

Hiezu kommt noch eine gewisse Autorität, in welcher er bey der ganzen Kapelle, die er aufwachsen sah, und deren Altvater er ist, stehet, und die ihm gute Dienste thut.

So zufrieden ich aber bey der Probe mit seiner Aufführung war; so unzufrieden war ich, als ich einige Tage hernach ihn in Ludwigsburg bey der Beisetzung der Fürstinn Taxis selbst, diese Musik wieder aufführen hörte.

Hier war er gerade wieder so, wie in der Probe! Jeden Taktschlag hörte man deutlich! ja öfter hörte man ihn auch rufen: „piano, forte, in forzando &c."

Er vergaß im Eifer den Ort, wo er war! vergaß, daß er Männer vor sich hatte, die dergleichen Proceduren nicht brauchen! Für jeden mußte dadurch die ruhige Theilnehmung an der großen Handlung gestöhrt, für jeden die feierliche Stille unterbrochen werden. Werkmeister war völlig meiner Meinung, als ich mich darüber beschwerte.

Nur mit einem Wort will ich bey dieser Gelegenheit anführen; daß das Castrum doloris, (das ich in einem und einem halben Tag, angefangen, und vollendet sah) abermals ein Beweiß war, von dem guten Geschmack, der an diesem Hofe herrscht! und dem erfindungsvollen Architekt Fischer, Ehre machte.

Ueberhaupt, und dies soll meine letzte allgemeine Anmerkung seyn, nähert sich die erste herzogliche Residenzstadt, immer mehr dem letzten Punkt, ihrer Vollendung und Schönheit,; und wird dann, eine der sehenswürdigsten, von Teutschlands Städten seyn.

Der

Der abgebrannte Flügel des neuen Schlosses kommt dies Jahr noch unter Dach! Künftiges Jahr soll er ganz nach den Regeln des großen Geschmacks, meublirt werden.

Ist dies geschehen, so wird vielleicht vom neuen Schloß an, bis gegen Canstatt hin, (also gegen eine Stunde) ein englischer Garten angelegt, und der Nekar damit verbunden. Zu dem Ende wird das herrliche Seehaus, bey Ludwigsburg, das nach dem Wilhelms- thaler gebaut ist, und das, ob es eigentlich, gleich nur unter Dach stehet, doch 300,000 fl. gekostet haben soll, dies große herrliche Gebäude wird wieder abgerissen, und in diesen Garten verpflanzt; — und Gott weiß, — was noch all für große Anlagen und Entwürfe aus- gesonnen sind.

Nicht zu gedenken, daß man täglich noch auf die Verschönerung der Stadt selbst sinnt.

Ich kann nicht schließen, ohne bey dieser Gelegen- heit ein Wort von Schubart zu sagen.

Vierzehn Tage nach seiner Befreiung, fand ich ihn im Schooß seiner braven Gattinn, und seiner einzigen Tochter! — Ihn, den wärmsten Freund seiner Freunde; den besten Gesellschafter seiner Vertrauten!

Seine Tochter ist eine der ausdrucksvollsten Sän- gerinnen des Theaters! und sein Sohn ist jezt in Berlin. *)

Seine

*) Als Sekretär bey dem Departement der auswärtigen Affairen. Ein hoffnungsvoller junger Mann!

R.

Nach Ludwigsburg und Stuttgardt.

Seine glückliche Laune hat durch seine Gefangenschaft nichts verlohren! und der Herzog selbst ermunterte ihn, bey der ersten Audienz, das Alte zu vergessen.

Wenig Edle schätzen ihn ganz! noch viele verkennen ihn! Possalt wird nächstens in seinem Magazin seine Charakteristik liefern. (Es ist inzwischen geschehen. M.)

Er ist Direktor vom Theater! Mit Musik hat er nichts zu thun, als in soferne sie teutsche Operetten betrift! Die Italienische hat er Poli, der seine Tochter gebildet, überlassen.

Zusätze.

So, wie alle Spieler, der ganzen Kapelle in der Akademie gebildet worden, so sind auch die Sängerinnen, Zöglinge, der Ecole des Demoiselles.

Mad. Gauß wird für die beste in Stuttgardt gehalten. Es ist wahr, sie singt sehr gut; sie hat viel Ausdruck, ein gutes Portamento der Stimme, wie sie es, für mich insbesondere, in der Solo Arie, vom libera me des Jomelli, bewiesen hat.

Aber Demoiselle Balleti gewinnt nach meinem Geschmack den Vorzug; besonders in Absicht der Intonation, der Reinheit der Stimme, und eines gewissen Schmelzes der Töne.

Ihr Vortrag ist voll süßer Weichheit, und durch einen Geschmack, der das Ideal der Grazie kennt, und ein

Meusels Museum 2tes Stück.   F   wich

weich geſtimmtes Herz, ſchmückt ſie faſt immer das Gemälde mit jenen namenloſen Nüancen aus, für welche
Seher noch keine Zeichen kennen. Ich befürchte nicht, daß
man dies Urtheil verdächtig finden werde, wenn ich
hinzuſetze, daß ihr eine ſehr ſchöne Figur und die ange-
nehmſte, edelſte Phiſiognomie, außerdem noch ſehr zu
ſtatten komme.

Demoiſelle Schubart iſt, wie ſchon geſagt, eine ganz
ausdrucksvolle Sängerin! Eine mannigfaltige Modi-
fikation, der Töne! Das Ziehen, das Schwellen und das
Sterbenlaſſen derſelben, iſt völlig in ihrer Gewalt. Aber
auch das Allegro ſingt ſie ſehr fertig, und mit Beſtimmt-
heit der Töne; — und mit einer gewiſſen Nonchalance,
die daher kommen mag, weil ſie ihrer Sache ſehr gewiß
iſt. Sie ſang im Mädchen vom Seekatt, das herrliche Duett, mit außerordentlich viel Ausdruck und
rührender Wahrheit. Sie hat überhaupt ſehr viel Talent
fürs Theater. Schon vors Jahr, ſah ich ſie die Rolle
der Roquette, J. B. unter andern im Cendekranz, ſo
voll Wahrheit, ſo täuſchend ſpielen, daß ich ſie von
dem Augenblick an ſelbſt für die größte hielt. Allein, ich
fand nachher im nähern Umgang mit ihr, daß ſie nicht
einmal die entfernteſte Anlage dazu habe.

Dies ſind die drey *) erſten, und beſten Sängerinnen, der herzoglichen Kapelle. Wahrſcheinlich hat Poli

den

---

*) Mad. Beberling, ehemals die erſte Sängerinn, die ſich auch
ohnlängſt in Frankfurt hören ließ, hat ſeit einigen J h-
ren den Abſchied, wegen eines gewiſſen Liebesverſtänd niſſes
mit — — — Aber man hofft, daß ſie nächſtens, auf
Schubarts Vermittlung, wieder engagirt werden werde!
Sie iſt eine gebohrne Sandmalerinn.

nach Ludwigsburg und Stuttgardt.

den meisten (wo nicht, einzigen) Einfluß auf ihre Bildung gehabt; denn es sind Pflanzen, im Lande gezogen.

Poli bleibt also ein Mann, der außerordentlich viel Verdienste hat; und ich sage dies, um für seinen Werth fühlbar zu machen.

Unter den Sängern verdienen vorzüglich Bemerkung Rennau, ein Tenorist, der mit viel Geschmack und Ausdruck singt, und Haller, der Baßsänger. Hallers Stimme ist gesetzt, männlich, und hell. Seine Deklamation ist besser und wahrer, als die Deklamation seiner Kommilitonen, vor denen er auch noch diesen Vorzug behauptet, daß er durch sein feuriges Auge gewissen Stellen, mehr Ausdruck zu geben weiß, als andre durch Bewegung der Häude und Füsse. Er ist übrigens ein sehr schöner Mann, und fürs Komische einer der ersten Spieler Teutschlands. In der Grotte des Trophonius, sang er die Arie

Trofonio, Trofonio!
Filosofo greco!

— — — — —
— — — — —

Ascoltami tu! &c. &c.
mit unbeschreiblichem Ausdruck des Komischen.

9.
Vermischte Nachrichten.

1.

Wien, am 18ten Sept. 1787. bey der k. k. Akademie der bildenden Künste wurden gestern die von dem sel. kaiserl. geh. Reichshofreserendar, Paul Anton v. Gundel, für die jüngern Schüler gestiffteten Nacheiferungspreise von dem Herrn Präses der Akademie, Freiherrn von Sperges, ausgetheilt. Unter einer beträchtlichen Anzahl von niedlich und fleißig bearbeiteten Probstücken, erhielten die Preise: in der Antikenschule, wo den Malereibeflissenen die antike Statue des tanzenden Faun, mit zwey Kreiden zu zeichnen aufgegeben war, Johann Anler, von Straßburg gebürtig, Johann Zitter, von Prag, und Sandolph Steinhäuser von Treuenberg, aus Salzburg. Die Bildhauer hatten einen Sohn aus der Gruppe Laokoons in Basrelief von Thon zu bossiren. Die Preisse bekamen Franz Thaler, von Schwatz in Tirol, Joseph Reinhald, von Wien, und Lorenz Frank, von Burgeis in Tirol gebürtig. In der Architekturschule, um die korrekteste Nachzeichnung der geometrisch- und perspektivisch entworfenen Dorischen Säule, wurden die Prämien dem Franz Bloberger, von Tachau in Böhmen, und dem Franz Sartory, von Dürnholz aus Mähren gebürtig, ertheilt. Für die Landschaftmalerklasse war die Aufgabe, eine von den

vor-

vorhandenen nach der Natur genommenen Gegenden zu kopiren. Die Prämien erhielten obengedachter Franz Sartory und Quirin Hlawatzeck, von hier gebürtig. Die Schüler bey den historischen Anfangsgründen kopirten einen Akt nach der Zeichnung des Lehrers, Hrn. Maurer. Die Preise wurden den schon genannten Johann Zitter, Gandolph Steinhauser v. Trauenberg, Jakob Klett und Joseph Fischer, beide von hier gebürtig, zu Theil. Bey dieser Gelegenheit hielt anfänglich der abjungirte Sekretär der k. k. Akademie, Hr. Anton Weinkopf, und nachher der Hr. Präses derselben, an die Zöglinge dieser Kunstklassen eine Rede, über die Verbindlichkeit, so sie dem Staate und dem wohlthätigen Stifter dieser jährlichen Prämien schuldig sind.

2.

Nürnberg, am 10ten Sept. Lavaters Bildniß in Lebensgröße, nach einer sehr ähnlichen und neuen Zeichnung, ist hier in der Wirsingischen Kunsthandlung erschienen, und für einen Gulden zu haben. Durch Aehnlichkeit und Manier zeichnet sich dieses Bildniß vor andern vortheilhaft aus. — Ein andrer hiesiger Künstler, Hr. Johann Georg Klinger, der ältere, hat das Porträt des verdienstvollen Buchhändlers Raspe in geschwärzter Manier geliefert, welches erwarten läßt, daß der junge Künstler in dieser Manier künftig etwas leisten werde.

3.

Wien, am 18ten Oktober. Den 14ten d. M. wurden bey der hiesigen der k. k. Akademie bildender Künste einverleibten Bosir- und Erzverschneiderschule, die jährlich gewöhnlichen Preise ausgetheilt. Der N. O.

Regierungspräsident und Landmarschall, Graf von Pergen, als Mitbeförderer dieser Kunstklasse, beehrte dieselbe mit seiner Gegenwart, und beurtheilte, nach einer von dem Hrn. Hofrathe v. Sonnenfels, als beständigem Sekretär der Akademie, gehaltenen Rede an die Versammlung, die Preise unter die Kunstzöglinge. In der Erzverschneidung, wo die Aufgabe war: den Kopf des farnesischen Herkules von Wachs in Basrelief auf Schieferplatten zu bossiren, und nachher medaillonförmig in Erz zu verschneiden, erhielt den ersten Preiß Ignaz Nagelsperger, und den zweiten Thomas Schmitbauer. Die Wachsbossirer hatten die antike Statue des Paris auf oktavgroßen Schiefertafeln in Basrelief auszuarbeiten. Die Prämien erhielten Joseph Reinhold, und Matthäus Schweizer. Den Zeichnern war aufgegeben, einen Leuchter im antiken Geschmacke aus vorgelegtem Studium nachzuahmen. Paul Weindel erhielt den ersten, und Franz Maurer den zweiten Preiß. Alle Preisnehmer sind von Wien gebürtig.

4.

In London wurde letzthin der Obelisk fertig, der zum Andenken des berühmten David Hartley und seiner Versuche, die Wohnhäuser feuerbeständig zu machen, errichtet wird. Diese Denksäule ist sehr prächtig, von weissem Stein, viereckig, 20 . 25 Fuß hoch, und mit Pallisaden umgeben. An den vier Seiten der Basis sind vier Inschriften, welche Beziehung auf die Geschichte dieses Mannes und seiner Versuche haben.

5.

Vermischte Nachrichten.

5.

Der Farnesische Herkules ist wieder in Neapel angelangt, nachdem man ihm durch die Kunst eines Restaurators seine rechtmäßigen Beine, in deren Besitz seither die Familie Borghese war, wieder gegeben hat. — Auch ist in Rom in der Minoritenkirche der heil. Apostel das Epitaphium des Papstes Ganganelli von einem geschickten Venetianischen Bildhauer Canova jüngst fertig geworden, und soll ein Meisterstück der Kunst seyn. Ich habe einen sehr mittelmäßigen Kupferstich davon gesehen; und nach solchem ist die Anlage folgende: Ganganelli sitzt in pontifikalischer Kleidung in einer Nische; unter ihm steht auf einem erhabenen Vierfuße sein Sarg, über welchen sich in trauriger Stellung eine schöne weibliche Figur, vielleicht die Mäßigung vorstellend hinlehnt; und auf der andern Seite sitzt die gleichfalls bekümmerte Sanftmuth. (Aus der Wirzburg. gel. Zeitung 1787. Beilage zum XCII. Stück.)

6.

In Nürnberg hält sich jetzt ein grosses Künstlergenie, Namens Hessel, aus St. Petersburg, auf. Der Mann porträtirt vortreflich, und sehr wohlfeil. Er hat eine eigene Maschine, der Hessellische Treffer genannt, deren er sich dazu bedient, um bey Tageslicht eine Silhouette abzunehmen. Eben derselbe will auf Subscription eine Harmonika bauen. Er versichert, die Klaviatur erfunden zu haben.

7.

7.

Wer meinem teutschen Künstlerlexikon und dem dazu gehörigen Verzeichnisse berühmter Bibliotheken, Gemälden und Kupferstichsammlungen ꝛc. noch Beiträge zugedacht hat, beliebe sie mir bis Ostern gütigst zuzusenden. Wegen verschiedener wichtigen versprochenen, aber allzulang ausgebliebenen Unterstützungen mußte die Ausarbeitung des bewußten Nachtrages bisher immer noch unterbleiben. Erlangen, am 10ten Dec. 1787.

Meusel.

10.
Todesfälle.

1.

Am 11ten Julius 1787 starb zu London Hr. Nikolaus Read, Esq. ein berühmter Bildhauer, ein Schüler von Roubilloc. Er gewann in den Jahren 1762 und 1763 die höchsten Prämien bey der Akademie der Künste und Bildhauerkunst. Die Westminsterabtey besitzt von ihm mehr Werke, als von irgend einem andern Künstler.

2.

Am 20sten Julius 1787 starb in Baireuth der geschickte und berühmte hochfürstlich-brandenburgische Hofmaler und Hofkommissar, Hr. Wilhelm Ernst Wunder, im 74sten Jahre seines Alters, an einer Ent-
kräf-

kräftung, zu einem für Kunst und Liebhaber nicht so leicht zu ersetzenden Verlust. Er ward am 11ten May 1713 in Kranichfeld gebohren, und sein Vater und Großvater bestimmten ihn, ohne auf seine Neigung zu sehn, für die Theologie. Er gieng auch nach Jena: weil aber seine Lehrer ihm in der Dogmatik die Aufklärung nicht geben konnten, um die er sie bey jeder auffloßenden Dunkelheit bat; so entsagte er dieser ihm zu unbegreiflichen Wissenschaft; gieng nach Weimar, wählte die Malerey, und legte dort bey seinem Vetter, dem damaligen Hofmaler Rentsch, die ersten Anfangsgründe in dieser ihm über alles angenehmen Kunst. Nach Erlangung der nothwendigsten Kenntniße hierinn, begab er sich nach Erfurt, wo er durch kleine Bildniße und Köpfe der Heiligen in den dortigen Klöstern sich schon viel Beifall erwarb. Um aber in seiner Kunst sich immer mehr zu vervollkommnen, reisete er nach Baireuth, welches unter der glänzenden Regierung des Markgrafen Friedrichs, das Fränkische Athen war, wo die größten Künstler Schutz, Beschäftigung und ihren Arbeiten gemäße Belohnung erwarten durften. Hier war es, wo der junge Maler sein Genie ausbilden, und selbst auch ein Meister werden konnte.

Durch seinen offnen und aufgeweckten Charakter, hatte er das Glück, höchstgedachtem Markgrafen so sehr zu gefallen, daß er gleich Versorgung und die gnädigste Versicherung einer noch günstigern Zukunft erhielt. Dies aber erregte ihm Neider und Feinde; denn der junge Wunder, der den Jenaischen Studenten noch nicht ganz abgelegt hatte, konnte nicht schmeicheln; er wußte noch nicht, was kluge Zurückhaltung erfodert, die an Höfen herrschende Verstellungskunst kannte er eben so wenig; er sprach niemals anders, als er dachte. Indessen erhielt er eben hierdurch sich in der beständigen Gunst seines gnädigsten Fürsten, der, ungeachtet der verfeinerten Sprache und Sitten seines Hofes, Offenherzigkeit, Wahrheit und Rechtschaffenheit allezeit schätzte. Dieser leutselige Fürst, der nicht allein Beförderer, sondern auch Kenner aller schönen Künste war, fand so viel Vergnügen an der natürlichen Freimüthigkeit seines jungen Malers, daß er ihn sehr oft über seiner Arbeit besuchte, ihm auf die herablassendeste Art zeigte, wo er fehlte, und wie und bey wem er die ihm noch mangelnden Kenntnisse sich verschaffen könnte. Wunder folgte diesen weisen Lehren, und bey den großen Fortschritten, die er beständig in seiner Kunst machte, ernannte sein wohlthätiger Fürst ihn 1739 zu seinem Hofmaler. Im Jahr 1763 ertheilte der Markgraf Friedrich Christian ihm das Prädikat eines Hofkommissars und Aufsehers über die fürstl. Malereien, welches Seine jetzt regierende Hochf. Durchl. Herr Fr. Karl Alexander durch ein gnädiges Dekret 1773 bestätigte. In seinen jungen Jahren malte er Thier- und Jagdstücke und einige Porträts; dann Perspektive fürs Theater, Decken in Kirchen und Sälen, wie dann die Platfonds, welche er in der hiesigen Schloßkirche, in denen zu Bindloch und Dressenfeld u. a. in dem Audienzsaale des neuen Schlosses und in dem Lustsaale zu Fantaisia verfertiget, noch redende Denkmäler seiner großen Geschicklichkeit in diesem Fache sind. In Blumenstücken war er so stark, daß Kenner das von ihm in dem

neuen

neuen Anbau gemalte Zimmer nicht ohne Bewunderung betrachten können. In Frucht- Thier- und Küchenstücken war er ein eben so großer Meister. In seinen letzten Jahren beschäftigte er sich am liebsten mit Verfertigung kleiner Bauergesellschaften und Schlachten. Er arbeitete sehr geschwind, und fehlte oft hierdurch in der Richtigkeit der Zeichnung, bey Figuren, obgleich man diesen Fehler in den Stücken, woran er mehr Zeit wandte, nicht entdeckte. In seinen Blumen- Frucht- Thier- und Küchenstücken findet man diese Unvollkommenheit nur sehr selten. Seine schönsten Stücke aus seiner besten Zeit, sind nach dem Urtheile der größten Kenner so vortreflich, daß sie den besten Arbeiten der berühmtesten Niederländischen Meister an die Seite gestellt werden können, nur wäre zu wünschen, daß er diese auf Kupfer oder Holz, und nicht auf Tuch gemalet hätte. Er verdiente sehr viel, wurde aber doch nicht reich. Man kann nicht sagen, daß er verschwendete, nur war er sein Wirth, und zu wohlthätig. Die Allerreichsten thun selten so viel Gutes, als er an Armen that. Hierdurch geschah es aber, daß er, um nur Geld zu bekommen, seine Arbeiten oft tief unter ihrem wahren Werthe weggab. Juden und Christen suchten alsdann seine Verlegenheit zu nützen, und gewonnen oft durch dieses Mittel in kurzem das Zehnfache. In seiner besten Zeit hatte er viel auswärtige Bestellungen, und es ist fast kein Land in Europa, wohin seine Arbeiten nicht gegangen wären. Er setzte seinen Namen niemals auf seine Stücke, als wann er darum gebeten wurde, und dann gemeiniglich nur ein lateinisches W und darüber ein E, und dies ist die Ursache, warum sein

Name

Name auswärts fast gar nicht ist bekannt geworden. Sein Gesicht behielt er beständig so scharf, daß er auch bey Ausmalung der kaum sichtbaren Gegenstände seiner Brille bedurfte; auch hatte seine Hand noch nie die geringste Schwäche erlitten. Er hatte ein eigenes Kolorit, das aber Kennern gefällt, und dem Abstehen nicht leicht ausgesetzt ist. So groß er auch in seiner Kunst war, so war er doch niemals stolz darauf. Sein Umgang war aufgeweckt, und seine scherzhaften Erzählungen so natürlich lebhaft und passend, daß man nicht zu hören, sondern zu sehen glaubte. Die Geistlichen waren mit ihm nicht zufrieden, und hielten ihn für einen halben Atheisten, weil er in seinen letzten Jahren nicht mehr in die Kirche gieng; sie thaten ihm aber hierinn unrecht. Er war kein Heiliger, wie er selbst oft sagte; er war und starb aber als ein wahrer Christ; nur sezte er die Religion nicht in Meinungen und Gebräuche, sondern in Rechtschaffenheit, treuer Erfüllung aller Pflichten und in stets thätiger Menschenliebe, wie Christus es lehrte. Er hielt sich auch überzeugt, daß alles, was der Mensch nicht begreifen könne, auch nicht für den Menschen könne geschrieben seyn, und daß keine willkürliche Erklärung verbinden könne.

3.

Am 15ten Oktober 1787 starb in Nürnberg Herr Johann Adam Schweickart, ein Mann, der nicht nur als Kupferstecher seiner Vaterstadt Ehre machte, sondern auch als ein feiner und gelehrter Kenner der Kunst des Alterthums große Verdienste hatte. Er war in

Nürn-

Nürnberg am 19ten Oktober 1722 gebohren, lernte bey S. Daniel Heumann das Kupferstechen, und übte sich im Zeichnen bey S. Martin Preißler. Nach Vollendung seiner Lehrjahre, im J. 1742, gieng er nach Florenz, und arbeitete daselbst in dem Hause des berühmten Barons von Stosch für dessen Gemmenkabinet. Dort errichtete er Freundschaft mit den berühmtesten Männern, und wurde Winkelmanns Vertrauter, der ihn sehr schätzte. Im Jahr 1756 genoß er die Ehre, als ein würdiges Mitglied der Großherzogl. Florentinischen Maler- und Zeichnungsakademie aufgenommen zu werden; welches Ausländern selten wiederfährt. Er blieb achtzehn Jahre lang in dem Hause des Barons Stosch, nemlich bis an dessen Tod. Da nun in Florenz kein Protestant begraben werden durfte, sondern der Leichnam nach Livorno gebracht werden mußte; so erfüllte Schweickart auch in diesem Fall an seinem Gönner die letzte Freundschaftspflicht, und brachte auf dem Arnofluß dessen Gebeine nach Livorno, um sie dort begraben zu lassen. Alsdann (1760) gieng er mit Ruhm und Ehre wieder in sein Vaterland zurück.

Nürnberg kann sich den Ruhm zueignen, jenem großen Kenner der Antiken drey seiner größten Künstler zugesendet zu haben, nemlich einen Markus Tuscher, einen Johann Justin Preißler, und einen Schweickart. Dieser nahm seinen Weg über Venedig und Triest nach Wien, wo er einen Meytens, Schmutzer, und andere berühmte Künstler kennen lernte, und die berühmtesten Gallerien durch sie zu sehen bekam.

Nach

Nach seiner Zurückkunft gab er heraus: Description des Pierres gravées du feu Baron de Stosch par feu Mr. l'Abbé Winckelmann; dessinées d'après les empreints & gravées en taille douce, à Nuremberg 1775. fol. Schade, daß eine so herrlich angefangene Arbeit, aus Mangel an Liebhabern, nicht fortgesetzt wurde! Er hatte auch nach Zeichnungen berühmter Meister getuschte Handrisse im Kupferstich nachgeahmt; und man will ihm die Erfindung derselben zuschreiben. Seine beste Arbeit war das Porträt des verstorbenen Herrn Landpflegers von Waldstromer. Es wurde noch kurz vor seinem Tod übergeben, und mit Beifall aufgenommen. Er wurde am 19ten Oktober, als an seinem Geburtstage, begraben, und von allen, die ihn kannten, bedauert.

A. L. Möglich.

Inhaltsanzeige.

                                                 Seite

1. Briefe über einige Gemälde der Reichsgräfl. v. Schönbornischen Bildergallerie in Pommersfelden, von C. Lang   3
2. Neunte Fortsetzung artistischer Bemerkungen auf einer Reise durch einige Gegenden des Fränkischen Kreises   39
3. Kunstnachrichten aus Kopenhagen, von Hrn. C. Schule, Kupferstecher aus Kopenhagen, gegenwärtig in Leipzig   47
4. J. C. Schmids Nachricht von seinen Miniaturfarben   52
5. Hallers Schreiben über die Kunstarbeiten des Hrn. Ploos van Amstel in Amsterdam, und über die neuesten Schweizerischen Kunstwerke   55
6. Nachricht von Pigalle   63
7. Nachricht von einer neuen Art zu malen — von Lavater   67
8. Junkers Bemerkungen auf einer Reise nach Ludwigsburg und Stuttgard   69
9. Vermischte Nachrichten   84
10. Todesfälle   88

Noch einige Druckfehler im 1sten Stück dieses Museums.

Im Vorbericht S. 2 Z. 3 von unten auf l. Lesern. S. 3 Z. 1 l. wenigstens. Ebend. Z. 7 l. Ganzen statt ganzen. Ebend. Z. 19 setze man nach Bitten ein Komma. So auch auf der 4ten Seite Z. 14 nach dem Worte kommen. In dem Buche selbst S. 35 Z. 8 streiche man das Komma nach dem Worte nicht weg. (Ueberhaupt sind die Interpunktionen oft unrichtig, ohne Schuld d. s. Herausgebers.) S. 35 Z. 20 l. Geschmack. S. 44 Z. 8 l. sind st. und. Ebend. Z. 2 von unten auf l. den st. der. S. 45 Z. 18 L neben dem st. den eben. Ebend. Z. 21 l. pittoreske. S. 46 Z. 2 l. Mahlerischen st. mahlerischen Ebend. Z. 11 setze man nach dem Worte verharren ein & cætera. S. 47 Z. 15 l. Blatt st. Blat. S. 53 Z. 22 l. Pfarrers. S. 58 Z. 17 setze man ein Komma nach Menge. Ebend. Z. 20 L Akademie S. 61 Z. 1 l. Triumphwagen. Ebend. Z. 6 l. woran st. wovon. S. 65 Z. 2 l. Herausgeber dieses Museums. S. 66 Z. 4 l. Verschluß st. Vorschuß. S. 67 Z. 3 v. u. a. l. Marais st. Morais. S. 72 Z. 1 l. contemplating. Ebend. Z. 3 l. Puppe. Ebend. Z. 20 l. runzelnden. Ebend. Z. 29 l. luckenund stutzend. S. 77 Z. 17 l. Mumie. Ebend. Z. 20 l. Werkzeug. S. 87 Z. 4 l. Großbritannien st. Großbrittannien. Ebend. Z. 9 l. von Schmetterlingen, und streiche dafür von vor dem Worte täuschend weg. S. 88 Z. 2 l. Landschäftchen meistens. Ebend. Z. 9 ist nach stehtr ein Kolon zu setzen. Ebend. Z. 25 l. von 1786, st. von diesem Jahr. S. 90 Z. 20 l. Ganzen st. ganzen S. 97 Z. 24 l. Streull st. Strudl. Ebend. Z. 26 l. Neuwied st. Reuwied. S. 98 Z. 8 l. Weise st. Weiße. Ebend. Z. 22 l. ersuchte st. ersucht. Ebend. Z. 23 l. meinem st. einem. S. 100 Z. 5 l. 11 st. 10. Ebend. Z. 8 l. Lessings Büste.

Im 2ten Stück.

S. 19 Z. 17 l. phlegmatischer statt pflegmatischer. S. 21 Z. 3 von unten auf l. meistens st. meists. Ebend. Z. 1 v. u. a. l. Holbein st. Hollbein. S. 33 Z. 15 l. Honigwaben st. Honigwapen S. 42 Z. 3 l. Wülzburg st. Mülzburg. S. 47 u. s. f. lese man überall Kopenhagen st. Koppenhagen.

Museum
für
Künstler
und für
Kunstliebhaber

oder
Fortsetzung der Miscellaneen artistischen Inhalts.

Herausgegeben
von
Johann Georg Meusel,
Hochfürstl. Brandenburgischem und Quedlinburgischem Hofrathe,
ordentlichem Professor der Geschichtkunde auf der Universität
zu Erlangen, und Ehrenmitgliede der Königl. Preußischen
Akademie der Künste zu Berlin.

Drittes Stück.

Mannheim,
bey C. F. Schwan und G. C. Göz.
1788.

I.

Vom Lohn der Kunst.

Die Kunst geht nach Brod, sagt Leßing. — Nicht immer. Ihr Lohn ist oft unverhältnißmäßig groß und übertrieben.

Dieß will ich jetzt beweißen, aus ältern und neuern Beyspielen;*) beweisen durch Maler und Tonkünstler.

Nach dem Erweiß dieser Wahrheit will ich einige Folgen aus ihr ziehen.

Kein Beyspiel ist mir hievon auffallender, als das, welches ich im Leben des Malers Don Diego Velasquez de Silva, finde.

Der Künstler erhielt von Philipp dem 2ten ein monatliches Gehalt von 20 Dukaten. Seine

---

*) Natürlich; ich führe nur einige an. Wer sich die Mühe nehmen mag, Sandrarts Akademie nachzulesen, kann deren tausende finden; eine Mühe, die ich mir nicht geben mögte.

4 Vom Lohn der Kunst.

Werke wurden ihm noch ausserdem bezahlt. Ueberdieß erhielt er noch jährlich 300 Dukaten Pension, nebst 300 Dukaten Haußzinß. Dann bekam er den goldnen Schlüssel, mit der dazu gehörigen Pension; zwey Jahre darauf schenkte ihm der König die Kammer-Ration von 12 Realen täglich, und noch jährlich 90 Dukaten Kleidergeld.

Tizian war nicht weniger glücklich. Er erhielt vom Kaiser Karl dem 5ten 200 Dukaten Renten in Neapel, 300 Dukaten von Venedig, und 200 von Philipp dem 2ten.

Friederich Zucaro bekam von Spanien auf 5 Jahre seines Aufenthalts in Italien 6000 Dukaten jährlich, und 400 Pension auf Lebenszeit.

Auch diesen bestimmten Gehalt nicht gerechnet, wie ungeheuer groß war oft der Verdienst, den sich der Künstler im Dienst der Kunst erwarb!

Alonso Sanches Coëllo, ein Schüler Raphaels, erwarb sich ein Vermögen von 55000 Dukaten.

Peregrin de Polonia wurde von Philipp dem 2ten so reichlich belohnt, daß er auf sein Gut 50000 Dukaten verwenden konnte.

Huerta ermahlte sich eine Summe von 35000 Pesos; und Lukas Jordan, ein Kapital von 200000 Dukaten. *)

Ja, eben so unverhältnißmäßig war oft schon der Preiß einzelner Stücke.

Roëlas

*) Was für Dukaten? W.

Vom Lohn der Kunst.

Roßlas zum Beyspiel erhielt für ein einziges Gemälde, den Märtyrertod des heil. Andreas, 3000 Dukaten.

Alonſo Cano bekam für ſeine Empfängniß der Maria 4000. Dublonen. Pereda, für ein anderes 500 Dukaten, und Rubens, 70000 Realen.

Ich will nun dieſen Satz, „oft iſt der Lohn „der Kunſt unverhältnißmäßig groß" mit Belegen aus der Geſchichte der Tonkünſtler unterſtützen.

Gay erwarb ſich, durch ſeine Bettler-Oper, die im Jahr 1727 aufs Theater kam, und in einem Jahr 63 mal geſpielt wurde, 12000 Rthlr.

Caſtarello, hinterließ bey ſeinem Tod ſeinem Neveu, 10000 Dukaten jährlicher Einkünfte eines Herzogthums, unter dem Titel, Duca di S. Donato.

So die Sängerinn la Guerre zu Paris zwey prächtige Häuſer, den herrlichſten Schmuck und 800000 Liv. in Anweiſungen auf die königliche Schatzkammer.

Glucks Vermögen beſtand bey ſeinem Tod, in 200000 fl. baarem Geld.*)

Die Sängerinn Storazzo zu Wien hat jährlich 1000 Dukaten Kaiſergehalt, und nach den neueſten Berichten, iſt die Sängerinn Tobi (die, nach der zu St. Petersburg den 28ten Jan. 1786 aufgeführten Oper Armida, ein Schreiben von der Kaiſerin, nebſt einem brillianternen Halsband bekam,

*) Nach andern Berichten, gar in 300000 fl.

und zu Carlsruhe, bey Anwesenheit des Großfürsten, durch einen Prolog, sich 60 Carolins ersang) am Preußischen Hof, mit 6000 Thaler jährlichen Gehalt engagiert.

Der Kastrat Markosini, (dem der Kaiser für 6 Vorstellungen zu Wien, bey seiner Durchreise 600 Dukaten gab, und der vor seiner letzten Abreise aus Mayland, durch seine Freykonzerte und Opern, dem Armen-Institut daselbst, 17000 fl. einbrachte, und von 2 Italienischen Höfen eine jährliche Pension zieht) ist mit 10000 Rubeln Gehalt, nebst freyer Wohnung und Tafel für 10 Personen, am Kaiserlichen Theater zu St. Petersburg angestellt.

Lolli,*) der am Wirtemberger Hof jährlich 6000 fl. hatte, spielte 1785 zu Madrit, wo ihm der Prinz von Asturien eine goldene Dose, mit 350 Dukaten schenkte. Der Entrepreneur des Theaters zahlte ihm alle Abend für ein Concert und zwey Solos 2000 Realen, so wie er die Geige aus der Hand legte.

Herr von Loen sagt bey Gelegenheit seiner Wiener Reise (siehe dessen kleine Schriften 4. Theil, Seite 394.) „Die Opernsängerinnen kosten was „rechts zu unterhalten, und werden ihrem Rang „gemäß, wenigstens hochgräflich traktirt. Sie singen „nicht um Gold und Lohn; Sie nehmen mit einem „standesmäßigen Unterhalt, und einem Geschenk, „welches nicht selten unter 2 bis 3000 Dukaten be- „stehet

*) Jomelli hatte jährlich 10 000 fl.

"ſtehet, vorlieb; ohne was ſie noch von andern
"fürſtlichen Perſonen verehrt bekommen, wenn ſie
"ſich -ſo weit demüthigen, und ſich einmal in Ih-
"ren Häußern hören laſſen. Die Italieniſchen Sai-
"ten ſind auch in Wien ſehr hoch geſtimmt. Ein
"mittelmäßiger Violiniſt ſtehet auf 2, bis 3000 fl.;
"und wenn er ein wenig künſtlich am Steg kratzen
"kann, bekommt er wohl noch einmal ſo viel."

Ich denke, Beweiſe genug*) für den Satz, die
Kunſt gehet nicht immer nach Brod; der Lohn
der Kunſt gränzt vielmehr oft an das Ueber-
mäßige!

Meine erſte Bemerkung, die ich hiebey mache,
iſt dieſe:

Künſtler, nur an Höfen blühet euer Glück.
Nur für Höfe iſt eure Kunſt Bedürfniß — entweder
des Luxus, oder des Vergnügens! Nur Höfen iſt
keine Summe zu groß, die ſie nicht ihrem Vergnügen aufopfern ſollten.

Kunſt iſt Bedürfniß großer Höfe. Und wahrhaftig, in Republiken, in Reichsſtädten, im Schoos
ihrer Privat - Gönner, findet ſie ihre Rechnung nicht.

Aber — mein Gott! wie wir zum Theil aus
obigen Beyſpielen geſehen haben — wie groß iſt der
Werth einer frohen Stunde für die Großen der Welt!

A 4 Und

---

*) In den muſikaliſchen Almanachen kann man deren noch
mehr finden.

Vom Lohn der Kunst.

Und wie ist oft kein Opfer zu groß, *) diese lachende Stunde Ihnen zu erkaufen!

„Glück für Sie!" sagt vielleicht der Lüstling.

Aber, was sagt zweytens die gesunde, unbefangene Vernunft dazu? wie berechnet die Sittlichkeit, diesen oft übertriebenen Künstler=Gehalt?

Alles, was sich von Vertheidigungs=Gründen für diese Sache auffinden ließe, möchte ohngefähr folgendes seyn:

Man könnte sagen, die Künste wären bloß Töchter des Glücks,**) der Wollust und des Ueberflußes. Man könnte sich auf den hohen Werth der Kunst selbst, auf ihren Einfluß, auf Sittenbildung und Verbeßerung des Charakters berufen; sagen könnte man, daß doch immer ein Theil des Publikums, auch seinen Antheil an dieser Kunst mit habe, und Mitgenoß der durch sie geschaffenen Freuden sey; und daß es billig sey, daß doch dieß Publikum

---

*) Die Sache hat sich indeß in neuern Zeiten zum Theil verändert! Die meisten Höfe sparen auch hierinn oft bis zur Knickerey. An einem teutschen Hof, wo noch vor 16 Jahren der Virtuos 4 bis 5000 fl. Besoldung erhielt, bekommt er jetzt nicht so viel hundert. In München und Carlsruhe ist der gemeine Schlag 500 fl. Einige Höfe, wie S... jagen ihre Virtuosen zum Teufel.

**) Ob auch gleich die Künstler=Geschichte in einer Gabrielli, und besonders einem Guadagni Beyspiele aufstellt, daß man auch zur Zeit der Wiederwärtigkeiten göttlich singen könne.

lifum stillschweigend im Regenten mit beytrage, mit belohne.

Berufen könnte man sich vielleicht noch auf das Seltene dieser Erscheinung großer ausgezeichneter Künstler, — und die Größe dieses Gehalts um so billiger finden, je seltener diese Erscheinung sey. Ja, man könnte zuletzt, vielleicht selbst in dem größern Einkommen dieser Könige und Fürsten, Rechtfertigungsgründe finden, für die großen Summen, die sie ihren Vergnügungen aufopfern.

Was könnte man nicht alles!! Ich gestehe es, daß ich es am liebsten dem Leser überlasse, über das bisher Gesagte zu entscheiden, und Gründe gegen Gegengründe abzumessen.

Ich wenigstens muß gestehen, daß ich drittens, zwischen diesem, oft so übertriebenen Lohn, und der belohnenswürdigen Kraft, Fähigkeit und Würkung, kein Verhältniß finde.

Der große Künstler wird es hauptsächlich durch Genie, durch Naturanlage! Gott! von dem diese gute Gabe kommt, müßte man eigentlich belohnen, nicht den, der sie so unschuldig, — oft so unverdient empfieng, diese Gabe.

Große der Erden, wie oft entziehet ihr den Dienern des Staats, die, was sie sind, durch reifes Studium, durch wiederholtes Nachtwachen, durch Aufopferung ihrer Kräfte, und oft ihres Vermögens geworden sind; auf deren Schultern oft die Last des Staats ruhet; auf deren Nachtwachen sich der sanfte Schlaf der Unterthanen stützt! Sie, die ihre Gesundheit, selbst ihr Leben, oft dem Wohl der Gesellschaft aufopfern; und für Euch denken, für Euch Väter der Nation sind; wie oft entzieht Ihr ihnen das, was ihnen von Gott und Rechtswegen gehört, um es an Künstler zu verschwenden, die Euch blos auf einige Augenblicke Aug oder Ohr kitzeln; — Euch so oft vergessen lassen, daß ihr höhere Bedürfnisse habt, als die Bedürfnisse des Vergnügens.

Lohn und Sold sollte man nur abmessen nach der größern Brauchbarkeit, nach dem größern Einfluß, den ein Mann in das Wohl des Ganzen hat! auch nach seinen größern Bedürfnissen, die nothwendig mit seinem Stand verbunden sind! Auch nach der größern Mühseeligkeit, die in der Natur seiner Geschäfte liegt.

Der Sänger Markosini erhält 10000 Rubeln jährlichen Gehalts! Gerade so viel erhielt Fürst Repnin, der kürzlich das Kommando über einen Theil der Russischen Armee gegen die Türken überkam.

Finde hier Proportion, wer es kann. Ich kann es nicht!

Aber ich weiß am besten, was ich empfinde, wenn ich einen Befehlshaber und einen Kastraten, auf gleichen Fuß gestellt sehe!

Und viertens, wie oft leiden Tausende bey dieser Verschwendung.

Fürsten, die gegen jede Classe ihrer Diener oft bis zur Knickrey sparen, wie oft sind sie Verschwender nur in dem, was ihr eigenes, solides Vergnügen angehet!

Wie

Wie so manche Gallerie ist durch den Schweiß der Unterthanen erkauft! Wie so manche Kapelle bestehet blos durch unerhörte Erpressungen!

Ich kenne einen Fürsten! Er veranstaltete die glänzendsten Feste; Er hielt die ausgesuchteste Kapelle, — vom Schweiß seiner Unterthanen.

Bey einem neuen Controlleur in Paris forderte einst ein Sänger aus der Kapelle seinen rückständigen Gehalt! aber er erhielt zur Antwort! „Ihr „Herren, die ihr singt, könnt so lange warten, bis „die bezahlt sind, welche weinen."

Auf wie viel Höfe Teutschlands ließe sich diese Anekdote noch anwenden!

Fünftens, dieser Lohn ist selbst für den Künstler nicht ersprießlich. Er giebt Gelegenheit zu dem oft so auffallenden Eigensinn; er ist die Quelle des Stolzes.

Wird dieser übertriebene Gehalt den Künstler nicht tausendmal zu einer übertriebenen Meinung von sich selbst, von seiner Geschicklichkeit, von seinen Verdiensten, von seiner Unentbehrlichkeit, verleiten? wird er diesen Gehalt nicht tausendmal zu einem Maasstab für die Bestimmung seines Werths machen! — Wird er seiner Eigenliebe nicht tausendmal schmeicheln; und die übertriebene Achtung seiner selbst nähren?

Woher kommen so manche auffallende Erscheinungen in der Künstler-Geschichte, als daher?

Woher kommt's, daß eine Mara bey dem Händelschen Jubel-Fest, da man ihr statt der 200 Guineen

neen, die sie forderte, nur 100 bestimmte, sich so beleidigt fand, daß sie Anfangs gar nicht singen wollte, endlich aber, lieber umsonst zu singen sich erbot?

Woher kam's, daß eine Gabrieli, als man sie nach Petersburg verlangte — 7000 Rubeln, freye Wohnung, Kutsche und Pferde verlangte; und als man ihr sagte, es hätte ja ein Feldmarschall kaum so viel, erwiederte „so mögen sich Ihro Majestät von „Ihren Feldmarschällen singen lassen!"

Daß sie sich ferner in Palermo lieber 12 Tage in Arrest setzen ließ, als daß sie bey dem Fest, welches der Vice-König gab, schön gesungen hätte.

Woher kam's daß Guadagni (der bey einem Gastmahl das gebrauchte Silber nicht abtragen, sondern in einen Winkel des Zimmers stellen ließ, um zu zeigen, es fehle ihm nicht daran, man möge noch so viel nöthig haben, als man wolle) zu Turin so lange sich weigerte vor dem Könige zu singen, bis er vor dem Scharfrichter auf einem öffentlichen Platz singen mußte?

Kurz, woher kommen so tausend Beyspiele des artistischen Starrsinns und des Stolzes, als vom übertriebenen Lohn, mit oft übertriebenem Beyfall verbunden?

Und sechstens, wie oft verleitet eine solche übertriebene Belohnung den Künstler zu gewissen Anmaßungen, zu welchen ihn weder Geburt noch Stand berechtigen, und die man sich nur im Dienst der Wissenschaften sollte erwerben können!

Wie

Vom Lohn der Kunst.

Wie oft erkauft sich der Künstler dadurch eine gewisse Autorität, gewisse äussere Vorzüge, die, ob sie gleich oft nur Dunst sind, den Mann von größern Verdiensten, der sie entbehren muß, schmerzen müßen, und die, nach dem nun einmal nothwendigen Unterschied der Stände, wenigstens durch kein Geld sollten erkauft werden können.

Es ist überaus auffallend, wenn ein Sänger, nicht nur Bediente, sondern auch Kammerdiener in seinem Gefolge hat! hat er sogar noch oben drein, einen Sekretär in seinem Dienst, wie ihn Marhosini hatte, und ist dieser Sekretär noch dazu wie man wahrscheinlich annehmen kann, ein Litteratus! muß man als dann nicht sagen, daß die Wissenschaft bey der Kunst um Brod bettle?

Muß man nicht zugeben, daß übertriebener Lohn, die Anmaßungen der Kunst weit über ihre Gränze hinaus ausdehnen?

Und zuletzt, das oft so auffallende Großthun, die oft so zur unrechten Zeit und am unrechten Ort angebrachte Freygebigkeit des Künstlers, die manchmal keinen andern Zweck hat, als einen braven Mann zu bemüthigen, ob sie gleich nicht immer aus bloßem Stolz, — nein oft auch aus Unersättlichkeit entstehet: —

— Diese großthuende Freygebigkeit, hat sie wohl eine andere Quelle, als übertriebene Belohnungen? als einen unverhältnißmäßig übertriebenen Gehalt??

Als Guadagni beym Bankett des Doge sang, eine Pflicht, die dem ersten Sänger in Venedig obliegt, wofür er eine Medaille, einiger Zechinen schwer erhält; und er diese auch erhielt, schenkte er sie sogleich wieder dem Diener des Fürsten, der sie ihm überreichte.

Als Marchesi *) von einem Grossen zu Rom, ein Geschenk von 50 Dukaten erhielt, machte er ihm am folgenden Tag' ein anderes dagegen. Es bestand in einer goldnen, mit guten Stänen besetzten Dose, mit seinem gut getroffenen Porträt. In der Dose lagen auch 50 Dukaten.

Mich dünkt: Guadagni und Marchesi würden dies beyde nicht gethan haben, wenn sie nicht eine weit größere Summe, als die war, die sie verschenkten im Hinterhalt gehabt hätten.

Aber so ist beynahe immer die erste Folge von Ueberfluß — das Großthun!

Und wie oft ist dieß Großthun mit Kränkung für den vom Glük Verlaßenern, verbunden!

Möge mich doch ja niemand, dem bisher Gesagten zu Folge, etwa gar einer Anikerey gegen die Kunst beschuldigen! nein! so möchte ich mich um alles in der Welt Willen nicht, weder an der Kunst, noch am Künstler, meinem Busen-Freund versündigen; und bekanntlistis ja, daß die Kunst selbst zu den ersten Bedürfnissen meines Lebens gehöre. Ich weiß auch, daß die Kunst am besten unter den Segens-Flügeln des Glücks gedeihe.

*) Ist eine Person, mit Marquesini.

Vom übertriebenen Lohn der Kunst redete ich blos.

Künstler, die besonders an kleinen Höfen noch so oft von Nahrungs-Sorgen gequält werden, — wer bedauert sie mehr, als ich??

C. L. Junker.

2.

Johann Martial Greiner

Johann Martial Greiner, ist in Constanz am Bodensee, den 9ten Febr. 1724 gebohren. Sein Vater war Baumeister in dieser Sadt; und wendete viel Sorgfalt auf die gute Erziehung seines Sohnes.

So wie sich die Fähigkeiten unsers Jünglings bald zeigten, so besuchte er auch bald das Gymnasium daselbst bey den Jesuiten, um die Theologie, nach dem Wunsche seiner Eltern zu studiren.

Unter den 6 Jahren, während denen er dieses Gymnasium besuchte, ergriff er, zu seinem Privatvergnügen die Violine. Die erste Anweisung erhielt er von einem armen Studenten, Nahmens Marquard, dem deswegen seine Eltern freye Kost, und Logis gaben.

Diesen Unterricht verwechselte er hachher mit dem Unterrichte der Hrn. Hildebrand und Brandes beyde Kapläne in der Dom-Kirche.

Nach

Nach 3 Jahren spielte er ein Concert vom Bran-
der gesetzt, im Dom, unter der Messe, mit so viel
Beyfall, daß, nach seiner eignen Versicherung, das
gemeine Volk zu sagen pflegte: „Martial müsse das
„Geigen vom Teufel gelernt haben." Hohe und
Niedere redeten ihm deswegen auch zu, er sollte in
die Welt; da könnte er sein Glük machen.

So bahnt sich doch immer das Glück seinen Weg: so wird der Mensch tausend hinder-
nissen ohngeachtet, doch immer das, was er
nach dem Plan seiner Schöpfung, werden
sollte.

Um diese Zeit wurde er durch einen Freund,
zu einem Prälaten, ohnweit Constanz geführt, um
sich dort hören zu lassen. Er hielt sich da 14 Tage
auf, und erhielt Ehre und Beyfall.

Der Prälat gab ihm beym Abschied 7 große
Thaler. Mit diesen, und noch 25 Gulden, die er
den Kloster-Geistlichen abgewonnen hatte, hielt er
sich reich genug, in die Welt zu gehen.

Sein erster Ausflug war nach Inspruck. Der
Vater, wider dessen Willen er diese Reise antrat,
ließ sich am Tage seines Abschieds nicht sehen;
Die Mutter aber, drückte ihm weinend, in der
Küche, einen Dukaten, und einen Gulden in die
Hand.

Martial kam in Inspruck an, und spielte bald
ein Concert in der Jesuiten-Kirche.

Der Pater-Inspektor vom Seminarium hielt
ihn für den besten, von 900 Studenten, (und er
war

Johann Martial Greiner.

war es) nahm ihn ohnentgeltlich auf, und gab ihm freies Logis und Kost.

Drey viertel Jahre war er hier, als ein Flamländischer Edelmann ankam, ein großer Liebhaber der Tonkunst, und guter Violoncellspieler.

Kaum hörte dieser unsern Martial ein Concert in der Kirche spielen, so suchte er ihn zu überreden, mit ihm, ein paar Jahre nach Rom zu reisen.

Martial erhielt zu dem Ende, einige bordirte Kleider, und 30 Dukaten: und so wurde die Reise nach Venedig angetreten; von da nach Padua, und dann wieder nach Venedig zurück.

Nach einigen Monaten starb der Edelmann, an einem hitzigen Fieber, und Martial war sich selbst, oder vielmehr seinen Freunden überlassen. Sie nahmen sich auch seiner thätig an; Der Vater des Capellmeisters Ferrandini, der sich damals in Märchen befand, nahm ihn zu sich ins Haus, und gab ihm drey Jahre lang freye Kost.

Gute Seelen sind keinem Himmelsstrich eigen: — gute Seelen — auf kein Land eingeschränkt. Hast du kein Vaterland, Jüngling, gehe getrost in die Welt: In jedem Lande findest du Menschen von Vaters-Treue.

Sein Glück war, daß Angelo Colona, einer der besten Geiger in Venedig, die Haus täglich besuchte. Von ihm erhielt er freien Unterricht, viele Musik und Empfehlung, so daß er zuletzt 21 Schüler bekam, deren der geringste ihm monatlich einen Dukaten zahlte.

Meusels Museum 3tes Stück.   B

Er wurde auch öfter nach Ferrara, Padua, Brescia, und Cremona berufen, um theils im Orchester mit zu spielen, theils Opern, theils Ballete zu dirigiren.

Unter der Zeit erhielt er einen Ruf nach Constanz, durch Hrn. Thsoudl, Kapellmeister an der Dom-Kirche, an die Stelle des verstorbenen Kaplan Branders.

Martial nahm ihn an, nur mit der Bedingung, daß er vorher noch eine Zeitlang unter dem berühmten Tartini, zu Padua, studiren wollte.

Aber endlich wurde den Herrn zu Constanz, die Zeit zu lange, und die Stelle wurde vergeben.

Doch noch ehe Martial zu Tartini kam, begegnete ihm ein sonderbarer Zufall.

Auf vieles Zureden der Ferrandinischen Familie, begab er sich als Kammerdiener, in die Dienste des Grafen Cigola, der im zweiten Stock des Ferrandinischen Hauses wohnte.

Er ward Kammerdiener: das mag nach dem Venetianischen Costum heißen: Er mußte auf dem Markte einkaufen, kochen, betten, das Zimmer lehren, Kleider ausbürsten, und den Mantel umhängen. Das übrige blieb Geschäfte des Gondoliers vom Grafen.

Und Martial lernte bald nach seinem Geständniß, das, was man ins Haus braucht, und was man nirgends, als nur in Venedig von einem Kammer-Diener fordern würde, — oder vielmehr — was vielleicht nur so ein Mann als Graf Cigola war,

fordern

Johann Martial Greiner. 19

fordern kann: — nemlich, eine gute Suppe Reiß mit Parmesan-Käß, Nudeln, Rindfleisch, Kalbsfleisch in einer kräftigen Brühe, kochen; — und Carbonade Artischocken, und Spargel, auf dem Rost braten.

Indeß, diß Pflanzenleben konnte sich für einen Mann, voll Leben und Kraft, dem Tartini noch dazu im Kopf stekte, nicht lange schicken.

So geschahs: und Martial kam con disgusto, der sich von der Art des Aufstandens herschrieb, vom Grafen.

Der Graf trugs ihm, wie wir sogleich sehen werden, nach: und vermuthlich, mögen blos einige in der Hitze gesprochene Worte Martials — „questo non é Creanza di trattare un ones't Omo „cosi, e questo non é trattare da Cavalliero" — Schuld daran gewesen seyn.

Vier, fünf Wochen hindurch, nach diesem Zufall, ließ ihm der Graf, durch verschiedene Personen melden, „Er sollte ihn um Verzeihung bitten, oder „Venedig räumen!" Aber Martial, sich keines, — wenigstens keines Staats-Verbrechens bewußt, unterließ es, und lebte sorglos hin.

Cigola — (wie zart ist doch oft das point d'honneur der Menschen) stelt sich endlich hinter seine Freunde, den Grafen Martinengo, Orbo, Cloppo, und den Avocator Molin, Richter bey dem Gericht Alla Vozaria *) beyde Brescianer. Und dieß per

B 2 nobile

*) Nur kleine Verbrechen werden in diesem Gericht abgestraft. Deswegen werden die Schergen dieses Gerichts, dem

noble Fratrum, denkt auf Genugthuung für den Grafen.

Martial geht einst in Gesellschaft eines angesehenen Kaufmanns, Hrn. Melingo, zu Mittag auf den Marluspla§ spazieren. Alsobald hat er unverhoft den Mantel über den Kopf, und beyde Hände werden ihm mit einen Strick gebunden.

Alles Sträubens, aller Protestation ohngeachtet, wird er über den Marlusplatz, hinter dem Pallast des Doge, auf die Wache geführt.

Wie entstehen doch oft so große Folgen, aus kleinen Ursachen! wie weit kann es oft Rachgierde, die höllischste der Leidenschaften, treiben!!.

Er kommt in ein Gefängniß, worinn ein Jude wegen Contreband, und ein gewisser Santo, wegen eines Mords, lagen. Und in diesen finstern Kerker muß er durch zwey niedere, doppelte Thüren kriechen.

Nur ein Loch befand sich in der Mauer, wodurch er bey der großen Hitze, bald Hände, bald Füße streckte.

Er erhält Zwieback und Wasser zur Kost. Doch läßt er sich nichts abgehen, weil er Geld hat; und seine Freunde, Kaufmann Meling, und Handschuhmacher Geiggl, versorgen ihn mit Leckerbissen.

Alle

demjenigen, den sie einfangen, einen Mantel über den Kopf, um ihn, dem Volk unkenntlich zu machen.

Alle Verwendungen seiner Freunde, die es sogar beym kayserlichen Gesandten antrugen, waren vergeblich.

Endlich, am 24sten Tag nach seiner Gefangennehmung kamen bey Mitternacht unverhoft die Schergen, nahmen ihn aus dem Gefängniß, banden ihm beyde Hände übereinander, und warfen ihm, wie gewöhnlich, den Mantel über den Kopf.

Wie zitterte Martialen hiebey das Herz! er glaubte, man führe ihn nun in die nächstliegende Torturkammer, die er öfter bey Tage gesehen; — um ihn zu martern, oder zu tödten.

Aber nein! die 6 oder 8 Schergen führten ihn bey stockfinstrer Nacht, Sturm, Regen, Donner und Blitz, in einer Gondel, auf ein — 5 italienische Meilen weit entlegenes Faselo oder Kaufmanns-Schiff, welches folgenden Tages, in aller frühe, nach der Levante zu seegeln, bereit stand.

Unterwegs fragt ihn der Capitain der Schergen: — „ob er auch schwimmen könne?" Man glaubte unser armer Mann wieder, er wäre gewiß verlohren; er würde mit einem Stein am Hals, in den Kanal geworfen werden. Eine Geschichte, die in Venedig nicht selten ist! Aber der Plan war ein andrer. Martial sollte nach Cerigo, an der türkischen Gränze geschickt werden, um die Jungfer zu küssen.

Wem bebt hieben nicht das Herz?

Sonntags früh sollte das Schiff abseegeln. Nur der Kapitain desselben, Antonio Buirse, der sich noch in Venedig mit seinen Freunden lezte, fehlte noch. Aber hier — Vorsehung! stehe ich vor deinen geheimen Gängen anbetend stille! Lenker und Regierer unsrer Schicksale, wie bist du doch immer da am nächsten, wo wir dich am entferntesten zu seyn glauben.

Einige Matrosen mußten nach Venedig abfahren, um nach dem Kapitain zu sehen; und Martial giebt ihnen, mit Thränen in den Augen und aufgehabenen Händen, einen Brief an seinen längst bewährten Handschuhmacher, Geiggi à Santa Marina, mit.

Aber leider! — sie fanden Niemand zu Hause, und so gehen sie, ihren Capitain zu suchen, über den Bartholomäus-Plaz, an der Rialto-Brücke.

Einer davon zieht sein Schnupftuch, und ohnbemerkt fällt ihm der Brief — al Signore Geiggi, aus der Tasche.

Ein Jüngling von 17 Jahren geht ohngefähr den nemlichen Weg, sieht ihn fallen, hebt ihn auf, und erkennt die Abdresse an — seinen Vater, den Handschuhmacher.

Freund! ist dieß Ohngefähr? — oder weißlich bestimmte Concurrenz? — oder bestimmtes Mittel, zu bestimmten Zweck? — was fühlt dein Herz hiebey??

Und — daß ich es kurz mache; der Sohn eilt mit dem Brief zu seinem Vater; der ehrliche Handschuhmacher, (zur neuen Steuer für die ewig alte Wahrheit, daß edle Seelen am wenigsten in Palläſten wohnen) eilt mit dem Brief zu ſeiner Exzellenz, Orio a Sta. Juſtinez dieſer Orio geht zum Richter Molin, und capitelt ihn; und dieſer Molin läßt endlich Martial mit allen Ehren abholen, auf den Markusplatz führen, und auf freyen Fuß ſtellen.

So ſiegt doch endlich die Unſchuld über Liſt und Bosheit! und ſo hat der Unglückliche noch in tauſend Herzen Schutz und Zuflucht.

Von der Freude über Martials Befreyung, von den Ehrenbezeugungen, Invitationen und Feſten, ſeinetwegen. Und von all dem Plunder laßt mich ſchweigen.

Aber einen Umſtand zur Ehre unſres braven Geiggl kann ich hieben nicht unberührt laſſen.

Der Graf Martinengo, Orbo Cioppo, (auf gut deutſch, der blinde und hinkende) — berühmt, qua Scavezza Collo, (auch auf gut deutſch, als Halsbrecher.) Einer der Richter Martials, als er hörte, daß er frey ſey, ließ er ihn in ſeinen Pallaſt kommen, vermuthlich um ihm Stillſchweigen in der Sache aufzulegen.

Martial benachrichtigt ſeinen Freund Geiggl von dieſer Citation; und dieſer ſprach ihm Muth ein, und begleitet ihn dahin.

Als ſie wieder nach Hauſe kommen, zieht ſich Geiggl aus, zieht zwey ſcharf geladene Piſtolen aus ſeiner Rocktaſche, und legt ſie auf den Tiſch.

„Wozu dieſe, Freund?" fragt Martial. „Sie —
„war die Antwort, auf den erſten Wink, am Gra-

„sen Martinengo, in seinem eigenen Zimmer zu rächen!"

Geiggi war ein Vater von 12 Kindern! — wohl gemerkt, ein Vater von 12 Kindern.

Leser; wißt ihr mir keinen solchen Handschuhmacher mehr?

Edler Geiggi, vielleicht bist du schon hingeschlummert! Friede denn deiner Asche, warme gute Seele; und Seegen deinem Angedenken.

So ein Mann stirbt nie.

Bald nach dieser so ausgezeichneten Epoche wurde Martial nach Padua berufen, um im Orchester mit zu spielen.

Aber ich eile über diesen seinen Aufenthalt, und die ganz ausgezeichnete Achtung, die er besonders in dem Hause seiner Excellenz, Girolomo Venier, Kommendanten in Padua — genoß; hinweg; um auf seinen Ruf nach Wirtemberg zu kommen.

Kaum also hatte Martial seines HerzensWunsch, Schüler vom Tartini zu seyn erreicht, als er einen Ruf in die Dienste des Herzogs von Wirtemberg, durch dessen Concert-Meister Pirker, erhielt.

Sein Gehalt wurde auf 800 Gulden gesetzt.

Er sollte von Venedig aus in Gesellschaft der beyden Violonisten, Andreas Kurz, und Pietro Pierl, die am Wirtemberger Hof engagirt waren, — nebst des Violoncellisten van Maltheur, der zu Venedig unter Martinelli studirte — abfahren.

Er

Er kam in Suttgard an. Jomelli der Unsterbliche war damals Oberkapellmeister. Er kam und alles drängte sich, von ihm (diesem braven, soliden Spieler) Stunden zu erhalten.

Unter die ersten seiner Scholaren die er bildete, und die ihm Ehre machten, gehören ohnstreitig Gutti, der, wo ich nicht irre, vor einigen Jahren in Wallerstein starb. Lolli, Bruder des berühmten Geigers; Hofmeister, und Labart, beyde in Wien.

Sechszehn Jahr stand Martial in herzoglichen Diensten, als er einen Ruf nach St. Petersburg, von 1000 Rubeln Gehalt, nebst freyem Logis, Holz und Licht, — erhielt.

Zur Bestreitung seiner Reise-Kosten war schon ein Wechsel auf 200 Dukaten, beym Kaufmann Prentani zu Ludwigsburg, niedergelegt.

Martial verlangte seinen Abschied. Aber blieb nach erhaltener Zulage, und auf Zureden seiner Gönner und Freunde, wieder in Diensten seines Hofes.

Kurz darauf machte der Herzog eine Reise nach Venedig, im Gefolge einiger Kapellisten.

Martial stand auch auf der Liste; verbath sich aber diese Gnade, da eben sein Bruder, den er 30 Jahre lang nicht gesehen hatte, nebst seiner Tochter, einen Besuch bey ihm abgestattet hatte.

Aber kaum war der Herzog einige Wochen in Venedig, so erhielt Martial Ordre, nach zu kommen.

Und so war er dann abermals mit seinem Herzog sechs Monath lang in Venedig, dem Orte seiner ersten Bildung und seiner Leiden und Freuden.

Bald nach der Zurückkunft ins Vaterland geschah eine Reduction, worunter sich auch Martial befand.

In diesem Zustand mußte er sich bloß wieder auf seine Gönner, auf seine Zöglinge, und auf die Einnahme eines Concerts verlassen, das er vier Monathe lang im Rallischen Hause gab.

Herr geheime Rath und Präsident von Commerell, und Herr Hof- und Kanzley-Buchdrucker Cotta, stritten gemeinschaftlich, ihm freyen Tisch anzubieten.

Unter der Zeit erhielt er als Musik-Direktor einen Ruf nach Nassau-Weilburg; kaum aber war es ruchbar, so wurden ihm wieder herzogliche Dienste angebothen. Martial nahm sie endlich, nach vieler Weigerung wieder an.

Aber vier Jahre darauf fiel er abermals in Reduction.

Hier würde er sich wieder ganz allein auf Zöglinge und sein Rallisches Concert verlassen haben müssen, wenn sich ihm nicht die Dienste des Fürsten von Hohenlohe-Kirchberg angebothen hätten.

Er kam, nachdem er dem Herzog 21 Jahr gedient, im Jahr 1775. nach Kirchberg als Musik-Director; und brachte einen herrlichen Vorrath, Jomellischer und Tellerischer Compositionen, viel Laune, — eine seltene Offenherzigkeit, — ein gutes Herz, — und eine edle Spielart, mit.

Acht Jahre versah er diesen Posten mit Ehren.

Junge Ton-Künstler unserer Zeit.

Vor 3 Jahren machte er eine Reise nach Schleiz; versprach in einigen Monathen wieder zu kommen; — wurde von uns sehnlich wieder erwartet: — — — aber, noch soll er kommen.

Indeß ist nach all seinen Briefen, Voigtland — kein Land, — und Schleiz — kein Posten für ihn. —

C. L. Junker.

3.

Junge Ton-Künstler unserer Zeit.

Scheikel, ein 9 jähriger Knabe, ließ sich schon vor einigen Jahren unter andern auch in Wien hören! sein Instrument ist das Forte piano. Man war äußerst erstaunt über die Geschwindigkeit und über die Kunst dieses Jünglings. Das Applaudiren nahm fast kein Ende. Die ganze Einnahme gehörte sein! ausserdem beschenkte ihn der Erzherzog Franz sehr ansehnlich! der Kaiser gab ihm 15 Dukaten.

Demoiselle Carnoli von Mannheim, die Tochter eines dasigen Kammervirtuosen, und eine Schülerin der Mad. Wendling, machte schon vor einigen Jahren, und vor dem 12ten ihres Alters, musikalische Reisen. Ihre Stimme, und ihre meisterhafte Art des Vortrags wird sie bald an die Spitze der besten Sängerinnen innern Teutschlands setzen.

Der

Der junge von Gabler, ein Sohn des Raths-Herrn zu Eger, alt ohngefähr 9 Jahr, spielt das Clavier mit Fertigkeit, Feinheit, und Ausdruck aller Töne zum bewundern. Er ließ sich schon vor einigen Jahren, zu Eger, bey dem Jubiläo des General-Feld-Wachtmeister von Schönofsky hören.

Semler spielte schon vor einigen Jahren, als ein Knabe von noch nicht völlig 6 Jahren, mit seinem Vatter, der auch ein guter Musikus ist, Clavier-Concerte für 4 Hände. Er ließ sich 1786 zu Schleßwig zum Erstaunen aller Zuhörer hören; und erhielt den Namen eines Musikalischen Wunderkindes.

Jäger, der Sohn des Kammer-Virtuosen Jägers zu Anspach, spielte schon vor seinem 9ten Jahr Sonaten auf dem Violoncello mit bewundrungswürdiger Geschwindigkeit, Sicherheit und Accuratesse! ja, was noch mehr ist, mit eben der Sicherheit für das Tempo und für das Reingreifen, accompagnirt er jedes aufgelegte Stück *)

Demoiselle Cröp, die Tochter eines Ballet-Meisters zu München, und eine Schülerin Fränzels, machte schon vor ihrem 12ten Jahr musikalische Reisen; und spielte als Kind die Violin mit einer Fertigkeit,

---

*) Nach einer zu Ende des vorigen Jahrs mit seinem Vater nach Berlin unternommenen Reise, die ihm grosse Ehre und reichliche Geschenke vom König und von dem Königl. Hof erwarb, ernannte ihn der Markgraf zum Kammermusikus. m.

tigkeit, mit einem Ausbruf, mit einer Delikateſſe, die die Bewunderung jedes Kenners erhielt! ſie iſt auch ſehr ſtark auf dem Clavier, und hat viele Anlagen zum Zeichnen.

Demoiſelle Voßlerin zu Ludwigsburg, eine Schülerin Schubarts, gehört ſeit ihrem zwölften Jahr zur Claſſe der Virtuoſen! ſie ſpielt das Clavier mit aufferordentlicher Fertigkeit und Richtigkeit im Vortrage. Als Kind erhielt ſie ſchon von der Hoheit zu Mümpelgard, die ſie nach Hochberg holen ließ, eine goldne Uhr für ihr Spiel.

Demoiſelle Stain, die Tochter des berühmten Inſtrumentenmachers gleiches Namens zu Augsburg gehört gleichfalls unter die Zahl junger Virtuoſen.

Bekannt iſt's, daß Mozart in unſern Tagen ſchon als Kind ſich hören ließ. Er erhielt durchgehends auf ſeinen Reiſen, bis er in Geſellſchaft ſeines Vaters machte, ungeheuchelten Beyfall. Und die Fertigkeit, und der Vortrag ſeines Spiels übertraf auch die höchſte Erwartung.

William Crotch, der ſich ſchon im 5ten Jahr ſeines Alters zu London vor dem Königlichen Hof 1779 hören ließ; iſt ſo bekannt, daß man nur an ſeinen Namen zu erinnern braucht.

Demoiſelle Cannabich hörte ich vor einigen Jahren, kaum den Kinderjahren entſchlüpft, das Clavier mit Genauigkeit und Süßigkeit ſpielen.

Auch

30   Junge Ton=Künstler unserer Zeit.

Auch die Tochter des Kapellmeisters Schmittbauer*) zu Carlsruh, gehörte ehemals unter die Classe dieser jungen Virtuosen. Ihr Bravour=Concert, war das Schobertsche aus dem C. Das spielte sie mit ausserordentlicher Fertigkeit.

Romberg spielte schon als Kind die Violine.

Die beyde Mühle bliesen schon als Kinder, (der eine schon im 8ten Jahr) das Horn mit bewundrungswürdiger Fertigkeit und Ausdruck. Kaum sind sie jetzt in den Jahren des Jünglings! Eine manigfaltigere Schattirung des Tons ist nicht möglich, als die, die sie in ihrer Gewalt haben. Schon vor einigen Jahren erhielten sie den Beyfall des jetzigen Königs von Preußen.

Mara ließ sich schon als Kind in England auf der Violine hören.

Ludwig van Beethoven, komponirte, und spielte im 11ten Jahr.

C. L. J.

───────

*) Wunderbar! als ich sie einige Jahre nach ihrer Verheurathung wieder sah, versicherte sie mich, sie hätte seit der Zeit ihres Ehestandes kein Clavier ins Haus gebracht.

Ein Nachtrag zu der schönen Kapelle in München.

Ich habe von dieser Kapelle in meiner Reise *) gesagt, die Wände wären mit guten Steinen ausgelegt.

Das Wort gut scheint mir nicht bestimmt genug und es könnte zum Mißverstand Anlaß geben.

Ich muß voraus sagen, daß ich einen großen Unterschied mache zwischen gut und Edelsteinen, und ich will den Leser hiemit vermahnen, ja nicht an die letztern zu denken.

Die Arbeit ist eigentlich Florentiner Arbeit; freylich immer unendlich kostbar! Die Art der Zusammensetzung ist äusserst pünktlich und genau.

Etwas muß ich besonders bey dieser Kapelle noch nachholen.

Es ist die, in Krystall geschnittene Leidens-Geschichte! die Krystall-Tafeln selbst aber sind an den Reliquien-Kästen, statt der Scheiben angebracht: und stellen also Glaß-Thüren vor. Diese Arbeit verdient besonders Aufmerksamkeit.

Uebrigens soll diese Kapelle vom Kurfürsten Maximilian angelegt worden seyn; und seit dem stiftete jeder Regent ein Prachtstück in dieselbe, der auswärtigen

*) Vergl. Das 1ste St. dieses Museums S. 35.

tigen fremden Stiftungen und Schenkungen ohngeachtet.

Der letztverstorbene Kurfürst stiftete eine kleine Monstranz von Brillianten, von hohem Werth.

Ich weiß nicht, ob die Summe richtig seyn mag, die einst, nach der Aussage meines Führers, Juden für die Schätze dieser Kapelle gebothen haben sollen! oder, ob nicht vielmehr die ganze Sage einer Erfindung von ihm ähnlich siehet?

So viel ist gewiß, daß man zur Zeit der Noth hier, reiche Brünnlein könnte fließend machen.

Noch verdient das Altar-Blatt, ein Basrellief von Silber, das eine Scene aus dem Leben Jesu vorstellt, Bemerkung!

Das Stück stellt eigentlich nur einen Vor-Altar vor! Es wird an hohen Festen nieder gewunden, so daß es durch den Altar-Tisch verborgen wird, und dann stehet an seiner Stelle eine große, kostbare Monstranz da.

C. L. J.

5.

Nachricht von einigen in Berlin lebenden Künstlern.

Herr Dominikus Cunego, gebohren in Verona 1727, ist ein ansehnlicher, grosser, wohlgebildeter, und freundlicher Mann, der aber keine einzige andere Sprache als seine Muttersprache spricht. Er ist ein eifriger

eifriger Katholick und übertriebener Verehrer des Pabstes. Immer hat er bey seinen Arbeiten ein kleines, elendes Kleckbild der Jungfrau Maria vor Augen. Er hat in Verona bey Franz Ferrari einem Mahler studirt. Im Jahr 1761 gieng er nach Rom, wo er aber durch seine Malerey nicht so viel verdienen konnte, um sich und seine zahlreiche Familie, die er von mehreren Frauen hatte, zu ernähren. Bey seiner Abreise vor zwey Jahren nach Berlin hat er seine jetzige junge Frau in ein Kloster gethan. Um seinen Unterhalt sicher zu erlangen, entschloß er sich und ward Kupferstecher, ohne alle Anweisung. Hierinn glückte es ihm besser, besonders bey seinem unermüdeten, und in der That exemplarischen Fleiße, den er auch noch jetzt, von früh bis spät des Tages anwendet. Daher belaufen sich seine Werke auf mehr als tausend Blätter, worunter viele grosse sind. Die vornehmsten davon stehen in dem ersten Stück des Verlag-Verzeichnisses der Pascalischen Hofkupferstich-Officin.*) Herr Pascal hat alle Platten dieses Künstlers an sich gekauft; einige davon sind noch gar nicht öffentlich bekannt. Außer denen in diesem Verzeichniß angezeigten Meistern, hat er auch nach Mengs, Battoni, Hamilton, und andern gearbeitet. Seit dem Herbst 1785 ist er in Berlin bey der Königl. Hofkupferstich-Officin engagirt.

*) Welches im ersten St. dieses Museums abgedruckt ist als Beylage zu S. 46.

34 Nachr. von einigen in Berlin lebenden Künstler.

girt. Es gefällt ihm in Berlin alles, nur nicht die Kälte des Winters. Er hat zwey Söhne, die auch als Künstler bekannt geworden sind, Luisia (Aloysius) und Joseph. Der erste ist ebenfalls in Verona 1757 gebohren, und hat bey seinem Vatter gelernt. Er hält sich jetzt in Livorno auf, wo er einige große Arbeiten unternommen hat. Er hat, nach verschiedenen alten Meistern einige zwanzig Platten geflochen, wovon einige in jenem Verzeichniß befindlich sind. Joseph ist auch in Verona gebohren, hat auch bey seinem Vater gelernt und sich hauptsächlich aufs Landschaftstechen gelegt, ist aber 1784 in den Orden der barmherzigen Brüder getreten, und arbeitet demnach nicht mehr als Künstler für die Welt.

Herr Franz Calze Cunningham ist aus Calze in Schottland gebürtig, und ein unächter Sohn eines Lords. Cunningham ist der Geburts-Ort seiner Frau. Er lebt seit vier oder fünf Jahren in Berlin, wo er in Pastell, sehr viele Portraite fürstlicher und anderer vornehmer und reicher Personen verfertiget hat. Es sind einige Meisterstücke darunter. Er malt auch in Oelfarben, mit unter sehr angenehme historische Sachen, von denen er aber bis jetzt noch nichts ausgeführt hat; denn er ist ein flüchtiger, unbeständiger und unruhiger Charakter. Er hat noch immer ein grosses Gemälde in Oelfarb unter Händen, welches den Verstorbenen grossen König nebst seiner Generalität, zu Pferde vorstellt; ein grosses Stück, an dem merkwürdig ist, daß die sämtliche Gesichter nach wirklichen Portraiten, die er
würf-

würklich nach dem Leben, im grossen gemacht hat, verfertigt sind. Dies alles gehörig auszuführen, würde viel anhaltenden Fleiß erfordern, der aber, wie schon gesagt, diesem Künstler nicht zu Theil geworden ist. Er will es zuvor fertig machen, und auch in Kupfer stechen lassen, wovon er sich große Summen verspricht: allein, er so wenig, als irgend ein Mensch wird es fertig sehen. Es ist und bleibt Entwurf, dergleichen dieser geschickte Künstler mehrere hat. Er hat in Rom bey Mengs und andern studirt. Einige Porträts nach ihm sind bey Boydel gestochen, und mehrere bey der Hofkupferstichofficin in Berlin, die er mit hat gründen helfen. Jetzt aber ist er ganz davon los, so daß das ganze Etablissement dem Herrn Pascal allein zugehört. Dieser hat sich mit Herrn Cunningham förmlich, das heißt, gerichtlich auseinander gesetzt; und treibt es also ganz auf seine Kösten. In dem vorhin angeführten Verzeichniß stehen seine Portraite. Er hat sehr große und weite Reisen gethan, durch Spanien, Frankreich, England, Italien, Rußland u. s. w. Noch ist er in Berlin: er weiß aber selbst nicht, wie lange noch).

Herr Johann Konrad Krüger ist am 6ten Januar 1733 in Stettin gebohren. Er lernte die Mahlerey bey dem königl. Hofmahler, Thomas Huber. Im J. 1753 gieng er nach Dresden, und studirte in der Gallerie unter Dieterich und Karl Hutin bis 1756. Nachdem er sich von dieser Zeit an mehrentheils mit Portraitmalen in Polen und

Schwedisch-Pommern, und besonders in seiner Vaterstadt, beschäftigt hatte, gieng er nach Berlin, wo er im J. 1760 von dem damaligen Direktor der Academie der Künste, le Sueur, als Profeffor der Zeichenklaße angeſetzt wurde. In frühern Jahren hat er einige Sachen geätzt, und beschäftigte sich seit seinem Aufenthalt in Berlin vorzüglich damit. Es stehen von ihm verschiedene Bildniße in Krünitzens Encyklopädie, in der allgemeinen deutſchen Bibliothek, und verſchiedene Blätter in Schröckhs allgemeiner Weltgeſchichte für Kinder, und in Seilers Ueberſetzung der Bibel, nach B. Rode geätzt, und mit dem Grabſtichel ausgeführt. Ferner sind von ihm:

1. Zwölf Blätter nach Zeichnungen berühmter Meister, wovon die Originale auf der königl. Bibliothek in Berlin befindlich sind; wozu noch zwölf andere von Laurenz gehören, und von beyden 1770 — 73 herausgegeben worden sind.

2. Verschiedene Blätter Proſpekte von Reinsberg, nach den Zeichnungen des Bauinſpektors Eckel.

3. Ein allegoriſches Blatt auf den Teſchner Frieden, nach B. Rode.

4. Ein anderes Blatt eben deſſelben Gegenſtandes, nach einem Basrelief von A. Trippel aus Rom, welches der Künſtler in einem Gypsabguß, der ohngefähr 1 1/2 Fuß hoch und 5 Fuß breit war, dem Hochseligen Könige zugeſendet hat, der es dem Staatsminiſter, jetzigen Grafen von Hertzberg ſchenkte, welcher es zeichnen und ſtechen ließ.

5. Ver-

5. Verschiedene Vignetten und andere Blätter, nach eigenen Entwürfen, stehen in einigen Büchern.

Sein Sohn ist Eleve der königl. Hofkupferstich-Officin. Die 3 ersten Blätter des gleich hier folgenden Verzeichnisses sind von ihm.

6.
Fortsetzung des Verlags-Verzeichnisses der Pascalschen Kupferstich-Officin in Berlin. *)

Die neuesten, noch nicht bekanntgemachten Blätter sind:

1. L'Amour caressé, nach Cypriani, von Reiger punktirt, en Medaillon, 10 Zoll hoch, 7 breit. 1 Rthlr.

2. L'Amour rejetté, nach demselben, eben so alles übrige.

3. Amor, nach Raphael, von Krüger punktirt, 9 Zoll hoch, 6 breit. 16 Ggr.

4. Acht Landschaften, von Reclam gezeichnet und gestochen, 5 1/2 Zoll hoch, 3 1/2 breit, zusammen 16 Ggr. Sind dem Grafen Carnitz dedicirt.

5. Le Matin, nach Dübois von Reclam 8 1/2. Z. hoch, 10 Z. breit. 4 Ggr.

6. Le

*) Vergl. des ersten St-d dieses Museums S. 46.

6. Le Soir, von demselben; eben so alles übrige.

7. Carriére aux Environs de Roma, von Berham gezeichnet und gestochen, 12 Z. hoch, 14 breit. 8 Ggr.

8. Le Chartier Hollandois, nach Wouwermann, von Ozanne gestochen, 14 Zoll hoch, 17 breit. 16 Ggr.

9. Les Pourvoyeuses holland. nach demselben, von Maleuvre gest. 16 Z. h. 18 Z. br. 16 Ggr.

10. Joannes Christophorus Koosel, nach van der Schmissen, von Anton Tischler gest. 19 Z. h. 13 1/2 br. 6 Ggr.

11. Magalotti, nach Largirierre von Vermeule gest. 18 1/2 Z. h. 13 1/2 br. 16 Ggr.

12. Friederike Charlotte, Prinzeffin von Preussen, ganze Figur, nach Cunningham von D. Cunego gest. 23 Z. h. 15 1/2 br. Schwarz 4 Rthlr. braun 5 Rthlr. couleurt 6 Rthlr.

13. Friedrich Wilhelm, Kronprinz von Preussen. Friedrich Ludewig Carl, Prinz von Preussen. Friederike Wilhelmine, Prinzessin von Preussen, nach demf. von demf. ganze Figuren, 30 Z. h. 19 Z. br. 6 Rthlr.

14. Ein Blatt zur Folge der Deckenstücke, nach M. Angelo von Cunego, 24 Z. hoch 30 Z. breit. 2 Rthlr.

15. Sechs Bauernstücke gez. von Cramer, gest. von Schücker 9 1/2 Z. hoch, 7 Z. br. Jedes 8 Ggr.

16. Friedrich Wilhelm, König von Preussen, nach Cunningham, von Toweley punctirt, 3 Z. h. 4 Z. breit. 16 Ggr.

17. Das

17. Das holländische Kolbenspiel nach Teniers von Cunego gest. 16 3. h. 23 3. br: 1 Rthlr. 8 Ggr.

18. Ch. Heinr. de Heinecken von C.F. Aubin gez. und gest. 7 1/2 3. h. 5 1/2 br. 8 Ggr.

19. Charles. Fred. de Heinecken, vom demselb. 8 Ggr.

20. Madame de Heinecken, von demf. 8 Ggr.

21. Eine Gruppe von zwey Frauen und einer Mannsperson, nach Cypriani und Serrurier, einem Eleven der I. Hofkupferstich-Officin, der hierdurch zuerst bekannt wird, punctirt, 8 1/2 3. h. 12 1/2 3. br. 1 Rthlr. Es ist schlimm, daß in diesem und mehrern Fällen, die Künstler manchem Blatt einen so schwankenden und unbestimmten Namen geben, da es unstreitig eine wahre Geschichte vorstellt, deren Bedeutung niemand errathen kann, da sie die eigentliche Benennung haben verlohren gehen lassen.

22. Friedrich Wilhelm, König von Preussen, nach Cunningham, von Meno Haas gest. 12 3. h. 9 3. br. 1 Rthlr.

23. Ueberbleibsel der Stadt Ruppin, von Friedrich Genelly gez. u. gest. 12 3. hoch 14 3. breit. 11 Ggr.

24. Eine Wachstube mit Figuren nach le Duc von Toweley, schwarze Kunst, 18 3. h. 21 br. 3 Rthlr. Hier gilt dies obige Urtheil. Es ist eine Vorstellung einer niederländischen Geschichte. Eine unstreitig mit ihrem Liebhaber entlaufene Tochter, wird mit ihm zu ihrem Vater zurück gebracht. Nun rathe eines einmal die ganze Geschichte durch! Man müste

40 Fortsetzung des Verlags-Verzeichnisses ꝛc.

in Cyrians und le Duc's Verzeichnissen, wenn man dergleichen hat, nachsuchen, um die wahre Benennung zu finden, die das Stück ehemals gewiß gehabt hat.

25. Le Medecin du Village, nach Caspar Netscher von Jacob Folkema, 21 Z. h. 21 1/2 br. 2 Rthlr.

26. Doctor Ch. Gottl. Selle, gez. und in schwarzer Kunst, von Toweley, 13 Z. h. 9 Z. br. 1 Rthlr.

27. Prinzessinn Louise, Tochter des Prinzen Ferdinand von Preussen, ganze Figur, von Meno Haas, 14 1/2 Z. h. 15 Z. br. 6 Rthlr.

28. Frederic II. Roi de Prusse. Die zweyte ganz neue Platte von Cunego, schw. Kunst, 25 Z. h. 15 br. 6 Rthlr. ganze Figur.

29. Die fleißigen Brüder nach Felsach von Cunego, 18 1/2 Z. h. 13 br. 2 Rthlr.

30. Frederic Henry Louis, Prince de Prusse & le Capitaine d. Tauenzien, ganze Figuren, nach Cunningham von Toweley, 25 Z. h. 15 br. 6 Rthlr. schw. Kunst.

31. Quis desideria sit modus, aut pudo, tam cari capitis (der Hochsl. König im Sarge) nach Bock von Toweley schw Kunst, 23 Z. h. 21 br. 5 Rthlr. 8 Gr.

32. Frederic II. Roi de Prusse, ganze Figur nach Cunningham von Cunego gest. 25 Z. h. 15 br. 3 Rthlr.

7. Ueber

7.

Ueber Bausens Mondschein, in einem Schreiben an den Herausgeber.

Theuerster Herr Hofrath,

Ich möchte meinem Brief Flügel geben, um Ihnen recht bald eine Nachricht überbringen zu können, die Sie noch von niemand sonst werden gehört haben. Bauses Mondschein, von dem ich Ihnen schrieb, ist nun fertig, und es ist mir vergönnt, Aug und Herz daran zu laben. Das Stück ist 15 Zoll lang und 10 1/2 hoch Calenberger Maas; in der englischen punktirten Manier auf Tusch-Art geätzt, mit dem Grabstichel nachgearbeitet und unterschrieben: Der Sommer-Abend, nach Bach, von Juliane Bause gezeichnet, von J. F. Bause geätzt 1787; der Preis 2 alter Louisd'or, oder 5 Thlr. sächsisch. — Rechter Hand dem Zuschauer erhebt sich schräg hinter einem Vorgrund von zwey hohen Bäumen, die bis in die Höhe laufen, und ihr Laub theils in die oberste, theils in die Seitenlinie verstecken, ein schöner Berg, ringsum mit niedern Buschwerk umwachsen, die vorderste Seite ausgenommen, wo ein kahler Fels dem Auge sich darbietet. Oben auf demselben ruht ein großer Thurm, der bis über die Hälfte in den ihn stützenden Fels gehauen scheint, und mit vier festen

Gebäuden zusammenhängt, die ein altes Schloß bilden, und sich längs der Oberfläche des Bergs hinziehen. Im mittelsten Thurm erblickt man das Schloß-Thor, zu dem ein Weg durchs Gebüsch sich herauf zu drängen scheint. Hart am vordersten Fuß des Bergs, unter dem kahlen Fels', liegt ein altgothisches Gebäude, in der friedlichen Gesellschaft drey kleinerer, die zusammen von einem nachläßigen Zaun umschlossen, von Gesträuchen umlagert, und besonders von einer Gruppe von sechs Bäumen beschattet sind, die zugleich einen Theil des kahlen Steins decken, und den noch sichtbaren dadurch mehr erheben. Ein kleiner ungleicher Rasen zieht sich von hier nur wenig abwärts gegen einen kleinen Fluß, der hart an demselben, und weiter hin am Fuß des Bergs vorbeyläuft. Im linken Vorgrund strömt er ganz frey, aber bald zieht sich hie und da schmales Land mit Büschen und kleinern Bäumen besetzt auf ihn zu, und nöthigt ihm nachläßige Krümmungen ab. Wo er zuerst dem Fuß des Bergs nezt, ist eine alte steinerne Brücke über ihn gebaut, auf der linken Seite mit einem kleinen Huthäuschen verwahrt, die den Weg ins Schloß hinauf zu öffnen scheint, und um den Fluß gar zwingt, sein ganzes Wasser unter ihrem einzigen Bogen hindurch zu drängen. Nach seinem Durchgang erblickt man nur noch wenig vom Fluß, man kann aber wohl rathen, daß er ihn nicht bereuen wird, da von da an die herrlichsten dichtgewölbten Fluß-Erlen ihn mild überschatten, mit denen sich aber auch gleich die ganze Ferne schließt.

- Ueber

Ueber der Brücke ruht der silberne Vollmond an einem etwas wolkigten Himmel mit einem glänzenden Hof umgeben. Er hat sich mit Mühe aus dem Dunst hervor gewunden, und glaubt sich nun frey spiegeln zu können: aber ein länglichtes schwarzes Wölkchen hat es gewagt, gegen die Mitte einen schmalen Streif über ihn zu ziehen, und droht, ihn mit der folgenden Wolke ganz zu überdecken. Das Licht fällt vom Mond hinter der Brücke auf das Wasser, wird aber von dem Wasserschatten derselben so gebrochen, daß es an der Oeffnung, die der Bogen läßt, schief heraus läuft, und sich erst, wo der Brücken - Schatten aufhört, gerade ab im Wasser, wie eine kleine Säule, zeigen kann. Gegen den Vorgrund zu ruhen einige Barken, und auf der einen vordersten haben drei Schiffer, um ihr Nachtessen zu bereiten, ein Feuer angemacht, das hell brennt, und Flamm und Rauch gegen das alte gothische Gebäude hinwälzt. Von der Baumgruppe aus zieht sich noch eine Strohhütte, wie ein Gezelt, gegen das Ufer hin, die gleichfalls den Fischern zu gehören scheint, zum Schuz für sie und ihre Tonnen gegen Unwetter. Weiter vorne stehen einige kleine Tonnen und Kisten auf dem Rasen, und ganz vorne am Wasser hängt ein zerrißnes Netz an zwey niedern Stöcken in dasselbe hinab. Dies ist der Inhalt des Stücks — erlauben Sie mir nun einige Bemerkungen. Ueber das Ganze ist Dunst hin gezogen, wie er nach schwülen Sommer-Tagen zu seyn pflegt, der selbst den Vollmond hindert, seine ganze Wirkung zu zeigen. Auf die hohen Bäume im Vorgrund rechter Hand hat er nur wenig Einfluß, besonders aber doch auf die freyen schlanken Stämme, und natürlich geschlungene Aeste. Schon mehr auf die Seite der Schloßgebäude, die gegen den Fluß hinschauen, und auf den freyen, nakten Fellen. Man kann das Licht nicht weiser vertheilen, als hier. Jedes Mauerstück hat sein eignes Licht, ohne dadurch aus dem Ganzen zu treten. Bey jeder Zurückweichung ist die Beleuchtung, aber nicht um einem Punkt zu viel entzogen, und bey jeder Heraustretung eines andern Theils nie zu viel gelaßen. Der Fels sieht roth und feurig, und scheint es immer mehr zu werden, je länger man ihn betrachtet. Das Gesträuch, das den ganzen Schloßberg einhüllt, ist, wo der Mond nicht hin kann, in Dunst gewickelt, und wird nur schwach durch den zweiten Lichtpunkt, durch das helle Feuer kenntlich. Aber wo der Mond hinleuchtet, ist jeder Strauch unglaublich genau und richtig gehalten. Man sieht, wie der Dunst darinn genöthigt wird, sich gegen die Stämme zurück zu ziehen, um die Blättchen dadurch etwas hell und kenntlich erscheinen zu lassen. Die schöne Baumgruppe empfindet an der einen Seite gleichfalls den wohlthätigen Schimmer, und macht, weil sie dem Auge etwas näher steht, schon mehr von Zweigen und Laub bemerklich. Man weilt gerne darauf, und verläßt sie mit dem Gedanken: wie angenehm ein Sitz unter diesen sechs Bäumen seyn würde. Das Strohzelt gleich dabey wird aber mehr vom Feuer beleuchtet,

leuchtet, weil wir die Seite nicht sehen, worauf der Mond fallen könnte, stände ihm nicht auch hier ein kleiner Busch im Weg; so wie auch das gothische Haus mit dem Zaun mehr durch die untergeordnete Wirkung des Schiffsfeuers sichtbar wird. Sanfter ist wohl kein Wasser geätzt worden, als das im kleinen Fluß; man sieht es glänzen, sieht es über den langen Lichtstrahl des Monds hingleiten, und sich durch den Brücken-Bogen durchdrängen. Die linke Seite des Stücks ist wenig beleuchtet; man muß hier mehr rathen, da immer Gebüsche und einige Bäume vorgeworfen sind, die ihren Schatten auch noch auf dem linken Vorgrund ins Wasser eintauchen. Ich habe schon gesagt, daß hinter der Brücke links (denn rechter Hand verhindert der Schloßberg, der mit derselben zusammenhängt, eine fernere Aussicht) sich Erlen an dem Fluß in dichten Büschen angepflanzt haben, die oben mannigfaltig gewölbt sind. Je weiter sie sich entfernen, desto mehr überwältigt sie der Dunst, destoweniger erblickt man Unterschied von Blättern. Aber dies geschieht mit so unmerklicher Abstuffung, daß es zum Erstaunen ist. Eine der anmuthigsten Scenen! Der Dunst erlaubt nicht, irgendwo durch sie auf das was sie umgränzen, einzublicken, aber man ist doch davon ganz überzeugt, und wünscht sich auf den Schloßberg durch all sein verschlungenes Gesträuch aufwinden zu dürfen, um von ihm herab die Augen an den schönen bunten Wiesen zu laben, die diese Erlen am Fluß einschließen. Eben so ist es mit dem Gebüsch am Berg.

Noch

Noch einem Grad höheres Hervorstehen des Laubes, so wären Entfernung, Zeit, Täuschung verletzt. Aber desto grösser das Lob einer überwundenen Hinderniß, je leichter die Gefahr war, zu fühlen! Der oberste Himmel hat linker Hand gar keine Wolken, ist aber dicht umnebelt; rechts wenige graue; um den Mond her sammeln sich aber mehrere, und silbern ihren Rand in seinem Schimmer; eine drängt sich ganz schmal vor seiner Scheibe vorbey, und sie verdient Dank, indem sonst der ganze Kreis zu frey stehen, weniger täuschen, und so weniger wirken würde. Das Ganze gewinnt noch durch die sorgfältige und künstliche Behandlung beym Druck, indem die gewöhnliche schwarze Farbe mit roth, braun und blau versetzt, die Natur mehr nachahmt. Das Feuer auf dem Schiff scheint aber eingemahlt; ich habe einen Abbdruck mit 4 Flammen, und habe einen andern gesehen, der nur 3 hatte. Verzeihen sie, daß ich so umständlich bey der Beschreibung bin. Ich möchte so wenig etwas unbeschrieben lassen, als ich etwas am Stück selbst ungesehen, und unbewundert lassen möchte, und kann doch so wenig alles beschreiben, als ich alles Schöne darinn mit meinen Augen übersehe. Ich habe Paus'e schon lang in allen seinen Arbeiten bewundert, habe ihn immer den gröſten des Auslands stolz an die Seite gesetzt; aber dieses Stück ist sein Meisterstück: und wer sonst nichts, als so eins hervorgebracht hätte, könnte sicher auf den Preis der Unsterblichkeit, und auf den Dank der Nachwelt rechnen.

Eben

Eben so glaube ich, theuerster Herr Hofrath, daß Sie den Dank manches verdienen werden, wenn Sie meine Recension im Museum bekannt machen. So bald Sie das Stück selbst sehen, werden Sie finden, daß ich richtig gefühlt, und wenigstens nach bestem Wissen und Gewissen geurtheilt habe. Ich bin unveränderlich

Göttingen,   Ihr

den 15. Jan. 1788.   Verehrer

                                   Carl Lang.

8.

Johann Martin Fischer, Bildhauer in Wien. Voraus ein Brief statt Vorberichts.

Mein Hochgeehrtester Herr!

Noch selten hat mir etwas so sehr Vergnügen gemacht, wie der Auftrag, Ihnen meines lieben Fischers Geschichte einzuschicken. Ich wohnte durch 4 Jahre bey dem braven Künstler, bey dem verehrungswürdigen Menschen, und kann folglich diesen Auftrag besser, wie jeder andre, ausrichten. Ewig werden mir jene 4 Jahre unvergeßlich bleiben. Wenn ich so zusah, wie Fischers Geist sich nach und nach

bis

bis auf den Grab erhob, daß er nichts weiter lesen mochte, wie Homer, Ossian, Klopstock; wenn der scharfsichtige Kenner des Abends sich mit mir hin sezte vor die Abgüße der besten Antiken, und mich da den Werth jedes Gliedes nach dem Maaße seiner Vortreflichkeit bestimmen lehrte; wenn er dann oft eine melancholische Träne von seinem tiefen Auge wegwischte, daß kein reicher Mann sich finde, der auch ihn einmal im Stand sezte durch hinlängliche Belohnung, der Nachwelt etwas ähnliches aufzustellen; wenn der edle unter dem eisernen Drucke des Schicksals nie den Muth verlohr, fort[r]ingen nach der möglichsten Vollkommenheit. — O du guter Fischer! wie viel Danks bin ich dir schuldig! will ich dir gerne bei jeder Veranlaßung entrichten für alles, was ich durch dich und an dir fühlen und verstehen gelernt! —

Verzeihen sie, mein hochgeehrtester Herr! diesen Ausbruch meiner Empfindung, die ich ohnmöglich zurück halten kann, wenn ich an Fischer denke — an den braven unglücklichen Menschen. Mit all seiner Kunst (ich bin fest überzeugt, daß keiner der Neuern weiter drang, wie Fischer) konnte sich der Mann doch sehr oft kaum der drückendsten Noth erwehren. Natürlich! — Er lebte in Wien, und — konnte nicht von sich selbst plaudern, nicht Kratzfüße machen; nannte jede Thorheit und jeden Thoren bei ihren Namen ꝛc. ꝛc. — Und endlich sind wir, ja bey unsern guten Zeiten auch wieder dort, daß wir aufrichtig sagen können: dedicit jam divos

ava-

Johann Martin Fischer.

averos (wenns vor eitel Kennerey noch hoch kömmt) tantum admirari, tantum laudari &c.

Ich habe die Ehre mit der vollkommensten Hochachtung zu seyn

Mein Hochgeehrtester Herr!

Freiburg im Breißgau
den 29ten September 1786.

Ihr ergebenster Diener
Fleissinger, Kupferstecher.

Johann Martin Fischer ward im Jahre 1741 den 2ten November bei Fässen in der Pfarrei Hopfen gebohren. Schon sehr früh zeigte sich sein Kunsttalent durch ämsiges Nachschnitzeln aller Dinge, die ihm vorkamen. Dies bewog seinen Vater, einen biedern, geradesinnigen Landmann, den Jungen zu einem Dorfbildhauer in die Lehre zu schicken. Bald kam er nach Wien, und dort nach ein paar Jahren zu dem damaligen Professor der Bildhauerei Schletterer. Bey diesem menschenfreundlichen Manne fand Fischer im theoretischen und praktischen Theile seiner Kunst durch 5 Jahre guten Unterricht. Schletterer ward alt, und nun begann Fischer für sich selbst Arbeiten zu unternehmen. Das unausterbrochne Studium der Antiken, der Umgang mit denkenden Männern, den er stets allem andern vorzog, und das fleißige Lesen nur der besten alten und neuen Dichter bildeten seinen Geschmack, und das beständige

Meusels Museum 3tes Stück.   D   Stre-

Streben nach anatomischen Kenntnissen gab ihm Wahrheit und Sicherheit in der Behandlung. Dadurch kam er auch endlich in genaue Verbindung mit Hrn. Barth, Professor der Anatomie der K. K. Universität. Dieser edle Freund der schönen Künste that alles, was Fischer nöthig hatte, eine anatomische Statue für Künstler zu verfertigen, die mehr wie alle vorher gemachten, von Fehlern frei bleiben sollte. Um dieser Statue willen ward Fischer zum Mitglied der Akademie aufgenommen, und im Jahre 1786 zum Professor der Akademie für Künstler ernannt. Fischer ist einer der sehr wenigen, die an den Ueberbleibseln des Alterthums etwas mehr, denn nur die Formen nachahmen; der auch in den Geist der Griechen eindrang, und diesen in seine Werke überzutragen sich bemühte. Freilich kann das nur ein Mann mit Fischers reiner, offenen, freien Seele, dessen Andenken bei den bessern Menschen, die ihn kannten, und stets als ihren Bruder liebten, unauslöschlich und heilig bleiben wird. In der stillen Grazie seiner Figuren und in den Formen seiner Köpfe gränzt er oft nahe an die Antiken, und mit seinem Ausdruck und Gewandwurf wäre Raphael gewiß zufrieden. Seine vorzüglichsten Arbeiten sind folgende:

Ein Grabmal aus Carrarischen und schwarzen Marmor für den Banquier Bender in Preßburg.

Eins für den Baron Haruker aus Metall und Marmor in Giulay.

Mucius

Johann Martin Fischer.

Mucius Scävola, aus Marm. im Garten zu Schönbrunn.

Zwei allegorische Gruppen am Rathhause zu Wien.

Ein Grabmal aus Marm. und Alabaster für den General Ziscowiz in Prag.

Eine Gruppe von Kindern aus weichem Metall im Garten des Hofr. Spielmanns in Wien.

Im nemlichen Garten 4 Statuen: Gannimed, Hebe, Psyche, und Amor auf der Leier spielend, nach Pausanias, die Nikolai falsch angegeben.

4 Evangelisten auf dem Hochaltar bei St. Michel in Wien.

Peter und Paul für die Pfarrkirche im Liechtenthale.

Die Gottheit des Todes nach Lessing, aus Marmor, für den Grafen Kohler.

Harpokrates aus Marm. für den Gr. Joseph Kaunitz.

3 Grazien aus Saubstein für den Fürst Liechtenstein nach Eißgrub.

10 Statuen in die Pfarrkirche zu Ullerspach für die Baronin Brandau.

Graf Waßenaers Portrait aus Marm. für den Gr. Karl Palfy.

Die Nothwendigkeit, nach Horazens Allegorie, für den Grafen Ludw. Bathiann.

Flora, Ceres und Cybele, für den Fürsten Adam Auersberg.

Merkur und Venus für die Gräfin Kinski.

Eine Priesterinn des Bachus und eine Muse für die Gräfin Kevenhüller.

Apoll für den Grafen Althan.

Cidippe für den Fürsten Lobkowiz — alle aus Gips.

Fischer hatte unter dieses Verzeichniß geschrieben: „Wenige dieser angeführten Arbeiten lohnen „der Mühe sie anzumerken." Aber ich hoffe, die Nachwelt (nicht die zu nächst auf uns folgende) werde manchen darunter einen guten Platz anweißen.

9.

Einige Kunstnachrichten von Bayreuth, von einem Reisenden gesammlet und mitgetheilet.

Noch weht dem Reisenden, je näher er Bayreuth kommt, der Geist der Kunst, welcher unter Friedrich dem Gütigen sein Leben empfieng, von allen Seiten entgegen. Hätte Friedrich länger gelebt und sein Nachfolger mehr Gefühl und Liebe für Kunst und verschönerte Natur gehabt, so wäre Bayreuth nebst einigen seiner naheliegenden Bezirke, nach dem zu schließen, was man noch itzt da sehen kann, in kurzem das heilige Land der Kunst im fränkischen Kreise geworden, welches die Wallfarthen der Künstler aller Art zu sich gezogen hätte. Es ist bekannt, daß die

Natur

Natur in einiger Entfernung von Bayreuth verschiedenen Gegenden Reize mitgetheilet hat, die man in vielen Ländern Deutschlands vergebens sucht. Diese Anlagen der Natur zu höherer Schönheit blieben nicht unbenützt. Welcher Reisende hat nicht die berühmte Eremitage gesehen, wo man mit heiligem Schauer in elysischen Hainen zu wandeln glaubt! Jene mehr als fürstliche Einsiedeley verdankt ihre Ausschmückung vorzüglich der erhabenen Schwester Friedrichs des Einzigen. Und dieß Einzige bürgt schon genug für den edeln Geschmack, der in ihrer Anlage und Verschönerung herrscht, und sie verdient gewiß die Vorwürfe nicht ganz, die ihr vor einigen Jahren ein Gelehrter beiher in der Bibliothek der schönen Wissenschaften hat machen wollen. Das angenehme herzogliche Lustschloß, die Phantasie, eine Stunde von der Stadt an der Hauptstraße von Nürnberg nach Bayreuth gelegen, befindet sich nebst den dazu gehörigen Lustgebäuden und Erholungsplätzen in der anmuthvollesten und glücklichsten Gegend, welche von dem dasigen Landstriche weitumher hervorgebracht wurde. Der Freund und stille Gelanscher ländlicher Aussichten findet meines Erachtens hier mehr Nahrung, als auf der prächtigen von der verschwenderischen Hand der Kunst hier und da bis zur Ueppigkeit geschmückten Eremitage. Ich rathe jedem Fremden von Geschmack und Kenntniß wann er diese Straße passirt, ja die Phantasie zu besuchen, um dem Geiste, der diese liebliche Gegend so glücklich zu benutzen wußte, das Opfer des stillen herzlichen

54 Einige Kunstnachrichten von Bayreuth.

Dankes zu bringen. In dem Schloßgebäude selbst wird er eine kleine Gemäldesammlung finden, worunter viele ungemein schöne Stücke sind. Auch die Bauart, und bequeme Einrichtung des Schlosses wird seiner Aufmerksamkeit nicht entgehen können, so wie der dasige sehr geschickte Hofgärtner, welcher, ohne daß er sich dabei dünkelhaft blähet und brüstet, sein Metier wissenschaftlich und nach den Grundsätzen der Kunst studiret. Ich wenigstens unterhielt mich voll süßen Erstaunens mit dem schlichten und dem äusserlichen nach wenig versprechenden Manne, als er von Linnee, Hirschfelds Gartenkunst und den meisten deutschen in diese Kunst einschlagenden Schriften mit einer Einsicht und Leichtigkeit sprach, die man nur von einem geübten Kenner erwarten kann.

In der Stadt selbst sieht man noch überall Spuren der Kunstliebhaberei, die von Friedrichs Geist über Bayreuths Einwohner ausgeflossen ist. Das Residenzschloß, in einer leichten Manier aufgebaut, enthält itzt, da der Markgraf jährlich nur auf ein paar Tage zur Revue hinkommt, wenig, was für die Kunst merkwürdig wäre. Aber vor allen zeichnen sich doch die in dem Erdgeschosse gegen den Schloßgarten zu stossenden allerliebsten Zimmerchen aus, worin der Fürst bei seinem jedesmaligen Aufenthalte logirt. Niedlicher und geschmackvoller kann man sich keine Wohnung für einen großen Herrn denken, als diese Reihe von Zimmern mit dem ihnen angemessenen Ameublement.

Mehr

Einige Kunstnachrichten von Bayreuth.

Mehr Nahrung hingegen findet der Kunstliebhaber bei einzelnen Einwohnern, ob man gleich an Ort und Stelle selbst wenig Geschrey davon hört. Hat er nur einige Bekanntschaft gemacht, so wird es ihm nicht schwer, in verschiedenen Kunstfächern die bravsten Männer kennen zu lernen. Ich hielte mich vor anderthalb Jahren auf meiner Durchreise nach Sachsen etwa fünf Tage in Bayreuth auf, und ich muß sagen, daß ich binnen der kurzen Zeit die angenehmsten Bekanntschaften mit Kennern und Liebhabern der Kunst gemacht habe. Ueberhaupt ist es in verschiedner Einsicht gut daselbst seyn.

Der erste Mann daselbst, der erhabne Stadthalter und geheime Minister des Freiherrn von Seckendorf Excell. ist auch zugleich einer der ersten Kunstkenner von Bayreuth. Dieser ausserordentliche Mann, der mit einer wirklich ausgebreiteten gelehrten Kenntniß, einen alles durchdringenden Scharfsinn, eine bewundernswürdige Fertigkeit, sich aus allen Theilen der Wissenschaften mit Gelehrten zu unterhalten, nebst einer erstaunlichen Geschäftigkeit verbindet, und dann im eigentlichsten Sinne noch alle Eigenschaften eines großen Staatsministers besitzt, dieser Mann ist zugleich einer der vorzüglichsten Violinisten. Seine Spielart hat überaus viel Gefälliges, und sein edler, fester Vortrag würde manchem Tonkünstler von Profession Ehre machen. Ueberhaupt ist Musik die Kunst, die in Bayreuth besonders gebildet wird. Der freundschaftsvolle und rechtschaffene Landschaftsrath Miedel, der zugleich selbst ein guter Violoncellspieler ist, war damals Entrepreneur von einem Winterkonzerte, das durch sein Veranstalten schon einige Jahre soll existirt haben. Bei diesem braven Manne findet man auch eine so vortrefliche Kupferstichsammlung, als man sonst bei Privatpersonen sehr selten antreffen wird. Der dasige Stadtlautor, Herr Stadler, ist wirklich ein Mann, der unter Tonkünstlern überhaupt einen nicht gemeinen Rang behaupten kann. Er hat nicht nur musikalisches Genie, welches seine vielen schönen Singstücke bezeugen, sondern von ihm kaun man auch mit Wahrheit sagen, daß er seine Kunst studire. Es ist Schade, daß sich der Mann nicht auch als Theorist bisweilen zeigt. Ich bin versichert, er würde nichts alltägliches sagen. Seine Begriffe sind so deutlich gefaßt, seine Grundsätze setzen so festes Nachdenken voraus, und seine Ideen haben oft einen so angenehmen Glanz der Neuheit, daß ich mich noch mit wahrem Vergnügen an die zwar kurze, aber für mich lehrreiche Unterhaltung mit ihm erinnere. Er besitzt eine auserlesene musikalische Bibliothek, die man freilich nur bei einem Manne von Kopf, der verschiedene Jahre studirt hat, erwarten kann. Mancher blos mechanische Virtuose würde vielleicht nur an dem dritten Theile derselben Zeitlebens zu buchstabiren haben. Der erste Violinspieler in Bayreuth ist ohnstreitig Herr Wels, ein Bruder des verstorbenen Verfassers der Erlangischen Realzeitung, der bei einem mir entfallenen Kollegium daselbst als Sekretär steht. Dieser Mann würde es ohne Zweifel mit allen großen Violinisten auf-

nehmen

Einige Kunstnachrichten von Bayreuth.

nehmen können, wenn er bloß von seinem Instrumente hätte Profession machen wollen. Allein, unter Dilettanten kann er wirklich einen vorzüglichen Platz behaupten. Diese brilliante und dabei angenehme Spielart, diese unglaubliche Leichtigkeit, alle Schwierigkeiten zu besiegen, diesen dem Affekte und Geiste eines jeden Stückes so angemessenen Vortrag, diese Delikatesse, womit er gewisse neue, frappante und dem Tonsetzer eigene Ideen auszuheben und dem Zuhörer als etwas Besonders gleichsam vorzusetzen weis, glaube ich, wird man bei Liebhabern nicht allzuoft antreffen. — Die erste Sängerinn, und überhaupt eine Frau von dem feinsten Geschmack und ungemeinen Kenntnissen soll die Frau Justizräthinn Deahna seyn. Ich bedauerte es sehr, daß ich meinen Aufenthalt nicht noch um drey Tage verlängern konnte, wo es hieß, daß sie sich in einem Konzerte hören lassen würde. Allein, ich durfte dieß, so sehr ich es wünschte, ohnmöglich abwarten. —

Bayreuth hat zwei Männer, die, zumal der ältere, als Dichter nicht unbekannt sind, nemlich die Herren Krauseneck und Zebelein. Aber sie verdienen auch auf Seite der Kunst nicht minder Hochachtung. Noch vor zwölf bis fünfzehn Jahren sang man die Krauseneckischen Kompositionen seiner eigenen Lieder in Deutschland weit umher, und in dem fränkischen Kreise lagen sie fast auf den meisten Klavieren, als das non plus ultra alles schönen und schmeichelnden Gesanges. Seine Kompositionen haben würklich etwas Süßes, Sanftes und Leichtes, so wie seine Verse, deren Singbarkeit er, ehe er sie stechen ließ, allezeit erst nach dem Klavier, das er sehr gut spielt, beurtheilt haben soll. Er selbst singt seine Stücke mit aller Anmuth und mit allem Ausdrucke, den ein Dichter seinen eigenen Liedern zu geben vermag. Ausserdem ist er ein sehr artiger und gefälliger Mann, und derjenige, welcher elegante Lecture durch eine ausgezeichnete Lesebibliothek in seinem Wohnorte beständig im Umlauf erhält. Bei der hasigen Kammerregistratur ist er itzt angestellt, und hat mit vielen andern schönen Geistern das Schicksal, daß er auf einem Posten steht, dessen Geschäfte seinem Geist, und dessen Ertrag seinen Lebensbedürfnissen nicht angemessen ist. Herr Landschaftsregistrator Jebelein, denn das glaub' ich, ist er, scheint noch mehr Dichtertalent zu haben, als Herr Krauseneck, aber dafür hat dieser ohnstreitig mehr gelehrte Kentnisse, weit mehr Belesenheit in den Alten und Neuern, weit mehr Kritik und einen weit festeren und regelmäßigeren Geschmack, wie jeder Kenner aus der Vergleichung der Gedichte beyder Männer leicht sehen kann. Indessen hat H. J. ungemeine Anlagen zu verschiedenen Kunstkenntnissen. Er ist nicht nur ein guter Violoncellspieler, sondern hat besonders ausserordentliche Talente als Maler. Unter hundert Liebhabern findet man nicht einen, der eine so seltene Gabe zu treffen hat, wie er. Jeder Blick, den er auf einen Gegenstand, welchen er zeichnen will, wirft, fliegt mit aufgehaschten Zügen der frappantesten Aehnlichkeit zurück. Daher ist es ihm ge-

spielt,

spielt, auffallende Gesichter nur im Vorbeigehen sogleich mit aller Wahrheit auf das Papier hinzuzeichnen. Nebstdem hat er auch die angenehmsten Phantasien zu Landschaften, die er sowohl mit Wasser- als Oelfarben malen soll. Endlich ist er ein herzlicher Mann, ein süsser, liebenswürdiger Schwärmer, in dessen Gesellschaft ich eine angenehme Stunde zugebracht habe. Bald hätte ich einen der edelsten und rechtschaffensten Männer Bayreuths vergessen, einen Kenner und Verehrer der Kunst, den Herrn Hofgerichtsassessor Pfeiffer, einen der besten dasigen Violinisten. Seine gewiß gründliche Kunstkenntnisse hat er seinem Vater zu verdanken, der ehedem als Kapellmeister bei der Bayreutischen Kapelle stand, und dessen Kompositionen noch nicht vergessen sind. Wenn ein Fremder das Glück hat, mit diesem braven und angesehenen Manne bekannt zu werden, so darf er sicher glauben, daß er, wenn er will, alles kennen lernt, was einem Kunstliebhaber interessant seyn kann, und ausserdem in die besten Häuser freien Zutritt erhält. Ich kann wohl sagen, daß ich auf meiner damaligen Reise wenig so freundschaftliche vielleicht auch rechtschaffene Männer kennen lernte, als Herrn Pfeiffer, dessen Haus ein wahrer Tempel der Freundschaft heißen kann.

Diese Bemerkungen schliesse ich mit der kurzen Nachricht von einem Manne, der in stiller Entfernung von allem Geräusche lebt, aber nach der schönsten und bewährtesten Philosophie, die nicht in der Schule gelernt wird, seines Daseyns geniesst.

Ich

Ich habe ihn zwar nur einmal an einem dritten Orte und dann nur etwa auf eine halbe Stunde, weil er auf die Kanzlei mußte, in seinem Hause gesprochen, allein die Nachrichten, die mir ein Freund von ihm mittheilte, sind lauter und ächt: Dieser bemerkungswerthe Mann ist der Herr Justizrath König, ein wahres Kunstgenie. Ohne viele und große Vorbereitungen durch Unterricht, blos durch sein ungemeines Talent, das ihm gleich einem vollendeten Meister überall die Hand zu führen schien, ist er der feinste und delikateste Künstler geworden, über den die Natur sich freut, wenn er in ihren schönsten Gegenden sie studirt und Ideen zu seinen Arbeiten sammlet. Jahr aus Jahr ein sitzt er Morgens um vier Uhr auch wol noch früher schon in seiner Studierstube, liest und arbeitet, bis seine Amtsgeschäfte ihn rufen. Sein rastloser Fleiß breitet sich über alle edle Erkenntnisse aus, welche dem menschlichen Leben erst den wahren Werth ertheilen. Er hat sich Systeme der Philosophie und Religion entworfen, die gewiß von anhaltendem und tiefem Forschen zeugen und die einen wirklich denkenden Kopf verrathen. Auch Freund der Naturgeschichte ist er, und soll eine artige Sammlung von Naturseltenheiten besitzen, die er ehedem in verschiedenen Gegenden seines Vaterlandes selbst zusammensuchte. Bei dieser Gelegenheit gieng er aber noch weiter. Er legte nemlich ein Magazin an, worin der Historiker, Physiker und Geograph die interessantesten und bewährtesten Nachrichten von dem Bayreuthischen Fürstenthum, und der Maler mit

Ent-

Einige Kunstnachrichten von Bayreuth.

Entzücken die schönsten Aussichten dieses merkwürdigen Landes, und zwar sehr viele von seiner eigenen Hand in ächtem pittoresken Geschmacke gezeichnet, beisammen findet. Diese äusserst schätzbare Sammlung nimmt einige starke Folianten ein, und aus ihr könnte ohnstreitig die schönste historisch-malerische Reise durch das Fürstenthum Bayreuth zusammengesetzt werden. Als Künstler von Bedeutung ist er in seinem Vaterlande weit umher bekannt. Ehedem zeichnete er sich als Musiker durch die Flöte aus, doch, wie ich hörte, giebt er sich jetzt nicht mehr so viel wie sonst mit Musik ab. Aber als Landschaften und Blumenmaler — ich habe noch sehr wenige Liebhaber von der Stärke in beiden Gattungen gesehen. Seine gemalte Blumensammlung von Tulpen, Nelken, Levkojen, Rosen, vorzüglich Aurikeln ist ansehnlich. Man sieht wenig gemalte Blumen mehr an, wenn man die von Hrn. König mit allem Reiz und aller Wahrheit der Natur nachgebildeten Blumen gesehen hat. Aber nichts übertrift seine Landschaften. Hier sieht man den ächten Künstler in der Schöpfung, Erfindung und glücklichen Verbindung neuer Ideen. Hätte er blos dieses Fach getrieben, unter grossen Meistern gearbeitet, wäre er dann gereist, ich glaube, er hätte ein zweiter Hackert werden können. Ehedem malte er blos mit Wasserfarben, aber itzt auch in Oel, und ich glaube in dieser Manier kann er seine Stärke noch besser zeigen. Die sogenannte schwarze Allee an der Stadt gegen den Brandenburger zu hat er in Oel gemalt, und

mich

mich deucht, diese schöne Aussicht kann nicht mit mehr Wahrheit und Schönheit dargestellt werden. Herr König ist ausserdem ein ungemein artiger Mann, der gegen Fremde von Einsichten sich nicht in sich selbst verkriecht, und mit seinen schönen Arbeiten eigensinnig zurückhält, sondern ihnen solche ohne Stolz und Dünkel mit der edelsten Bereitwilligkeit zeigt. Wenigstens kann ich dieß mit vieler Dankbarkeit, die ich ihm stets dafür schuldig bleiben werde! von ihm rühmen.

10.
Nachricht von einer zu Triesdorf unter freyen Himmel aufgeführten Oper.

N — — g, im August 1787.

Kein Schauspiel, wenn es auch noch so sehr mit künstlichen Wänden ausgeschmückt ist, kann so viel Reiz fürs Auge, so viel feierliches haben, als wenn es unter freiem Himmel, mit Begünstigung einer heitern Nacht beim schwachen Schein des Mondes und bey einer gut gewählten Beleuchtung, aufgeführt wird. So sah ich jüngst die bekannte französische Oper, Henri IV, oder die Jagdlust von einigen Edlen in Triesdorf auf dem dasigen grünen Theater, mit allem, was dieses Stück verherrlichen kann, aufführen.

Da

unter freyem Himmel aufgeführten Oper.

Da ich bey Zeiten hievon benachrichtiget wurde, so säumte ich nicht an den bestimmten Tage mit noch einigen guten Freunden mich auf den Weg zu machen. Wir waren kaum in Anspach angekommen, als wir schon Anstalten sahen, die einen zahlreichen Zuspruch vermuthen ließen. Der Weg von Anspach nach Triesdorf war mit Pferden und Fußgängern, gleich einer Wallfahrt besezt, so, daß uns für unsere Unterkunft daselbst bange wurde: denn vielleicht ist Triesdorf noch niemals so lebhaft gewesen, als bey dieser Gelegenheit, wo sich beiläufig über zweihundert Kutschen und gegen 3000 Menschen mögen eingefunden haben. Doch lief alles sehr ordentlich ab, und nur blos am Eingange des Theaters war das Gedränge etwas groß, wobey eine unserer Damen ihren Schuh einbüßte.

Die Beleuchtung war nicht blendend und überladen, und die Hauptallee, welche ohngefähr 600 Schritte lang seyn mag mit 100 bunten Laternen illuminirt. Die Wirkung war, daß die Lichtstrahlen dadurch gebrochen wurden und der Eingang zum Theater einen romantischen Anblick gewährte, denn im Hintergrund präsentirte sich das erleuchtete Theater gleich einem einzigen halben Stern. Rings um daßelbe erhob sich in einem halben Cirkel ein aus drey Terraffen bestehendes Amphitheater für die Zuschauer, und im par terre befanden sich aufferdem noch erhöhete Bänke.

Nach 8 Uhr begann der Anfang mit Trompeten und Pauken, und einer hinreißenden Musik von

Künst

Künstlern, deren Vorzüge in Ihren artistischen Miscellaneen schon mehr als einmal gerühmt worden sind. Eine feierliche Stille herrschte, als das Orchester unter freiem Himmel ertönte — worauf ein hierzu verfertigter, und auf das Stück passender Prolog den Anfang machte.

„Einige Freunde nämlich, die gekommen sind
„die Porforcejagd zu sehen, treffen auf eine Bande
„Musikanten, welche sie fragten: Ob sie nicht
„wüßten, wo die Jagd vorbey gienge? und auf
„deren Beantwortung: wie sie solche hier ohnfehl-
„bar erwarten könnten, verlangten jene, daß sie
„ihnen unterdessen eines aufspielen möchten." Dieß geschah, die Musik fiel ein und einer von ihnen sang folgende Volksarie:

Unser Landesvater jagt,
Wie die Edlen pflegen,
Doch des Volkes Liebe jagt
Seines Fürsten wegen.

Huldreich strahlt sein Angesicht,
Und wie Gottes Sonne
Ist es auch der Armen Licht,
Und verbreitet Wonne.

Helfen will er jedem gern,
Keinen gern betrüben.
Diesen lieben, guten Herrn,
Wer sollt' ihn nicht lieben.

Als schilderte hierinn mit Wenigem den ganzen Charakter eines von seinem Volke angebeteten Fürsten. Vom Stück selbst nicht ein Wort; denn, da

würde,

unter freyem Himmel aufgeführten Oper. 65

würde ich für einen Brief zu weitläuftig werden, und meine Beurtheilungskraft viel zu gering seyn, die Handlungen dieser Oper nach Verdienst zu rühmen. Selbst die Nacht trug das ihrige dazu bey, um das ganze Schauspiel recht vollkommen zu machen. Der unbewölkte Horizont schien nur durch die Lichter dunkler, als sonst. Hin und wieder säuselte das beleuchtete und gleichsam versilberte Laub der dunkeln Wände, und auf den falben Gipfeln der hohen Linden hörte man zuweilen einen schlummernden Vogel flüstern. Auf einer andern Seite sah man undurchdringliche Nacht und Finsterniß, welche um mich herum eine Menge Menschen eingeschlossen hielt. Während, daß ich so im süssen Taumel des Wonnegefühles, theils über die meisterhafte Ausführung des Stücks, theils in Gedanken über diese malerischen Schönheiten versunken war, kam der zweite Akt herbey. In weiter Ferne hörte man endlich das Jagdgeschrey. Die lermenden Waldhörner tönten und die bellenden Hunde verkündigten die gute Jagd, welche sich nach und nach dem Schauplatz näherte, bis endlich die ganze Jagd in schönster Ordnung und die Mette der Hunde, ohne daß sich einer beirrte, über das Theater zog. Den Schluß machten etliche dreißig reichgeputzte Handpferde. Ehe sich das Stück endigte, trat der blasse abnehmende Mond über die hintere grüne Wand hervor, dessen schwaches Licht ein Gemisch von Hellbunkeln machte, daran ich mich nicht satt sehen konnte.

Meusels Museum 3tes Stück.   E   Wir

Wir irrten einige Augenblicke in den dunkeln, nun aber hin und wieder mit Pechkränzen erleuchteten Alleen herum, bis wir unter einer zahllosen Menge von Pferden und allerhand Arten von Fuhrwerken, welche zum Theil unter freiem Himmel kampirten, unsern Kutscher fanden, der uns noch in selbiger Nacht ganz wonnetrunken bis in das Posthaus zu klein Hailbronn brachte.

II.
Vermischte Nachrichten.

1.

Wien, am 12ten Oktober 1788. Herr Quadal, ein gebohrner Mährer, der nach gethanen Reisen nach Italien, Frankreich und England, und nach dort erhaltenen großen Beyfall und Ruhm, auch sein Vaterland besuchte, hat während seines Aufenthals zur Ehre desselben, nebst andern Gemälden, eines verfertiget, das die hiesige k. k. Malerakademie vorstellt, wie sich eben von den schätzungswürdigsten Mitgliedern derselben einige im Malen, Modeliren und Zeichnen, nach dem Leben beym Nachtlicht beschäftigen, worauf die Abbildungen dieser Würdigen sprechend geschildert sind. Wer sich an den in diesem Kunstwerk vortreflichen Lichtmassen, Gruppirungen, und überhaupt von den im Ganzen, für die Empfindung schmeichelhaft, und für die Vernunft beleh-

Vermischte Nachrichten.

belehrend angebrachten, und so auch ausgeführten Kunstvortreflichkeiten überzeugen will, der kann dies täglich bey obgenannten Künstler, wohnhaft auf der Wieden, den Paulanern gegenüber N.° 79 im ersten Stock, wo es einige Wochen ausgestellt wird sehen. Herr Prof. Jacobé, dessen kunstreiche Hand sich erst neulich zeigte, durch das schön ausgeführte und allen Beyfall verdiente Blatt nach dem vortreflichen Gemälde des berühmten Herrn Casanova, das den Angriff des Tigers auf den Prinzen Nassau-Siegen, und dieses edeln Prinzen Muth und Gegenwart des Geistes so meisterhaft schildert, wird auch dieses Kunstwerk in Schwarzkunst eines Regalbogens übertragen, das ein würdiges Gegenstück zu der berühmten Londner Akademie nach Zoffani geben wird, die man der Vorstellung nach die theoretische, und diese die ausübende nennen könnte. Es wird darauf die Unterzeichnung dato auf 3 Monat eröffnet, der Unterzeichnete zahlt einen Dukaten voraus, und einen nach Empfang des Stücks, gegen die Versicherung, den Abdruck vom ersten und besten Druck bis Ende Augusts 1788 zu erhalten. Die Pränumeration wird bey Herrn Quadal in seiner obbenannten Wohnung angenommen, und der Schein darüber gegeben.

Ratatowsky.

2.

Uffenheim, am 4ten Nov. 1787. Im 1:ten Heft der Miscell. artist. Inhalts S. 259 steht in der Fortsetzung des Künstlerverzeichnisses auch S. C. Jüllich, mit der Anzeige, daß von diesem Künstler bey Hrn. Sekretair Mayer in Uffenheim (Ustenheim ist ein Druckfehler) eine treflich, mit der Feder ausgeführte Handzeichnung, das Brustbild eines alten Markgrafen vorstellend, anzutreffen sey. Dies verdient einige Berichtigung. Hr. Sekr. Mayer, der sonst noch allerley artige Kunstsachen besitzt, zeigte mir auf mein Ersuchen das Stück. Ich fand beym ersten Anblick, daß es zwar sehr schön auf Federzeichnungs-Manier verfertigt sey, aber nur nicht von S. C. Zillich, sondern von Fr. C. Zillich. Zeichnung ist es auch nicht. Bey näherer Betrachtung fand ich, daß das nämliche Stück auch in der Sammlung meines Vaters (die bey 6000 in Kupfer gestochene Portraits enthält) sich befindet. Es stellt den Markgrafen Georg Friedrich von Brandenburg vor, und ist nur bey sehr genauer Untersuchung von einer Federzeichnung zu unterscheiden.

Elsenbeck.

3.

Zur Erläuterung und Berichtigung dessen, was in den Miscellaneen artist. Inhalts St. 12. S. 325, und St. 22. S. 241 von den alten Oelgemälden eines gewissen Thomas von Mutina gemeldet wurde, dienet das, was Herr Dobrowsky im dritten Stück seines Magazins für Böhmen und Mähren (Prag 1787. 8.) S. 45 mit folgenden Worten vorbringt: In dem Verzeichnisse der Gemälde der k. k. Bildergallerie in Wien von Christian von Mechel (Wien 1783.

1783. 8.) ſind diejenigen 4 Stücke, die Herr Prof. Ehemant auf allerhöchſten Befehl von Karlſtein gehoben und nach Wien geſchickt hat, S. 229 — 231 an die Spitze der älteſten deutſchen Meiſter geſtellt und beſchrieben worden.

Es ſind aber in der Beſchreibung des Herrn von Mechel, die er nach des ſel. Prof. Ehemant Briefen gemacht hat, folgende Umſtände zu berichtigen. Das Altargemälde in dreyen Abtheilungen N. r. hat auf der mittlern Tafel zwey lateiniſche Verſe:

Quis opus finxit, Thomas de Mutina pinxit:
Quale vides lector Rariſini filius auctor.

Der Meiſter hieß alſo Thomas, und war von Mutina. Mutina iſt doch wohl nichts anders als Modena, folglich war der Meiſter kein Böhme. Herr von Mechel nahm die Meinung des ſel. Prof. Ehemant an und überſetzte Mutina (die böhmiſche Benennung eines Dorfes in Böhmen) durch Muttersdorf. RARISINI oder BABISINI klingt doch ganz Italieniſch. Karl IV. war in Italien; er ließ aus andern Ländern Künſtler, Baumeiſter und Maler nach Böhmen kommen. Alle dieſe Umſtände machen es wahrſcheinlich, wo nicht gewiß, daß Thomas de Mutina, ein Italiener war. Es iſt noch ein Ecce homo zu Karlſtein in der Kreuzkapelle zu ſehen, worauf derſelbe Meiſter ſeinen Namen ſo unterſchrieb: Thomas de Mutina fecit.

„Dieſes Altarblatt, ſagt Herr von Mechel, iſt das älteſte von allen bisher bekannten Gemälden in Oel, und rühret vom Jahr 1297 her."

Woher

Vermischte Nachrichten.

Woher will man dieß wissen? den sel. Prof. Chamant, wie ich es aus seinem Munde hörte, brachte die Aehnlichkeit des Marienbildes zu Königsaal, welches der Stifter K. Wenzel der II. im J. 1292 dahin verehret haben soll, mit demjenigen des Thomas von Mutina auf die Vermuthung. Allein sie verschwindet, wenn man bedenkt, daß Thomas für Karl IV. zu Karlstein gemalet hat, und folglich von beyden Stücken nicht Meister seyn kann. Das Alter der Bildnisse zu Königssaal, und der Umstand, daß es vom Wenzel II. herrühre, ist auch nicht historisch ausgemacht.

N. 2. wird dem Niklas Wurmser von Straßburg, und N. 3 und 4 dem Theodorich zu Prag zugeschrieben. Auch dieß ist willkührlich angenommen. Beyde Maler waren zu Karlstein, das läßt sich aus Diplomen erweisen, und die Verschiedenheit des Pinsels verräth zwey verschiedene Meister, allein welche Gemälde dem einen, und welche dem andern zugehören mögen, wie kann man dieses mit Gewißheit bestimmen?

4.

Herr Michael Dänzel, ein zwar auswärts noch wenig bekannter, aber sehr geschickter Historien-Maler in Augsburg, hat eine Skizze zu einem großen Gemälde gemalt, welche Anzeige und viele Achtung verdient. Der Gegenstand ist, die wichtige Zusammenkunft Joseph des II. und Katharinen der II. bey Cherson. Sie geschiehet auf freyem Felde, in einer mit einigen Bäumen besetzten Gegend, in deren Vertiefung

tiefung man eine Stadt gewar wird. Die Haupt-Personen sind in der Mitte des mittlern Grundes, und haben, zumal die Kaiserinn, Hofleuthe Garden und Bediente um und hinter sich, auch sieht man hinter ihr, ihre Reisewagen und Pferde. Im Vorgrunde ist eine Menge neugieriger Zuschauer, vornehmen und geringen Standes, meistens in Ungar. Polnischer und Tatar. National=Trachten. Die ausnehmende Mannigfaltigkeit dieser Trachten, der Stellungen, der Gesichtsbildungen, der Minen, in deren Ausdruck dieser Künstler ein vorzüglicher Meister ist, belebet das Gemälde auf eine überraschende Weise, und der Gegenstand des Besuches der zwey grösten jetzt lebenden Monarchen, nebst dessen bereits sichtbaren Folgen, ist wohl einer der wichtigsten unseres Zeitalters. Dem Maler ist nicht zuzumuthen, so geneigt und geschickt er auch dazu wäre diese reiche Slizze mit Gefahr des Zeitverlustes auszumalen, aber zu wünschen wäre es, daß ein bemittelter Kunstfreund sich ermuntern liesse, die Kosten darauf zu wenden. Er würde nicht nur für solchen Aufwand, durch das Vergnügen ein Kunststück zu besitzen reichlich belohnet werden, sondern sich auch das wahre Verdienst erwerben, ein trefliches Genie zu ermuntern und zu unterstützen, dem es bisher nur daran gefehlt hat, um sich unter seinen Zeitgenossen rühmlich auszeichnen zu können.

Eben dieser Maler hat schon mehrere Conversations-Stücke, oder Scenen aus dem häuslichen Leben, dazu ihm öfters Lust= und Trauerspiele Gelegenheit gegeben, mit sehr geschicklichem Erfolg besonders in Leidenschaftlichen Ausdrücken gemalt, und verdient in dieser

Art den Liebhabern der Kunst vorzüglich empfohlen zu werden.

5.

Am 18 Julius 1787 hielt die Herzogliche Akademie der schönen Künste zu Parma eine öffentliche Sitzung, um die Austheilung der Preise bekannt zu machen. Den Mahlern war aufgegeben, vorzustellen, wie Alexander dem Apelles die schöne Campaspe, in die sich dieser Künstler bei Verfertigung ihres Bildnisses verliebt hatte, abtritt. Der erste Preiß wurde auf das nächste Jahr aufgeschoben. Hr. Borel, von Paris, Zögling des Hrn. Monnet, Mahler Sr. Allerchristlichsten Majestät, erhielt den zweyten. Die Gesellschaft hatte für die Preise der Baukunst den Plan eines Bischöflichen Pallastes verlangt. Hr. Paul Bargigli, von Rom, Zögling des Hrn. Michael Angelo Simonetti, Baumeisters des Klementinischen Museums, erhielt den ersten, und Hr. Joseph Mazzotti, von Parma, Zögling des Hrn. Petitot, ersten Baumeisters des Infanten Herzogs, Professors und Rathes der Akademie, den zweyten. Der Preiß für die Zeichnung eines historischen Stücks wurde Hrn. Blasius Martini, von Parma, Zögling des Hrn. Peter Ferrari, Mahlers des Herzogs von Parma, Professors und Rathes der Akademie, zuerkannt. Der beständige Sekretair that zweyer anderer Zeichnungen von eben dieser Art, ehrenvolle Erwähnung, deren Verfertiger die Herren Anton Pasini und Bernhard Collini, von Parma, sind. Der erste ist ein Zögling des

Hrn.

Hrn. Dominikus Muzzi, Titularprofessors der Akademie, und der zweyte, des Hrn. Joseph Sbravatti, ebenfalls Professors und Rathes der Akademie. Ein anderer Zögling dieses letzten Professors, Hr. Carra, von Parma, erhielt den Preiß für das Zeichnen und die Medaille.

Hr. Anton Pasini und Hr. Anton Sperrini, von Piacenza, Zögling des Hrn. Peter Ferrari, erhielten die Medaillen für nackte Plastische Figuren.

In eben dieser Sitzung wurden vier Ehrenmitglieder ernannt: die Hrn. Joseph Galimberti, Professor der Mahlerey zu Vercelli, Franz Fontanesi, Professor der Baukunst zu Reggio, Gui Head, Professor der Mahlerey zu London, und Daniel Dupré, Landschaftsmahler zu Amsterdam, welche der Gesellschaft folgende Stücke geschickt oder verehrt hatten. Der erste ein Gemählde, welches den heil. Sebastian an einem Baumstamm gebunden vorstellt; der zweite eine architektonische Zeichnung; der dritte ein Gemählde, welches den blinden Oedip mit seiner Tochter vorstellt, (das Sujet ist aus dem Sophokles); und der letzte eine Landschaft.

Die Gesellschaft schlägt zum Gegenstand der Preise, die sie 1788 für Mahlerey austheilen wird, vor, Thetis wie sie ihren Sohn Achilles in den Styx taucht, um ihn unverwundbar zu machen und ihn an einer Ferse hält (Siehe die Beschreibung von Arcadien in Pausanias und die Theogonie von Hesiod). Für die Baukunst verlangt sie den Grundriß, Aufriß und Durch=Schnitt einer Sternwarte.

warte. Die Gemählde sollen nicht höher, als 4 römische Palmen, und nicht breiter als 6 seyn; sie sollen auf einen kleinen Stab gerollt und in einer blechernen Büchse oder Wachstuch gezogen, übersendet werden. Was die architektonischen Zeichnungen betrifft, so sollen sie nach einem Maasstabe verfertigt seyn, auf dem ein Zoll eine Ruthe, nach löniglichem Fußmaase, bedeutet. Auffer ihrer Devise, werden die Concurrenten dafür sorgen, in ihre Briefe an den Herrn Grafen Ludwig Soutellari, Vicesekretair der Akademie, die Nahmen ihres Vaterlandes und ihres Lehrmeisters einzurücken und die Devisen in die blechernen Büchsen zu verschliessen. Alle oben erwähnte Gemählde müssen ihm spätestens bis den 2,ten oder 30ten May 1788 eingeschickt werden.

6.

Wien am 18ten Dec. 1787. Bey der k. k. Akademie bildender Künste wurden den 11. d. M. von dem Hrn. Präses derselben, Freyherr v. Sporges, unter die Schüler der nachstehenden Kunstklassen ausserordentliche Prämien vertheilt. In der Historienmalerklasse, für einen nach dem Leben in Oel gemalten Akt erhielt den ersten Preis Hr. Joseph Rupeller, von Imst in Tyrol gebürtig, und den zweyten Hr. Joseph Abel, von Aschach in Oberöstreich. Die Bildhauer hatten denselben Akt in Thon zu bossiren; das erste Prämium bekam Hr. Florian Geibler, aus Kärnten, und das zweyte Hr. Augustin Robas, von Böhmisch-Krumau gebürtig. Bey der Landschaftmalerklasse, um

einen

Vermischte Nachrichten.

einen nach der Natur in Oel gemalten Baum, samt Nebenwerken, wurde der Preis Hrn. Franz Rechberger, von Prag gebürtig, und das Accessit Hrn. Franz Scheurer von Prag, ertheilt. In der Architekturklasse: eine Fassade zu einem öffentlichen Gebäude zu entwerfen, erhielten die Preise Hr. Paul Kunel, von Eisenstadt, und Hr. Jakob Wilhelm, von hier gebürtig. Und über algebraische Auflösungen, Hr. Joseph Rochell, aus Mähren, und Hr. Anton Ray.llo, von hier gebürtig. Bey der Kupferstecherklasse: ein Gemälde in Kupfer zu schaben, und eine Zeichnung in Kupfer zu stechen, wurden die Preise dem Herrn Vincenz Kininger und Andreas Leicher, beyde Wiener, zum Theil. Bey dieser Gelegenheit hielt anfänglich der adjungirte Sekretair der K. K. Akademie, Hr. Anton Weinkopf, und hierauf der Hr. Präses eine auf diese besondere Prämienertheilung passende Anrede an sämmtliche Kunstbeflissene.

7.

Braunschweig, am 20sten Januar 1788. Unsre Stadt hat durch die nehmliche Rückkehr der beyden Söhne unsers verdienstvollen Herrn Professors Weitsch aus Italien, einen schätzbaren vielversprechenden Zuwachs von Seiten der Kunst gewonnen. Verschiedene schon in Italien vollendete Gemählde des ältern — unter ihnen eine treffliche Kopie der so berühmten Madonna della Sedia von Raphael, und einige schon hier angelegte Bildnisse erregen die angenehmste und günstigste Erwartung.

Ein

Ein geschickter junger Künstler, dessen Talent und Kunstgeschmack zu Paris die glücklichste Ausbildung erhielt, Herr Karl Schröder, pensionirter Kupferstecher unsers Durchl. Herzogs, lieferte neulich ein überaus gefälliges, und mit edelm Fleiß und Ausdruck vollendetes Blatt: Le Sacrifice d'Abraham, nach dem herrlichen, so sehr hervorstechenden Gemälde von J. Lievens in der Salzthalischen Gallerie. Das herzlichste Dankgefühl in den himmelangekehrten Blicken des knieenden Vaters, der den ihm wieder geschenkten, noch schüchternen und staunenden, gleichfalls knieenden Sohn brünstig in seine Arme und an seine Brust schließt, ist auch in dieser, des Originals würdigen Kopie wirkungsvoll ausgedrückt.

8.

Hildesheim, am 21sten Januar. Es ist für die reisenden Liebhaber der Mahlereykunst und für alle junge Mahler Teutschlands zu selten und zu wichtig, in ihrem Vaterlande ein Originalgemälde von Raphael und von Correggio besehen und studiren zu können, um nicht den Kunstbeflissenen die Nachricht mitzutheilen, daß in die bekannte v. Brabeckische Gemäldesammlung allhier unlängst ein Raphael (Kabinetsgröße, 6 Figuren, worunter das Bildnis des Meisters und die Anbetung Simeons im Tempel, vorstellend) und ein Corregio, (Kabinetsgröße, Madonna mit dem Kinde) gekommen sind. Beyde sind von der besten Zeit ihrer Meister, und äusserst wohl conservirt. Die Originalität dieses Correggio ist auffallend, und die Originalität dieses

Vermischte Nachrichten.

dieses Raphaels, welche wegen der äusserſten Seltenheit von ächten Kabinetsſtücken dieſes Meiſters, auch dem gewöhnlichen Kenner vielleicht unentſchieden ſcheinen könnte, iſt durch das dabey befindliche Atteſtat des Kurſächſiſchen Kunſt-Akademie-und Gallerie-Direktors, Herrn Caſanova in Dresden, wo der Herr Beſitzer beyde der Beurtheiluung daſiger Herrn Profeſſoren unterworfen hat, erwieſen.

9.

Der König von Spanien hat zu Barcelona eine freye Kunſtſchule oder Akademie errichtet, welche zu Anfang dieſes Jahres eröffnet worden iſt. Die geſchickteſten Lehrer ſind angeſtellt, und die vortreflichen Meiſterſtücke in Mahlerey, Bildhauerey und Baukunſt aufgeſtellt worden. Mehr als 500 Jünglinge beſuchen täglich dieſe Säle.

10.

Im erſten Stück dieſes Muſeums S. 92 u. f. wurde die Stahliſche Kopie von Chodowieki's Blatt: Ziethen, ſitzend vor ſeinem Könige, gerühmt: nachdem aber der Herausgeber des Muſeums den ſpäter herausgekommenen Nachſtich, den Herr Johann Georg Klinger in Nürnberg *) verfertigte, geſehen hat, ſo muß er aufrichtig und unpartheiiſch bekennen, daß dieſer den Stahliſchen übertrift, man mag nun auf die Genauigkeit im Nachbilden oder auf die Reinigkeit des Grabſtichels ſehen.

Tobes-

*) Ebenderſelbe, deſſen wir im 2ten Stück S. 85. bey Gelegenheit ſeines Bildniſſes des Buchhändlers Raſpe mit Ruhm erwähnten.

12.
Todesfälle.

1 und 2.

Im November 1787 verlohr die musikalische Welt zwey ihrer Hauptzierden. Am 17ten starb Ritter Gluck in Wien, und am 23sten Kapellmeister Schweitzer in Gotha, ersterer 73, letzterer 51 Jahre alt. Burneny in seinem musikalischen Tagebuch, und Meusel in seinem teutschen Künstlerlexikon ertheilen von beyden nähere Nachricht.

3.

Am 4ten December ist in München Herr Franz Augustin Schega, Kurpfalzbayrischer Hofmedailleur, nach eilfjähriger Blindheit auf beyden Augen und nach zurück gelegten 76sten Lebensjahr, ganz sanft und gleichsam unvermerkt gestorben. S. von ihm Meusels teutsches Künstlerlexikon.

4.

Am 21sten Januar 1788 starb in Berlin am Schlage, im 60sten Jahr seines Alters, der berühmte königl. Preußische Bildhauer, Herr Johann Peter Anton Tassaert, Rektor der königl. Akademie der Künste und Mitglied der Pariser Akademie. Er war zu Antwerpen gebohren, hatte in Paris und London mit vielem Beyfall gearbeitet, und wurde vor dreyzehn Jahren von dem vorigen König in Preussen mit einem ansehnlichen Gehalt nach Berlin

lin berufen, für welchen er verschiedene Arbeiten zu Sanssouci und die auf dem Wilhelmsplatz in Berlin öffentlich aufgestellten Bildsäulen der beyden Generale Seydlitz und Keith verfertigte. Bey der itzigen Regierung wurde ihm die Oberaufsicht über alle königl. Bildhauerarbeiten mit einer Gehaltsvermehrung übertragen, und die Verfertigung verschiedener grossen Werke bestellt. Er war einer der ersten Bildhauer unserer Zeiten, ein fleissiger Erfindungsreicher Künstler, liebreicher Ehemann und Vater, und ein aufrichtiger Freund.

Inhaltsanzeige.

1. Vom Lohn der Kunst   Seite 3
2. Johann Martial Greiner   25
3. Junge Ton-Künstler unserer Zeit   27
4. Ein Nachtrag zu der schönen Kapelle in München   31
5. Nachricht von einigen in Berlin lebenden Künstlern   32
6. Fortsetzung des Verlags-Verzeichnisses der Pascalschen Kupferstich-Officin in Berlin   37
7. Ueber Bausens Mondschein, in einem Schreiben an den Herausgeber   41
8. Johann Martin Fischer, Bildhauer in Wien. Voraus ein Brief statt Vorberichts   47
9. Einige Kunstnachrichten von Bayreuth, von einem Reisenden gesammlet und mitgetheilet   52
10. Nachricht von einer zu Triesdorf unter freyen Himmel aufgeführten Oper   62
11. Vermischte Nachrichten   66
12. Todesfälle   78

Museum
für
Künstler
und für
Kunstliebhaber

oder

Fortsetzung der Miscellaneen artistischen Inhalts.

Herausgegeben
von
Johann Georg Meusel,

Hochfürstl. Brandenburgischem und Quedlinburgischem Hofrathe, ordentlichem Professor der Geschichtkunde auf der Universität zu Erlangen, und Ehrenmitgliede der Königl. Preußischen Akademie der Künste zu Berlin.

Viertes Stück.

Mannheim,
bey C. F. Schwan und G. C. Göz.
1788.

I.

Gedanken eines Künstlers *) über den Unterschied des Geistes und Gebrauchs der alten und der neuen Kunst; in einem Schreiben an den Herausgeber.

P. P.

Dero gütiges Schreiben hat mir unendlich viel Vergnügen verursacht; ich würde auch gern in allem, was sie von meinen Lebensumständen zu wissen verlangen, willfahren, wenn ich nicht Willens wäre, die vielen unangenehmen Auftritte, die mir das Schicksal bey meinem Bestreben, ein Künstler zu werden, von jeher verursachte, zu einer Zeit bekannt zu machen, wo ich nicht mehr so viele Hindernisse anzutreffen

---

*) Dieß muß man wohl ausdrücklich anmerken, damit nicht etwa der sehr arrogante Kunstrichter, der über das erste Stück dieses Musäums in der Allgem. Litteraturzeitung abgeurtheilt hat, wieder wähne, der Aufsatz komme von einem Manne, der nichts von der Kunst verstehe. Der 3te, 6te und 7te Aufsatz in jenem 1sten Stücke rühren wirklich von Künstlern und Kunstverständigen her, und haben viel Beyfall gefunden. Aber jener Kunstrichter weiß es besser!!!

Ueber den Unterschied des Geistes und

treffen hoffen darf. Jetzt macht mich noch die Gefahr schüchtern. Hierzu kommt, daß ich jetzt erst in einem Alter von zwey und dreyßig Jahren, anfange, nach dem Weg der Ehre zu forschen, und eine Kunst übe und lernen will, die, wie Plinius sagt, nur für den Gottesdienst, für die Erhaltung des Andenkens der Helden, oder für die Verbesserung der Leidenschaften und für die Begeisterung der Tugend gemacht ist.

Jetzt hingegen wird die Kunst mehr zur Verzierung gebraucht, und dem Luxus Preis gegeben. Bey den Alten war sie eine der größten Bedürfnisse des Geistes. Bey uns wird in der Erziehung diese Nothwendigkeit vernachläßiget; und die meisten Künstler überlassen sich dem Gebrauch, der aber oft sehr übel von der Kunst gemacht wird; sie sind froh, wenn sie nur gemächlich leben können, und bekümmern sich wenig um den edlen Zweck. Dieß erzeugte ehedem und jetzt noch so viele Landschafts- Bauerngelage- und elende Portrait-Mahler. Gemälde niedriger Art wurden bey den Griechen nicht geachtet. Ihre Pauson und Pyreius zierten keine vornehmen Kunstplätze; sie mußten so niedrig, wie ihre Werke, in Verächtlichkeit leben.

Die Kunst wird jetzt in ihrem möglichsten Umfange betrieben, und setzt bey den meisten ein gewisses Fach oder Klasse zu ihrer Ausübung voraus. Sie sind aber nur als abgehauene Zweige anzusehen, die sich nicht länger an die wesentlichen oder lebenden Bestandtheile zu halten vermögend waren. Hierher kann

man

Gebrauchs der alten und der neuen Kunst. 5

man alle diejenigen rechnen, gegen welche Plinius und Vitruv schon so sehr geeifert haben.

Wie wenig Aussicht für die Kunst noch da sey, um wieder in die Sphäre der schönen griechischen Zeiten zu kommen, wird dem wahren Freund der Kunst sattsam bekannt seyn. Und wer als Philosoph mehr mit dem Verstande, als mit dem Pinsel, machen will, hat unendliche Hindernisse aus dem Weg zu räumen. Ein solcher wird nur von wenigen Unterstützung und Geld zu erwarten haben. Dafür wird er, wie Plinius im 21sten Buch, sagen: Wer nach Würde und Ruhm strebt, soll sich nach Mufäus und Hesiodus Vorschrift mit dem Kraut Polium bestreichen und reiben, es oft in die Hand nehmen, anpflanzen und bauen. — Die Griechen fühlten, daß die hohe Bestimmung ihrer Kunst sie auf die völlige Entbehrung des Ueblichen führe ꝛc. *). — In unsern Zeiten giebt es keine obrigkeitlichen Gesetze mehr zur Nachahmung des Schönen. — Wenn es auch Mahler zu einer gewissen Höhe bringen; so müssen sie doch bald in die Klasse der Mittelmäßigkeit zurück treten. Wäre die Kunst ein nothwendiges Bedürfniß für uns; so würden auch im Ganzen bessere Veranstaltungen zu ihrer Aufnahme getroffen werden. Wie wenig aber das Schöne geschätzt wird, sieht man bey Durchwanderung großer Kunstsammlungen und Kabinete. Man erblickt da tausend Dinge, denen man in der Natur aus-

*) Möchte sich doch der Herr Verfasser über diesen Satz deutlicher erklärt haben! U.

ausweichen würde. Die Kunstwerke der Alten zweckten auf immerwährende Verfeinerung des Geistes ab; ihre Geistesmeditation war mehr auf den Genuß der Seele, als des animalischen Körpers gerichtet. Bey ihnen konnte nur eine ewige göttliche Jugend, unveränderliches himmlisches Wesen, ganz ohne menschliche Neigung, die Seele zur überirdischen Wonne erheben.

Bey uns ist es mehrentheils umgewendet. Das Unerreichbare der griechischen Kunstwerke scheint sich seit zwey Jahrtausenden, die nach jenen schönen Jahrhunderten verflossen sind, vereinigt zu haben, um uns jene untrüglichen Beweise von ihrer außerordentlichen Vortreflichkeit und großem Geschmack zu geben.

Verzeihen Sie mir diese kleine Ausschweifung! Wer sucht nicht sein Herz bey guter Gelegenheit zu erleichtern? Um wenigstens etwas von meinen Lebensumständen mitzutheilen, bemerke ich nur folgendes. In meinem funfzehnten Jahr lernte ich in Düsseldorf, meiner Vaterstadt, die ersten Anfangsgründe im Zeichnen. Meinen übrigen Unterricht hab' ich mir überhaupt selbst ertheilt, nach Antiken, Natur und Lektur. Als ich anfing zu mahlen, hatte ich weiter keine andere Anweisung, als ein leeres Tuch und eine Palette voll Farben. Kopirt hab' ich nur zwey Gemälde, und drey angefangen, die aber unvollendet geblieben sind. Viele handwerksmäßige Künstler haben mir dieß sehr übel genommen.

Gebrauchs der alten und der neuen Kunst.

Ich suche meinen Geschmack aus der ersten Quelle herzuleiten; und daraus hab' ich fast immer ohne alle andere Beyhülfe geschöpft. Den seligen Genuß derselben habe ich den griechischen Denkmahlen zu danken. Zu bedauern ist es, daß auf Akademien nur der Geschmack des Landes, oder höchstens nach vernachläßigtem üblichem Gebrauch gelehret wird, der dem feinen Erbtheil der Seele fast ganz zuwider ist. Diese Wirkung des innern Sinnes wird meistens so vernachläßigt, als beym besten Menschen durch Erziehung die moralischen Sitten. Für diese Grundeigenschaft des Geschmacks wird auf Mahlerschulen nie aus der ersten Quelle geschöpft. Die Kunst wird sich auch noch lange von dieser Seite wenig Vortheil zu versprechen haben. Bey den meisten haben Vorurtheil und Eigenleibe die Urquelle des Schönen verstopft. Denn von der Seite des Geschmacks empfängt die Kunst zum Vortheil ihre großen Vorzüge, die oft mehr empfunden, als gelehrt werden können.

In welchen Werken finden wir die Schönheit so häufig, als in den Werken der Alten? und doch ist dieß alles nur Schimmer von viel höhern Werken, die nicht auf uns gekommen sind. In diesen Denkmahlen sieht man, wie sich alles auf Schönheit gründet, wie sich das Sterbliche fast ganz verliehrt. Jene Schönheiten schönen uneingeschränkt, nur vom Verhältniß ganz allein regiert. Wie sehr freuet es uns nicht, wenn wir in den neuern Kunstwerken einige Spuren von Vertraulichkeit mit den Alten erblicken!

blicken! Diese allein zieht unsre Aufmerksamkeit vor allen andern an sich. Wenn Neuere auch oft Erstaunen erregt haben; so gründet sich dieß mehr auf die Dichheit ihrer Werke, als auf ihre Vollkommenheit.

Die Mode in der Kunst ist immer von kurzer Dauer. Der wahre Geschmack ist weniger Abwechselung unterworfen. Seine Regeln müssen auf die Natur gebauet seyn, woraus auch die Alten, und zwar mit größerm Vortheil, als Neue, schöpften. Schönheit muß lange durch das Auge geübt werden; denn ohne die schönsten Muster der Kunst und Natur kann kein Kenner und Künstler Richtigkeit erlangen ꝛc. Und doch, wie oft werden sie vernachläßiget! Wie sehr wurde mir manchmal der Muth im weitern Fortgange der Kunst benommen! Wie oft mußte ich mit gleicher Anstrengung gegen Lob und Kritik streiten! Ich würde zu weitläufig werden, wenn ich alle diese Vorgänge erzählen wollte. Ich behielt immer das und vorgesteckte Ziel in den Augen, und bisher hat mich nichts davon abbringen können. Ich maß das Vermögen meiner Kräfte, suchte den kürzesten Weg zu gehen, und bekümmerte mich wenig um die privilegirte Bahn ꝛc.

———

2.

Einige Anmerkungen über den jetzigen Zustand der Mahlerey in England *).

London, am 20ſten Januar 1788.

Dem Erſuchen meiner Freunde bey meiner Abreiſe, einiges Genügen zu leiſten, theile ich verſchiedene Bemerkungen, und zwar aus Mangel der Zeit, einigermaſſen litotiſch mit. Denn, die meine Denkart kennen, und für welche ich dieſes ſchreibe, wird dieß weniger unintereſſant ſeyn, als was oft mit Wortgepränge, Vorurtheil und Eigendünkel, auch oft nicht weniger durch Beyhülfe eines unerfahrnen Künſtlers, mit ſchreibſeligem Trug niedergeſchrieben wird.

Wer etwas Zuverläſſiges von dieſer Kunſt ſagen will, ſoll ſie vor allen Dingen mit Gründen ſtudirt haben. Das eigene Gefühl, worauf viele ſich ſo viel zu Gute thun, und es als Schiedsrichter überall aufſtellen, iſt leider! allzuoft betrüglich befunden worden. Denn die Empfindung will durch Studium geleitet ſeyn. Kein ungebildeter Menſch hat für das hohe Vollkommne der Kunſt ſo viel Gefühl, als für Dinge von niedriger Umfaſſung und buntes Farbenſpiel. Keine Grammatiken und Wörterbücher könnten das verſtändlich machen, was die Kunſt durch ihre eigene Sprache andeutet. Sie iſt es, die durch weſentliche

Mittel

*) Auch von einem Künſtler.

Mittel auf Verstand und Herz wirket, besonders wenn man dabey Rücksicht auf das Schöne und Vortreffliche der Griechen nimmt. Was aber oft für die meisten die Kunst unfühlbar macht, ist das anmaßliche Recht eines jeden, nach Gutdünken, und nach dem, was er treibt, zu urtheilen; und das geht vom Schuhmacher bis zum Gelehrten hinauf, ohne daß man auf allgemeine Empfindung rechnen darf. Daher werden gemeiniglich die vorzüglichsten Theile nicht geachtet, oder vielmehr nicht gesehen.

Der Engländer glaubt — jedoch mit Ausnahme einiger wenigen, die auf Reisen bessere Dinge sahen — sein einheimischer gerühmter Geschmack und übrige Vortrefflichkeiten in der Kunst überfliegen alle andere Nationen, und keine hätte alles das in so hohem Grad, wie die seinige, besessen. Doch, es geht hierinn, wie Plinius von Myron sagt, welcher vorzüglich durch seine, in vielen Gedichten gepriesene Kuh berühmt worden ist, „daß Künstler gewöhnlich mehr „durch fremdes Genie, als durch ihr eigenes, em„pfohlen werden."

Nach meiner Meinung sind jene, die sich durch üble Wahl und Verdorbenheit des Geschmacks Ruhm erworben, denen, die sich durch falsche Begriffe vom Lob erhoben, immer weit nachzusetzen. Diejenigen, die auch einiges Gefühl für das Schöne in der Kunst haben, werden selbst am Ende durch so viele schiefe und irrführende Urtheile und durch üble Kunstbeyspiele auf Abwege gebracht. Nicht wenig tragen die süßen Loberhebungen, die sich eine Nation so vielfältig

fältig selbst ertheilt, hierzu bey. Aber welche Nation gefällt sich nicht in ihren Sitten und eigenen Producten?

Wer die wahre Gelehrsamkeit, die alten Kunstwerke und Dichter vernachläßiget, und nur die neue Mode-Natur studirt, oder ganz allein für die kurze Umfassung des Pöbels arbeitet, leitet die Kunst ganz von der edeln Einfalt und Ruhe der Seele ab; denn dieß sind ihre Haupteigenschaften, nicht aber, wie viele behaupten, starke Zusammensetzungen, übermäßiger Ausdruck und hervorstechender Effekt. Ich sehe, leider! sehr wohl ein, daß das Hohe der Griechen sich nicht für unsere Sitten und anderweitige grobe Empfindung schickt. Unreife Köpfe, die das durch die Griechen bestimmte Ziel, das an so vielen Orten jetzt mit so schönem Beyspiel ihnen vor Augen steht, nicht sehen, verdienen weniger Vorwürfe, als ihr stumpfer Verstand und unempfindliches Nervensystem. Ob trübes Klima oder sonstige melancholische Gemüthsart in England die Empfindung für das Schöne, so wie den Wein, nie wird reifen lassen, will ich nicht untersuchen. Doch, so viel es scheint, ist für ein solches Klima alles Gute und Schöne in der Kunst hinreichend genug zum Nutzen ihrer *) Humanität bestimmt; denn überhaupt für uns nördliche Barbaren ist das feine Gefühl der griechischen Weisheit eine Verschwendung, die nicht empfunden wird.

Es

---

*) Vermuthlich der Engländer. H.

So sehr auch dem Geschmacke durch ausländische Künstler hülfreiche Hand geboten wurde, und es schiene, als wollte die klaßische Kunst oder etwas ihr Aehnliches Wurzel faßen; so gab die Unempfindlichkeit und sonstige Ueberspannung der Nationalkünstler der Sache eine ganz andere Wendung.

Es läßt sich immer viel von der Nationalneigung auf den übrigen Fortgang einer Wissenschaft schließen; so wie ihre Reife die höchste Kultur eines Volks ist. Aber, wie viele Länder giebt es nicht, wo die Unwissenheit oder ein schlimmer Geschmack eine epidemische Krankheit ist!

Viele Künstler können durch das Studium der Antiken zu Irrthümern verleitet werden. Denn, ohne Genie und Schöpfer zu seyn, und ohne anderweitige Beyhülfe, verfallen die Nachahmer ins Trockene, und in unbedeutende Ausdrücke und sprachlose Leerheit, oder, wenn so umgewendet etwas vorkommt, ist es gemeiniglich unpaßend. Aber fast durchaus fad und widerlich ist es, die Antiken koloriret und das nach Gemälden Pompilirte wieder zu finden. Es ist keinem, der einen verklärten Sohn Gottes zu mahlen hat, anzurathen, den Apollo gerade weg zu kopiren: wohl aber, ihn zu studiren, um durch diese Beyhülfe auf eine andere individuelle Idee zu kommen. Die Kunst ist so wenig, wie die Natur, erschöpft; letztere soll durch erstere veredelt, aber nicht verworfen werden; und die hellleuchtende Fackel der Alten soll uns den richtigen Weg zur Vollkommenheit kürzer zeigen.

Es läßt sich auch nicht alles, wie viele glauben,

unter praktische Regeln bringen. Wir sehen, so viel uns übrig geblieben ist, daß die Wahrheit selbst bey den Griechen mehr wollte gesucht, als erreicht seyn. Gute Lehrer und Professoren haben gewöhnlich wenig Anspruch an die Kunst selbst zu machen.

Die Mittel, die man in England anwendet, um die Kunst empor zu bringen, sind die aufhelfenden eben nicht; und die Zukunft wird das Uebrige bestätigen.

Wegen Mangel der vorerwähnten Unempfindlichkeit für die griechischen Vollkommenheiten, welche sich leicht durch physische und sittliche Ursachen analysiren läßt, können wir, wie es scheint, keinen Gebrauch von ihnen machen. Und sollten andere Zeiten andere Wirkungen hervorbringen; so wird es Mühe und lange Zeit kosten, besonders wenn der gute Geschmack einmal auf solche üble Abwege geleitet ist, bis die Ideen einigermaßen an andere, als an die so beliebten Rostbeef- und Buddings-Gestalten, wieder zu gewöhnen. Aber, welche außerordentliche Mittel gehören hierzu! Doch, eher steht zu befürchten, daß der englische, wie der französische Geschmack, für Ausländer gefährlich, und, wenn es nicht schon geschehen ist, im Allgemeinen werde adoptirt werden. Es ist ein Elend, zu sehen, wie Tapeten und Landschaftsmahlerey das Denken schon verhindern! Ausländische Künstler ahmen sehr geflissentlich dem englischen Geschmacke nach; und einige in dem Abentheuerlichen der Ideen und in sonstiger Uebertreibung

ihn

ihn noch übertroffen, um nicht für Hunger und Elend zu sterben.

Die Kunst der hiesigen Künstler bemüht sich hauptsächlich um starken, übertriebenen Ausdruck, nämlich aufgerissene oder gekneifte Mäuler, nieder- oder aufgezwängte Augenbraunen, niedergesenkte oder sonst affektirte Köpfe, Karrikaturvorstellung der Körper und gesuchten Effekt. Man kann so etwas, in Vergleichung mit dem Guten und Schönen, mit Recht ein Kunst-Spektakul nennen. Von Schönheit, stiller Größe und sonstigen guten Eigenschaften ist in diesen Mahlereyen keinesweges etwas zu suchen.

Wie sehr die Kunst bey gänzlicher Verfehlung der Schönheit verliehrt, wird jedem, der sich einigen Begriff von ihr machen kann, einleuchten; und um so viel mehr, da sie durch die Kunst hervorgebracht werden kann und soll. Sie muß in jeder Mahlerey einigermaßen, sey es auch in einem noch so geringen Grade, angetroffen werden. — Dieß empfinden nur jene wenige Edle, für die sie, wie ein schöner Frühlingsmorgen, est so manchen Balsam in ihre Seele gegossen hat. Die Kunst würdiget sich nothwendig bey Vermeidung der Schönheit bis zum mechanischen Handwerke herunter.

So wie durchgehends in Gemälden *) das Parenthyrsische 1) herrscht, und eine Grazie oder Charitas

---

*) Vermuthlich, in den Caglischen. M.

1) Wilde und zu feurige Gemälde, die den Anstrich der Weisheit nicht haben, nannten die alten Künstler Parenthyrsus, ein Bild ohne Schönheit.

der Mahlerey in England.

ritas von Rembrand, oder auch von Rubens, eine größere Umfaſſung für ſo viele hat; ſo iſt auf der andern Seite beynahe wenig oder nichts von dem Syſtem der Schönheit zu ſuchen übrig, als in den Werken der Griechen; wovon noch hier und da etwas zerſtreut in der Natur angetroffen wird: das aber nur als ein ſchwacher Wiederſchein gegen die Kunſt der Alten zu betrachten iſt.

Es bleibt durchgängig wahr, daß die Kunſt verlehrt, wenn ſie das Ueberflüßige dem Nothwendigen und Weſentlichen vorzieht. Das gleicht, wie Plutarch ſagt, ſchlechten Künſtlern, die unter kleine Bildſäulen große Fußgeſtelle ſetzen, und dadurch ihre Ungeſchicklichkeit verrathen.

Hier in London ſehe ich, wie ſeltſam Fleiß und Kunſt, welche nie da war, durch einen flüchtigen und meiſterhaften Pinſel ſich zu verbergen ſucht. Ich geſtehe ein, daß es ſehr vortheilhaft iſt, wenn man einem Gemälde den Schweiß, den es dem Künſtler verurſachte, nicht anſehen kann; wenn die Mühe durch einige meiſterhafte Züge verſteckt wird. Aber, hierzu gehört oft mehr Wiſſenſchaft, als zur feinſten Ausführung. Gemälde wie mit dem Kehrbeſen endigen, ohne daß es doch nöthig war, den Fleiß zu verbergen, werden dem Kenner doch im geringſten nicht abnöthigen, etwas darin zu ſuchen, was nie da war; eben ſo wenig auch das für vorzüglich oder ſchön zu halten, was ſolchen, die nach ihrer Sinnlichkeit und nach ihrem ungebildeten Gefühl urtheilen, gefällt. Auf Nebenſachen zu viel Fleiß verwenden, iſt

dem

dem Hauptgegenstand, so wie im Ganzen eine zu große Ausführung, nachtheilig.

Harmonie muß die Mahlerey bey jeder besondern Eigenschaft, welche sie in sich vereiniget, begleiten, und alles wie zu einem Ganzen machen, dem Auge wie ein Gedanke erscheinen: wobey aber das, was außer den Gränzen des Ganzen zu sehr wirkt, vermieden werden muß.

Wenn die Gemälde des Apelles mit aller möglichen Sorgfalt verfertigt waren; so überzog er sie noch mit einer feinen Schwärze, wodurch sie in der Entfernung, wie durch Spiegelstein, zu sehen waren; und worinn ihm niemand nachahmen konnte.

Es ist einigen englischen Künstlern auf einer Seite zu gut zu halten, wenn sie den sanften Pinsel vernachläßigen, wenn sie die Farbe, dem Basrelief ähnlich, auftragen, und eine Wirkung durch andere Mittel, als diejenigen sind, die der geringste Künstler kennt, nämlich durch halbe und ganze Schattenrundung, hervorbringen. Die Mahlerey hat nur einen Weg, unmittelbar durch die Lichtstrahlen, die sie auffaßt, und die sich in den Augen concentriren, zu wirken: nicht wie die Bildhauerey, welche ihre Schatten bey sich führet, und auch durch das Gefühl der Hand kann begriffen werden. Alles, was die Mahlerey hierinn zu ihrem Vortheil hat, ist etwann ein dicker Auftrag in den Lichtern der Augen, und auf Gold; wo denn durch diese Spiegelung des Lichts ein stärkeres hervorgebracht wird. Auch das läßt sich noch übersehen, gesuchten Effekt mit drey Ellen langen

Pinsel-

der Mahlerey in England.

Pinselflecken a) zu mahlen. Eben so auch die Vermischung der Oelfarben mit Wachs und sonstigen scharfen Ingredienzien; die aber zuverläßig die Haltbarkeit verhindern. g) Aber jene Vernachläßigung der Haupteigenschaften der Kunst ist nicht zu verzeihen.

Das Wesentliche der Kunst ist, durch sie überall Schönheit hervorzubringen, und diese muß durch den weisen Schluß des Verstandes zusammengetragen werden. Wie dieß in den jetzigen Zeiten am füglichsten geschehen könne, davon ein andermahl.

So

a) Diese außerordentliche Art zu mahlen schickt sich so übel also für eine kolossalische Mahlerey, wie Nero sich zu Fuß doch auf Leinwand mahlen ließ.

g) Krausbes Gemälde verbleichen fast alle, aus der oben erwähnten Ursache. Ich habe oft mit Erstaunen gesehen, wie seine Mahlereyen, die kaum einige Wochen alt waren, des Vorzüglichen des Kolorits schon verlohren hatten. Eben dieser Mahler ist jetzt mit einem Bilde für die Kaiserin von Rußland beschäftiget, dessen Figuren lebensgröße sind. Die Vorstellung ist Hercules, der die Schlangen erdrückt. Er liegt nicht in dem Schilde, sondern in einer Wiege, oder so etwas ähnlichem. Der Kopf des Hercules ist alles, was in diesem Bilde Vorzug verdient: der Körper gleicht einem Schlauch, und würde schicklicher für einen Silenus seyn. Das Kind ist so ungeheuer groß, daß es die Mutter, mit Beyhülfe einer Magd, nicht heben kann: doch, der letztern ist wirklich eine Menge beygefügt. Schatten und Licht sind äußerst verwirrt. Ihre in Falten ist das Gelungenste im Bild.

Neuestes Museum 4tes Stück.   B

18 Einige Anmerkungen über den jetzigen Zustand

So getheilt die Kunst auch immer in einigen Nebenvorzügen seyn mag; so ist doch die Schönheit, die Tochter des himmlischen Ebenmaaßes, genährt von der Harmonie, hauptsächlich durch Abkürzung des griechischen Ideals zu begreifen, und verdient den größten Vorzug in der Kunst. Nebendinge, sie seyen auch noch so hoch in Anschlag gebracht, sollen sie begleiten, aber nicht verdrängen. Durch sie bekommt Verstand und Herz die mehrste Nahrung, und wir werden durch sie in eine beßere Welt versetzt. Sie muß durch Proportion oder Ebenmaaß 4) als ihrer Grundeigenschaft, begriffen werden. Dadurch kann nachher die leichte und gefällige Grazie mit Wahrheit hervorgebracht werden. Unter ihre leichte Hülle müssen die strengsten Regeln bedeckt, aber nicht verborgen seyn.

Allgemeine Wahrnehmungen des Guten und Schönen, der Kunst, nach Erforderniß des Gegenstandes die leidenschaftlichen Empfindungen, mit weisem Verhältniße beymeßen, heißt im wahren Sinn der gute

4) Bey fleißigem Meßen und Nachzeichnen ist es so schwer nicht, den Maasstab zu finden, der auf vieles Bezug hat, der aber schwerlich aus einem Zeichnungsbuche erlernt werden kann. Selbst Winkelmann irret oft in diesem Theile die größten Irrthümer. Wer diesen Grundtheil studiren will, wende sich zu den wohlgebauten Körper der Natur, und von da zu den besten Antiken. Er wird dann finden, daß die Kunst in Anordnung weit über sie ist, so wie jene sie in der Wirkung übertrifft.

Geschmack. Er hängt meistens von der Umgränzung der Materie, welche die Zeichnung genennt wird, ab.

Wie gesagt, die Kunst der Engländer schränkt sich hauptsächlich auf starken übertriebenen Ausdruck und Effekt ein.

In Werken, die Vorzug verdienen, muß der Ausdruck so anzutreffen seyn, wie Zeuxis ihn der Schönheit nach den äußersten Erfordernissen sparsam beymischte, um letztere nicht zu verunstalten, ihn zwar als einen nöthigen, aber nicht als den Haupttheil gebrauchte.

Minerva warf die Pfeiffe weg, um ihr Antliß nicht zu entstellen.

Waren die Engländer auch noch so glücklich im Kolorit, in Gruppirung und Ausdruck, Effekt, oder was sonst die Eigenschaften und Vorzüge ihres meisterhaften Pinsels ausmacht; so bleiben alle diese Werke nur Beweißthümer von Unempfindlichkeit und unphilosophischer Denkungsart, worinn ihre Urheber sich nicht dem Göttlichen der Kunst, was der menschliche Geist in ihr schon so früh abgezogen hat, nähern konnten.

Immer mag Unwissenheit, Vorurtheil und blinder Eigendünkel, in Kollision mit dem Nationalstolz, hier glauben, die Mahlerey wäre in allen ihren vorzüglichen Theilen mehr denn irgendwo geläutert; so ist doch ganz einzuräumen, daß der feine Zusatz des Luxus, der Mode, und Kaufmannsbetrieb, sie gewiß in beständiger Unterhaltung und Abwechselung erhalten und das grißenhafte Gewand ihr nie abziehen werden.

Wenigstens soll es keinen wundern, daß die für die Seele gemachte Kunst, die von unmittelbaren Anordnungen des Verstandes abhängt, und hinwiederum auf selbigen den größten Einfluß hat, aus Kurzsichtigkeit, Schwäche des Verstandes oder sonstigem groben, materiellen Geschmack, so viele ungerührt läßt.

Soll die Kunst empor kommen, so muß sie auch bessere Beförderung finden, und sich nicht so vergeblich nach Unterstützern umsehen; wodurch sie genöthiget wird, sich meistentheils auf der ersten oder zweyten Stufe aufzuhalten, um den groben Sinn des Reichthums und der Unwissenheit, mit Stolz verschwistert, in gebeugter Gestalt, zu befriedigen. Und doch müssen wir denen danken, die sie für gänzlichen Fall schützen.

Den Antheil, sich für den feinen Theil des Lebens nothwendig zu machen, hat die Kunst, so wie Bedürfniß für die Religion zu seyn, verlohren. In einigen Ländern, wo sie es — jedoch nur in geringem Maaß — war, nimmt man ihr den Schmuck. Ich kann nicht umhin, da ich von neuern Zeiten nicht reden mag, einiges von den Alten zu erwähnen. Mit welchem Vergnügen liest man nicht im Plinius, wie der vergötterte August die schätzbarsten Gemälde in den frequentesten Gegenden seines Forums und der Tempel zum gemeinen Besten aufstellet! Hier, in London, so wie an vielen andern Orten, geschieht das Gegentheil. Wenn man bey jenen Zeiten stehen bliebe; so muß man sich über den Antheil, den das Volk an der Kunst nahm, wundern, und eben so über die

Mäßig-

der Mahlerey in England.

Mäßigung des Tiberius, der den berühmten Strigler, den Marius Agrippa vor seinen Bädern aufgestellt hatte, in sein Schlafzimmer bringen, aber, auf Begehren des Volks, wieder auf seinen vorigen Platz hinstellen ließ.

Es liegt so sehr nicht außer den Gränzen der Barbarey, die Künste zu verheimlichen, um ihre Gemeinnützigkeit zu hindern. Marius Agrippa hinterließ hierüber, wie Plinius — ein Mann von mehr bäurischen als feinem Geschmack — anmerkt, eine prächtige Rede, welcher sich der erhabenste Bürger nicht schämen dürfte; sie handelte von öffentlicher Aufstellung der Gemälde und Bildnisse. Sein Beyspiel begleitete diese Rede. Er kaufte allein von den Epicenern für drey tausend Denare einen Ajax und eine Venus und ließ beyde Gemälde öffentlich aufstellen u. s. w.

Um dem Ziele der Kunst näher zu kommen, sollte man zu öffentlichen Aufstellungen die vorzüglichsten Muster wählen. Mancher Sammlung 5) gäbe sie auch ihr Bestes her, möchte es denn doch wohl nicht besser gehen, als jenem Gemälde 6), welches auf dem Markte zu Rom stand, und einen alten Hirten mit dem Stabe vorstellte. Ein Gesandter der Teutonen, der gefragt wurde, wie hoch er es schätze? gab zur Antwort: er wolle einen solchen Kerl weder lebend noch geschenkt haben.

---

5) Schöne und brauchbare Schrift werden auch in den zahlreichsten Sammlungen selten angetroffen.

6) Plinius B. 35.

Obgleich die Kunst mit vieler Illusion von Ledem ersten an bis jetzt sich auf einer zierlichen Basis Ansehn zu verschaffen gesucht hat; so sind doch alle ihre Hervorbringungen, gegen den hohen Werth der Antiken, durchgehends anzusehen wie eine Saifenblase gegen einen rundgeschliffenen Krystall. Der eine ruft: folgt der Natur! der andre: der Antike! Ich gestehe ein, daß das Hohe der Griechen seine Brauchbarkeit verlohren; man würde es ohnehin nicht erreichen wenn auch tausendmal der Wille dazu vorhanden wäre. Wir sehen aber, daß Guido durch das Studium nach den Niobe-Köpfen und durch die möglichst gewählte Natur die schönsten und zugleich ausdruckvollsten Weiberköpfe, vor allen andern Mahlern, mahlte.

Mit Erstaunen sieht man, was für beträchtliche Sammlungen von Antiken aus Italien hierhergeschleppt werden, und wie viel dieses Land noch immer verliehren kann. In den meisten dieser Werke habe ich die Nachahmung höherer Dinge zu der Zeit, da die Kunst im Fallen war, bewundern müssen. Ich wünschte zugleich, daß dieser fruchtbare Boden Italiens seine edlen Gewächse weniger zerstreuen möchte. Ohngeachtet man einige vorzügliche Gemälde, Basreliefs, Büsten und Statuen hier findet; so wird doch oft nicht wenig für alte Namen und alte Rinde bezahlt.

So allgemein die Kunst die Mittel nothwendig zu seyn, verlohren hat und in Zukunft sie noch mehr verliehren wird; so wenig setzt es Billigkeit voraus, vielmehr von ihr zu fodern. Ihr Boden wird folglich seichter; ihr Antheil für Staat und Fürsten,

we-

der Mahlerey in England.

wenige ausgenommen, ist verlohren. Ihr Empor-
streben ohne Gesundheit läßt sie desto tiefer wieder
sinken.

Nie gab es mehr öffentliche Lehrschulen der Kunst,
als in unsern Tagen; 7) aber auf allen wird vom
Wesentlichen wenig oder nichts gelehrt. Es scheint
ausser ihren Kreisen zu liegen, mehr als einige Recep-
te, die aber an der Philosophie der Kunst keinen Antheil haben, zu lehren; obgleich Joshua Reynolds sich
alle erdenkliche Mühe giebt, nicht sowohl durch seine Arbeit, als auch vielmehr durch öffentliche Reden den Geschmack zu bilden. In Ansehung seines
Betriebs verdiente er, unter den Amphiktyonen
zu leben. Er trug in der königl. Akademie am 15ten
Dec. 1786 öffentlich vor, daß die Mahlerey, da sie
vorzüglich ein Kind der Einbildung wäre, sich nicht
in die engen Gränzen der Natur und Vernunft ein-
zuschränken habe. So allgemein sonst seine Arbeit
Beyfall erhält, und so vollkommen sie dieser Rede
entspricht; so konnte er dießmal doch mündlich (oder

B 4 als

7) Die hiesige Akademie ist ziemlich planmäßig gut eingerichtet. Wer einmal aufgenommen ist, dem wird nie mehr
Lehrbuchliches gesagt. Er kann demnach zeichnen, wie er
will; denn in England muß ja überall Freyheit seyn! Dagegen bohlen sich meistens Anfänder die Prelle. Nichts
desto weniger zeichnen die Engländer die Natur mit der
größten Genauigkeit und zwar so gleichförmig gut, daß
ich beym ersten Eintritt, da das weibliche Model stand—
bevor ich wegen Verwelkung der Brüste von Herzen wünschte,
sie in der Brunnen Carathas baden zu können— glaubte,
alle zeichneten den Act nach ihrem Muster.

24 Einige Anmerkungen über den jetzigen Zustand

als Redner) kein Genüge leisten; und es fehlt nicht viel, so hätte er allein für sich harangirt. Man sieht hieraus, daß Reden und Arbeiten sich nicht immer zusammen schicken. Wie vielfältig sind manche durch eine Beschreibung für etwas mit dem größten Enthusiasmus eingenommen, und bey plötzlicher Erscheinung, ohne zu wissen, daß das gepriesene Werk ihnen vor Augen steht, gehen sie ungerührt vorüber! Die Ursache liegt darinn, daß diejenigen, die ohne allen praktischen Unterricht oder ohne sonst gehörige Anwendung blieben, ihre wilden Ideen und unproportionirliche Einbildung nicht gleich zu dem schönen Verhältniß der Kunst fügen können.

Jetzt will ich nur eines und das andere von den Werken hiesiger Künstler erwähnen.

Gainsborough und Romney, sehr berühmte Mahler, haben vieles mit Reynolds gemein oder, man könnte sagen, vieles von ihm entlehnt. Ersterer hat die königliche Familie, nebst verschiedenen Parlamentsgliedern, und andere vornehme Portraits, bey Pferde zu Fuß, s) mit vielem Beyfall gemahlt. Er steht im Range am nächsten bey Reynolds, und verdient besonders wegen der Thier- und Landschaftsmahlerey hervorgezogen zu werden. Ueber alle maßen vor-

s) Eine besondere Liebhabergiere der Engländer, sich, bey einem Pferde stehend, mahlen zu lassen! Man kann nicht sagen zu Pferde. Ohne die Namen der Personen zu wissen, könnte man sie für Roßstriegler halten.

vorzüglich mahlt er Esel 9) und Hunde. 10) Rubens selbst würde hierinn ihm nachstehen müssen, so vortrefflich auch dieser in Vorstellungen der wilden Thiere und der Pferde war.

Romney's Haus steht, wie eine Wildniß, voll von unvollendeten Portraits. Seine Draperien sind sehr zu loben. Es ist deswegen nicht unbillig von West und vielen andern zu behaupten, daß sie, was Pindar vom himmlischen Schmiede sagt, ohne Grazie gebohren wären. Der Zweck der Mahlerey hat höhere Beziehungen, als das vielfache hervorbringen und vermehren der Dinge, die oft nur aufgewärmt nach Kupferstichen oder Landes Carricaturen erscheinen. In solchen Kompositionen wird immer dasselbe Alphabet von Ausdrücken und dieselben Akademie-Formen eingeschaltet. Die Kunst ist ja frey, und ein

B 5

jeder

9) Zwey Buben vom geringsten Gassenschrot reiten auf einem Esel. Dieses Bild wird besonders wegen seiner Naturähnlichkeit des Künstlers übrigen Arbeiten vorgezogen. In dem Pallast Borghese sieht man einen Reuter auf einem Esel von Hannibale Carracchi, der auch nicht wenig bewundert wird. Wie es scheint, so haben oft große Meister bey solchen Mahlereyen ausgeruht. Nur wünschte ich, daß diese Bamboschade-Mahlerey eines Meisters beste Arbeit nie sey.

10) Der freye Staat der Römer, von Kaisern beherrscht, liebte nicht weniger thierische Vorstellungen. Auf dem Capitolium wurde in der Zelle der Juno ein Hund aus Bronze, der seine Wunde leckte, gezeigt. Für dieses Meisterstück wurde von Staats wegen eine Kaution festgesetzt, und die Aufseher mußten mit ihren Köpfen dafür haften. Plinius.

26 Einige Anmerkungen über den jetzigen Zustand

jeder kann, wenn er will, sein conventionelles Gepräge beybehalten. Wests Arbeiten haben sich schon sehr gehäuft, und könten nach den Kupferstichen, die nach ihnen in Menge gemacht sind, ziemlich vollkommen beurtheilt werden. Sein Kolorit ist meistens unlebhaft; und das Hille dunkel ohne sonderliche Wahl. Die Formen alle schmecken nach dem Akademie-Modell ꝛc. Jetzt ist er meistens für den König beschäftigt. Uebrigens haben seine Landsleute, die amerikanischen Mahler, von ihm einige Zuneigung zu erwarten.

Coply ist, als historischer Portraitmahler, der vorzüglichste Künstler hier. Er schränkt sich blos auf die simple Natur ein, und zwar mit gutem Erfolg. Vor kurzem hat er die Vorstellung geliefert, wie Lord Chatham für Patriotismus im Parlament verbleicht. Ein Bild, das Aufmerksamkeit erregt und auch verdient, nicht sowohl in Ansehung des Fleisses, als wegen der Zusammenstickung so vieler Portraits, die aber eine sklavische Bemühung voraussetzt. Dieses Bild hat für sich durch eigene Exhibition ziemlich Geld verdient: noch mehr aber durch die Subskription, indem es von Bartolozzi gestochen wird, so wie ein andres, das kaum angefangen ist, und das die Vertheidigung von Gibraltar vorstellet; es ist auch schon auf selbigem Weg die halbe Vorausbezahlung angekündigt worden. Dieses Gemälde, beynahe vierzig Fuß hoch, läßt die Stadt mahlen. Sie gab auch dem Künstler im vergangenen Sommer eine Summe Geld, um nach Hannover zu reisen und die noch fehlenden Officiere dort zu mahlen. Die Genauigkeit dieses Meisters

der Mahlerey in England.

kers geht so weit in seinen Vorstellungen, daß bey erforderlichen Gegenständen ganze Kompagnien Soldaten, wie bey wirklicher Aktion, mit Gewehr und Lederwerk, ihm in seinem Mahlzimmer zum Modell stehen müssen. Jetzt wäre ihm auch, wegen der Größe des Bildes, ein Platz im Zeughause zu wünschen. Man vermuthet, daß bey der öffentlichen Aufstellung Elliot einige Tage wegen gehöriger Erklärung gegenwärtig seyn solle; so wie ehemals Postilius Mandnus, der zuerst in Karthago eingedrungen war, die Begebenheit gemahlt auf dem Markt zu Rom aufstellen ließ, und sich durch die Auslegung des Gemäldes das Konsulat auf das nächste Jahr erwarb.

Auf die weitere Beschreibung der hiesigen Mahler thue ich Verzicht, um nicht zum bloßen Nomenklator zu werden. Und zudem ist die Peripherie des Restes von wenigem Belang. Die Bevölkerung von so vielen Landschafts- Miniatur- Vieh- Blumen- simple Portraits- Küchen- Arabesken- Grotesken- Seestück- Prospekts- Karrikatur- und Bamboschaden-Mahler, die sich wegen Dürre in Fach und Klasse von dem wesentlichen Bestandtheile getrennt haben, möchten wohl für die Wißbegierde von geringem Nutzen seyn; weil sie am Wesentlichen der Kunst, die für wohlerzogene Menschen, die sich nicht lächerlich machen wollen, mit Achtung aufgestellt werden soll, den geringsten keinen Antheil nehmen. Alle diese Nebendinge sind bey ihrer Unterordnung mehr oder weniger zu billigen. Es wäre sehr gerecht, daß die zu großen Verehrer

des

28 Einige Anmerkungen über den jetzigen Zustand

des Geschmacks des Lubius, 11) Pyreikus, Kallikles und Kalades, nebst dem kunstsündigen Mahlerpöbel, durch eine Revolution einem andern Welttheil übergeben würden.

Besonders ist anzumerken, daß der hiesige Kaufmanns-Betrieb für die Kunst ein verschlingendes Ungeheuer ist, das ihr vollends ganz das bischen edeln Muth benimmt. Dem Wucher unterthänig, muß sie nothgedrungen sich mit Sachen ohne Seele und Verstand beschäftigen; denn jener findet durch herunter würdigendes Puppenspiel seyn meistes Interesse. Hat doch die Mahlerey der Chineser, nebst dem Bilderkram ihrer Wackelköpfe und andrer Kunstmanufakturen, mit Beyfall sich uns nähern können: warum sollt' es nicht eben so unsere fabrikmäßige Hervorbringung im Stande seyn? 12)

Doch

11) Tra kennt nicht den Lubius? der zur Zeit des Kaisers August der erste war, welcher Villen, Porticus, Gartenstücke, Haine, Wälder, Hügel, Wasserbehälter, kurz, alles, was jeder haben wollte, mahlte. Die übrigen waren unter den Griechen als Mahler von niedriger Art bekannt.

12) Die Pastellmahlerey-Fabrik wird als Zweifel in Ansehung der Originalität erregen; sie, die manchem Kenner so viele Schwierigkeiten verursacht hat! So viel Antheil der Storchschnabel und einige andre Vortheile auch immer an der Vervielfältigung haben; so ist doch der Preiß für eine besondere Bestellung hoch; und die Art dort, trocken und steif, wie der erste Erfinder, ein Quäker. Die Ge-

mäl-

der Mahlerey in England.

Boydells Unternehmung mit dem Shakespear,*) so wie Macklins mit den übrigen Dichtern, fruchten wenig für die ohnmächtige Kunst. 13) Ueberdies hängen diese Unternehmungen nur vom Ruf und von dem versprochenen Inhalt ab, aber nichts desto weniger auch vom wirklichen Werth der Sache. Da man glaubte, die Dilettanten wollten sich nicht länger mit so vielen fadren Kunstdingen befriedigen lassen; so fieng Boydell in der edelsten Absicht an, die vornehmsten Scenen aus dem Shakespeare von Nationalkünstlern stechen zu lassen: da aber diese nicht nach seinem Willen

sind, sind alle mit dem Pinsel übertüncht; welches aber freilich die Fabrikanten nicht nachgesagt haben wollen. Uebrigens wird die Fabrik kein Stück weiter machen, als mit Landsitzen und Tapeten. Denn wie will es möglich seyn, einen Titian, den eine sehr geschickte Hand kaum nachzuahmen vermag, durch Maschinerey zu spicken? Das ganze Ding ist wie eine Satire auf die Hessen Kleiderey im Allgemeinen, die sich auch mit dieser Art noch am besten nachmachen läßt.

*) Vergl. Wekels. artist Iubelld, Heft XXX. S. 369 u. f.

13) Es würde keiner viel wagen, wenn er den hiesigen Kunstfuhren die schönsten Raphaels und Mengse für den allerniedrigsten Preis rabble. Sie würden mit vieler Schwierigkeit verkauft werden können. So elend ist der eigentliche Kunsthandel und der Geschmack im Allgemeinen. Auch wird es albern seyn, daß die Künstler bald anfangen, die Geschichte auf das Bild zu schreiben. Denn ohne das ist es für den Beschauer quälend, ewig nach der Vorstellung zu fragen. Kurz, was der Kunst am meisten entgegen strebt, wird hier gesucht.

30. Einige Anmerkungen über den jetzigen Zustand

len waren; so reiste er nach Paris, um dort wohlfeiler zu suchen.

Auswärts ist man meistens für englische Kupferstiche eingenommen. Dies hat denn auch wegen der mechanischen Behandlung Grund. Doch, hätten wir Teutsche einen solchen Markt, wie London ist; was würde da nicht geliefert werden? Ueberall sind Teutsche die größten Geister: aber meistens in ihrem Vaterlande vernachläßigt. Im Ganzen genommen ist hier wenig Liebhaberey für Künste, und die einzige Aufnahme von Kenner und Dilettanten macht bey weitem noch nicht die Ehre des Ganzen aus.

Ueberhaupt haben unsre Volksgeschichten für die Kunst im geringsten keinen Werth. Wer gern halb oder ganz ungesittete Menschen, demnächst die Auskramung der Rüstkammer oder Trödelmarkt verschiedner Zeiten sieht, für den mögen sie Reiz haben. Darauf wird wenig Rücksicht genommen, daß die Kunst, da wo die Geschichte am meisten interessirt, sie am wenigsten vermag; auch, daß die Bekleidung ihr von allen Seiten hinderlich ist. Die Vorstellung, wie Lord Chatham unter den, nach der neuesten Mode, gekleideten Parlamentsgliedern mit ihren Mänteln, blaß in den Armen einiger andern liegt, hat keinen Antheil für die Kunst, aber desto mehr für den Raritätenkasten; und so das übrige. Doch, fodern wir mehr, so wird die Kunst für den allergrößten Theil ihre Wirkung verliehren.

Die Griechen werden immer Muster und unerreichbar bleiben. Könnten wir, wie sie, für ein so

freyes

freyes und sittliches Gefühl, und dann nach solchen
Menschen arbeiten, wir würden sie gewiß bald errei‑
chen. Im übrigen hemmt die Nachahmung so vieler
irrig geschätzten Werke gleichfalls die bessern Fort‑
schritte. Mit weniger Ausnahme ist alle neuere Ideali‑
sirung weiter nichts, als pathologische Charakterisirung,
die Hippokrates wohl alle als Arznen bedürfend wür‑
de angesehen haben. Dahin gehören vorzüglich die
Religions‑Vorstellungen.

Ein Kunstgegenstand soll immer intellektuell seyn,
und die Sensation ungestöhrt lassen. Die geforderte
Deutlichkeit, nebst Schönheit als dem Haupttheil,
soll möglichst mit Nutzen und Unterricht für Verstand
und mit Rührung für das Herz in ihm jedesmal ge‑
fühlt werden können.

Geht die Mahlerey zu anderen Gegenständen über;
recht! Mahlt Bauern, wie Teniers! auch das ver‑
dient einiges Lob; obgleich ein jeder Künstler sich das
nicht tief genug einprägen kann, daß edle Gegenstän‑
de, ohne große Verdienste gemahlt, den unedeln mit
allen ihren Vorzügen dennoch weit vorzuziehen sind.
Der wahre Kenner wird zwar erstere bemitleiden,
letztere aber verabscheuen.

Wir haben die Kunst, wie Orpheus seine Eurydice
zu beklagen, und werden eher Wälder und Steine be‑
wegen, als diese Geliebte wieder ans Licht bringen.
Alles, was wir vermögen, besteht in der Betrachtung
und Nachahmung der Schattenrisse, die uns vielleicht
von ihr nur übrig geblieben sind.

J. Le‑

3.

Berichtigungen und Zuſätze zu der im erſten Stück dieſes Muſeums S. 87 u. f. ertheilten Nachricht von Herrn J. E. Schaßmann, in Burg Friedberg, und ſeiner Schmetterlingeſammlung.

Jene Nachricht hat mich in eine angenehme Correſpondenz mit dem ehrwürdigen Greiſe verſetzt. Er hatte die Güte, mir unter andern folgendes zu melden. „Darin haben Sie richtig geurtheilt, daß die Flügel dieſer Thierchen zur Mitthülfe gebraucht worden; denn ohne dieſe wird man ſich ſchwerlich der Natur ſo weit nähern können. Die ganz vortrefflichen Seppiſchen Arbeiten in dieſem Fach werden von keinem Künſtler übertroffen werden; indeſſen ſind ſie doch nur illuminirte Kupferſtiche, und letzterer ſcheint immer hervor, welches in der Natur nicht ſo iſt. Swammerdamms brachte auch in ſeiner Hiſtoria inſectorum gen. mich ſchon vor vierzig Jahren (da ich mich bereits einige Zeit mit Schmetterlingſammeln beſchäftigte, und vielleicht in hieſigem Gegenden einer von den erſten war) auf die Idee, Verſuche zu machen, dieſe von der Natur ſo überaus ſchön gebildete Thierchen durch Kunſt nachzuahmen. Die erſten Verſuche zeigten Möglichkeit, aber auch manche Schwierigkeit, und zwar ſolche, daß ich gewiß da-

von

Nachr. v. Hrn J. C Schatzmann, in B. Friedb. 33

von abgestanden wäre, wenn nicht die Lust zum Zeichnen meine Lieblings-Neigung von Jugend auf gewesen, und mir der Gedanke unwandelbar geblieben wäre, diese Natur-Nachahmung gewiß noch zu Stande zu bringen. Als ich mich vor zwanzig Jahren in Ruhe setzte, nahm ich diese Beschäftigung zur Hand, und ob ich gleich manchen Tag eben so viel Stunden arbeitete, als vorher in andern Geschäften, so geschah es doch jedesmal mit vielem Vergnügen; so wie noch jetzt nach zurückgelegtem 73sten Jahre das Zeichnen ohne Brille meine Lust ist, wovon Ew. ꝛc. eine Probe, die ich seit drey Wochen verfertigt habe, als ein kleines Andenken zu übersenden habe.*)

„Wegen der unter die Schmetterlinge gezeichneten Landschäftchen — welche eben keine Rhaingegenden, sondern theils eigene Erfindungen, theils nach Uberli, Weirotter, Dietzer ꝛc. Zeichnungen sind — wurde von verschiedenen Leuten geäussert, daß es besser gewesen wäre, wenn ich statt derselben die Raupen und ihr Futter gemahlt hätte: worauf ich aber antwortete, daß ich kein entomologisches Werk verfertigen wollte. Der eine denkt so, der andere anders. Ich liebe die getuschte Landschäftchen.„

„Vor etwa zehn Jahren nahm ich die zwey Quartbände, die ohne mein Vorwissen Sie gesehen haben, mit nach Frankfurt, und wollte bey Besehen der vornehmsten Schmetterlingssammlungen dieselbe zeigen.

*) Ein dazu schickliches Andenken, da auf der Rückseite die Silhouette des Künstlers angebracht ist.

gen. Allein kaum mochte ich den ersten Band auf; so sagte man mir: o, das sind ja ganz bekannte! und ich wurde verschont, den andern zu öffnen. Ich kann nicht anders schließen, als daß man geglaubt, ich hätte einige natürliche Schmetterlinge unter Gläser gebracht, und sie als etwas besonderes zeigen wollen. Hätte ich den Sphinx Nerii, der damals eine große Seltenheit war, und für drey und mehrere Karoline feil geboten wurde, darunter gehabt, er würde sicher eine halbe Stunde lang seyn betrachtet worden.„

„Die acht Foliobände, deren Sie erwähnen, enthalten 150 theils große, theils kleine, auf die nämliche Art, wie in den 2 angeführten Quartbänden, gemahlte Schmetterlinge, mit darunter getuschten 120 Landschäftchen. Allem Vermuthen nach ist es die einzige Arbeit in dieser Art, und möchte auch die einzige bleiben, weil sich schwerlich jemand damit abgeben wird, der nicht gerade in meinem Umständen ist. Ich wünsche daher, daß sie an einem Ort kämen, wo sie beständig ungetrennt bey einander blieben. Sollte sich ein solcher zeigen; so wäre ich Willens, sie auf billige Bedingungen abzugeben. Meine Schmetterlingssammlung ist nicht systematisch eingerichtet, indem ich mich an denen begnüge, die ich selbst fange oder eintausche, ohne viel Geld darauf zu wenden. Besonders habe ich mich bey meinen Spazirgängen um die kleinen Sorten bemühet und deren eine beträchtliche Anzahl gesammlet, so daß ich hierinn mit den ansehnlichsten Sammlungen um den Vorzug streiten kann. Unter andern habe ich einen Spiegel von zwey Schuh Höhe

Höhe und anderthalb Schuh Breite; darinn sind 608 Stücke, und zwar 510 Sorten incluſ. 14 Reverse und 98 Dubletten; die größern von einem Ende der ausgespannten Flügel bis zum andern ein und ein viertel Zoll, und die kleinsten nur zwo Linien messend. Alsdann einen kleinern Spiegel, einen Schuh hoch und neun Zoll breit; darinn sind 344 Stücke, und zwar 244 Sorten und 100 Dubletten, wovon die größten etwa drey Viertel Zoll, und die kleinsten zwo Linien messen ꝛc.„

Ich melde nur noch, daß der würdige Mann bey seinem Abgang von 25jährigen Diensten von dem Herrn Landgrafen von Hessen-Homburg den Character eines wirklichen Hof- und Commissions-Rathes erhalten hat.

4.

Nachricht von dem prächtigen Werke: Voyage Pittoresque de Naples & de Sicile; nebst Auszügen.

Paris. Voyage Pittoresque de Naples & de Sicile; vier Bände in groß Folio, die in fünf Tomes abgetheilt sind. Die zween erstern Bände begreifen Neapel und die umliegende Gegend, der dritte den ganzen mittäglichen Theil Italiens, oder das ehemalige Großgriechenland, der vierte Sicilien in zween Tomen. Das Werk ist zu haben beym Kupferstecher la Joffe auf dem Carousselplatz *).

Italiam, Italiam! ...

Dieses alte Vaterland der Helden — und welches immer das der Künste seyn wird, bietet dem Beobachter so viele interessante Gegenstände an, daß sein bloßer

*) Note des Einsenders. Die Hauptunternehmer dieses wichtigen und prachtvollen Werkes, das in seiner Art lange einzig bleiben wird und muß, sind die Herren Ebbrés von Sade und von Ron; den erstern, der vorzüglich die Feder geführt zu haben scheinet, kennen wir aus seinem im Jahr 1764 zu Amsterdam in 3 Quartbänden herausgekommenen und auch sehr prächtig gedruckten Mémoire pour la Vie de Pe-

Voyage Pittoresque de Naples &c. 37

bloßer Name eine Menge angenehmer oder melancholischer, verführerischer, oder schrecklicher Ideen in uns erweckt und rege macht. Die Schönheit des Himmels und des Clima's, die Reichthümer der Lage, der Boden selbst und jene Ueberbleibsel der Größe und Pracht der Römer, die man mit Füßen tritt, das Andenken aller großen Männer, welche dieses glückliche Land hervorgebracht hat, die Meisterstücke der Künste und die Naturerscheinungen, welche bey jedem Schritte unsre Bewunderung auffodern — dies ists, was uns anzieht, was uns nach einem Lande hinreißt, das jeder Künstler, jeder Dichter, jeder Gelehrte, jeder Mann von Gefühl zu sehen entweder sehnlichst wünscht, oder nicht gesehen zu haben äußerst bedauren muß.

Wäre etwas geschickt diese Sehnsucht oder dieses Bedauern zu verringern — oder vielmehr zu vergrößern — so wäre es ein Werk, das dazu bestimmt

E 3 wäre,

Petrarque, und letzterer hat, wie es scheint, an gegenwärtiger Arbeit den größten Kunstantheil. Die übrigen Mitarbeiter und Mitbeytrager, worunter sonderlich ein Herr von Dolomieu gehört, sind in nächstehender Recension namhaft gemacht, die einen gewissen Abbé Grizard zum Verfasser hat, und gewiß allen, denen die Materie neu oder auch nicht neu seyn mag, ungemein behagen, jene sehr angenehm unterhalten und belehren, und diesen Scenen und Tableaus wieder vor die Augen führen wird, die immer neue Reize für den Kunstkenner, so wie für jedes fühlende Herz in großem Ueberfluß gewähren müssen. Der Einsender hat hiebey kein andres Verdienst, als das der Uebersetzung und möglichst schleunigen Mittheilung ans deutsche Publikum.

wäre, und die Wunder deſſelben getreulich darzuſtellen. Je vollkommner das Bild iſt, je lebhafter fühlt man die Schönheiten des Modells — und dieß erfährt man beym Leſen der Voyage Pittoresque von Neapel und Sicilien.

Beym erſten Entwurf dieſes Werkes, und wie man zuerſt den Gedanken davon gefaßt, und ihn auszuführen beſchloſſen hatte, wozu denn mehrere Liebhaber der Künſte concurriren und beytragen wollten, ſollte ganz Italien darinn begriffen werden, mit allen Ausſichten und mit aller der Umſtändlichkeit, welche deſſen ältere und neue Monumente erfodern. Man fühlt leicht, daß ein einzelner Mann dieß nicht unternehmen konnte; und zudem hätten die Schätze eines großen Herrn dazu gehört, um es auszuführen. Der Herr Abbe von Saint N***, der ſich ſelbſt und ſeinen Kräften ſich überlaſſen ſahe, hat ſich alſo begnüget ſich an die ſchönen Gegenden von Neapel und Sicilien zu halten, die eben ſo intereſſant, noch mahleriſcher, und überhaupt weniger bekannt ſind, als das übrige Italien.

Unſer Verf., ohne das zu verſäumen, was die Sitten, die Regierungsform, den Handel u. ſ. w. betrift, hat ſich ins beſondere, ſo wie es auch der Titul ſeines Werks zu verſtehen giebt, darauf verwendet, die Schätze der Natur und die Meiſterſtücke der Künſte zu beſchreiben. Nirgend iſt die Natur verſchwenderiſcher, und die Kunſt einnehmender, als in dem Lande, das er durchlaufen hat; er hat die mahleriſten Ausſichten, die reizendſten Lagen, die Denkmäler und

und alle jene kostbaren Ueberbleibsel, die man bey jedem Vorschritte in diesem glücklichen Clima vorfindet, aufs genaueste zeichnen laſſen. Das Werk ist von einer so reichen und so vollkommen wohl gerathenen Ausführung, daß wir kein Bedenken tragen zu sagen: es sey eines der stolzesten Denkmäler, welche leidenschaftliche Liebe des Schönen, — des Geschmacks und des prachtvollen Aufwandes — durch einen bloßen Particularmann — jemalen der Liebe zu den Künsten in irgend einem Theile der Welt errichtet hat.

Die Zergliederung allein und der Auszug, den wir davon zu geben unternehmen, würde ein Buch ausmachen, wenn wir nur mit einiger Umständlichkeit von alle dem sprechen wollten, was in diesem großen Werke intereſſantes enthalten ist; da wir aber genöthiget sind, uns in einen sehr engen Raum einzuschließen, so wollen wir uns genügen laſſen, dem Zuge unsrer Reisenden nur sehr flüchtig nachzufolgen, und unsre Darstellung, die wir davon zu geben haben, in drey Abschnitte sondern. Der erste wird Neapel und die umliegende Gegenden faſſen; im andern werden wir den mittäglichen Theil von Italien, den man vor Alters mit dem Namen von Großgriechenland bezeichnete, durchlaufen, und den dritten wollen wir Sicilien widmen. Jede dieser Gegenden bietet uns Gegenstände an, die es wohl werth sind, unsre Blicke auf sich zu ziehen; da wir sie aber nur so im Fluge werden übersehen können, so müſſen wir den Forscher aufs Werk selbst verweisen, indem das, was wir zu sagen haben, nicht sowohl zum Befriedigen, als vielmehr zum Regmachen der Neugierde dienen wird.

Neapel und seine Gegenden.

Die Schätze der Natur und die Kunstproducte streiten mit einander um den Fremden, der zu Neapel anlangt; diese in Form eines Amphitheaters und im Grunde eines Beckens, das mehrere Meilen in seinem Umfange begreift, erbaute Stadt, die das Meer zu ihren Füßen und zu ihren Haupten den Vesuv hat, beut im Ganzen einen der schönsten Anblicke der Welt dar, und wenn man nun ins Detail übergeht, die mahlerischten Lagen, die man sich denken kann.

Diß ist Herr Abbé von S*** in den reizenden Stichen, mit denen er dieses Werk ausgeziert hat, darzustellen aufs sorgfältigste bemüht gewesen; er hat die Plane und die Charten und interessantesten Aussichten einer jeden Stadt, die kein Reisender ohne Theilnehmung ansehen, und ohne Enthusiasmus beschreiben kann, recht mit Vorsatz gehäuft. Die Luft, die man in diesen Gegenden einathmet, scheint das Genie, so wie das Land zu befruchten. Alle Künste, welche die Einbildungskraft beschäftigen, sind gleichsam natürliches Product des Landes; Dichtkunst, Mahlerkunst, Tonkunst, diese drey Schwestern, deren Zweck ist, die Natur zu mahlen und zu verschönern, scheinen unter diesem schönen Himmel zuerst entstanden zu seyn, wo alle Gegenstände, die den Geist entzücken, die Lust und den Wunsch einflößen, sie zu besingen, oder zu mahlen.

Von

de Naples & de Sicile. 41

Vom Virgil an bis auf Taffo, und vom Horaz bis auf Sannazar ward dieß Land der Liebling der Dichter, die in die Wette dahin kamen, ihr Genie anzufachen, ihre Bleystifte zu schärfen, und ihre Verse durch die Naturfarben zu verschönern.

Was die Tonkünstler anlangt, so hat Neapel allein ihrer mehrere hervorgebracht, als das übrige Italien, und mehr als das ganze Europa zusammen genommen. „Haft du Genie? fagt der Mann des
„Jahrhunderts, der deffen am meisten hatte, willst
„du denn gewiß wissen, ob irgend ein Funke dieses
„verzehrenden Feuers dich belebe? Laufe, fliege nach
„Neapel, die Meisterstücke eines Leo, Durante, Jo-
„melli, Pergolese anzuhören; füllen sich deine Au-
„gen mit Thränen, fühlst du dein Herz pochen,
„hüpft es die für Freuden empor, möchtest du vor
„Drang ersticken, so nimm in deiner Entzückung den
„Metastasio zur Hand; sein Genius wird den Dei-
„nen erwärmen, du wirst nach seinem Beyspiel er-
„schaffen, und andre Augen werden dir bald die Thrä-
„nen wieder heimgeben, welche deine Lehrmeister dich
„haben vergießen machen.„

Mehrere große Mahler sind in Neapel gebohren, oder haben es mit ihren Kunstproducten bereichert. Selbst in Italien faffen wenige Städte so viele Meisterstücke dieser Art in sich, als Neapel. Für einen Liebhaber der Künste und für ein Voyage pittoresque war dieß gewiß eines der wichtigsten Fächer, das er zu behandeln hatte, auch ist es eines von denen, auf welches der Verf. die meiste Sorgfalt verwendet hat;

E 5 mehr

mehr als zwanzig Kupferplatten zeichnet uns die vornehmsten Compositionen der Solimene, der Lanfranc, des Lucas Giordano, des Calabrese, des Espagnolet, des Dominichino vor; es ist dieß eine Art von Uebertragung, die, wo nicht das Colorit, wenigstens den Geist, die Zeichnung und die Anordnung der Gemälde darstellt, und so zum Auge und zur Imagination spricht, und weit besser spricht, als kalte Beschreibungen thun würden.

Um mit einemmale alle Arten von aufmunterndem Reize aufzubieten, hat der Verf. alle Talenten um sich her versammelt; er stellt uns in seiner Sprache Nachahmungen und Skizzen in Versen aus den alten Dichtern auf, wie er uns Uebertragungen von Gemälden in geschmack- und reizvollen Zeichnungen liefert. Jede Kunst redet bey ihm ihre eigenthümliche Sprache, und jeder Künstler ist hier von seines Gleichen beurtheilt; de Lille übersetzt den Statius und Sannazar; Nivernois und Champfort machen den Tasso wieder aufleben; Barthe wetteifert mit dem Ovid; Piccini spricht von den großen Musikmeistern Neapels, und Fragonard bringt die Compositionen der großen Mahler von neuem zum Vorschein; lauter neue und piquante Stücke, die wir der Freundschaft und der Liebe zu den Künsten zu verdanken haben. Alle Talenten haben sich vereinigt, um dem Saele ein Denkmal zu errichten.

Wenn es in dieser Hauptstadt wenige regelmäßige Palläste und alte Denkmäler giebt, so ziehen die neuern Kirchen hier mehr als anderswo den Fremden an sich, von welcher Religion er auch seyn mag. Erhabne Mahlereyen bedecken ihre Mauern, und in ihren Hallen ertönet jene himmlische Musik, deren Töne in Entzücken setzen, und die Sinne durchdringen, und mit sich fortreißen. Man zählt in Neapel mehr als 300 Kirchen; die mehresten gehören Mönchen zu, und diese sind die reichsten und prächtigsten — aber sind ihre Besitzer darum glücklicher? Ein Fremder, der über den Reichthum der großen Carthause in Entzücken gerieth, und die Menge ihrer Reize und ihre einnehmende Lage nicht genug bewundern konnte, rief zu wiederholtenmalen aus: Welch herrlicher Aufenthalt! Transeuntibus — für die vorüber Reisenden, erwiederte traurig der Mönch, der ihn begleitete.

Unser Reisende verläßt Neapel nicht, ohne uns einen Begrif vom Charakter, von den Sitten, Gebräuchen, Gewohnheiten, dem Handel und der Bevölkerung dieser berühmten Stadt zu geben. Man begreift leicht, daß es uns unmöglich ist, ihm hier ins Detail zu folgen; die Pracht der Großen, das äußerste Elend des gemeinen Volks, die Reichthümer der Geistlichkeit, der unnütze Schwarm von Unverheuratheten, die Menge und Gierigkeit der Advokaten, die Vernachläßigung der Sittlichkeit, sind Dinge, die alle große Städte miteinander gemein haben; was aber Neapel eigenthümlich ist, das sind die 40,000 Lazaroni, ein unbändiges Volk, das keine fixirte Wohnung, keinen Zufluchtsort hat, das die Nächte unter freyem Himmel hinbringt, am Morgen aufsteht,

aufsteht, ohne zu wissen, wovon es den Tag über leben will, und für welches das Nichtsthun die höchste Glückseligkeit ist; das ist ferner der fanatische Religionseifer des gemeinen Volks für das Wunder des heiligen Januarius; das ist insonderheit die Beschimpfung, die man der Menschheit in der Person der unglücklichen Castraten zufügt; das sind die Dolche, das ist der Messerstichsaal im Spital zu Neapel; lauter Gegenstände, über die man nur leicht hinschlüpfen muß, und welche etwas allzu starke Schatten auf das Gemälde werfen würden. Es scheint eben, daß in diesem Lande, wie in vielen andern, die Menschen wen'ger dabey gewinnen, wenn sie genau beobachtet werden, als die Natur, auf die man immer wieder zurückkommen muß.

An den Thoren von Neapel liegt das lachende Pausilippo, dessen bezaubernder Anblick glauben macht, daß es mehr zu den Feen-Erdichtungen gehöre, als zur wirklichen Welt. Die hängenden Gärten, die grünen Bogengänge, womit es bedeckt ist, seine außerordentliche Fruchtbarkeit, seine sanfte Luft-Temperatur, ein ewiger Frühling, haben den Dichter Sanazar, der es bewohnt hat, sagen gemacht: Es sey ein Stück vom Himmel, das auf die Erde gefallen sey; un pezzo di cielo, caduto in terra. Pausilippo erstreckt sich an der Länge des Meeres hin über eine Meile weit hinaus; jedermann weiß, daß man von einem Ende zum andern in diesen Berg hinein einen unterirdischen Weg ausgehöhlt habe, welches der einzige Weg ist, der nach Puzzolo führt; dieß ist eine

der

der angenehmsten Lagen des ganzen Italiens, die so reich an Gemälden dieser Art ist; auf diesem Berge, der schon an sich so interessant ist, sogar über dem Orte, wo der Eingang in die Grotte ist, haben Enthusiasmus und Erkenntlichkeit Virgils Grabmaal hingestellt. – Noch sucht und findet man den unsterblichen Lorbeer, der über seinem Grabe blühet. Keiner naht sich ihm ohne religieuse Verehrung, und selbst die, welche diese Oerter in keiner andern Absicht besuchen, als die köstlichen Zeichnungen zu bemerken, die den Reiz derselben so sehr erhöhen, können sichs nicht entbrechen, mit dem französischen Virgil auszurufen:

Oui, j'en juré & Virgile & ses accords sublimes,
J'irai, de l'Appennin je franchirai les cîmes;
J'irai, plein de son nom, plein de ses vers sacrés,
Les lire aux mêmes lieux, qui les ont inspirés.

Das ist:

„Ja, beym Virgil und seinen erhabnen Accorden schwöre ichs, ich will gehen, und die hohen Gipfel der Appenninischen Geblrge besteigen; gehen will ich, von seinem Namen voll, und von seinen heiligen Versen voll — und lesen will ich sie an den Orten, und auf den Stellen, die ihn so begeistert haben."

Ueber Pausilippo hinaus besieht unser Reisende den Berg Vesuv in aller seiner majestätischen Herrlichkeit. Der Herr Abbé von S*** zeichnet uns flüchtig die Geschichte dieses Vulkans vor, von dem berüchtigten Ausbruche, der unterm Titus die Stadt Herkulanum verschlungen hat, im Jahre 79, bis auf den

den vom Jahre 1779, und also gerade 17 Jahrhunderte nachher.

Verschiedene Zeichnungen von Aussichten des Vesuvs stellen ihn uns von allen Seiten dar, und unter allen seinen Abwechslungen, stille und ruhig, und wütend und tobend, und jeder dieser Anblicke ist für den Mann von Gefühl, so wie für den Naturforscher eine Quelle zu reichen Betrachtungen.

Aber wenn diese Erscheinungen uns anziehen, wenn sie mit einer Wahrheit und gleichsam Handgreiflichkeit beschrieben und dargestellt werden, die uns in die Zeiten zurück und auf die Stellen, wo diese Scenen vorfielen, hinführen, so zieht uns eine unruhige Neugierde mit nicht wenigerer Gewalt auf einen andern unsers Blicks eben so würdigen Gegenstand hin, und man steigt unter die Ruinen von Herkulanum mit nicht wenigerm Interesse hinunter, als man auf den Gipfel des Vesuvs hinaufgeklettert war. Die Einbildungskraft vergleicht und bringt sehr gerne Wirkung und Ursache zusammen, und wie in der Weltgeschichte keine Veränderung so traurig ist, als die, welche dieser Theil des Weltkörpers erfahren hat, so ist auch keine Begebenheit interessanter, als die Wiederentdeckung einer Stadt, die so lange im Eingeweide der Erde vergraben gewesen ist, und nun nach einem siebzehnhundertjährigen Schlafe sich unsern Blicken in eben dem Zustande wieder darstellt, in welchem sie unter der Asche und der Lava des Vulcans ware verschlungen worden. Indem man sich über dem Unglücke erweicht fühlt, das so viele unglückselige

Bewoh-

Bewohner überrascht, und in einem Augenblick zwo blühende Städte verschlungen hat, die unter einem Platzregen und Strom von Flammen verschwunden sind, so kann man nicht anders, als sich wenigstens Glück wünschen, daß ein Ungefähr sie uns in eben der Gestalt wieder gegeben hat, und wenn ich mich so ausdrücken darf, in eben der Stellung, in der sie sich im Augenblicke der plötzlichen Veränderung befunden haben. Es ist dieß also einigermaaßen eine getreue Niederlage aller Künste des Alterthums, die dadurch wider alle Verheerung der Zeiten gerettet — und gewiß mehr noch wider die Gewaltthätigkeiten und Barbarey der Menschen geschützt und gesichert worden ist.

Unter den in den Ruinen von Herkulanum verschütteten Schätzen ist nichts, dessen Erhaltung uns mehr Bewunderung abdringen muß, als die alten Gemälde, diese so vergänglichen Denkmale, die weiter nichts als eine ganz einfache Uebertünchung der Wände waren, (denn wie man weiß, kannten die Alten nichts, als die Fresco-Mahlerey) und welche man wohlerhalten eingesammelt hat, dadurch daß man sie von der Wand selbst mit möglichster Geschicklichkeit weggesägt hat; auch scheint unser pittoreske Reisende hier sich selbst durch die Sorgfalt zu übertreffen, die er auf diesen Theil seines Werks verwendet hat, und dadurch diesen gebrechlichen Resten von einer der angenehmsten Künste, die uns aber von allen Künsten des Alterthums am unbekanntesten geblieben ist, ein neues Leben gegeben zu haben. Vierzehn

zehn Platten stellen uns eine Auswahl von den vornehmsten Stücken dar, und man muß gestehen, daß sie durch die Feinheit des Grabstichels und die unendliche Sorgfalt, mit welcher diese reizende Mahlereyen ausgeführet sind, einen neuen Werth erhalten haben.

Eben das muß man auch von den Statuen und Bronzen sagen, die man unter diesem Schutte herausgezogen hat; von den Altären, alten Vasen, Dreyfüßen, Leuchtern, und musikalischen Instrumenten. Sonderlich bemerkt man Lampen von einer bizarren Form, und welche uns die Schamhaftigkeit unserer Sprache genauer zu bezeichnen nicht erlaubt. Die Meubles, bis auf das Haus- und Küchengeräthe, das zum ordentlichen Gebrauche gedient hat, sind mit einem Untersuchungsgeist und einer Eleganz behandelt, die noch zum Muster dienen können. Man findet darunter goldne Armbande, Ringe, Halsbänder, Ohrengehänge und bis auf die Kopfhaarnadeln, deren die Frauenzimmer sich bedienten, um ihre Haare mit Anstand und Zierlichkeit anzustecken; welches denn beweiset, daß die große Toilettenkunst bey den Alten nicht wenigere Fortschritte gemacht hatte, als bey unsern neuern Schönen. Jeder dieser Gegenstände hat etwas besonders Anziehendes, und wir können versichern, daß der ausgesuchteste Geschmack bey der Wahl, wie bey der Ausführung der Stiche, die uns davon eine getreue Vorstellung zu geben bestimmt sind, die Aufsicht gehabt hat.

Nichts

de Naples & de Sicile. 49

Nichts ist anlockender als diese umständliche Entwickelungen, die uns, so zu reden, mitten unter die Einwohner dieser alten Stadt versetzen; man glaubt mit dem Verf. in ihre Tempel zu bringen, auf ihren Straßen zu wandeln, und sich bis in den Häusern der Privatpersonen einzufinden; aber ein vielleicht noch frappanterer Gegenstand für die Neugierde und die Theilnehmung an allem ist das Theater dieser unglücklichen Stadt, welches man ganz entdeckt hat; nicht nur bringt es der Verf. unter allen Gestalten wieder zum Vorschein, sondern er nimmt davon Gelegenheit, uns über die Schauspiele der Alten, ihre theatralische Vorstellungen, ihre Wettläufe mit Wagen, ihre Rennbahnen, ihre Schiffgefechte und alle öffentliche, diesem Königsvolke zu Ehren veranstaltete Feste, umständliche Nachrichten zu ertheilen, die wohl im Stande sind, uns in Erstaunen zu setzen, und unsre Mittelmäßigkeit zu demüthigen, da wir glauben, wenigstens in Sachen der Vergnügungen, des Luxus und der Belustigungen, die Muster und Gesetzgeber Europens zu seyn. Aber wie weit sind wir von der Größe und Pracht der Römer entfernt! Wenn man weiß, daß der Circus zu Rom, den August und nach ihm Trajan noch vergrößert, 260,000 sitzende Zuschauer fassen konnte, so erschüttert sich unsre Imagination darüber, und ist weit davon entfernt, es ihnen nachzumachen. Der Verf. vergißt nichts, um über die Form und Bauart der Theater Licht zu verbreiten, so wie über den Gebrauch der Theatermasken, über die Declamation und alles, was

Neustes Museum 4tes Stück.   D   mit

mit einer Kunst in Verbindung steht, für die wir nicht weniger Anhänglichkeit haben, als die Römer zur Zeit ihres Verfalls, und die für uns so interessant geworden ist, daß wir im Begrif sind, wie sie, auszurufen: panem & Circenses, Brod und Schauspiele! Diese allgemeine Untersuchungen und die besondere Beschreibungen, die man uns hier vom Theater zu Herkulanum giebt, sind um so befriedigender, da man bis dahin auf eine so gewisse Art über die innere Einrichtung des Theaters in dem Alterthum noch nicht belehrt worden war.

Mit gleicher Sorgfalt beschreibt der Verf. die Tempel und die andern Denkmale, die man zu Pompeji, welches mit dem unglücklichen Herkulanum gleiches Schicksal gehabt, vorgefunden hat. Diese Beschreibung mit diesem Werke zu verbinden, war um so verdienstlicher, da die Schwürigkeiten, die man zu heben hatte, um die Plane davon aufzunehmen, und die Lagen davon zu zeichnen, unendlich waren. Das strengste Verbot, Wachen und Hüter, die auf allen Ecken hingestellt sind, hinderten, daß kein Zeichner sich nähern konnte. Aber was vermag die Liebe zum Schönen und die Leidenschaft für die Künste nicht? Da sie durch die Schwürigkeiten nur um so mehr von gleichem Eifer belebt wurden, und den Wunsch und das Verlangen gemeinschaftlich nährten, diese Art von Eroberung zu machen, so hat auch eine vollkommne Einigkeit und völliges Einverständniß alle Arbeiten unsrer Zeichner geleitet. Da sie sich so wechselsweise unterstützten, und verstohlner Weise ihre

Unter-

Unterſuchungen veranſtalteten und zum öftern wiederhohlten, haben auch ihre auf einander gefolgte Reiſen dahin den glücklichſten Fortgang gehabt, und als ſie hierauf ihre Arbeit gemeinſchaftlich zuſammen trugen, haben ſie es endlich dahin gebracht, einen allgemeinen Plan aufnehmen, genau alle Ausſichten abzeichnen, und ſo künſtliche Wiederherſtellungen der Tempel und Monumente ausführen zu können, welche Pompeji zur Zierde gedient hatten. — Und dieß hat den Verfaſſer in Stand geſetzt über dieſe Alterthümer eine Sammlung zu liefern, die um ſo ſchätzbarer iſt, da ſie ſonſt nirgend in gleichem Detail ſich vorfindet, da ſie die erſte iſt, die davon in Frankreich erſchienen iſt, und da ſie faſt niemand bekannt war, als denen, die ſelbſt unter dieſen Ruinen herumgewandelt hatten. (Dieſer Abſchnitt der Voyage pittoreſque iſt einer von denen, die man dem Eifer, dem Geſchmacke und der Thätigkeit des Herrn von Non vorzüglich zu verdanken hat, der es übernommen hat[t]e, über die Arbeiten der Zeichner die Aufſicht zu führen. — Im Vorbericht an der Spitze des fünften Bandes kann man ſehn, mit welchem Vergnügen der Herr Abbé von S*** ihm deßwegen Gerechtigkeit wiederfahren läßt, und welche Erkenntlichkeit er ihm dafür bezeuget.

Unglücklicherweiſe iſt unter dieſen Entdeckungen ein Gegenſtand, in Anſehung deſſen die öffentliche Neugierde, und die allgemeine Erwartung ſich betrogen gefunden hat — und das ſind die in den Ruinen vom Herkulanum gefundnen Handſchriften. Mehr als 800

Volumina sind in das Museum des Königs von Neapel gebracht worden, alle Augen waren über diesem Schatze geöffnet, man war in der Erwartung schätzbare Fragmente wieder zu finden, irgend einige noch unbekannte Schriften, etwa das, was uns im Polyb, Diodor, Livius u. s. w. noch fehlt. Künstliche Maschinen wurden angeordnet, um mit Vorsicht diese Bände los zu wickeln, die zur Hälfte verbrannt waren, und in Kohlen zerfielen, aber kaum hatte man einige der unwichtigsten entziffert, als man das übrige liegen ließ, mehr noch aus Unachtsamkeit als um wirklicher Schwierigkeit willen, die das Unternehmen auf sich hatte. Ohne darüber zu seufzen, kann man die strafbare Gleichgültigkeit der Besitzer dieses Schatzes nicht ansehen, von dem das gelehrte Europa bis jetzt nicht den geringsten Vortheil hat ziehen können, und alle Liebhaber der Gelehrsamkeit und des Alterthums werden aufrichtig mit dem Verfasser seinen Schmerz und Empfindlichkeit darüber theilen.

Beynahe achtzig Kupferplatten sind dazu gewidmet, uns die andern Schätze aller Arten, und die kostbaren Bruchstücke vom Herkulanum und vom Pompeji wieder aufzustellen. Aber wir müssen uns aus diesen gelehrten Ruinen mit Gewalt losreissen und unsern Reisenden um den Golfo von Puzzolo herum folgen, nach jenen Küsten und jenen von der Natur so begünstigten Feldern, welche noch jetzt die Gemälde der Fabel und die Scenen der Geschichte bereichern.

de Naples & de Sicile.

Alle um Neapel liegende Gegenden erregen die Neugierde aufs lebhafteste, es ist keine Lage, kein Denkmal, wo ich die Blicke des Schauers nicht aufgefodert finden; wenn man aber diese schönen Oerter durchwandert, mit den Schriftstellern aus dem Jahrhundert Augusts in der Hand, wenn man in Horazens Gesellschaft reiset, wenn man Virgils Verse hersagt, indem man zur Grabstätte des großen Mannes seine Huldigung hinbringt, dann färbt ein neues Interesse diesen stolzen Horizont.

Nichts betrachtet man mit mehrerer Neugierde als die Charte, welche uns der Verfasser von den Phlegräischen oder Feuerfeldern liefert, und von jener Bucht von Bajä, von der Horaz sagte:

Nullus in orbe locus Bajis praelucet amoenis —

Mitten unter den Fabriken und alten Anbauungen wovon dieß Land übersäet ist, trift man zuerst die Schulen Virgils an, ein Name, den mehr die Verehrung und religiöse Hochachtung, die dieser große Dichter einflößt, hervorgebracht hat, als daß ihn eine richtige und auf Thatsachen gegründete Beurtheilung dem Orte beygelegt hätte.

Hier findet sich der Avernersee, der den unterirdischen Gottheiten gewidmet ist, und der Eingang zum schwarzen Tartarus und der jähe Acheron, der seine Beute nie wieder losgiebt, und die Sümpfe des Styx selbst den Göttern fürchterlich, und die Höhle der Sybille und jener finstere Wald, in welchem Aeneas den güldnen Ast abgepflückt hat. Bald darauf ändert sich die Scene, man findet sich in jenen Ely-

D 3

sischen Feldern und spaziert darinn herum, wo die Imagination noch ihre Bevölkerung mit seligen Schatten hinsetzt: bezaubernde Oerter, wo es einen nicht mehr wundert, daß Virgil dahin den Aufenthalt des Glücks verlegt hat — aber jetzt das öedste und verlassenste Land, so sanft und reizend auch sein Clima ist, welches aber vergebens Bewohner dahin ruft, und hier ohne Zeugen die Schätze der Natur verbreitet.

Bald darauf geht man von der Fabel zur Geschichte über, und durchwandert nun jene ehedem so berühmte Felder, jene so lachende und so abwechslende Seelüften, die sonst mit den Wohn- und Lusthäusern der wohllüstigen Römer bedeckt waren; diese den Vergnügungen und der Weichlichkeit geweihte Küste, die aber auch dem Studiren und der Philosophie eben so heilig war, wo diese Herren der Welt hinkamen von ihren Triumphen auszuruhen, ihre Lorbeere nieder zu legen, und wo die Philosophen in der Stille einher wandelten, und in dieser Eingezogenheit ihre Werke ausdachten. Hier waren die Villen oder Lusthäuser der Lucullus, der Pollio, des Marius, des Cäsar, des Pompejus ꝛc. Plinius, Lucrez, Seneca, Horaz und Virgil, haben hier den größten Theil ihrer Meisterstücke ausgearbeitet. Cicero hatte hier zwey Landhäuser und gieng wechselweise von einem aufs andre, um sich den ungestümmen Besuchen zu entziehen und daselbst seinen Gedanken nachzuhängen; dieß nannte er seine Staaten von Cuma und Pozzolo: Puteolana & Cumana regna.

Noch

Noch sahe man da die Bäder des Nero, das Haus der Agrippina, das Theater von Misenum, den Tempel der Nymphen, den des Jupiter Serapis, einen der berühmtesten des Alterthums und dessen auffallende Reste noch tiefen Eindruck machen; einen andern der Ehre gewidmeten Tempel, von dem aber unglücklicherweise keine Spur im ganzen Lande mehr übrig ist. Der lucrialsche See hat einem Berge Platz gemacht, dessen plötzliches Entstehen eines von den außerordentlichsten Naturerscheinungen ist, (er heißt Monte nuavo und entstand im Jahr 1538.) kurz, jeder Schritt, den man in diesem Lande thut, erweckt einen Haufen Rückerinnerungen sowohl durch das, was man da noch sieht, als durch das, was man da nicht mehr vorfindet.

Kein Anblick kann tiefere Betrachtungen entstehen machen, kein Clima ist mehr geschickt die Einbildungskraft der Mahler und der Dichter anzufachen; alles dieß ist uns daher auch hier mit einer Sorgfalt und Genauigkeit vorgezeichnet, wodurch das Interesse, das der Gegenstand schon für sich erregt, noch um vieles erhöht wird.

Nachdem man so Puzzolo besucht, bey der bekannten Hundsgrotte Versuche angestellt, sich unter den Gewölben von Solfaterra oder dem Schwefelberge, einem alten Heerde eines fast erloschnen Vulkans herum promenirt hat, beschließt man endlich mit dem Verfasser diese Feenreise mit Capua und der umliegenden Gegend, welcher die Fruchtbarkeit des Clima, die angenehme Lage, der Ueberfluß an Rosen

und

und wohlriechenden Pflanzen und die balsamische Luft, die man da einathmet, den Beynamen der Glücklichen verschafft haben, Campania Felice. Gierig sucht das Auge die Stelle auf, wo diese berühmte Stadt gestanden hat, die mit Rom wetteiferte: das stolze Capua ist unterm Grase versteckt, kaum lassen die Trümmer von seinem Amphiteater und einige niedrige Spuren den ehemaligen Umfang noch muthmaßen. Einige campanische Vasen, die man hier und da findet, sind alles, was von dieser berühmten Stadt übrig ist, und mittlerweile die vestesten Denkmale, jene Tempel, jene Marmore, alle diese großen auffallenden Massen verschwunden sind, haben irdene Gefäße allein das Glück gehabt, der Zerstörung zu entgehen, und zeugen noch vom ehemaligen Daseyn von Capua. Der Herr Abbé S*** hat mit Freuden diese gebrechlichen Bruchstücke, die mit so vergänglichen Gemälden bedeckt sind, gesammlet, er hat damit sein Werk ausgeschmückt, und Blumenstöcke und Vignetten, die er selbst gestochen hat, daraus zusammengesetzt, um von dieser Art alter Gemälde welche ihre Zärtlichkeit und Gebrechlichkeit um so seltner und schätzbarer machen, einen richtigen Begriff zu geben. Dieß ists, was man gemeiniglich etrurische (hetrurische) Vasen nennt, und die man mit mehrerm Rechte campanische Vasen nennen sollte.

Man verläßt diese Oerter nicht ohne die Spur der Stadt Cumä aufzusuchen, welche die älteste der griechischen Colonien in Italien war, aber von allen diesen ehedem so blühenden Städten, womit das

glück-

de Naples & de Sicile.

glückliche Campanien bedeckt war, ist jetzt nichts mehr übrig als die Medaillen, die ihr Andenken erhalten haben. Noch kann man bemerken, daß die mehresten dieser Städte und überhaupt alle im mittäglichen Italien mehr den Griechen als den Römern zu gehören. Auch wollen wir nun mit unserm Reisenden diesen ganzen Theil des Königreichs Neapel durchgehen, den man Großgriechenland nennt, welche Benennung sich so gar bis nach Sicilien erstreckt, weil man da wirklich die Namen, die Sprache, die Sitten und die Denkmäler Griechenlands wieder findet, welches das allgemeine Vaterland der Künste in ihrer Kindheit, und das Mutterland aller dieser Colonien gewesen ist.

Grosgriechenland.

Wenn Neapel und dessen umliegende Gegenden uns Reichthümer, Lagen und Erscheinungen darbieten die uns anzuzieben vermögen, so hat das übrige des Königreichs für den Beobachter nicht weniger Interesse, und ins besondere das unglückliche Calabrien, dessen Unfälle uns noch erzittern machen. Der Natur- und der Kunstliebhaber werden da eben so reichen Stoff für ihre Neugierde und Gegenstände finden, die es wohl werth sind, ihre Blicke auf sich zu heften, oder ihre Pinsel zu bereichern. Dieser ganze mittägliche Theil von Italien war sonst unter der Benennung von Großgriechenland bekannt. Einige sogar, und zwar mit Recht, begreiffen auch Neapel und das ganze Campanien mit darunter. Wirklich weiß jedermann, daß junge Griechen, die schwarmsweise von Argos, von Athen, von Sparta, von Korinth ausgezogen waren, an diese Gestade ihre Sitten, ihre Gesetze, ihre Künste, ihre Götter und ihre Sprache übergetragen; daß sie diese ganze Gegend bevölkert und civilisirt hatten, als Rom noch Barbar war, und daß sie daselbst Licht und Kenntnisse, und Künste verbreitet hatten, die von da aus sich über das ganze nördige Italien verbreitet haben.

Der dritte Band des Voyage pittoresque ist insbesondre bestimmt, uns die Aussichten dieses, die Neugierde so sehr erregenden Landes darzustellen, und die Reste der Alten Denkmale, die den Verheerungen der Zeiten und der Barbaren noch entronnen sind. Nach einem Präliminardiscours über die Epoche dieser Auswanderungen, und die Art, wie diese griechischen Colonien sich in Italien vestgesetzt haben, und der gleichsam zum Portal dieses weitläufigen Gebäudes dient, zeigt uns der Verfasser seine Zeichner, wie sie mit dem Bleystift in der Hand, diese Gegenden durchkreuzen, wohin wir ihnen nun flüchtig nachfolgen wollen. Wir wollen mit ihnen diese Tour, dieses Theils von Italien machen, aber immer unter Bedauren, daß wir unsern Lesern nichts als ein kaltes Glekt werden hinstellen können, statt der belebten Gemälde, der beseelten Beschreibungen von Aussichten und Monumenten, die nur auf Menschen warten, um sie zu bewundern und auf Augen, um sie zu besehen.

Wenn man aus Neapel durch das Thor von Capua herausgeht, so kömmt man vor den Furcae Caudinae vorbey, wohin der römische Stolz kommen muß mußte, sich unter ein Joch zu schmiegen, das er bald nachher der ganzen Welt über'n Hals gezogen hat. Von da steigen wir mit unsern Artisten in die wollüstigen Thäler herunter, welche die Kette der Appeninen bildet. Wir gehen unter dem Säuseln frischer Bäche, und dem Getöse von tausend natürlichen Cascaden einher, zwischen Gärten von Limonien, Oelbäumen und Orangebäumen, die uns mit ihren Wohlgerüchen einbalsamiren; wir gehen über viele römische Straßen und Wege daher, unter andern über den, welchen Horaz vorbey mußte, wenn er nach Brindisi gieng seinen lieben Virgil zu besuchen; denn damals waren große Männer Freunde.

Wir kommen nun zu Benevent an, der alten Hauptstadt der Samniter; unter allen alten Städten Italiens hat diese noch am meisten Spuren ihres Alterthums erhalten. Noch sieht man da die Reste ihrer Thore, ihres Amphitheaters, zahlreiche Innschriften, worunter sich die auszeichnet, welche Erkenntlichkeit am Fuße der Bildsäule eines gemeinen Bürgers eingegraben hatte, der keinen andern Anspruch auf diese Ehre hatte, die so oft durch Schmeicheley geschändet worden ist, als daß er sich um sein Vaterland durch seine Talente und Wohlredenheit wohl verdient gemacht hatte. Man bewundert da vorzüglich den berühmten Triumphbogen, der dem K. Trajan errichtet worden und mit sehr großer Zufriedenheit sieht man, daß das Denkmal, welches dem Besten der Fürsten gewidmet ist, auch dasjenige ist, das die Zeit am meisten respektirt hat, daß es am besten erhalten und vielleicht

das

das noch am meisten Ganze ist, welches in ganz Italien sich vorfindet.

Von Benevento steigt man auf die reichen Ebenen Apuliens herab, die durch die schönste Landschaft uns bis ans Ufer des adriatischen Meeres geleiten. „Schön„heit, Mannigfaltigkeit, Abstufungen des Grünen for„miren da ein so ruhiges Gemälde, das so sanft ist, „dem Auge so sehr schmeichelt, so sehr bezaubert, daß „man nicht müde werden kann, es zu betrachten, „obschon kein andrer Gegenstand dort unsre Aufmerksam„keit fesselt; dann man unterscheidet da weder Bäu„me noch Häuser, in einem Raume von 10 Meilen. „Diese Landschaft, die sich unmöglich in eine Zeich„nung übertragen läßt, wäre auch eben so schwer zu „mahlen, aber gewiß von einer neuen Wirkung, wenn „ein geschickter Artist es versuchte, die Ausbreitung, „den unermeßlichen Raum, nach einer Natur darzu„stellen, die man nur in diesem schönen Lande vor „sich findet."

Einige hübsche Dörfer unterbrechen endlich die Einförmigkeit dieses Gemäldes, dessen Grund bey Siponte, einer durch die Griechen, die nach der Belagerung von Troja sich zerstreut hatten, gegründeten Colonie, sich endigt. Unser Anführer führt uns nun an der Länge des Meeres hin, gegen den Feldern hin, die noch jetzt den Namen des Diomedes führen und sich bis an den Berg Vulturio und bis nach Venosa oder Venusia Horazens Vaterstadt und an jene Quelle erstrecken, die er in so harmonischen Versen besungen hat. Er besucht im Vorbeygehen Canossa, welches

nichts

nichts mehr als einen Haufen von Ruinen und Gräbern darbeut und geht nun die Ebene von Cannä in Augenschein zu nehmen, welche durch Hannibals Sieg und die Unklugheit des Collegen Paul Emils so berühmt ist, einen Ort der noch im Lande in großem Ruf ist, unter dem Namen von Campe·di Sangue, Blutfeld, wo das Pflugeisen des Ackermanns noch nach 2000 Jahren oft auf Casten, Waffenrüstungen und alte Trümmer stößt, die von dieser großen Feldschlacht zeugen. Hierauf, indem er am Meere hin fortwandert, stößt er auf Barletta, welches noch einige Merkmale seines alten Glückstandes beybehält, auf Trani, dessen angenehme Lage, so wie die fröhliche Munterkeit der Einwohner zum Vergnügen einladen und den Anblick vom Glücke gewähren; auf Bari, welches seinen Beynamen des fischreichen noch jetzt rechtfertigt, den ihm Mäcenas Freund beygelegt hat; die Ruinen von Gnatia, das im Zorne der Nymphen gebaut worden, die es des Wassers beraubt haben, womit sie sonst diese ganze schönen Gegenden erfrischen und fruchtbar machen.

Gnatia Nymphis iratis extructa.

Endlich kömmt er nach Brindiß, dem berühmten und von den Römern am meisten besuchten Seehafen, wo die Appische Straße sich endigte, und durch welche sie mit Griechenland, mit Asien und mit dem ganzen Orient Gemeinschaft hatten, und das nicht weniger durch Hozarens Reise und Virgils Tod berühmt ist. Noch sieht man im Meere einige Reste von den Arbeiten, die Cäsar unternehmen lassen, um den Hafen sen einzuschließen, als er dort den Pompejus belagerte.

So sieht es aber mit dem alten Salentinum nicht aus, wo man an der Stelle der vom Idomedus erbauten Stadt weiter nichts als ein Capucinerkloster findet. Mönche bewohnen dieß Land von Papigien, das ehedem so fruchtbar, und so mit Helden bedeckt war, und der Tempel der Minerva, der das alte Hydrunt verschönerte, ist in ein Minimenkloster umgeschaffen.

Otranto, das auf die Ruinen von Hydrunt gebaut ist, zeigt des Reichthums und Vortheils der Lage ungeachtet, nichts als Elend und Armuth. Hier ist das Jonische Meer am engsten zwischen das Land zusammengepreßt, und über den Höhen von Otranto entdeckt das Auge Epirus und die Küsten von Griechenland, die davon nur durch eine Ueberfahrt von 17 Meilen getrennt sind, und wohin zu kommen man nur 6 Stunden nöthig hat. Dieß hat, wenn man den Geschichtschreibern glauben kann, dem Pyrrhus den sonderbaren Einfall eingegeben, über diese Meerenge eine Schiffbrücke anzulegen, um von Griechenland aus mit Italien eine Communication zu haben.

Unsre Artisten lassen keine dieser Aussichten, die in der That sehr pittoresk sind, entwischen, ohne uns dieselben mitzutheilen, und sie uns in angenehmen und wahrheitsvollen Zeichnungen vors Gesicht zu bringen. Sie führen uns auf Ländereyen, die mit Olivenbäumen bedeckt sind, unter einem immer heitern Himmel — und endlich durch einen balsamischen Weg, der Weich-
liche

lichkeit und Wohllust in die Seele gießt, fangt man
zu Tarento an, voll von der Idee von einer alten
Größe, und wo man sich das Vergnügen nicht versagen kann, mit ihnen einige Augenblicke zu verweilen.

Das wohllüstige Tarent, das durch sein sanftes
und fruchtbares Clima berühmt ist, durch die Vor-
trefflichkeit und Schönheit seiner Früchte, durch den
Glanz seiner reichen Purpurfärbereyen, durch seinen
weit ausgedehnten Handel und den Reichthum seiner
Einwohner, war die prächtigste unter allen griechischen
Städten, die sie in Italien gegründet hatten; alle
Dichter haben sie besungen; Ille terrarum mihi prae-
ter omnes

Angulus ridet sagt Horaz.

Archytas, dessen Entdeckungen in der Geometrie
und erhabne Kenntnisse vom ganzen Alterthum verehrt worden sind, hat ihr Gesetze gegeben; denn
damalen wurde ein großer Mann blos durch das
Uebergewicht seines Genie's der Gesetzgeber seiner Mitbürger. So lange sie dem weisen Unterricht des
Archytas getreu blieb, war sie die blühendste und
gleichsam die Königinn dieser Colonien; aber endlich
führten die Reichthümer den Luxus herbey, und der
Luxus das Verderben. Der verzärtelte Geschmack und
die weibische Weichlichkeit ihrer Einwohner waren zum
Sprichwort worden, und das molle Tarentinum gab
zu gleicher Zeit einen Begriff von allen Verfeinerungen
des Luxus und von allem Genuße von Wohllüsten.
Auch geschah es, daß nachdem diese berühmte Republik

blick in Folge ihrer Reichthümer ihre Sittlichkeit verloren hatte, sie auch bald darauf ihren Ruhm mit ihrer Freyheit verlor.

Schon waren die Tarentiner von den Ergötzlichkeiten überwunden und nun erwarteten sie blos ruhig das Joch, das sie die Römer würdigten ihnen aufzuhalsen. Umsonst durch laufen unsre Zeichner die Felder und die Gärten, welche diese stolze Stadt bedeckte, sie fanden da kein Denkmal, nicht die geringste Spur ihres alten Glanzes, und nie los u n an hier mit einem englischen Schriftsteller, der neuer ich eben diese Reise gethan hat, (Hrn. Swinburn) au rufen, "nie "ist eine so Stadt vollständig, von der Erde erlöscht "und vertilgt worden, als die Stadt Tarent."

Diese ganze, sonst so blühende Gegend trägt tief eben den Eindruck von Herunterseßung; das Land ist so arm, daß man auch nicht einmal Gasthöfe darinn antrifft; die Reisenden sind da so selten, daß sie für die Einwohner ein Gegenstand der Neugierde werden. Die Unwissenheit des Volks, die träge Gleichgültigkeit der Vorgesetzten, und jene Menge von unnützen Menschen, die die Erde belästigen, thun aller Orten dem Blicke wehe. Es ist keine Stadt von 7 bis 8000 Seelen, die nicht 15 bis 20 Klöster habe. Man versichert, daß 30000 Mönche allein vom Dominikanerorden im Königreiche Neapel seyen, muß man sich doch wundern, daß dieß Land wie von Unfruchtbarkeit geschlagen ist, und nichts mehr als den Schatten von dem darbeut, was es zur Zeit seines Ruhms gewesen ist!

In

de Naples & de Sicile.

Indem man Basilicata durchzieht, welches das alte Lucanien ist, verweilen sich unsere Zeichner bey den Ruinen von Metapontus, das so lange mit der Gegenwart und dem Unterrichte des Pythagoras beehrt worden ist, und wo die Erkenntlichkeit aus der Wohnung dieses Weisen, welcher der Reformator und Gesetzgeber von Großgriechenland gewesen war, einen Tempel gemacht hat. Durch die Stärke und den Reiz seiner Beredsamkeit brachte er es dahin, daß die Weiber zu Metapont allen ihren Schmuck und Kleinodien von Gold und Silber einschmelzten, und aus diesem heroischen Opfer ließ er einen Tempel zur Ehre der Juno bauen, als des Musters und Sinnbildes ehelicher Treue; fünfzehn Säulen von diesem seltnen Monumente stehen noch. Welcher Redner unter uns kann sich schmeicheln, einen solchen Triumph erhalten zu haben? und wie viele Zeit würde es währen, bis man eine Kirche erbauen könnte, die keine andre gesicherte Kapitalien hätte, als die freywillige Aufopferung der Verzierungen und des Schmucks der Damen?

Nicht weit von diesem Tempel suchen unsre Reisenden vergebens Heraklea, die sich rühmte, den Herkules zum Stifter zu haben, und den Zeuxis zum Mitbürger. Sie treffen das alte Petilia an, welches durch seine Treue in Haltung seiner Zusagen in gutem Rufe ist; Siris, das durch die Trojaner gegründet worden, die Achillens Wuth entronnen waren. Endlich mit einer durch so viele Rückerinnerungen erhöhten Imagination langen sie auf den Gefilden

Meusels Museum 4tes Stück.   E   an,

an, wo das wollüstige Sybaris gestanden hatte; denn es ist von dieser Stadt nichts mehr übrig, als ihr Angedenken unter den Menschen; Sybaris, das Aergerniß der Welt, und deren Sittenschilderung uns scheinen sollte, in das Land der Romane und der Fabeln verwiesen werden zu müssen, wenn die neuern Sybariten nicht den Luxus und die Weichlichkeit der Alten noch höher getrieben, und dadurch dafür gesorgt hätten, daß diese Uebertreibung der Geschichtschreiber gerechtfertigt ist. An der Stelle, wo Sybaris gestanden, findet man nichts mehr, als ein Capuciner-Kloster, welche, ohne sich dessen zu vermuthen, eben den Boden mit ihren bloßen Füßen betreten, den jene berühmte Schönheiten, jene weibische Männer, die allzuhart aufzuliegen glaubten, wenn sie auf Rosenbetten schliefen, ehedem betreten haben. Aber das Clima hat nichts von seiner Sanftheit und die Erde nichts von ihrer Fruchtbarkeit verlohren. Dieses reiche Land, nicht durch die Hände der Arbeitsamkeit, sondern durch die verschwenderischen Hände der Natur befruchtet, zeigt noch den Reisenden den Anblick eines der schönsten Länder des Erdbodens; es hat ihnen mehrere Gemälde geliefert, womit sie ihr Werk bereichert haben: endlich nehmen sie auf dem Grase, das an eben der Stelle hervorwächst, wo die Palläste und Boudoirs der Sybariten gestanden hatten, ein ländliches Mittagmahl ein. „Man stelle sich ein reizendes Thal vor, ganz mit „Boéquets erfüllt und übersäet, von dicht in einan- „der gewachsenen Orangen und Citronenbäumen,
„wovon

„wovon die Luft balsamisch von allen Seiten her
„erfüllt ist, eine Landschaft, die an Früchten
„überfließt, und mit Blumen überstreuet ist, die da
„von selbst entsprossen, im sanftesten und gemäßig-
„sten Clima von ganz Italien: so war das Land
„dieser berüchtigten Stadt beschaffen, von der jetzt
„nichts als der Name übrig ist. Dieses weite und
„unermeßliche Becken ist gleichsam umzogen von Ber-
„gen, die sich in einem Amphitheater um es erhe-
„ben, und die auffallendsten Formen und Lagen dar-
„bieten; wenn nachher das Meer, von der Nordseite
„her, sich ein wenig ins Land herein zieht, scheint
„es gleichsam ausdrücklich darum daher zu kommen,
„um diesen Ort des Vergnügens noch zu verschönern,
„frische Luft dahin zu führen, und so die Ausschmü-
„ckung dieses erhabnen Landes zu vollenden. Mit
„einem Worte, man würde Sybaris dahin stel-
„len, wenn es auch nicht da gestanden hätte, und
„man würde es da wieder erkennen an dem Be-
„grif, den uns die Geschichte davon zurückgelassen
„hat."

Nicht weit von dieser Stadt war Crotona, ihre
Rivalinn, die durch ihre Athleten und die Schönheit
ihrer Weiber so berühmt ist; Vortheile, die sie nicht
sowohl dem Clima zu verdanken hatte, wie man hat
behaupten wollen, als vielmehr der Tugend und
Mäßigung ihrer Bürger. Diese vom Philoctetes gegründete Republik war das Vaterland der Helden,
so wie es Sybaris von einem weibischen Volke war,
und durch den Contrast, den sie darstellte, war es

leicht

leicht voraus zu sehen, daß die eine bald die Beute
und Sklavinn der andern seyn würde.

Endlich treten wir mit unserm Geleitsmann in
das jenseitige Calabrien ein, und haben auf einer
Seite die Apenninischen Gebirge und ihre schrecken-
volle Anhöhen, und auf der andern die Ufer des
Jonischen Meeres, wo man durchaus bezauberte Lagen antrift. Aber mit Wehmuth sieht man, wie die
Bewohner eines von der Natur so begünstigten Landes sich der Trägheit und Muthlosigkeit überlassen,
wie sie in die tiefste Unwissenheit versunken, und
unter dem Joch des schimpflichsten Aberglaubens gebeugt und niedergedrückt sind. Aber was sage ich!
Glücklich sind unsre Reisende, dieß Land noch vor der
schrecklichen Catastrophe gesehen zu haben, die es vor
Kurzem verschlungen hat. Und noch tausendmal
glücklicher, daß sie keine Zeugen dieses entsetzlichen
Umsturzes gewesen sind, dessen bloße Erzählung uns
noch Thränen entreißt, und fühlende Seelen erzittern
macht. Diese Oerter sind nicht mehr ebendieselben,
alles hat seine Gestalt geändert, seitdem unsre Zeichner da durchgekommen sind; ein Augenblick hat sowohl Städte als ihre Bürger verschwinden machen.
Wer kann also, ohne zu zittern, an Calabriens Unfälle gedenken! „Wer kann mit trocknem Auge eines
der schönsten Länder in der Natur durchlaufen, über
welches die Erdbeben allen ihren Unwillen mit einer
Wuth verbreitet haben, wovon man kein Beyspiel
hat. Wer endlich kann ohne tiefen Schrecken die
Städte besehen, wo Städte gestanden haben, deren
Leben sogar verschwunden ist.   Multa

de Naples & de Sicile.

Multa ceciderunt mœnia magnis
Motibus in terris, & multæ per mare pessum
Subsedere suis pariter cum civibus orbes — — —
Tecta superne timent, metuunt inferne cavernas
Terrai ne dissolvat natura repente.

Lucretius.

Diese schrecklichſte Erſchütterung, die unter den Ruinen der Städte mehr als 40,000 Bewohner begraben hat, hat nur zwo Minuten gedauert; und dieſer kurze Zwiſchenraum iſt hinlänglich geweſen, um alles umzukehren, und alles zu Grund zu richten.

Wer umſtändliche Nachrichten über dieſe ſchreckliche Begebenheit verlangt, und das Bedürfniß fühlt, durch dieſe ſchmerzliche Erzählung ſich zu erwelchen, wird in unſerm Werke für ſeine Empfindlichkeit hinreichende Nahrung finden. Der Herr Abbé von G*** hat in einem Supplement zu dieſem Bande und am Ende des folgenden, die umſtändlichſten Nachrichten und die rührendſten Particularumſtände von dieſer Scene des Schreckens nach den Erzählungen von Augenzeugen geſammelt. (Man muß hierüber beſonders das Memoire nachleſen, das bey dieſer Gelegenheit der Herr Commandeur von Dolomieu aufgeſetzt, und am Ende des fünften Bandes, oder der Reiſe nach Sicilien zweytem Theile beygefügt hat). Er hat es wohl gefühlt, daß man dieſe ehemals ſo lachende Städten — mit dem, was ſie jetzt ſind, würde vergleichen wollen; dieß giebt zweifelsohne ſeinem Werke ein neues Intereſſe; "aber zu gleicher Zeit,

„fügt er hinzu, ist es sehr schrecklich, unsern Lesern,
„je weiter wir in diesem unglücklichen Lande vorrücken,
„nichts als Aussichten und Lagen von Städten vor-
„führen zu können, die nicht mehr vorhanden, und
„schon durch diese schreckliche Begebenheit umgestürzt
„und verheert sind."

Dieß ist das schmerzhafte Gefühl, das den Reisenden um das jenseitige Calabrien herum begleitet, und so unser Vergnügen an Betrachtung der Aussichten dieser ehedem so beglückten Oerter störet. Gleich anfangs findet man Equilace, eine von den Albaniensern gegründete Colonie; Gerace, oder das alte Locri, eine Republik, die durch die Gesetze des Zaleucus regiert wurde, der der Lycurg dieses Theils von Italien gewesen ist. Durch eines von diesen Gesetzen war es nur den Courtisaninnen und allein denjenigen Weibspersonen, die vom Gewinnst ihres schändlichen Lebens sich nährten, erlaubt, Geschmuck und reiche köstliche Kleider zu tragen. Heinrich IV. der ein ähnliches Gesetz gab, war von eben dem Geiste, wie dieser Gesetzgeber, belebt; aber er kam zu spät, um es beobachten zu machen. An eben diesem Orte Gerace hat die Prinzeßinn dieses Namens, die vom ganzen Lande um ihrer Gutthätigkeit willen geliebt ward, ihr Leben nebst 4000 ihrer Vasallen verlohren.

Wenn man von dá weg an den steilen Felsen hinzieht, welche die Kette der Apenninen beschließen, steigt man in eine fruchtbare Ebene herab, und gelangt, mitten durch Maulbeer- und Orangenbäume hindurch,

hindurch, die einen fortgehenden Garten ausmachen, nach Reggio, welches am äußersten Ende von Italien gelegen ist, und von wo das Auge Meßina, den schrecklichen Aetna und einen Theil von Sicilien entdeckt. Reggio, dessen alte Republik nach der von Athen gemodelt war, ist nichts mehr als der Schatten von dem, was es ehedem war. Die Beschreibung und die Aussichten, welche der Verf. uns von dieser Stadt und ihrer Gegend giebt, die etwas feenartiges hat, machen nur einen um so mehr auffallenden Contrast mit dem unglückseligen Zustande, in den dieses schöne Land jetzt versetzt ist.

Von dieser letztern Stadt aus gehen unsre Reisende zu Schiffe, um das Tyrrhenische Meer heraufzufahren, und so die Tour um Calabrien zu machen. Man folgt ihnen mit Furcht durch die Klippen von Charybdis und Scylla nach, und der Aussicht nach eben dem Felsen, der seitdem sich ins Meer gestürzt, und den Prinzen von Scylla mit 1200 Personen, die sich zu ihm geflüchtet hatten, hat umkommen machen; wenn man hernach bey Tropea gelandet hat, einer Stadt, die wie auf die Spitzen der Felsen hingezaubert da steht, so besteigt man mit ihnen die Appenninen wieder, wo man mitten unter den mahleristen Lagen die Ruinen des alten Hyrponium antrift, einer der blühendsten Städte Großgriechenlands, berühmt durch ihre Tempel und durch ihre Blumen, und welche der Stadt Monte Leone Platz gemacht hat, wo man vor dem Unglück Calabriens 18,000 Einwohner zählte.

Nicastro zeigt sich hierauf unsern Blicken, welches in der angenehmsten Landschaft, mitten unter natürlichen Cascaden erbaut ist, die sich von der Höhe der Berge herunterstürzen, und über das ganze Land ein herrliches Grün und Frische verbreiten. Die Luft ist da sanft temperirt, am 7. December glaubten hier unsre Reisende sich in den schönsten Frühlingstagen zu befinden; als sie auf dem Gipfel der Berge angelangt waren, fanden sie sich plötzlich mitten unter einem andern Himmel versetzt, und da sie unter Nebel und Reif fortzogen, durch Wege die sehr gefährlich waren, kamen sie in so wilde Gegenden, daß die Bewohner bey ihrer Erblickung entflohen, insonderheit zu Nicolostmi, wo die Weiber sich beym Erscheinen dieser Fremden mit der Flucht retteten und sich in ihren Häusern verschanzten, nachdem sie aber von ihrer ersten Bestürzung zurückgekommen waren, machte es hingegen bey unsern Reisenden desto größere Verwunderung zu vernehmen, daß Voltaire's Nahme hier bekannt und mitten unter diesen unbesteiglichen Gebirgen angeführt ward. Dieß ist das Privilegium des Genie's, es übersteigt alle Schranken, welche Natur, Vorurtheile oder Meynungen zwischen einem großen Mann und die Hochachtung und Verehrung der ganzen Welt gerne hinstellen möchten.

Nahe dabey war das alte Themespa, das Homer und Ovid anführen, wegen seinem Ueberfluß an Erzgruben, und Cicero weilen es die Habsucht des Verres rege gemacht hatte. Endlich gelangt man nach Cosenza, der alten Hauptstadt der Bruttier, und nun

vom

vom jenseitigen Calabrien; die Stadt liegt am Ursprung und Ufer des Crati, welcher Fluß oder Strom auch Sybaris bewässerte. Die Ufer dieses Flusses sehen einem Obstgarten gleich, der mit fruchttragenden Bäumen besetzt ist, und in diesem ganzen Landstriche von Calabrien, den man selbst in Italien als ein wildes und armseliges Land betrachtet, fehlt es an nichts, sagt unser Verfasser als an gebahnten Wegen und arbeitsamen Aermen um daraus das Peru von Neapel zu machen. Man hat die Calabrier unter all zu sehr ins Dunkele fallende Farben gewählt, und diese oft ungetreu aufgetragen. Man findet sogar unter den Bauern, Gastfreiheit, herzliche Aufr.chrigkeit, und freymüthige Offenherzigkeit, überhaupt aber seufzen sie unter der Herrschaft der Lehengesetze, die bey ihnen noch alle ihre Wirksamkeit haben; alle Geschäftigkeit, aller Eifer ist dadurch bey ihnen erloschen, „und die Calabrier scheinen, indem sie über „ihre Ketten murren, sich mit nichts anderm abzu„geben, als alles das zu verderben, was die schön„ste und fruchtbarste Natur, wider ihren Willen, „in dieser reizenden Gegend Italiens hervorbringt.„

Aber wohin verlieren wir uns mit unsern Klagen und unsern Vorwürfen? Unsre heißen Thränen verdienen sie, denn diese ganze Gegend trägt noch den schrecklichen Eindruck einer verwüstenden Zerstörung. Selbst Cosenza ist fast gänzlich aus seinem Grunde gehoben und umgestürzt worden. Ach! laßt uns vielmehr unsern Herzen Luft machen durch eine Bemerkung die der Menschlichkeit Ehre macht. Nicht nur

ha-

haben der Landesherr, der König von Neapolis und der Großmeister von Maltha eiligste Hülfe dahin bringen lassen, sondern auch der König in Frankreich hat auf die erste Nachricht von dem Unglück der Stadt Missina und Calabriens zwo mit Mehl beladene Fregatten von Toulon auslaufen lassen, um den dringensten Bedürfnissen dieses unglückseligen Volkes abzuhelfen. Edle Sorgfalt! die vielleicht nicht allen den Nutzen gestiftet hat, den man sich davon versprechen sollte, deren Andenken ich aber doch um gar viel lieber für die Nachkommenschaft erhalten und auf sie bringen möchte, als auch den so noch umständlichen Bericht von einer Eroberung oder einer gewonnenen Schlacht.

Wir verlassen dieses unglückliche Land, und kommen mit unsern Zeichnern wieder zurück in die Gegenden von Basilicata, wo pittoreske Aussichten, angenehme und frische Landschaften und natürliche Cascaden das Auge wieder ausruhen lassen, und wo die Imagination durch die sich zudrängende Idee von Unglück nicht weiter gestört wird. Bey dem Reichthum und der Schönheit dieser Oerter fühlt maus, daß man sich Neapel wieder nähert; wenn man aus so zur linken Pandosia, das alte Vorgebirge des Palinurus, Velia eine Colonie der Phoceuser, die dem Handel zur See ihren Glanz zu verdanken gehabt, liegen läßt, so langt man zu Pästum oder Possidonia an, das durch seine Tempel und seine Rosen so berühmt ist, und dessen Ruinen, so herrlich sie auch sind, so vollkommen unbekannt und unterm Gesträuche versteckt waren, daß blos durch eine Art von Wunder

ein

ein junger neapolitanischer Artiste oder nach andern, Jäger die Entdeckung davon gemacht haben, und dieß vor ungefähr 30 Jahren, indem sie von ungefähr diese unangebaute und einsame Stelle durchkreuzten.

Diese Neuigkeit weckte die Gelehrten und Artisten. Man fand drey Tempel vom höchsten Alterthum und von der reichsten Architektur, die unter dem Grase vergraben waren; man glaubt, sie seyen das Werk der Sybariten nach dem ihre Stadt zerstört war. — Ist dem also, so sind es die einzigen Ueberbleibsel die uns einen Begriff vom Geschmacke und der Prachtliebe dieses berühmten Volkes und von der Vollendung geben könnten, auf die es die Künste getrieben hat. Diese Denkmale, wider welche sich, wie Pope sagt, die Verheerungen der Barbaren, der blinde Eifer der Christen, die schiefe Frömmigkeit der Päbste und das sengende Feuer der Gothen verschworen haben, haben gleichwol dem Unrecht der Zeiten und Menschen widerstanden; denn die Griechen schienen für die Unsterblichkeit zu bauen. Der große Tempel insonderheit ist einer der herrlichsten und der sich aus dem ganzen Alterthum am besten erhalten hat.

Unser Leiter, indem er sich Neapel immer mehr nähert, zieht durch Salerno, das den Ruf seiner medicinischen Schule blos den Arabern zu verdanken hat, die lange Zeit im Lande Meister waren, und die in den Zeiten der Unwissenheit allein mit gutem Fortgange diese Wissenschaft der Muthmassungen getrieben haben. Er geht von da nach Nocersa, dem alten Nuceria, das Hannibal zerstört und die Römer wieder erbaut haben,

und

und nun größtentheils bey jenem Ausbruche des Vesuvs umgestürzt wurde, der für Herkulanum und Pompeji so betrübt gewesen ist, und wo man noch in einer Kirche, die der H. Jungfrau geweiht ist, die Reste eines Tempels bemerkt, der dem Bacchus gewidmet war; Er führt uns hinauf nach Caprea, das durch den Aufenthalt und das liederliche Leben des abscheulichsten unter den Tyrannen so verschrien ist, der vielleicht noch weniger hier seine Schandthaten zu verstecken suchte, als vielmehr Sicherheit für den gerechten Bestrafungen die er verdiente, und die ihm sein eigen Gewissen vorhielte.

Unsre Zeichner durchlaufen diese Insul mit ihrem Beystift in der Hand, sie stellen uns den Fels vor Augen, von dem dieser Elende die Opfer seiner Lüste herunter stürzen ließ, aber umsonst suchen sie jene prächtige Palläste, jene Bäder, jene wohlriechenden Gärten — diese den ungezämtesten Unordnungen ehedem gewidmete Oerter sind jetzt ein Zufluchtsort für die aller übertriebenste Strenge in der Lebensart; Carthäuser wohnen auf den Trümmern von Tibers Pallästen; seine Bäder dienen einem Eremiten zur Einsiedeley, und niedrige Fischer, die weit ruhiger und weit glücklicher in ihrer Mittelmäßigkeit sind, haben ihre Hütten in die Gärten gesetzt, welche ehedem die Gegenwart und der düstre Blick dieses schändlichen und wohllüstigen Tyrannen verunreinigten.

Sie kommen mit mehrerm Vergnügen nun nach Sorrento zurück, einer Stadt die von den Griechen auf dem Vorgebirge Minerva erbaut worden war,

die

die Tasso's Vaterstadt ist, und die er unsterblich gemacht hat; wo die Fabel die reizenden und bezaubernden Syrenen hingesetzt hatte, und wo die noch mehr bezaubernden Verse des Sängers der Armida und Rinaldos, die Erzählungen der Fabel realisirt oder vielmehr noch übertroffen habe.

Die Gegenden um Sorrento und diese ganze Küste sind mit Lusthäusern und einer Reihe der angenehmsten Gärten eingefaßt, die unter dem schönen Himmel und dem Genusse eines ewigen Frühlings, auf einem Gemälde sich mit dem reichen Bergstriche von Pausilippo und den Gegenden um Neapel vereinigen und unter einander verlieren.

So führen uns unsre Reisende in die Hauptstadt zurück, nachdem sie mit uns die Ründung um den ganzen mittäglichen Theil Italiens herumgemacht haben, bis die schöne Jahrszeit uns erlaube, uns mit ihnen einzuschiffen und ihnen nach Sicilien zu folgen, dessen Beschreibung der Gegenstand der beyden letzten Bände des Voyage pittoresque ist, und deren Inhalt des nun folgenden Auszugs aus diesem wichtigen und prachtvollen Werke ausmachen wird.

Am Schluße dieses Bandes findet sich ein sehr sorgfältig verfertigter Kupferstich von einem Theile der so berühmten Theodosianischen Landcharte oder der gemeiniglich sogenannten Tabula Peutingeriana, welche das einzige alte geographische Denkmal ist, und worauf man, wenn man den alten römischen Straßen nachgeht, eben die Oerter sieht, von denen in dieser Reise die Rede ist. Und endlich ist in dem ganzen Lande, das wir so eben durchwandert haben, keine Lage die nicht der Stoff und Grund zu einer angenehmen Zeichnung wäre, und kein Monument, das nicht zu einem interessanten Stich Gelegenheit gegeben hätte. Mehr als 100 also ausgeführte Kupferplatten bereichern diesen Band, und stellen uns alle die Aussichten dar von einem Lande, das gewiß eines der unsrer Neugierde am meisten erregenden und unterhaltendsten Länder des Erdbodens ist.

(Nächstens auch von Sicilien.)

5.

Einige Auszüge aus Richardson. 1)

Der beiden Richardson's Abhandlung über die Mahlerei, deren dritter Theil der französischen Ausgabe, eine Beschreibung verschiedener berühmten Gemälde, Zeichnungen, Statuen u. d. g. enthält, welche der Sohn, auf einer Reise nach Italien, aufgesetzt hat, ist, so viel ich weiß, nicht ins deutsche übersetzt worden; es sey nun, daß man ehemals Originale höher als Kopien schätzte, oder daß unsre Uebersetzer Fabriken noch nicht errichtet gewesen sind. Dem sey wie ihm wolle; so verdienen viele Urtheile und Bemerkungen dieses Buches, so viel Fehler der Uebersetzung, und so manche Ausschweifung es auch ent-

1) Traité de la Peinture & de la Sculpture par Mrs. Richardson, Pere & Fils: divisé en trois Tom. Amsterd. aken Uytwerf 1728.

aus Richardson.

enthalten mag, eine größere Vervielfältigung, als manches weitläuftige Kapitel im Malvasia, oder Vasari oder Felibien. Der gerade Winkelmann giebt unserm Richardson sehr offenherzig Schuld, daß er manches nur im Traume gesehen habe, demohngeachtet hält er sein Buch für das beste, das man hat. Die Nachrichten von Künstlern und Kunstsachen...: doch ich hasse das Lanzenbrechen und habe keinen Beruf, Richardsons Lobredner zu werden, welches ich ohnehin nicht überall seyn könnte. Dagegen theile ich meinem Leser die Beschreibung einiger berühmten Gemälde zu Rom und Bologna, aus dem dritten Theile des Richardsonschen Werkes mit, nämlich: den heiligen Romuald von Andreas Sacchi; die letzte Komunion des heiligen Hieronimus von Domenichino; den Streit des Erzengels Michael mit dem Satan, von Guido Reni; la Turbantina von eben diesem, und den Tod des Germanicus von Poußin. Entweder ich irre mich sehr, oder ich habe darinn viel Wahres, Kenntniß, Geschmack und eine lobenswürdige Freimüthigkeit gefunden.

Der heilige Romuald von Andreas Sacchi,
in der Kirche dieses Namens zu Rom. a)

Dieses Gemälde stellt den Stifter des Kamaldulenserordens vor, und ist für eine der Kirchen dieses Ordens gemahlt worden. Die Scene ist ein anmuthiges Thal auf dem Appenninischen Gebürge, wo der Hlll. Romuald, vom brennenden Eifer entflammt, für diese

---

a) Jacob Frey hat dieses Gemählt auf einem Blatte in gr. Folio sehr schön in Kupfer gestochen.

so einsame Gegend Proselyten zu machen, eine Erscheinung hatte, in welcher er gewisse weißgekleidete Männer, auf einer Leiter, die vom Himmel bis auf die Erde reichte, einen nach den andern, in den Himmel steigen sah. Auf diese Erscheinung stiftete er den Orden von Einsiedlern, welche, nach dem Namen des Thals, wo die Sache sich zugetragen, Kamaldulenser heißen, und erbaute daselbst fünf Zellen für eine gleiche Anzahl von Mönchen, die er unterrichtete.

Außer dem Zeitpunkte, welchen der Mahler gewählt hat, giebt es noch zwey andre, welche dem Gegenstande sehr angemessen scheinen. Der eine ist derjenige, wo Romuald, nach der gehabten Erscheinung, den Orden errichtet und seine fünf Jünger einkleidet; der andere, wo er sein nahes Ende fühlt, und von ihnen Abschied nimmt.

Hätte Andreas Sacchi den ersten gewählt; so hätte er eine große Mannigfaltigkeit in das Gemälde bringen können, welche ihm nun zu mangeln scheint. Er hätte die schönste Gelegenheit gehabt, seinen Heiligen in einer Handlung darzustellen, welche seinen besondern Charakter, seinen Eifer nämlich, ausdrückte, von welchem doch gegenwärtig nicht das Mindeste wahrzunehmen ist. Der Biograph des Heiligen sagt, daß er ganz vom Feuer, wie ein Seraphim gewesen sey, um die übrigen zu entflammen ꝛc. Alsdann würden sich seine Schüler, um die Ordenskleidung zu nehmen, in verschiedenen Stellungen befinden. Einige würden sie bereits angelegt haben, andre so eben im Begriff seyn, dieses zu thun, indeß sie durch das Ge-

Gespräch ihres Meisters, der ihnen die Erscheinungen zeigen könnte, würden angefeuert worden seyn. Dieses würde einem angenehmen Kontrast zwischen ihren besondern Kleidungen und denen des Ordens veranlaßt haben, statt daß sie in dem Gemälde alle Uniform und von einerley Farbe sind. Kurz, dieser Zeitpunkt würde zu einer großen Mannigfaltigkeit des Ausdrucks Gelegenheit gegeben haben.

Hätte er den Heiligen sterbend vorgestellt; so würde die Hauptfigur, der Gegenstand der Andacht und des Mitleids, in einem hohen Grade geworden seyn. Denn mit den letzten stammelnden Worten hätte er seinen Schülern die wundervolle Erscheinung zeigen können, welche die Ursache ihres Instituts geworden ist, und sie würden seine letzten Ermahnungen mit verschiedenen Ausdrücken der Demuth, der Bewunderung, der Traurigkeit aufgenommen haben. Ueberhaupt sind diese beiden Zeitpunkte, die wichtigsten der Geschichte. Derjenige aber, welchen Andreas Sacchi gewählt hat, zeichnet sich durch nichts aus, das an sich selbst von Wichtigkeit wäre. Er stellt eine bloße Unterredung des Heiligen mit seinen Schülern, über die Erscheinung vor, welche die Stiftung des Ordens veranlaßt hat. Uebrigens ist es das angenehmste Bild eines abgeschiedenen Lebens. Alles ist ruhig darinn! Nirgends ein Ausdruck von Leidenschaft, weil diese glücklichen Menschen keine auszudrücken haben! Es ist ein Gemälde von der Ruhe derer, die der Welt entflohen und schon alle am Ziele sind:

„Sie vergessen die Welt und werden von der „Welt vergessen. Ein ewiger Sonnenschein herrscht „in der unbefleckten Seele. Jedes Gebet wird er„hört, und jeder Wunsch wird dem Himmel „überlassen. 3)

Die angenehmen Ideen, welche dieser einzige Umstand erweckt, befriedigen den Geist dergestalt; daß die Mannigfaltigkeit einen üblen Eindruck machen würde, weil sie die Aufmerksamkeit von diesem so seligen Zustande abzöge. Daher trägt sogar jene Gleichheit der Gewänder, in Ansehung der Form und der Farbe, zur Wirkung des Ganzen bei. Der Mahler sah, daß es der Mannigfaltigkeit so wenig bedürfe, daß er sie sogar da vernachläßigt hat, wo ihm Gegenstand ihm hinlängliche Gelegenheit dazu darbot. Der Heilige und seine Schüler sind alle von einem Alter, ob es schon scheint, daß er wenigstens hier hätte Verschiedenheit beobachten sollen. Eben so wenig hat er sich um den Kontrast der Stellungen, eine so reiche Quelle der Mannigfaltigkeit, bekümmert. Einer der Mönche befindet sich dem heil. Romuald dergestalt, Fuß an Fuß, und Knie gegen Knie, gegen über, daß man ihn, beim ersten Anblick, für den Heiligen hält, und er würde dieses noch mehr schreiben, wenn sich nicht ein kleiner Unterschied in der Beleuchtung fände. Daher sollte man fast schließen, daß der Mahler blos ein allgemeines Bild von der geistlichen Ruhe habe liefern wollen.

Der

3) Eloisa an Abelard von Pope.

aus Richardson.

Der Heilige sitzt unter einem großen Baum, welcher ihnen zu einem hirtenmäßigen Obdach in dieser ländlichen Scene dient. Seine fünf Schüler, die Pflanzen seiner Hand und Kinder seines Gebetes, 4) befinden sich gegen ihm über, und hören einem Gespräche sehr aufmerksam zu, welches, wie es scheint, das Gesichte im Kamaldulenser Thal zum Gegenstande hat, auf welches er mit den Fingern zeigt. Die Poesie dieses Gesichtes ist schön und ob sie schon der Mahler nicht erfunden hat; so hat er sich doch durch die edle Idee, die er davon genommen und auf eine seinem Gemälde so vortheilhafte Art dargestellet hat, gleichsam zum Urheber gemacht. Die Prozession der Schatten von den in dem Orden verstorbenen Heiligen, von welchen die Obersten nach dem Maas ihrer Entfernung, sich in den Wolken verlieren, öfnet dem Nachdenken ein weites Feld und erfüllt den Gegenstand mit einer großen Feierlichkeit und heiligen Ehrfurcht. Die Ruhe aller Figuren überhaupt und aller Nebenumstände des Gemäldes, tragen dazu bei, den stillen Frieden zu erheben, welcher der herrschende Charakter des Stückes ist.

Da dieses Gemälde für Väter des Ordens bestimmt ist, so giebt der ihnen hier vor Augen gestellte Stifter ihres Ordens sowohl, als ihre Vorfahren, unter eben den Kleidern, welche der Orden trägt, und die Heiligen, die nach einander in den Himmel steigen, den schicklichsten Gegenstand ab, um ihnen Neigung einzuflößen, diesen Fußstapfen zu folgen und

F 2 nach=

4) Siehe an Richard von Perp.

macht der ganzen Geſellſchaft Ehre, weil dieſe allgemeine Einförmigkeit die Einbildungskraft überredet, daß es mit ihnen eben ſo gehen werde.

Allein das Vortrefflichſte und Hinreißendſte in dieſem Gemählde beſtehet darinn, daß man hier nichts Schreckliches, nichts Schauderhaftes, weder furchtbare Felſen, noch eine unwirthbare Wüſteney erblickt:

„Die Wüſte lächelt, und in der Wildniß eröfnet
„ſich das Paradies 5).

Nirgends eine ſchwermüthige Mine, nirgends:

„Finſtre Traurigkeit, freywillige Strafen und
„beſtändige Thränen 6).

Hier iſt alles lächelnd, alles zufrieden, zwar feyerlich und ernſt, doch heiter und fröhlich zugleich. Kurz, dieſes herrliche Gemählde giebt uns einen liebenswürdigen Begrif von der Religion, deren Wege Wege der Wonne, und deren Steige Friede ſind.

5) Weiſe an Ebilend.
6) Eben daſelbſt.

Die

Die Kommunion des heiligen Hieronymus,
von Domenichino,
in der Kirche St. Girolamo della Carità zu Rom. 1)

Die Anmerkungen des Bellori 2) über dieses Gemählde sind so vortreflich, daß ich nach ihm eine regelmäßige Untersuchung darüber eben so wenig anstellen werde, als ich es über des Augustin Carracci Gemählde bey den Karthäusern zu Bologna 3), welches eben dieselbe Geschichte vorstellt, gethan habe. Im Gegentheil werde ich mich bemühen, diese beyden Werke so genau zu vergleichen, als es mir möglich ist, und, ohne die Anmerkungen des Bellori zu wiederholen, einige der meinigen beyzufügen.

Es giebt wohl Niemand, er besitze auch nur wenig von jener Kenntniß, welche die Italiäner Virtù 4) nennen, der nicht von diesen zwey berühm-

---

1) Dieses Gemählde ist von Cesar Testa und Jacob Frey in Kupfer gestochen. Der vortrefliche Kupferstich des letztern giebt einen so richtigen Begrif von dem Originale, als es einem Kupferstecher möglich ist.

2) Le Vite de' Pittori, Scultori ed Architetti moderni, scritte da G. P. Bellori; seconda edizione; Roma 1728. 4. pag. 182.

3) Von Franc. Perriez, le Juge, und mehrern gestochen.

4) Unter dem Worte: Virtù, begreifen die Italiäner alles, was Kenntniß und Liebe zu den schönen Künsten in sich schließt.

ten Gemählden und von den ihnen ertheilten Lobsprüchen etwas sollte gehöret haben. Schon seit ihrer Entstehung sind die Stimmen getheilt gewesen. Einige ziehen das Werk des Augustin Carracci, andere die Arbeit des Domenichino vor.

Man darf nicht vergessen, daß Carracci diesen Gegenstand schon unternommen, und ihn mit allgemeinem Beyfall ausgeführt hatte. Domenichino sah sich also zu seinem Nachtheil gezwungen, entweder diejenigen Gedanken zu nehmen, welche seinem Nebenbuhler nicht eingefallen waren, oder die er verworfen hatte, die also wahrscheinlich nicht die besten gewesen sind; oder aber ihn zu kopiren, wenigstens es zu scheinen. Die Beschaffenheit des Gegenstandes führte ihn, bey verschiedenen Puncten, nothwendig auf eine so große Aehnlichkeit, daß man diese für eine Nachahmung gehalten hat, und der gute Erfolg des Carracci zwang ihn, solchen, in andern Puncten, wirklich nachzuahmen, oder statt dessen, seine Sache schlechter zu machen. Anstatt also, wie man es gethan hat, ihn eines Plagiats zu beschuldigen, hätte man ihn tadeln können, daß er nicht noch mehr entlehnet hat — oder er hätte, wenigstens auf eine seinem Gemählde vortheilhaftere Art, abweichen sollen. Er hätte die Hauptidee beybehalten, aber die Nebenumstände, die verschiedenen Arten des Ausdrucks, welcher ihm ein weitläuftiges Feld öfnete, die Manier, das Kolorit und das Hellbunkle verändern sollen. Wäre er wirklich ein fruchtbarerer Erfinder als Augustin gewesen; so hätte er hierdurch sein Glück machen

machen können. Da aber dieses nicht gewesen ist; so trug alles dasjenige, was er aus sich selbst besser machen wollte, dazu bey, eine ganz entgegengesetzte Wirkung hervorzubringen.

Es ist wahr, daß der Heilige sowohl, als der Priester, in der nämlichen allgemeinen Stellung sich befinden; aber in den besondern Theilen sind große Veränderungen. In dem Gemählde des Domenichino ist dieser Heilige viel schwächer, als im Gemählde des Carracci. Dieses ist eine beträchtliche Veränderung! Allein es ist die Frage, welcher von beyden Künstlern die beste Wahl getroffen hat? In Carracci's Werke nun legt der Heilige sein letztes Gebet der Demüthigung ab. Er hat die Hände über einander gelegt auf der Brust, um die Hostie zu empfangen, die der Priester mit beyden Händen hält, indem er sich gegen ihn hinneigt, und den Augenblick erwartet, wo er sie zu nehmen bereit seyn wird. Der Heilige, von seinen Mönchen gehalten, nimmt seine letzten Kräfte zusammen, und blickt das Sakrament mit vieler Andacht und Inbrunst an. Dieses lenkt den Geist auf diese große Handlung, und erhält ihn auf dasjenige aufmerksam, was den Gegenstand des Gemähldes ausmacht. In dem Werke Domenichino's scheint der Heilige in den letzten Zügen zu seyn, und kaum zu bemerken, was mit ihm vorgeht. Dieses sieht man an seinen nachläßig herabhängenden Armen, an seinen ausgestreckten und unter sich abstehenden Fingern, an seinen eingezogenen Zehen, an der äußersten Schwachheit seines Körpers, und vor-

züglich

züglich an seinen tiefliegenden sterbenden Augen und an der Todenbläße seines Gesichts. Dieses würde der richtigste Ausdruck von der Welt seyn, wenn man annehmen könnte, daß er die Hostie schon empfangen habe. Allein so, wie es ist, scheint es, daß es der Heilige zu lange aufgeschoben habe, das Sakrament zu empfangen, und man befürchtet, er möchte sterben, ehe man es ihm werde reichen können. Der Unterpriester, welcher den Wein hält, scheint auch unruhig darüber, und nähert sich, um bereit zu seyn, ihm jenen so bald zu reichen, als er die Hostie genommen haben wird.

In dem Werke des Carracci hingegen erwartet der Priester diesen Augenblick mit mehr Anstand und Ruhe; er deckt den Kelch mit seiner Hand, und schlägt die Augen mit viel Andacht und Demuth in die Höhe. Man nehme zu allem diesem hinzu, daß beym Domenichino alle Figuren, welche den Heiligen umgeben, entweder weinen, oder doch wenigstens sehr bekümmert um ihn sind, ohne auf den Hauptumstand, auf das Sakrament, acht zu haben. Beym Carracci ist dieses anders, und der herrschende Charakter des Stücks die Andacht. Hier hat Domenichino den Weg seines Nebenbuhlers verlassen, um, wie es scheint, alle seine Stärke in einem einzigen Punkt, dem Mitleid, zu vereinigen. Aber eben deswegen stellt sein Gemählde mehr den sterbenden heiligen Hieronymus, als dessen Kommunion vor.

Nichts desto weniger erweckt Augustin ebenfalls Mitleid, so viel es sich zu der erhabensten Handlung schickt,

schickt, die er darstellt. Ein nicht minder schöner, glücklicher und neuer Gedanke ist der alte Löwe, der beständige und treue Gefährte des Heiligen, welcher sich ihm, in Augustins Gemählde nähert, seine Fußsohlen leckt, ihn mit einer seiner Pfoten liebkoset, und, so viel er kann, zu ermuntern sucht. Dieser kleine Umstand mildert die Einbildungskraft, und erfüllt sie mit Zärtlichkeit; zu geschweigen, daß ein Subjekt, welches der Andacht nicht fähig ist, seine Freundschaft nicht anders ausdrücken kann. Domenichino konnte sich dieses Gedankens nicht mehr bedienen, weil er schon gebraucht war; aber er hat einen andern erfunden. Ein andächtiges, schon bejahrtes Weib kriecht zu dem sterbenden Heiligen hin, um seine Hand zu küssen. Der erste Gedanke ist vorzüglich glücklich, und ich zweifle gar nicht, daß er dem Domenichino Veranlassung zu einer Erfindung gegeben habe, die nicht weniger schön ist.

Eine andere Veränderung, die er aber, meiner Meinung nach, minder glücklich getroffen hat, ist folgende. Die Scene in einem, wie in dem andern Gemählde, ist in einer Kirche, welche der heilige Hieronymus über der heiligen Grotte, wo Jesus Christus zu Bethlehem gebohren worden, für seine Mönche erbauet hat; ein Umstand, der nothwendig zur Geschichte gehört. Augustin hat also den Heiligen mit seinen Mönchen umringt, indeß in dem ganzen Gemählde des Domenichino nicht ein einziger ist. Der Heilige wird blos durch zwey junge Leute gehalten, die, dem Ansehen nach, nicht das mindeste

Recht auf diesen in dem Gemählde so wichtigen Dienst haben. Kurz, er stirbt hier, zwar unter ehrlichen und sehr mitleidenden Leuten, die er aber gar nicht kennt, statt daß der Heilige, im Gemählde Augustins, mitten unter seinen Mönchen sich befindet, die alle gegen ihn Beziehung haben, so wie er gegen sie. Dieses ist ganz der Wahrscheinlichkeit gemäß! Denn wer wird sich einbilden, daß seine Mönche diesen Dienst Fremden sollten überlassen haben?

Uebrigens hat Domenichino die Fackel weggelassen, die Augustin für einen so beträchtlichen Umstand angesehen, daß der Mönch, welcher sie trägt, die dritte Figur ausmacht. Es ist dieses dem Gegenstande eben sowohl sehr angemessen, als ein Kreuz, welches in Augustins Gemählde ein Unter-Diaconus an der Brust, gerade vor dem Heiligen, hält. Diese Fackel trägt viel dazu bey, eine gewisse Ruhe und Feyerlichkeit über das Ganze zu verbreiten, welche den allgemeinen Ausdruck des Stückes mehr, als man es anfänglich glauben sollte, erhebt. Domenichino hat diese zwo Figuren mit nichts Erheblichem ersetzt. Augustin hat hinter dem Heiligen, in einem Winkel des Gemähldes, einen Mann mit einem Turban angebracht, um dadurch anzuzeigen, daß die Geschichte im Orient sich zugetragen habe. Man sieht diesen Mann auch im Gemählde des Domenichino. Doch ist dieser nur ein müßiger Zuschauer, statt daß jener Mitleid und Andacht blicken läßt.

Malvasia

Malvasia 5) hat ebenfalls eine Vergleichung mit diesen beyden Stücken angestellt. Wiewohl ob er schon Domenichino's Gemählde sehr streng behandelt; so sagt er doch zu gleicher Zeit, daß Poußin und Andreas Sacchi solches der Verklärung von Raphael gleich gehalten, ja daß letzterer ihm, ohne Anstand, den Vorzug eingeräumet habe.

— : —

6.

Nachricht von dem vortreflichen Copisten, Johann Leonhard Städtler, in Neustadt an der Aisch.

Ist je auf diesem Erdenleben eine würdigere, für den denkenden Menschen unterhaltendere Beschäftigung — ein Gegenstand, der unserm herumirrenden Geiße hinlängliche Nahrung und tausendfachen Unterhalt verschaft, so ist es dieser, die auffeimenden Talente junger, hoffnungsvoller Männer zu beobachten, und sich da schon im Geiste mit den unzähligen Früchten ihrer, durch rastlosen Fleiß erlangten Kenntnisse, zu beschäftigen. So vieles Vergnügen uns auch den Gelehrten eine genauere Beobachtung ihrer allmähligen Fortschritte in den Wissenschaften und des

stufen-

5) Felsina Pittrice: Vite de' Pittori Bolognesi, composta dal Conte C. Ces. Malvasia, Part. IV. p. 318.

klassenweisen Emporkommens gewährt, und zu so vielem Nachdenken und süßen Empfindungen uns auch immer die großen Verdienste unsterblicher Männer leiten; so glaube ich doch, daß es für unsern Geist eine eigene weit größere Wollust ist, die aufblühenden Talente junger, hoffnungsvoller Künstler zu beobachten, da es hier blos Sache der wirkenden Natur ist, die sich bey jedem Schritte mit weit mehr Anspannung und vereinigteren Kräften aus ihrer schweren Hülle empor zu streben bemühen muß, indeß der Studierende doch mehr gebildet ist, wenigstens doch hin und wieder nützliche Winke zur Erleichterung des fernern Beginnens erlangt hat.

Unsere beyden Fürstenthümer Anspach und Bayreuth haben den Ruhm, nicht nur eine große Anzahl zum Theil trefficher Künstler als ihre Einwohner zu besitzen, sondern auch manches große Kunstgenie auf eigenem Boden erzeugt zu haben. Wer sich die dankenswerthe Mühe nehmen wollte, eine detaillirte Uebersicht nur unsrer jetzt lebenden Künstler und Professionisten, und den Betrieb der vielen in unserm Lande befindlichen Manufakturen und Fabriken zu entwerfen, der würde wohl schon aus den sechs Hauptstädten des Bayreuther Landes einen ziemlich starken und wichtigen Beytrag einer Kunst- und Gewerbs-Geschichte dieses Landes entwerfen können. Und wollte man auch seine Gedanken auf eine Geschichte der ehemaligen Künstler richten, wie sehr würde einen Artisten schon die merkwürdige Epoche Markgrafen Friedrichs beschäftigen! Anspach ist unter seinem

jetzigen

jetzigen preiswürdigen Alexander — der nicht nur
Künste und schöne Wissenschaften liebt, sondern sie
auch beschützt, ein kleiner Sammelplatz vieler trefflicher
Künstler, davon uns die Namen eines Schwabeda,
Naumann, Hubert, Köppel, Gözinger, Lie-
beskind, Kleinknecht, Schwarz u. s. w. die kräf-
tigsten Belege sind. Ueberhaupt unterhalten uns die
Miscellaneen artist. Inh. in mehrern Heften von den
vielen Künstlern dieser Residenz, da uns, leider! von
Bayreuth — das doch auch zu dem großen Künstler-
Kontingent so manchen biedern, ehrenvollen Mann
darstellen kann, ich weiß nicht, aus Sorglosigkeit,
oder allzugroßer Trägheit, desto weniger bekannt ist*).

Neustadt an der Aisch, die fünfte Hauptstadt
des Fürstenthums oberhalb Gebirgs, hat vorzüglich
drey Hauptkünstler, einen Bischoff, Schiedmayer
und Städtler, deren Andenken schon längst verdient
hätte, in diesen Miscellaneen rühmlichst erhalten zu
werden. Die Nachrichten von den beyden ersten
Künstlern muß ich für diesmal noch Kunstliebhabern
entziehen, der letztere soll aber jetzt mein angenehmster
Gegenstand seyn.

Johann Leonhard Städtler ist zu Nößlein-
dorf, einer Vorstadt zu Neustadt, den 18ten December 1759 gebohren. Sein Vater, der gleichen Namen führte, war Schneidermeister bey der Neustädter
Meisterzunft; er wurde ihm aber sehr frühzeitig durch

den

*) Seitdem dieß geschrieben war, ist dem diesem Mangel
einigermaßen abgeholfen worden, im dritten Stück des
Auszugs. W.

dem Tod entrissen, da er kaum fünf Viertel Jahre erreicht hatte. Unter mütterlicher Aufsicht legte er seine Schuljahre sehr schlecht zurück, bis er in seinem funfzehnten Jahre von seinen Vormündern, da er Lust zum Schreiner-Handwerk bezeigte, zu dem dasigen sehr geschickten Kunst-Schreiner, Meister Schiedmayer — einem Bruder des Erlangischen bekannten Künstlers *), in die Lehre gethan wurde. Ein Hang zur Mahlerey zeigte sich bey unserm Herrn Städtler schon in früher Jugend; allein aus Mangel irgend einer Anleitung, entfernt von aller Unterstützung, war er zu schwach, seinem brennenden Verlangen nur einigermaßen Genüge leisten zu können. Nach Verlauf der festgesetzten drey Jahre seiner Auslernung, nach welchen er noch immer wechselsweise bey drey Jahren arbeitete, war sein Hang zur Mahlerey zu groß, zu unwiderstehlich. Er verließ daher seine erlernte Profession, und überließ sich ganz dieser edlen Kunst, wozu wohl die nähere Bekanntschaft mit dem dasigen Herrn Stadtapotheker Straßkircher die weitere Veranlassung mag verursachet haben. Dieser würdige, sehr geschickte Mann, ein gebohrner Regensburger, dem Neustadt seit seines Daseyns sehr viel Gutes verdankt, ist nicht nur ein großer Meister in der Miniaturmahlerey, davon ich oft genug Augenzeuge war, sondern er hat auch in der Naturwissenschaft und dem chemischen Fache die größten ausgebreitetsten Kenntnisse und im Mechanischen eine vorzüglich reichhaltige Erfindungsgabe

*) Man sehe von ihm den 14ten Heft der Miscellaneen art. Jub. S. 107.

gabe und Beurtheilungskraft; ein Mann, der in allem Betracht Hochachtung verdient! Dieser unterstützte unser nunmehriges junges Mahlergenie auf das thätigste, machte ihn auf eine richtige, vortheilhafte Darstellung seiner Gemälde auf Schatten und Licht, den Ausdruck, die Drapperie u. s. w. aufmerksam, verwies ihn, da er bey ihm eine vorzügliche Neigung zum Landschaftmahlen fand, auf die genauere Betrachtung mannichfaltiger Naturgegenden und deren möglichst getreue Nachahmung, suchte ihn bey Kunstliebhabern bekannt zu machen, und erwies diesem jungen Künstler in Rücksicht seiner Bildung, die ohne diesem treuen Mentor nie dieses Ziel erlangt hätte, Vatertreue. Nunmehr ist er in der Mahlerey so weit gekommen, daß er nach allen den großen Meistern, es sey, in welcher Art und Manier es auch immer wolle, nicht nur vortreflich kopirt, sondern sie auch so herrlich nachahmt, daß seine Arbeiten von den Originalen nicht leicht zu unterscheiden sind, wovon etliche kleine, aber schöne Kabinetchen zeugen könnten, wenn es sich schicken würde, sie mit Namen anzuführen. Sein Lieblingsfach ist vorzüglich das Landschaftmalen, worinn er auch jetzt sehr artig und der Natur getreu componirt. Seine Landschaften, denen er viel Leben giebt, und über das Ganze Feuer und Geist verbreitet, sind meistens nach der Manier eines Schütz ausgeführt, nach dessen Mustern er auch schon vieles kopirt hat. Viele Kopien und auch gute Kompositionen hat er beständig für einen Hrn. von J**, der sich jetzt in S*** aufhält, in der Arbeit, so wie

ich

ich selbst im vorigen Sommer sein großes Zimmer ganz mit Gemälden für diesen Herrn behangen sah. Dieser Hr. von J** versendet sie dann weiter in andere Gegenden, in die Schweiz, besonders nach Basel, zum Theil als Originale, oder als Stücke großer Meister. Seine neuern Stücke sind meistens unten, oder auch in der Mitte mit den Anfangsbuchstaben seines Namens J. L. St. bezeichnet. Es ist recht sehr zu bedauern, daß dieses so herrliche Genie bis jetzt noch keine höhere Unterstützung gefunden hat, welches doch bey seinen vorzüglichen Naturgaben und bey seinem anhaltenden, unwiderstehlichen Eifer, größere Fortschritte in seiner so glücklich angefangenen Kunst zu machen, recht sehr zu wünschen wäre. Hätte er Gelegenheit, sich eine vorzügliche Gallerie zu Nutze zu machen, oder würde er auch nur die Gunst eines reichen Privatmannes geniessen; so würden bald seine Gemälde die redendsten Beweise eines guten Meisters und vorzüglichen Landschaftmahlers seyn; und bey einigem Unterricht in den Alterthümern, der Geschichte und den schönen Wissenschaften, als worinn es ihm noch fehlt, nicht leicht durch eine Begehungs- oder Unterlassungssünde getadelt werden können.

F. K. G. Hirsching.

6.
Vermischte Nachrichten.

1.

Der Präsident der Akademie der bildenden Künste in Wien, Freyherr von Sperges, hat vom Kaiser eine Gehaltszulage von tausend Gulden erhalten.

2.

Zu Oberheim, bey Nördlingen, lebt ein erfinderischer Kopf, der ohne fremde Anleitung mechanische Kunststücke verfertigt, z. B. kleine Kutschen, die für sich laufen, indem sie durch ein Uhrwerk in Bewegung gesetzt werden. Er heißt Johann Melchior Diem, ist seines Handwerks ein Zeugmacher, und verdient Aufmunterung.

3.

Braunschweig, am 5ten April 1788. Durch den leichten und geschickten Grabstichel des hiesigen Kupferstechers, Herrn Karl Schröder, ist ganz neuerlich das Bildniß unsers Durchl. Erbprinzen in einer sehr gefälligen Manier, und mit glücklich erreichter Aehnlichkeit, vollendet worden.

4.

Da Se. königl. Majestät einen abermaligen Beweis Höchstdero landesväterlichen Aufmerksamkeit und Fürsorge, zur Beförderung und Vervollkommnung der vaterländischen Kunst gegeben, indem Höchstdieselben es nicht dabey bewenden lassen, zur Aufmunterung der Kupferstecherkunst und Bildhauerey ansehnliche Unterstützungen gnädigst zu bewilligen, sondern auch mir, als Curator der Akademie der Künste und mechanischen Wissenschaften, einen beträchtlichen Fond anzuweisen gnädigst geruhet haben, woraus den vaterländischen Mahlern alljährlich 1) eine Prämie von fünf bis sechshundert Thalern für das beste Stück einer Historienmahlerey aus der brandenburgischen Geschichte; 2) eine von vier bis fünfhundert Thalern für das zweyte historische Stück; 3) eine für die beste Landschaft von drey bis vierhundert Thalern; 4) eine von zwey bis dreyhundert Thalern für die besten theatralischen und andern perspektivischen Stücke; 5) eine von hundert fünfzig bis zweyhundert Thalern für das beste Blumen- oder Viehstück; 6) eine von hundert bis hundert fünfzig Thalern für das beste Portrait in Oel, Pastel oder Miniatur gegeben werden soll; so mache ich solches jedermänniglich hierdurch vorläufig bekannt, und soll wegen der nähern Bestimmungen, sowohl in Ansehung der Preis-Gemälde, als auch der Preis-Kupferstiche, nächstens das Weitere öffentlich bekannt gemacht werden. Berlin, den 12ten April 1788.

Freyherr von Heinitz.

5.

Dresden, am 2ten Jul. 1788. Die Casanowische Theorie der Zeichnung und Mahlerey bleibt liegen, weil der Subscribenten zu wenig sind, und der Kurfürst keinen Vorschub dabey thun will.

6.

6.

London, am 17ten Jun. 1788. Die dießjährige Gemäldeausstellung im Hause der königlichen Akademie hat sich am 7ten Jun. geschlossen. Man ist durchgehends der Meinung, daß die Exhibition seit der Zeit in ihrem Werthe abnehme, seit welcher die Künstler so sehr Jagd auf ihre einheimischen ersten National-Mahler machen, und hierdurch wird sich auch am Ende die wenige englische Originalität, wegen so vieler Aftergeburten, ganz verliehren müssen. Hier wird der Hauptwerth eines Gemäldes in dem Piquanten gesucht: die übrigen Wahrheiten der Kunst sind mit zu dickem Schleyer bedeckt, als daß Aufklärung zu hoffen wäre. Die Kunst würde hier weiter gekommen seyn, wenn die Hetze auf Angelika Kaufmann und Cyprioni einigermaßer länger gedauert hätte. Es wäre zu wünschen, daß Herr Langenhöffel, Kurpfalz-Baierscher Hofmahler *), der sich in der vießjährigen Exhibition durch geschmackvolle Komposition, Zeichnung, Färbung und Harmonie besonders auszeichnete, sich länger hier aufhielte. Eben dieser wird die Polyplasiasmos, oder die Kunst, ein Gemälde, so oft es ihm beliebt, dem Original in allen Theilen ähnlich, zu vervielfältigen, in einer viel höhern Vollkommenheit, als sie bisher getrieben worden ist, mit nach Deutschland bringen, so wie auch die Kunst, Email wie ein Oelgemälde zu mahlen.

7.

*) Man sehe s. dieses Museums 1stes Stück S. 14. u. f. f.

7.

Herr Karl Franz, ein Virtuose vom ersten Range aus der Fürstl. Esterhazischen Kapelle, hat sich auch in Erlangen auf seinem lieblichen Bariton, einem künstlichen Bogeninstrument mit drey und zwanzig Saiten, welches außer ihm wohl wenige werden spielen können, hören lassen, und den Herausgeber dieses Museums in den Stand gesetzt, folgendes von ihm zu erfahren. Er ist von Langen-Bielau im schlesischen Fürstenthum Schweidnitz gebürtig. 1738 ist sein Geburtsjahr. Sein Vater war ein Handelsmann und Verleger von Zeugwaaren. Er wurde vom neunten bis ins achtzehnte Jahr zu Fallenberg von seines Vaters Bruder, welcher Waldhornist und Haushofmeister bey dem Grafen Michael Zerotin war, erzogen, und zur Musik, Land- und Hauswirthschaft angehalten. In seinem zwanzigsten Jahre kam er als Waldhornist zum Fürstbischof Eck in Olmütz, wo er, mit Hülfe der Hand, alle halbe Töne rein zu blasen erfand. Seine Geschwindigkeit, Höhe und Tiefe im Blasen war unerhört; denn er blies 5 C. Nach Absterben jenes Fürstbischofes wurde er zum Fürsten Esterhazi nach Wien verschrieben. In dessen Kapelle war er vierzehn Jahre lang. Als ihm der Fürst nicht erlauben wollte, zu heurathen; so gieng er zum Kardinal Joseph Bathyani nach Preßburg, und war acht Jahre lang bey ihm. Beym Antritt der Regierung des jetzigen Kaisers mußte der Kardinal die Musik abschaffen; worauf Herr Franz sich zwey Jahre in Wien aufhielt, und dort jährlich sechs Concerte mit

Vermischte Nachrichten.

mit Beyfall gegeben hat. Das Bariton, das er den König aller Instrumente nennet, hat er beym Fürsten Esterhaßi für sich selbst erlernt. Er reiset mit demselben seit drey Jahren in Deutschland herum. Sein Instrument hat dadurch einen Vorzug vor vielen andern, daß er ganz allein eine vollstimmige Kammermusik machen kann. Die von Zeit zu Zeit einfliessenden Vierteltöne verursachen die angenehmste Harmonie. Besonders bemerkt man dieß in der, von großen Musikkennern als ein Meisterstück rührender Harmonie, bewunderten Deutschlands Klage auf den Tod des großen Friedrichs, von der Komposition des Herrn Kapellmeisters Heyden. Im Sommer dieses Jahres hält er sich in München auf, und sucht einen, seiner Talente würdigen Hof, wo er lebenslänglich versorgt werden könne. Im künftigen Winter will er nach Frankreich, England, Holland und Rußland reisen. — Folgende Anekdote theilen wir mit, wie wir sie von ihm empfangen haben: Ich spielte vor drey Jahren zu Wien in einer großen Gesellschaft hoher Herrschaften. Nach meinem Spiel kam ein alter Kavalier zu mir, und sagte: Hören Sie, man hat mich gezwungen, hieher zu kommen; denn ich bin ein Feind der Musik: aber Ihr Spiel und Ihr Instrument gefällt mir; es kömmt mir vor, wie die Ananas; man hört, und weiß nicht, was man hört; denn alles harmonirt auf unterschiedliche Art. Ich habe nach der Zeit gehört, daß dieser Kavalier hernach öfters Musik und Concerte besucht hat, und er ist also ein neuer Mensch geworden.

8.

Mit patriotischer Theilnehmung sehen wir aus der Neunten Nachricht an das Augspurgische Publikum von der öffentlichen Ausstellung verschiedener Kunstarbeiten und jährlichen Austheilung der Preise ꝛc. daß auch im Jahr 1788 die Kunstakademie zu Augspurg thätig und im Flor gewesen sey. In der bey der Preisevertheilung (vermuthlich vom Herrn Licentiat und Rathskonsulenten Obermann) gehaltenen Rede wird von der Eintheilung der Mahlerkunst in verschiedene Schulen, und von ihrem charakteristischen Unterschied, kurz, aber mit Einsicht und belehrend gehandelt. Es folgen hierauf die gewöhnlichen Anzeigen der von Kunstschülern zur Erringung eines Prämiums eingelieferten Kunstarbeiten und Versuche, und der von Künstlern und Kunstfreunden zur Ehre aufgestellten Arbeiten.

9.

London, am 22sten April 1788 *). In der Exhibition Great Rooms, late the Royal Academy, N. 125, Pall-Mall, April 8, 1788, stellte Copley sein Meisterstück, vorstellend den Tod des Grafen von Chatham, mit den übrigen Portraits of several British Peers and Members of the House of Commons, zum andernmal aus, und bestimmte dafür den Preis von 2625 Pfund Sterling; welcher ihm zu wünschen ist für die sklavische Bemühung und Nachjagung der Portraits.

*) Von einer andern, mir sehr werthen Hand, verschieden von derjenigen, die das, was unter Nr. 6. steht, berichtet hat. Der ausgestellten Gemälde waren 413.

Portraits. In vielen ist große Aehnlichkeit; übrigens aber ist das Gemälde hart, trocken, und gleicht vollkommen einer Wachsbilder-Versammlung. Kurz, wer nicht gewohnt ist, Wachsvorstellungen zu sehen, mag sich hier auf einige Tage den Appetit verderben. Weiter finden sich von lebenden Meistern hier: Hectors Abschied, von West. — Einige Landschaften von Gainsborough — und verschiedene von Loutherbourg. Es wäre einigen Landschaftmahlern in Deutschland, die sich so groß dünken, und auf vieles so stolz herunter sehen, zu wünschen, es kämen ihnen Werke von diesem Künstler zu Gesicht. Vielleicht würden sie von ihrer Unwissenheit überzeugt, und durch Loutherbourgs Talent belehrt. — Am 14ten April eröffnete sich die Exhibition bey Herrn Macklin, von den vornehmsten Scenen aus den brittischen Dichtern. Die Sammlung besteht aus 19 Gemälden, worunter sich einige schöne Bilder von der Angelika befinden. Sie sind von verschiedener Größe, alle von englischen Künstlern gemahlt. Viele nehmen sich besonders übel aus. Die bereits fertigen Kupfer haben alle Verbesserungen in der Zeichnung erhalten: nur sollte Bartolozzi nicht immer so viel von seinem eigenen Gepräge beymischen. Hier sind einige von diesen Vorstellungen:

Nr. 1. Lavinia. vid. Thomson's Seasons - Autumn, vers. 181. von Gainsborough. Dieses Bild hat große Verdienste in Ansehung der Simplicität und der Färbung.

Nr. 2. Adam's first Sight of Eve. vid. Milton's Paradise lost Book VIII. von Peters (einem Prediger). Nach diesem Bilde zu urtheilen, ist die erste Schöpfung sehr übel gerathen, und man sieht, daß sich der Mensch unendlich gebessert hat. Das Ideal sind wohl die Sichel-Beine der Eva. Uebrigens sind Thiere und Landschaft von gar keinem Verdienst.

Nr. 3. The Vestal. vid. an Ode to Meditation, by Gregory. van Joshua Reynolds. Dieses Bild hat gute Verdienste.

Nr. 4. Young Hobbinol and Ganderetta. vid. Sommerville's Hobbinol and Ganderetta. von Gainsborough. Sehr mild und gut gehalten in Farbe und Zusammenhang.

Nr. 5. Ode to Mercy. vid. Collin's Ode to Mercy. von Artaud. Mittelmäßig gezeichnet und charakterisirt. Es ist vielen Künstlern zu rathen, sich nicht zu früh von Eigenliebe verblenden zu lassen, um solche große Sujets zu mahlen.

Nr. 6. Ode to Spring. vid. Gray's Ode to Spring. von Maria Cosway. Es ist ihr zu wünschen, sie studiere, um weniger übertrieben zu seyn, mehr die Bilder der Angelika.

Nr. 7. Comus. vid. Milton's Comus. von Martin. Dieses Bild hat einen Zettel anhängen, daß es noch nicht fertig sey: aber, wie will sich die schlechte Zeichnung verbessern?

Nr.

Nr. 8. Prince Arthur's Vision. vid. Spenſer's Faerie Queene Book I. Canto IX. von Fuſeli *). Die Kupferſtiche nehmen ſich, nachdem ſie in der Zeichnung und ſonſt Verbeſſerung erhalten haben, noch ſo ziemlich aus. In den Gemälden muß man keine mahleriſchen Verdienſte ſuchen.

Nr. 9. The Rape of the Lock. vid. Pope's Rape of the Lock. von Artaud. Der Künſtler mag immer bey dieſer Manier bleiben, und ſich nie an größere Sujets wagen!

Nr. 10. The Death of Cato. vid. Addiſon's Tragedy of Cato. von Brown. Die Hauptfigur hat kein Verdienſt.

Nr. 11. Queen Katharine's Dream. vid. Shakeſpear's Henry VIII. von Fuſeli. S. Nr. 8.

Nr. 12. Amyntor and Theodora. vid. Mallet's Amyntor and Theodora. von Stothard. Dieß Gemälde hat in ſeiner Art gute Verdienſte.

Nr. 13. Palamon and Arcite. vid. Chaucer's Palamon and Arcite, modernized by Dryden. von Hamilton. Die Figuren ſind alle zu lang, und die Mahlerey ſchmeckt in allem zu ſehr nach Paul Veroneſe.

Nr. 14. The Death of Arcite. vid. Chaucer &c. von Hamilton.

Nr. 15. The Goldfinches. vid. the Elegy to the Goldfinches, by Mr. Jago. Dodsley's Poems Vol. IV. von Ramberg. Er hat ſich gegen einige andre Sachen hier zu ſehr herunter bringen laſſen.

*) Vielleicht Füeßli? M.

Nr. 16. The Freeing of Amoret by Britomarten. vid. Spenser's Faerie Queene Book III. C. XII. Stanza XXVII. von Opie. Etwas schlechteres, als hier die weibliche Hauptfigur ist, kann man wohl nicht sehen.

Nr. 17. Sans-Loy killing the Lyon. vid. Spenser's Faerie Queene Canto III. St. XLI von Cosway. Ehre genug für das weibliche Geschlecht, daß seine Frau ihn übertroffen hat! Es gehört ein guter Kenner dazu, um in seinem Gemälde die Pferde und die Esel zu unterscheiden.

Nr. 18. The Hermit. vid. Parnell's Hermit von Nixon. Dieß Bild ist sehr unbedeutend.

Nr. 19. Constantia. vid. Chaucer's Man of Law's Tale, modernized by Mr. Brook. von Rigaud. Dieß Bild ist nicht ohne Verdienst.

7.
Todesfälle.

I.

Am 19ten Januar starb zu Frankfurt am Mayn der Stadt-Baumeister, Herr Andreas Liebhard, nachdem er sechzig und etliche Jahre gelebt hatte. Er war ein gebohrner Frankfurter, und vielleicht eben deswegen nicht ganz so geschätzt, wie es seine Talente und auf Reisen durch Italien, Frankreich, England,

land, Holland, Deutschland und Ungarn erworbene vielfache Kentnisse erfoderten. Die noch obwaltende Kirchenbau- Geschichte verursachte ihm viel Verdruß, so daß er noch kurz vorher seinen Dienst, und bald darauf die Welt quittirte.

2.

Herr Joseph Redelmayer ward zu Prag im Jahr 1727 gebohren; kam 1744 zu Franz Müller, damaligen königl. Böhmischen Hofmahler in die Lehre, verließ ihn aber, und übte sich im Prager Theater. Von da gieng er zu Franz Xaver Palko, und mahlte gesellschaftlich zu dessen historischen Werken in Oel- und hauptsächlich in Kalkfarben die Architektur, Blumen und andere Nebensachen: nahm aber in Figuren selbst den Stil von Palko an; daher er billig unter dessen geschickteste Schüler zu zählen ist. Nebst Palko arbeitete er gleichfalls unter Bibiena in Berlin und Dresden; und nach diesem letztern machte er sich den großen Geschmack in der Architektur eigen. Hat er auch Palko in der Großheit der Zusammensetzung, im Helldunklen, und in dem kräftigen Ausdruck nicht erreicht; so zeugen doch seine hinterlassenen Altarblätter von einem sanften Kolorit in Oelfarben, hingegen in Blumen und Architektur, besonders in Leim- und Kalkfarben, war er einer unsrer besten Künstler. Nur Schade, daß er nicht mehr Gelegenheit hatte, in großen Werken dieses sein ausserordentliches Talent uns in mehrern Denkmahlen zu hinterlassen. — Aus Bruderliebe zu seinen beyden Schwestern, die er nährte, lebte er unverheurathet.

Da

Da er sich aber nur mit Kirchen- und andern großen Arbeiten beschäftigte, so wurde er, wie viele andre, bey der neuen Reform des Kaisers aus aller Beschäftigung gesetzt, und starb in seiner Vaterstadt am 13ten Februar 1788 an der Auszehrung im Krankenhause der barmherzigen Brüder. Einige seiner vornehmsten Werke sind in Meusels deutschem Künstlerlexicon angezeigt.

3.

Am 12ten April starb in München, nach einer langwierigen Krankheit, Herr Joseph Toeschi, Director von der kurfürstl. Kabinetsmusik, im 64sten Jahre seines Alters. Auswärtige Liebhaber der Tonkunst werden diesen Verlust mit Betrübniß vernehmen; denn er war von den wenigen einer, die ihren Musen durch einen gefälligen oder feurigen Gesang und weder die schmeichelndste Grazie, oder hohen, pathetischen Schwung mittheilen können, ohne dazu affektirter Harmoniewendungen, seltsamer Fortschritte, und überhäufter Nebenstimmen vonnöthen zu haben. Seine Manier ist unnachahmlich, so wenig sie auch dem bizarren, überfeinen Geschmack, der durch überraschende Künsteleyen aufgekitzelt seyn will, Genüge leisten kann. Toeschi schrieb für gerade, unverdorbene Sinne, und für einen guten, männlichen, gebildeten Geschmack, dem das einfache wahre Schöne über alles ist, und war in dieser Art der einzige. Höher noch, als sein Künstlertalent, erhob ihn sein vortrefflicher Charakter. Weit entfernt, sich jemals in die unter seinen Kunstverwandten so gewöhnlichen Kabalen

Kabalen und Intriguen zu mischen, wandelte er den ruhigen (oft einsamen) Pfad des Biedermannes, verlangte nie zu glänzen, um nie zu verdunkeln, war äußerst gerecht in seinem Urtheil, und lobte oft mit redlichem Ernst das Werk eines Tonkünstlers, wenn er schon dessen Moralität eben so sträflich verwerfen mußte. So lebte er, geschätzt von seinem Fürsten, und geliebt von allen, die ihn kannten, deren einstimmiges Urtheil noch weit mehr rechtfertigen würde, als wir hier seinem Andenken geweihet haben.

4.

Im May starb zu Prag im 20sten Jahre seines Alters ein sehr hoffnungsvoller Künstler, mit Namen Ambrosi. Hätte er länger gelebt, so würde man ihn bald den größten Meistern an die Seite haben setzen können. Sein Pinsel war im Hurrischen Geschmack, indem er schon seit dem zehnten Jahr einige ovidische Scenen bearbeitete. Alle Freunde der Kunst bedauern ihn, mit dem Ausrufe: Das mahlerische Genie Böhmens ist dahin!

Inhaltsanzeige.

1. Gedanken eines Künstlers über den Unterschied des Geistes und Gebrauchs der alten und der neuen Kunst; in einem Schreiben an den Herausgeber. S. 3
2. Einige Anmerkungen über den jetzigen Zustand der Mahlerey in England. 9
3. Berichtigungen und Zusätze zu der im ersten Stück dieses Museums S. 87 u. f. ertheilten Nachricht von Herrn J. C. Schoßmann, in Burg Friedberg, und seiner Schmetterlingssammlung. 32
4. Nachricht von dem prächtigen Werke: Voyage Pittoresque de Naples & de Sicile; nebst Auszügen. 36
5. Einige Auszüge aus Richardson. 78
6. Nachricht von dem vortreflichen Copisten, Joh. Leonhard Städtler, in Neustadt an der Aisch. 91
7. Vermischte Nachrichten. 97
8. Todesfälle. 106

Druck-

Druckfehler.

Im achten Heft der Miscellaneen artistischen Inhalts.

Seite 222. ist noch ein Druckfehler anzuzeigen, den man zu verbessern bittet. Es muß nämlich dort Zeile 8. gelesen werden: Mitglied der Kapelle des Fürsten ꝛc.

Im ersten Stück des Museums.

S. 57. Z. 3. von unten auf lies: Campidoglio.

Im zweyten Stück.

S. 28. Z. 12. l. Roubiliac.
— 92. — 8. v. u. a. l. gelehrter, statt geehrter.
— 94. — 19. l. legte, st. beste Arbeit.

Im dritten Stück.

S. 23. Z. 12. l. seinetwegen, und.
— 26. — 4. v. u. a. l. Compositionen.
— 30. — 3. l. Bravour.
— 35. — 18. l. Rosten, st. Rösten.
— 38. u. s. f. ist überall Townley zu lesen, statt Toweley.
— 40. Z. 7. l. pudor.
— 48. — 1. v. u. a. l. didicit.
— 49. — 2. l. laudare.
— 52. — 10. l. anweisen, st. anweißen.
— 55. — 12. l. Einsicht, st. Einsicht.
Ebend. — 13. l. Statthalter, st. Stadthalter.
S. 57. — 3. l. Dilettanten, st. Dilettanten.
Ebend. — 25. l. funszehn, st. fünfzehn.

S. 59. Z. 4. l. die, st. dir.
— 66. — 8. l. Kloster, st. Klein Hailsbronr.
Ebend. — 10. l. 1787. st. 1788.
S. 68. l. Esenbeck, st. Elsenbeck.
— 71. Z. 2. v. u. a. l. glücklichem, st. geschicklichem.
— 74. — 16. l. 1787.
Ebend. — 18. l. Sperges.
S. 75. — 21. l. neuliche, st. nehmliche.
— 78. — 6. l. Burney.

Im vierten Stück lese man:

S. 3. in der Note Museums, st. Musdumes
— 4. Z. 22. l. Pyreikus.
— 9. — 3. v. u. a. l. können, st. könnien.
— 12. — 21. l. Kompilirte.
— 13. — 5. v. u. a. l. Tapeten- und.
Ebend. — 2. v. u. a. l. einige haben in.
S. 17. — 9. l. weisen, st. weißen.
— 18. — 19. l. weisen, st. weißen.
— 21. — 8. 9. 10. ist zu lesen: Markus Aggrippa — ein Mann von mehr bäurischen, als feinem Geschmack — hinterließ hierüber, wie Plinius anmerkt.
Ebend. — 2. v. u. a. l. lebend, st. lobend.
— 28. — 7. v. u. a. l. Polyplasiasmos.
— 36. in der Note l. Sade, st. Sacke.
Mémoires, st. Mémoire.
Petrarque, st. Petrargue.

Die übrigen Druckfehler des vierten Stücks werden zu Ende des fünften angezeigt werden.

Museum
für
Künstler
und für
Kunstliebhaber

oder
Fortsetzung der Miscellaneen artistischen Inhalts.

Herausgegeben
von
Johann Georg Meusel,
Hochfürstl. Brandenburgischem und Quedlinburgischem Hofrathe,
ordentlichem Professor der Geschichtkunde auf der Universität
zu Erlangen, und Ehrenmitgliede der Königl. Preußischen
Akademie der Künste zu Berlin.

Fünftes Stück.

Mannheim,
bey C. F. Schwan und G. C. Götz.
1788.

I.

Ueber O=Relly's Papagey.

Der Engländer O=Reily, der erst vor Kurzem starb, hinterließ, nach öffentlichen Blättern, nicht nur ein ansehnliches Vermögen an Kapitalien und liegenden Gütern, die er theils seiner Frau und seinem Bruder, theils seinem Enkel und zwo seiner Enkelinnen vermachte; sondern er hinterließ auch einen Papagey, der ihm 90 Guineen kostete, mit dem Beding, dieser Vogel sollte im Hause bleiben.

Der Vogel, den der Sterbende seiner Wittwe sorgfältig empfahl, hat folgende Eigenschaften: „Er spricht nicht allein, sondern er sigt auch mancherley Stücke, und schlägt mit einem Fuß den „Takt dazu. Er versteht vollkommen, welches Stück „zu singen man ihn auffordert, und wenn er in „einer Note gefehlt, fängt er von neuem an, bis „er es recht macht.„ Es soll wirklich wahr seyn, setzt der Journalist hinzu.

Nun — — wenn es auch blos Erfindung wäre; so muß ich gestehen, daß sie mit vielen Gründen und Kennzeichen der Glaubwürdigkeit aufgestutzt ist.

Aber die Erzählung hat so viele zusammen hängende Umständlichkeiten, daß sie sich beynahe, oder vielleicht gewiß, als Faktum, als Wahrheit anpreiset. Und so will ich sie jetzt vor allem durch die historische Kritik aufzufinden und zu bestimmen suchen.

Was ist in der ganzen Erzählung enthalten, das sie glaubwürdig macht?

1) Zuerst der bestimmte Preis des Vogels.

Der Papagey kostete 50 Guineen. Eine schöne Summe, die seinen Werth verbürgt! Für einen bloßen Papagey, wenn er nichts wäre, als dieß, wenn er sich nicht irgend durch besondere Geschicklichkeiten und Künste auszeichnete, würde auch der reichste Kapitalist nicht so viel bezahlen.

O-Relly giebt 50 Guineen für seinen Vogel; diese Summe setzt allerdings besondere Gründe der Affektion voraus. O-Relly, sagt die Kritik, würde sich nicht, durch eine solche Summe, einen Vogel erkauft haben, wenn er nichts als Papagey gewesen wäre, wenn er sich nicht durch etwas ganz Eigenes, Besonderes, seinem Käufer empfohlen hätte.

2) Die Affektion selbst, in welche O-Relly seinen Vogel aufgenommen hatte.

Er empfahl ihn sorgfältig seiner Wittwe. Er testirt also für ihn, als für ein Glied vom Hause; ja, er ist bekümmert um das künftige Schicksal des Vogels, und verordnet, daß er im Hause bleiben soll.

Mich

Mich dünkt, dieß beweiset hinlänglich die Sorgfalt, und, wenn man will, die Liebe, die der Sterbende für seinen Vogel hatte; so wie die Erzählung von den Künsten desselben, auf der andern Seite ein neues Siegel der Glaubwürdigkeit dadurch erhält. Nur durch sein Eigenthümliches, Außerordentliches, konnte sich der Vogel die Zuneigung und Vorsorge seines Herrn verdienen: und man sorgt, nach dem gewöhnlichen Lauf der Dinge, wahrhaftig nicht wie der Vater für sein Kind, wie O Relly für seinen Papagey, für die Zukunft hinaus, wenn der Papagey nichts war, als blos schöner Vogel.

3) Das Mißtrauen, das der Journalist gewissermaßen selbst in die historische Gewißheit des Faktums zu setzen, oder die Unglaubigkeit, die er von seinen Lesern zu vermuthen scheint.

Es soll wirklich wahr seyn! spricht er am Ende seiner Erzählung. Er findet also in seiner Erzählung gewisse Umstände, die ans Unwahrscheinliche gränzen; aber bey allem dem versichert er doch ihre Wahrheit, und dieß mit kaltem Blute, mit ruhiger Ueberlegung.

Ein Mann, der dem Publikum blos etwas hätte aufbinden wollen, hätte sich selbst nicht so blos gegeben, sich selbst nicht so verrathen; hätte das Unwahrscheinliche in seiner Erzählung entweder mehr zu vermeiden, oder mit stärkern Scheingründen aufzustutzen gesucht: ja, hätte am wenigsten sich ein Mißtrauen gegen den Glauben des Publikums merken lassen.

Daß selbst der Journalist gewisse Unwahrscheinlichkeiten in seiner Erzählung zu bemerken scheint, dieß beweiset allerdings seine Ehrlichkeit, und giebt der Erzählung ein neues Siegel der Glaubwürdigkeit. So viel ist aber gewiß, es kommen Umstände in der Erzählung vor, die obenhin unwahrscheinlich scheinen: und doch beruht auf ihnen allein der Werth des Vogels, und die innere Wahrheit der Erzählung; oder die Wahrheit an sich selbst.

Es sind folgende:

1) „Der Vogel spricht nicht nur allein, sondern er singt auch." 2) Er schlägt auch den Takt dazu. 3) Er versteht, welches Stück er singen soll. 4) Und wenn er gefehlt, fängt er wieder von vornen an.

Und nun muß ich bloß die Möglichkeit eines solchen Vogels, die Möglichkeit, ihn so zu unterrichten, alle diese Stücke ihm beyzubringen — ja beweisen suchen.

Mag ihn denn O=Kelly, oder dieser und jener (selbst den heiligen Jnselmus nicht ausgeschlossen) gehabt haben. Die Frage ist nun nicht mehr: hat ihn der Engländer gehabt; sondern kann ihn noch jeder um den Preis haben? Wiewohl, wenn er möglich ist, wenn er in sich selbst keinen Widerspruch enthält, so hat ihn gewiß — ganz gewiß auch O=Kelly gehabt.

Ich komme also auf die Zergliederung des Scheinwunderbaren.

1) Der

I.) Der Vogel spricht.

Hierüber verliehre ich kein Wort, denn wir alle wissen, was unter diesem Sprechen zu verstehen sey, und daß es nichts anders seyn könne, als das Nachplappern einzelner Worte.

Aber er singt auch.

Doch singt er blos künstlich, abgerichtet: wie aus der ganzen Beschreibung hinlänglich erhellt; und dadurch wird sein Singen um so erklärlicher. Wie aber, wenn ihm das Singen gewissermassen nicht natürlich wäre? Dann würde ich mir durch folgende Reflexionen oder Erfahrungen sein Singen begreiflich zu machen suchen:

1) Ich würde mich zuerst daran erinnern, daß man von dem, was die Thiere gewöhnlich nicht thun, oder zu können scheinen, doch ja nicht auf ihr Unvermögen, es durch wiederholte Uebung nicht lernen zu können — schließen könne. Daß also ihr Nichtkönnen bey weitem nicht die Gränzlinie ihres Fassungsvermögens und ihrer Fähigkeiten bestimme. Eine Erinnerung, die mir in dem Augenblick, da ein Büffelochs von einer Savoyarden Bande herumgeführt — unter meinem Fenster allerley Gestus und Komplimente macht — sehr lebhaft gegenwärtig ist.

2) Ich würde das gewöhnliche Nichtsingen unserer Papagey's auf die Veränderung des Clima, auf Trennung vom Geschlecht, auf Zimmer-Gefangenschaft, ja auf die noch engere des Keficht's, die doch gewiß in die natürlichen Triebe einen großen, nachtheiligen Einfluß haben muß — ja auf den Mangel

Mangel der äußern Veranlassung zum Schlagen, auf den Mangel eines gewissen Anstoßes, der die bisher schlummernde Fähigkeit des Vogels in Thätigkeit hätte setzen können: (denn bisher haben wir nur mit unsern Papageyen geplappert, statt zu singen) — darauf würde ich jenes gewöhnliche Nichtsingen schreiben. So habe ich selbst eine Wachtel, die seit Jahr und Tagen keinen Laut von sich giebt. Dieß ist Folge vom Stuben-Arrest. Aber ich weiß gewiß, daß sie schlagen kann. Und wie häufig sind dergleichen Beyspiele! Wie unsicher würde also der Schluß von dem, was die Thiere unter verändertem Umständen gewöhnlich nicht thun, auf das seyn, was sie gar nicht thun könnten, so bald man sich jene Umstände verändert denkt.

3) Aber ich glaube, noch eine Erfahrung hier zu meinem Vortheil benutzen zu können. Es ist die Erfahrung mit dem Dompfaffen*). Dieser Vogel singt eigentlich von Natur nicht; ich glaube wenigstens, niemand wird sein kauderwelsches Zeug für Gesang halten. Und doch ist's bekannt, daß kein Vogel schöner singe, als dieser Dompfaffe, so bald er durch Kunst abgerichtet ist.

4) Ja, der Papagey hat eine sehr fleischichte Zunge, die dadurch, und noch durch ihren ganzen Bau, sich mehr als jede Zunge eines andern Vogels dem Bau der menschlichen nähert. Sollte dieser Vogel nicht schon durch diesen Mechanismus zur Erlernung des Gesangs aufgelegt seyn? Sollte sein Gesang

*) Gimpel, Goll, Blutfink, Pyrrhula.

Gesang nicht schon dadurch mehr Aehnlichkeit mit dem Ton der menschlichen Stimme bekommen? Sind doch die einzelnen Worte, die er plappert, dem Ton dieser Stimme so analog, daß sie oft das Gepräge der Täuschung an sich tragen. Man sieht, es sind blos Schlüsse und Vermuthungen a priori; die ich gerne den bessern Erfahrungen des Naturkenners aussetze.

II.) O-Relly's Vogel schlägt den Takt zum Gesang.

Ist dieß Taktschlagen nichts anders, als eine bloße Bewegung des Fußes auf und nieder, und weiter wird es nichts seyn, anders denke ich mir nichts darunter; so ist es wieder an einem Vogel, der auch schon im Naturstande alle seine Speisen mit den Zehen zum Munde bringt, und gewohnt ist, lange auf einem Fuß zu stehen — bey weitem nicht so wunderbar, als es dem ersten Anblick nach zu seyn scheinet.

Der Papagey bewegt unter dem Gesang seinen Fuß auf und nieder; sein Lehrmeister nahm also während seines Unterrichts im Singen auch immer diese mechanische Operation mit ihm vor; bewegte, während des Gesanges, den Fuß des Vogels unzähligemal auf- und niederwärts, und so lernte denn der Vogel zu eben der Zeit das Taktschlagen (wie man es zu nennen beliebt), zu welcher er das Singen lernte: — konnte es auch um so leichter lernen, weil er schon von Natur gewohnt ist, nicht nur allein auf einem Fuß zu stehen, sondern auch viel mit dem

Fuß zu verrichten! — kurz, weil er schon von Natur eine gewisse Gewandheit in den Füßen hat.

Mir ist dieß sogenannte Taktschlagen des D. Kellyschen Papageyes um kein Haar auffallender, als es mir das so gewöhnliche Patschgengeben unserer Papageyen ist; weit weniger auffallend, als das hundsartige Springen eines gewissen Hahns über einen vorgehaltenen Stock, das ich ehmals in einer Dorfschenke im Gothaischen sah. Der Hahn sprang auf das Wort: Passex! über den Stock hin und her; und war mir ein neuer Beweis, wie weit man Thiere in gewissen mechanischen Künsten bringen könne, durch anhaltenden Fleiß und Unterricht.

Wie das Taktschlagen aber war, richtig oder nicht? Dieß näher zu bestimmen, hat der Journalist vergessen; wenn er anders nicht voraus setzte, daß man schon unter Taktschlagen überhaupt — richtiges Taktschlagen sich zu denken gewohnt sey.

Aber, er soll auch den Takt richtig geschlagen haben; dadurch wird die Sache um nichts wunderbarer. Denn so zu schlagen hatte er ihn gelernt; und er schlug ihn bloß, wie er ihn gelernt hatte. Niemand wird folglich hiebey an ein eigenes Gefühl der Ordnung, in Absicht des Vogels, er wird vielmehr bloß an mechanische Operationen, nach mechanischen Gesetzen, denken.

III.) Er versteht, welches Stück er singen soll.

Verstehen: — dieß Wort würde ich nicht gebraucht haben; denn es kommen hier bloß wieder niedere Seelenkräfte in Rechnung.

Ich erkläre mir die Sache so: Man fing ihm jedesmal das Stückchen, das er singen sollte, selbst an vorzusingen, oder auf einem Instrument vorzuspielen: und der Vogel sang es nach; denn nun war er in den Ton gestimmt; nun war sein Erinnerungs-Vermögen in Thätigkeit gesetzt; nun die Uhr gleichsam aufgezogen; nun das Triebwerk gestellt. Beym Anfang des Vorsingens erinnerte sich der Vogel eines Liedchens, das er schon tausendmal gesungen hatte, und fiel ein in den Gesang.

So, und nicht anders, kann ich mir den Ausdruck — Er versteht, was er singen soll: erklären. Durch diese Erklärung hört er auf, wunderbar zu seyn.

IV.) Wenn er gefehlt, fängt er wieder von vornen an.

Schreibt man dieß Wiederanfangen auf Rechnung des eignen Gefühls der Fehler; so ist die Sache allerdings wunderbar; denn ich sehe nicht ein, wie man dieß kann, ohne eine höhere Seelenkraft, die Kraft der Ueberlegung mit in Anschlag zu bringen. Fängt der Vogel wieder an, um seinen Fehler zu verbessern, so hat er Gefühl der Ordnung, Uebrschauungs-Gabe, Gefühl für Schönheit und Harmonie.

Aber nein! er fängt bloß deßwegen wieder an, weil er es so gelernt, weil er so unterrichtet wurde; und keine Kraft ist hiebey thätig, als die Kraft der Erinnerung. So oft er also beym Unterricht fehlte, machte sein Lehrmeister eine Pause, und fing an,

ihm

ihm das Stückchen von vornen vorzuschlagen. Und so
lernte der Vogel gewissermaßen selbst fehlerhaft singen, aber auch seine Fehler dadurch wieder verbessern, daß er von vornen anfieng, so wie er unterrichtet wurde.

Nach meiner Vermuthung wird also jener Vogel
kein einziges Stückchen fehlerfrey singen. Die Fehler,
die er während des Unterrichtes machte, sind ihm
so zur Natur geworden, als der Gesang selbst, den
er lernte; und er kann sich des Gesangs nicht erinnern, ohne seine ehemaligen Fehler sich zugleich gegenwärtig zu machen; und so singt er noch fehlerhaft.
Aber er fängt denn wieder von vornen an; denn
dieß liegt in der Art seines Unterrichts.

—————

So ist vieles wunderbar und räthselhaft, wenn
man es bloß obenhin betrachtet. Aber bey näherer
Untersuchung löset sich das Dunkel in Licht auf.

Und so bin ich wenigstens gewöhnt, über Gegenstände zu denken, die anfangs die Mine des Wunder-
baren haben. Und wie oft fühlte ich schon darüber
in meinem Herzen eine Zufriedenheit, die auf der einen Seite eben so erhaben ist, als sie sich auf der
andern vom Stolz entfernt. Denn

Quantum est, quod nescimus!!!

C. L. Junker.

*) Seit dem versicherte mich ein Reisender, so viel sey
gewiß, daß der Papagey wenigstens jeden einzelnen Ton
vollkommen nachahmen könne.

2.

Einige Kunstnachrichten von Anspach.

Der vortrefliche Violinspieler Kleinknecht, Sohn des Anspachischen Kapellmeisters und Neffe des verstorbenen würdigen Konzertmeisters, ist nach seiner Zurückkunft von Akademien als Kammerkapellist angestellt worden. Er bekam anfangs, weil keine Besoldung leer war, von seinem gnädigsten Fürsten eine anständige Pension, welche bald darauf durch einen bey der Kapelle erfolgten Todesfall ansehnlich erhöht wurde. Der Herr Marggraf, welcher gute Köpfe jeder Art ausserordentlich unterstützt, gab ihm drey Jahre lang einen wirklich fürstlichen Beytrag zum Studieren. Mit diesem gieng er nach Leipzig, und widmete sich daselbst der Rechtsgelehrsamkeit. Da er schon sehr schöne Kenntnisse von dem illustren Gymnasium zu Anspach wegbrachte, und auf der Akademie seinen Fleiß fortsetzte, so ist leicht zu erachten, daß er nicht blos auf Seite der Kunst, sondern auch der Wissenschaft sich auszeichnet. Als Künstler ist sein Werth entschieden, und er würde jeder Kapelle Ehre machen. Aber dafür hatte er auch einen Lehrer, wie wenige glücklich sind, einen zu haben; denn es giebt heutiges Tages nicht viele so gründliche Kenner ihrer Kunst, als sein würdiger Oheim, der Konzertmeister Kleinknecht, gewesen ist. Gegenwärtig ist er ein Jüngling von zwey und zwanzig

bis

bis drey und zwanzig Jahren, still, edel und bieder, und kennt nichts von jenem Winde, der manchen Künstler, besonders manchen Musiker, schier bis zum Zerplatzen auftreibt.

Auch der kleine musikalische Held, Jägers des Violoncellisten einziger Sohn, ein Knabe von etwa eilf Jahren, spielt nun auch als wirklicher ansprachischer Kapellist an seines Vaters Seite dessen Instrument beynahe schon mit gleicher Leichtigkeit, Begeisterung und Würde. Der Vater reisete, im vorigen Winter mit ihm nach Berlin, und der hasige Hof erstaunte über die Größe dieses außerordentlichen Künstlers. Mit Vergnügen hätte ihn die Königinn an ihre neue Kapelle genommen; allein der Vater wollte seinem guten Fürsten, von dem er eben so hoch belohnt als geschätzt wird, seinen Sohn wieder zurück bringen. Für die Ehre, die der junge Jäger der Kunst seines Vaterlandes außerhalb macht, wurde er dann mit einer schönen Pension als wirklicher Kammermusikus bey der Kapelle angestellt. Allein auch die erhabene Gemahlinn Friedrich Wilhelms wollte bey dem von ihr so geschätzten jungen Künstler im Andenken bleiben, und bestimmte ihm Zeitlebens eine jährliche Pension von hundert Reichsthalern.

Indeß wirkte des jungen Jägers Reise nach Berlin auch noch auf drey andere anspachische junge Künstler, und kann vielleicht noch auf mehrere wirken. Denn Anspach, obschon keine Kunstakademien daselbst glänzen, wird noch lange fort eine würdige Schule der Künste bleiben. Wenigstens findet der Mahler und

und Musika hier junge Leute, welche sich für Zöglinge Dresdens und Mannheims ausgeben könnten. So ist, um nur Ein Beyspiel anzuführen, die sinnigste Mamsell Hänlein, Tochter des Herrn Hof- und Regierungsraths, und Naumanns würdigste Schülerinn, ein Genie, das alle Anlage hat, einst eine Angelika Kaufmann zu werden. Sie hat es in zwey Jahren so weit gebracht, als manche andere brave Zöglinge Naumanns in fünf und noch mehr Jahren. Als zweyjährige Schülerinn war es ihr bey weitem zu wenig, die schönsten Stücke ihres Lehrers in verschiedenen Manieren bis zur Täuschung zu kopiren. Sie stellte dann schon Originale dar mit einer solchen zugleich geistdarstellenden Wahrheit, daß jeder, der die Person auch nur etwas kannte, sagen mußte: Ja! das ist sie ganz. Ihre Phantasie faßt jeden ausgezeichneten Zug, jeden auffallenden Blick der Seele, jede originelle Seite des Charakters so leicht, so richtig und so fest, daß ihre neuesten Stücke, nebst der Kraft der höhern Vollendung, auch noch den kühnen Flug des Genies vermuthen lassen. Naumann selbst gesteht, er habe weder in Italien, noch in Frankreich und Deutschland solch eine für seine Kunst gebohrne Erdentochter kennen lernen. Der Enthusiasmus, mit dem sie ihre Kunst faßt, und die Höhe, welche sie bereits darinn schon erreicht hat, lassen nicht vermuthen, daß der Wankelsinn des weiblichen Geistes sie nach und nach vielleicht für einen andern Gegenstand einnehmen möge. Strebt sie in den Schranken fort, in die sie bereits mit so vie-

lem

ins Nahme getreten; und halten sie in der Folge nicht etwa andere Verhältnisse zurück, so wird ihre Vollkommenheit einst. gewiß einen hohen Preis erringen. Doch zur Folge zurück, die Jdgers Reise auch für einige andere junge anspachische Künstler hatte.

Der erste davon ist Herr Schwarz, Sohn des bekannten großen Fagotisten, ein Jüngling von ohngefähr zwanzig Jahren. Unter einem solchen Vater ein Instrument studieren, und einen solchen und so thätigen Meister bey einer solchen Anlage immer spielen hören — was läßt das sonst, als eben wieder einen Meister erwarten. Und das ist der junge Schwarz, ohne ihm eine Schmeicheley zu machen; schon ist in einem hohen Grade, denn er hat eben die ungemeine Delikatesse in der ganzen Spielart, eben die unbeschreibliche Fertigkeit, den lieblichschmeichelnden Ton und den affektvollen Vortrag seines würdigen Vaters. Dieser reisete mit ihm öfters in Deutschland herum, führte ihn dann auch nach England, wo der junge Künstler am Hofe bewundert wurde. Nach seiner Zurückkunft nach Deutschland erhielt er dann einen Ruf an die Kapelle des Prinzen von Wallis, bey welcher er auch mit einem ansehnlichen Gehalte bis zu ihrer Aufhebung gestanden ist. Seitdem hielt er sich bey seinem Vater auf, bildete sich noch weiter, und neulich berief ihn die Preußische Monarchinn, auf Herrn Jdgers Empfehlung, als Fagotisten an ihre neue Kapelle mit einem Gehalt von dreyhundert sächsischen Thalern. Er ist nicht bloß Spieler allein, sondern auch, wie sein Vater, Gesangschöpfer für

sein

sein Instrument, obschon er die Ausarbeitung, Kritik und Feile des Ganzen dem eigentlichen Tonsetzer überläßt. Auch hat er das vor manchem seiner Gleichen voraus, daß er mit seinem zerlegten Fagot nicht sein ganzes Wissen und Thun in sein Futteral schnallet. Sein Vater nämlich schickte ihn auf das illustre Gymnasium zu Anspach, worinn er bis in die vorletzte Klasse gieng, und sich scholastische Kenntnisse sammelte, die man in dem Grade bey wenigen Künstlern antreffen wird.

Der ältere Herr Baumer, ein Jüngling von neunzehn Jahren, Sohn des anspachischen Waldhornisten, ist der zweyte, der, auf Herrn Jägers Empfehlung, zugleich an der Königinn Kapelle gezogen wurde. Ein ganz vortreflicher Mann auf seines Vaters Instrumente, der seiner neuen Bestimmung in mehr als einer Rücksicht Ehre machen wird. Diesen sehr würdigen Zögling der Kunst verdankt diese einem Biedermanne, der hier genennt werden muß, damit, wenn der Ruhm des genannten jungen Künstlers einst lauter ertönen wird, nicht der Künstler allein, auch der Menschenfreund wissen möge, wer der Edle sey, der die für die Kunst blühende Hoffnung gepflegt, und zu höherer Reife gebracht habe? Es ist dieß der würdige Oheim des Jünglings und ehemaliger Kammerdiener bey Ihro königlichen Hoheit, der verstorbenen Frau Marggräfinn von Anspach, Herr Baumer. Dieser Mann, dem mit Recht ein Platz unter den besten Menschen gebührt, that an seinem braven Neffen, was viele Väter, wenn sie es auch

Meusels Museum 5tes Stück. B *können,*

können, nicht an ihren Söhnen thun. Er schickte denselben einige Jahre auf das anspachische Gymnasium, und ließ ihn alles lernen, was für ihn daselbst gelehrt wurde. Dann sendete er ihn zwey Jahre lang auf die Karlsakademie nach Stuttgard, um dort nicht nur sein Instrument weiter auszubilden, und als Tonsetzer zu studieren, sondern auch schöne Wissenschaften, neuere Sprachen und andere bürgerliche Kenntnisse zu hören. Daher wird man freudetrunken, wenn man den jungen Künstler auf einmal als einen Mann reden hört, der auch in einem Kreis von Gelehrten nicht verstummen darf. Keinen herrlichern Gedanken hätte der edle Oheim haben können, als seinen Neffen nach Stuttgard zu schicken, denn er hat allerley vortrefliche Kenntnisse eingesammelt, die ihn in der Folge, besonders in Berlin, äußerst beliebt machen werden.

Auch der zweyte Herr Baumer, des erstern jüngerer Bruder, ist zugleich mit als Waldhornist bey der Kapelle der Königinn angestellt worden. Dieser hat freylich die eleganten Kenntnisse seines Bruders nicht, denn sein Oheim ließ ihm nur Privatunterricht geben; aber als Künstler wird er jenem nicht allzuviel nachstehen. Auch übertrift er seinen Bruder, der etwas weichlich und schwächlich zu seyn scheint, an Stärke und Dauerhaftigkeit. Die Natur, sollte man glauben, habe ihn recht absichtlich zu einem Waldhornisten zusammen treiben wollen. Der starke veste Knochenbau, die untersetzte derbe Statur, die guten haltbaren Gesichtsmuskeln, der, wie der Ost-
 wind,

wind, scharfe und brynahe ewigdauernde Athem waren nur für einen Mann bestimmt, der das Waldhorn mit allen seinen Reizen und aller seiner Kraft spielen sollte.

Beyde Künstler erhalten Tisch und Wohnung frey, und jeder sogleich jährlich hundert und fünfzig Thaler. Auch bekamen sie von ihrer Monarchinn ein anständiges Reisegeld, und von ihrem wohlthätigen Oheim alles im ganzen Umfange, was ein junger Künstler beym Antritt einer solchen Stelle nöthig hat. Tiefgerührt und stille, wie die zärtliche Wehmuth, verließ er sie, und gieng, um sich zu zerstreuen, in eine Gesellschaft. Man gratulirte ihm darinn zu dem Glücke seiner Neffen, und Thränen traten ihm ins Auge. Eben kam der Postwagen hergefahren, mit dem sie abgehen wollten. Sehr sichtbar vermehrte sich die Unruhe seines Herzens, als man ihm sagte: „Mit diesem fahren ja Ihre Neffen ab!" „Ich muß ihnen doch noch etwas nachsenden, sagte er, damit es ihnen unter Weges nicht fehlen möge." Mit diesen Worten stand er auf, wickelte noch ein Packetchen Thaler zusammen, und schickte es ihnen mit thränenbezeichneten Augen und gerührtester Zärtlichkeit in das Posthaus nach, blos mit dem Auftrage, ihnen auszurichten, daß sie hier von ihm noch etwas nehmen, gut haushalten, und wohl leben möchten. Wenn einst, wie zu hoffen ist, der ältere Baumer besonders der Kunst Ehre bringen wird, so gebührt das erste Denkmal des Dankes

B 2 *seinem*

seinem vortreflichen und menschenfreundlichen Oheim, der ihm eine höhere Bildung geben ließ, da er außerdem vielleicht nur ein gemeiner Musikant oder Professionist geworden wäre.

3.

Einige Kunstnachrichten von Erfurt und Weimar.

Theuerster Herr Hofrath!

Ich habe Ihnen in meinem letzten Brief einiges von meiner Leipziger Reise erzählt. Beym Durchlesen meiner Papiere fand ich aber noch manches, womit ich Ew. ꝛc. auf einige Augenblicke unterhalten zu dürfen glaube. Ich will es in diesem Briefe nachholen.

In Ihren Miscellaneen hatte ich von dem Mahler Beck einiges gelesen; ich hätte daher weniger Liebe zur Kunst haben müssen, wenn ich nicht alles andere einem Besuch bey der Wittwe dieses mit Recht gerühmten Mahlers nachgesetzt hätte. Ich erhielt gütig die Erlaubniß, die hinterlassenen Schätze desselben besehen zu dürfen, und, in der That, ich habe viel Schönes gesehen. Der Tod raffte den Guten über vielen Arbeiten hinweg; es sind daher mehr Skizzen, als ausgeführte Stücke übrig. Seine Tauben aller Gattung, jung und alt, sind bis zur Täuschung wahr, besonders auch Hühner, Haasen, Kaninchen, Hunde. Auch

Auch habe ich von seinem Neuern so natürliche Früchte, aller Art, Kohl, Rettig, Rüben gesehen. Unter seinen ganz und gar fertigen Stücken hat mich sein eignes Portrait entzückt. Es ist ganz der Natur treu, und scheint ohne Kunst; auch darf man nur ein wenig physiognomische Kenntnisse haben, um den guten, denkenden Mann aus dem Auge und der Stirne zu lesen. Sehr reizend hat er einen Rembrand copirt, worauf dieser Mahler stehend abgebildet ist, fast in der Stellung seines Bürgermeisters Six. Ein gar lieblich gehaltenes Werk, dem man die Copie nur mit Mühe ablauern wird. Außerdem die Nacht des Corregio, oder vielleicht eine eigne Nacht, nach derselben. Aus dem Kind fließt eine solche Klarheit, daß, der dichten Nacht ungeachtet, alle Umstehenden, ihrer Nähe oder Ferne nach, richtig beleuchtet werden. Sonst hatte Beck auch andere Mahlereyen gesammelt, die die Wittwe noch besitzt; darunter einen recht guten Kopf, unverkennbar von Lukas Cranach, auch eine Kreuzigung von einem Flamländer, worauf sich besonders der köstliche stählerne Panzer eines Kriegers im Vordergrund auszeichnet.

Außerdem sah ich in dem ganz artigen Museum des lutherischen Waisenhauses einen sehr guten Kopf vom Lukas Cranach, samt einer kleinen Landschaft, die Zerstörung Trojens vorstellend, von ebendemselben, die aber nur gar flüchtige Skizze zu seyn scheint.

Zu Weimar traf ich den 5ten October zu einer glücklichen Stunde ein. Stellen Sie sich vor, lieber Herr Hofrath, wie viel Vergnügen mir die Nachricht machte,

machte, daß gerade Ausstellung der Krausischen Akademie sey! Ich kannte dieselbe auch durch Ihre Miscellaneen, hatte ziemliche Begriffe davon gefaßt, und bin nicht getäuscht worden. Im Ball- und Komödienhause waren zwey Zimmer mit einem kleinen Vorzimmer dazu eingerichtet. Im Vorzimmer hingen mathematische und architektonische Risse, und ein noch junger Mensch hatte eine Probe seiner durch sich selbst erhaltenen Geschicklichkeit in einer recht artig modellirten Säule aus Ton gezeigt. Das anstoßende Zimmer war mit Schüler-Arbeiten ausgeschmückt, die gewiß gute Hoffnung für die Zukunft geben. Der Einfluß dieser edlen Anstalt auf Künste und Handwerker wird auf die Zukunft desto beträchtlicher seyn, da jeder Junge, arm oder reich, der Lust dazu hat, sie besuchen darf. Die Arbeiten der Frauenzimmer hatten, ohne irgend ein Compliment, das ich sonst so gern dem schönen Geschlecht mache, mehr Kraft und Anmuth, als die der Knaben. Die bekannte Dichterinn M. Schröder, die, um in allem zu zeigen, was Gaben und Fleiß vermögen, sich auf Zeichnen und Mahlen legt, hatte sich besonders durch einige Stücke, auch einem Kopf mit Reißkohle ausgezeichnet, den ich seiner Kühnheit wegen nie für Mädchen-Arbeit würde erkannt haben. Viele von den reizenden Scenen im Stern und in der kalten Küche waren hier nach der Natur gezeichnet. Im zweyten Zimmer waren Lehrer-Arbeiten. Waiz und Krause haben mir am besten gefallen. Außer einigen Miniaturgemählden, und besonders seinem eignen Bildniß in Oehl,

stark

stark und rüstig verfertigt, hatte der erstere einen Ugolino im Kerker in chinesischer Tusche geliefert. Fürchterlich schön! Der Vater sitzt mit abgezehrten Wangen da, sieht einen seiner Söhne ihm zu Füßen sterben, und hat keine Thräne, ihn zu bedauern. Sein hohles Auge starrt verzweifelnd über die Scene hin, und seine Hände hat er mit dem natürlichsten Ausdruck unnennbarer Schmerzen im Schoos gefaltet, und ganz fest in einander gedrückt.

Krause stellte, wie schon verschiedenemal, eine allerliebste Scene aus Oberon auf. Es ist die im 10ten Buch, wo Hüon mit seiner Rezia, nach der fatalen Nacht, „quæ prima malorum causa fuit," bey dem greisen Einsiedler auf einer Insel lebt, und Hüon Holz aus dem Wald zur Hütte für seine Geliebte bringt. Der Baumschlag ist besonders schön daran. Nur damit bin ich unzufrieden, daß der Künstler das schlanke leichte Mädchen mit abgewandtem Gesicht vorgestellt hat. Außer der Wange ersieht das Auge des Zuschauers nichts. Natürlich ist ihr Blick ganz nach dem Geliebten gerichtet, den sie nach einem ganzen Tag Arbeit, und Arbeit für sie, wieder sieht. Und so macht dieß Nichtbehagen für den Zuschauer dem Mahler doch große Ehre. Nach jeder Ausstellung erhalten die guten Schüler Prämien: silberne Reißfedern.

In Düffurt, dem Sommer-Aufenthalt der verwittibten Herzoginn, nicht in Ettersburg, wie Reichardt sagt, bewunderte ich die Urne von Oeser, die dem Herzog Leopold gesetzt worden ist. Das Fußgestell ist

ist auf einem Steinhaufen sehr vortheilhaft errichtet; oben steht die köstlich gearbeitete Urne von weißem sächsischem Marmor; an dem Fußgestelle ist das Brustbild des Herzogs in Marmor, von Glauber en Medaillon angeheftet; darunter stehen die Worte: „Dem verewigten Leopold, Anna Amalia," und vorne auf dem Steinhaufen liegen sein Helm und Degen, sehr gut gearbeitet. Glauber habe ich selbst besucht, und nicht nur den großen Bildner, sondern auch den gefälligen Mann im Umgange in ihm bewundert. Sein Zimmer voll Gipsstatuen, meistens von ihm selbst, hat mich entzückt. Eine seiner neuesten ist die Verschwiegenheit. Ein schöner nackter Jüngling in Lebensgröße, an einen Stamm etwas geneigt; der Zeigfinger der rechten Hand auf den Mund gerichtet, um Stillschweigen anzuzeigen. Seine neueste, noch nicht fertige Statue war eine hohe weiblich gekleidete Figur, die Gesundheit. Sie hält in der einen Hand eine Schlange, in der andern eine kleine Opferschale, die sie der Schlange hinreicht. Ihr schönes faltenvolles Gewand hat alles Mühsame der alten Athenern, und ist meisterhaft geworfen. Bey den Oeser- und Baußischen Arbeiten in Leipzig habe ich alles das in einfachem Grad gefühlt, was Kenner jehnfach fühlen: Bewunderung und Erstaunen rc.

Göttingen,
am 9ten Dec. 1787.

Karl Le ig.

4.
Kurze Beschreibung des Güettlerischen Vogelkabinets.

Unter die Hauptsehenswürdigkeiten in Nördlingen gehöret unstreitig das Güettlerische Vogelkabinet. Verschiedene grosse reisende Kunstkenner haben selbigem ihren vollen Beyfall schon längstens gegeben. Die neidische Kritik einiger unverständigen Egoisten muß dieserhalb beschämt sich hinter den Vorhang schleichen, und ihre Hausrecension kann diesem Kabinete gar nichts schaden; vielmehr wünschten sie im eigentlichen Verstande selbst davon Besitzer zu seyn, wenn sie nur wüsten, solches auf eine nicht gar zu sehr in die Augen fallende Intrigue — zu erhaschen —.

Die ganze Sammlung bestehet in vielen inländischen und ausländischen Vogelgattungen *). Die meisten Raub- und Singvögel-Geschlechter sind, nach ihren natürlichen Stellungen, von mancherley Situationen in derselben befindlich. Die Vogelgattung mag sich entweder im Wasser, im Gehölze, oder auf Felsen aufhalten, so ist von dem Verfertiger dieses Kunstkabinets, so viel wie möglich, gesorgt worden, daß sich jedes Geschlecht, nach seiner ihm eigenen Art, mit natürlichen karakteristischen Stellungen von dem andern gehörig distinguire. Der Verfertiger dieses Kunstkabinets war der verstorbene Herr Senator Michael

---
*) Die Anzahl davon beläuft sich gegen 400.

26 Beschreibung

Michael Friedrich Güettler. Es befinden sich Vögel darunter, welche schon vor länger als dreyßig Jahren verfertiget wurden, und nebst den übrigen von jüngern Jahren eben sowohl der Unverweslichkeit trotzen. Auf Verlangen kann ich mit dem Verzeichniß der Namen und Geschlechterarten aufwarten. Sehen muß man dieses Kabinet, um davon ein Urtheil fällen zu wollen. Aus dem bloßen Katalog kann zwar der Kunstkenner einigermaßen darauf aufmerksam gemacht werden; allein das Schöne davon bleibt für ihn so lange unempfunden, es wäre denn, er sähe davon mit Kennerblicken dasjenige selbst in natura, was man durch alle nur mögliche weitläuftige Beschreibungen doch nicht so ganz pünktlich demonstriren kann. Beynahe jeder Vogel hat sein eigenes Postament. Der Besitzer wußte darinn die Natur so genau zu kopiren, als es nur immer möglich war. Das Museum eines großen Fürsten würde dadurch nicht wenig gezieret seyn, wenn es daselbst aufgestellt wäre. Auch gäbe es eine völlige Naturschule für Mahler in Porcellainfabriken ab — ingleichen auch für Cattunfabrikanten, und andere dergleichen Künstler, die in der Nachbildung der Stellungen arbeiten.

Ich glaube fast, daß die Frau Besitzerinn dieses Kabinets zu bewegen wäre, selbiges für tausend Dukaten an einen solchen hohen Liebhaber und Kunstkenner der Natur zu überlassen; auch würde das Arcanum, womit diese Vögel unverweslich gemacht sind, und wie damit umzugehen ist, als eine Dareingabe getreulichst entdeckt werden. Sollte sich durch

diese

dieſe Bekanntmachung vielleicht ein oder der andere
Kunſtkenner vorfinden, der dieſes Güttleriſche Vogel-
Kabinet zu kaufen geſonnen wäre; ſo können ſich
ſelbige entweder mündlich oder ſchriftlich an den Herrn
Muſikdirektor Kopletſch in Nördlingen wenden, welcher ſich ganz gewiß ein wahres Vergnügen daraus
machen wird, das Weitere hierinn zu beſorgen, und ſo
viel wie möglich, mit äußerſter Billigkeit bedienen.

5.
Beſchluß der im vierten Stück abgebrochenen Nachricht von der Voyage Pittoresque de Naples & de Sicile.

Sicilien.

Eben ſo intereſſant, als das übrige von Großgriechenland, worunter es auch mit begriffen war, iſt
Sicilien, durch ſeinen alten Glanz, ſeine äußerſte
Fruchtbarkeit, ſeine Denkmale und ſeine Naturerſchei-
nungen. Griechen haben es urbar gemacht, haben
es civiliſirt und verſchönert. Hier war die Wiege ihrer Fabellehre, welche Homer und nach ihm Virgil
mit allen Grazien der Imagination ausgeſchmückt haben. Hier iſt das Hirtengedicht zur Welt gebohren
worden; Theokrit und Moſchus, die zwey erſten und
größten Muſter in dieſer Dichtart, waren von Syracus

racus gebürtig. Der schöne Himmel, das mit Heerden überfäete Land, das unschuldige sanfte Hirtenleben, das sie immer vor Augen hatten, hat sie begeistert, und so haben sie die wohlthätige Natur besungen. Dichter, Redner, Weltweise haben in diesem alten Sitze der Künste geblühet. Sicilien hat sein ruhmvolles Jahrhundert gehabt, das mit denen der Pericles und Alexanders um den Vorzug streiten konnte. Diodor schrieb hier seine Geschichte, Plato reiste hier, Empedocles trug hier die Lehren der Weisheit in schöne Verse über, Xenophanes, Simonides, Zeno kamen hieher, sich eine Freystätte zu suchen; hier widmete Archimedes seine Talente, seinen erfinderischen Kopf und sein ganzes Leben seinem Vaterlande — mit einem Wort: Sicilien konnte sich durch sein Anbauen der Künste, seinen Geschmack, seine Denkmale mit dem ganzen übrigen Griechenlande in einen nicht ungleichen Wettstreit einlassen. Nachdem es in der Folge von den Römern unterjocht worden, behielt es von allen diesen Vorzügen nichts übrig, als was Menschen ihm nicht rauben konnten, die Schätze der Natur, sein schönes Clima, seine außerordentliche Fruchtbarkeit, und nun wurde diese Insel, die nährende Mutter und Säugamme ihrer Ueberwinder, die Korn- und Vorrathskammer von Rom.

Dieß alles führt uns der Verf. des Voyage Pittoresque in einem vorläufigen Discours nacheinander vor, den er diesen zwey letztn, Sicilien allein gewidmeten Bänden vorangeschickt hat; im Laufe eines

nes so langen, so mühsamen und so kostbaren Unternehmens würde vielleicht jeder andre sich Nachläßigkeit zu Schulden kommen lassen; nicht so unser Verf. der vielmehr Sorgfalt und Bestreben verdoppelt zu haben scheint, um uns dieß zu allen Zeiten so berühmte Land, das noch heut zu Tage der Gegenstand der Bemühungen und Untersuchungen aller Liebhaber der Kunst und Natur ist, ja recht sehr interessant zu machen und vorzustellen.

Man mag sich zu Neapel selbst einschiffen, oder, wie unsre Reisende, von Reggio ausgehen, so muß man durch die Scylla und Charybdis wieder durchkommen, von wo man Meßina entdeckt, das sich in einem Amphitheater und unter einer halbzirkelförmigen Gestalt erhebt, und den schönsten Anblick gewähret, den man irgend antreffen kann. Der Hafen ist der weiteste auf dem ganzen mittelländischen Meere, und vielleicht der schönste, den die Natur je gebildet hat. In einer Länge von mehr als einer halben Meile ist er mit einer Reihe von Gebäuden eingefaßt, die um ihrer Regelmäßigkeit und Pracht willen den Namen Palazzata verdient und erhalten hatten. Dieser Anblick des schönsten Gestades, das in keiner andern Stadt sich so vorfindet, und das Innere der Stadt, das mit Bildsäulen, Colonnaden, öffentlichen Plätzen und Springbrunnen ausgeschmückt ist, machen aus Meßina eine der reizendsten und lachendsten Bewohnungen der ganzen übrigen Welt. Leider! sprechen wir von dem, was Meßina unsern Reisenden gewesen ist, und nun schon nicht mehr ist.

Die

30 Beschluß der im 4ten St. abgebroch. Nachr.

Die schreckliche Begebenheit, welche Calabrien verheert und umgestürzt hat, hat auch Meßina verheeret und umgestürzt — und von diesen kostbaren Gebäuden, von dieser reichen Façade, von dieser Reihe von Pallästen ist nichts mehr als das Andenken übrig und die Zeichnungen unsrer Reisenden *).

Wenn man so an der Küste hinfährt, und eine gebirgigte wilde Gegend durchwandert, kömmt man nach Taormina, welches die alte Stadt Tauromenium ist, wo bey jedem Schritte der Blick bey den abwechselndsten und besondersten Lagen zu verweilen aufgefodert wird; was aber die gierigen Augen jedes Reisenden am meisten auf sich zieht, ist das Theater, das durch seine bewundernswürdige Anlage und bis zum Erstaunen führende glückliche Erhaltung nicht anders als ein Wunder der Kunst und der Natur betrachtet werden kann. Gleichwohl war Taormina keine Stadt vom ersten Range, und wir erblicken doch da die Ueberbleibsel eines Denkmals, das von Bürgern einer kleinen Republik aufgeführt war, und 50,000 Zuschauer fassen konnte.

Uebrigens muß man nicht glauben, daß bey den Alten das Theater nur das gewesen sey, was es bey uns ist — daß es blos zu frivolen Ergözlichkeiten gedient habe, daß man sich da zwischen vier Mauern, in dunkeln und kargangelegten Sälen versammelt und verschlossen habe, um da von Liebeshändeln sprechen

zu

*) Auch der königliche Mahler, Herr Houel, hat uns diese Aussichten von Meßina vor der Zugrundrichtung dieser Stadt gegeben und aufbehalten.

zu hören, und daß die verkäuflichen Thore sich nicht
anders als ums Geld geöfnet haben — Nein — es
war ein frey- und offenstehender Ort, mit prächtigen
Portalen umgeben, wozu jedem Bürger der Eintritt
verstattet war; hier versammelte sich das Volk, über
Frieden und Krieg, und über alles andre sich zu
berathschlagen, was die Wohlfahrt des Staats in-
teressiren konnte. Hier gab man der ganzen versammelten Nation Feste und Schauspiele, die darnach
eingerichtet waren, ihren Muth zu erheben, und
Vaterlandsliebe anzufachen und zu unterhalten. Die
ganze übrige Zeit war das Theater der allgemeine
Sammelplatz der Bürger, welche da gemeinschaftlich
die Angelegenheiten der Republik behandelten — und
folglich waren sie fast alle mit der größten Pracht
angelegt und erbauet. So war das, von dem wir
reden — und daher hat auch unser Verf. sich ganz
besonders bemüht, eine sehr umständliche Beschreibung
davon zu geben. Mehrere Plane sind dazu gewidmet,
die Entwickelung der An- und Grundlage, so wie der
Ausführung und Wiederherstellung desselben dem Auge
des Lesers darzustellen.

Je mehr man sich dem Aetna nähert, je fruchtbarer wird das durch die belebende Wärme des Vulcans gleichsam geschwängerte Land, das nun mit
allen Naturproducten wie übersäet ist. Unsre Reisende
versuchen es, den schrecklichen Berg von dieser Seite
zu erklettern, um auf der entgegenstehenden Seite,
wo Catanea liegt, wieder herunter zu steigen; allein
sie finden hier so viele Hindernisse, daß sie genöthigt
sind,

sind, ihr Unternehmen aufzugeben, und vorerst Catanea zu besuchen, und nachher den Aetna von der Seite anzupacken, wo er am wenigsten Rauigkeit darbeut, und mehr Raheplätze und Hülfsmittel verspricht.

Catanea, eine der ältesten Städte Siciliens, ist noch jetzo eine der blühendsten. Auf jedem Schritte findet man da Spuren ihres alten Glanzes; noch sieht man die Ruinen des Theaters, von wo Alcibiades, bey der Expedition der Athenienser nach Sicilien, das Volk harranguirt hat. Die Menge, gierig diesen außerordentlichen Mann zu sehen und zu hören, war ins Theater herbeygelaufen, und mittlerweile er sie durch die Reize seiner Person und durch seine Wohlredenheit einnahm, bemächtigten sich seine Truppen, die außerhalb geblieben waren, der Stadt. In verschiednen Zeiträumen hat Catanea eben das Schicksal erfahren, das Herkulanum betroffen hat; sie ist nach und nach durch die Feuerasche und Lava des Aetna, so wie jene durch die des Vesuvs, bedeckt worden; die Entdeckungen, welche man täglich macht, zeugen von diesen Revolutionen, und der Fürst von Biscaris, einer der reichsten Herren Siciliens, der durch seine Liebe zu den Künsten bekannt ist, hat in dem Boden der wirklichen Stadt beträchtliche Nachgrabungen machen lassen, weilen sie eine andre Stadt unter ihren Fundamenten verbirgt.

Von allem, was diese Oerter interessant machen kann, zieht nichts die Blicke so sehr auf sich, und giebt nichts der Imagination so viel Beschäftigung,

als

als die durch die kaltgewordne Lava um die Stadt Catanea herumgezogne Mauer, eine gleichsam eiserne Brustwehr um dieselbe, die sich bis zu einer Höhe von 50 bis 60 Schuhen erhebt. Im Jahre 1669 ist diese Stadt beynahe ganz umgestürzt worden, aber — was die Macht der Gewohnheit, oder vielmehr der Vortheil der unbegreiflichsten Fruchtbarkeit nicht vermag! die so am Rande dieses Schlundes wohnen, leben da in der grösten Sorglosigkeit, und noch jetzt ist Catanea durch ihren Reichthum und ihre Bevölkerung die zweyte Stadt Siciliens.

Vom Enthusiasmus belebt, den der Anblick dieser Oerter zu erregen so fähig ist, und durch die Schwürigkeit selbst und den wenig glücklichen Erfolg ihres erstern Versuchs angefeuert, entschließen sich unsre Reisenden zu einer zweyten Reise auf den Aetna. Dieser vulkanische Coloß, dessen Haupt sich in den Wolken zu verlieren scheint, theilt sich in verschiedene Regionen, nach den verschiednen Lufttemperaturen, die man da antrift; der untere Theil, oder der Fuß des Berges, Regione Piemontese, hat eine erstaunende Fruchtbarkeit, ist wohl angebauet, und mit reizenden Bewohnungen bedeckt. Die zwote Gegend — Regione silvosa, ist voller Holzungen, mit unermeßlichen Waldungen bedeckt, und hat Bäume, so alt, als die Welt ist. Es zeichnet sich hier ein Baum aus, di cento Cavalli heißt er, weilen hundert Pferde sich bequem unter seinen Schatten rangiren können. Die dritte ist die Schneegegend, Regione scoperta, die alles Grüns beraubt ist, und wo nichts vegetiren

94 Beschluß der im 4ten St. abgebroch. Nachr.

kann, indem sechs Meilen weit und weiter alles mit Schnee zugedeckt ist.

Erst wenn man diese seit so vielen Jahrhunderten über einander gehäuften Schneemassen überstiegen hat, gelangt man zur letzten Region, welche den ganzen Gipfel des Aetna in sich begreift. Dieß ist ein Eiskegel, der fast immer unbesteiglich ist, und in dessen Mitte liegt der vulkanische Becher selbst, mit seiner weiten und schrecklichen Oefnung. Dieser Eisgipfel ist mit Feuerschlünden des Aetna umringt, und selbst die Flammen, die daraus hervorsprühen, können dieses ewige Eis nicht zum Schmelzen bringen; man fühlt da zu gleicher Zeit eine sehr lebhafte Kälte und eine übertriebene Hitze.

Von Catanea aus bis an den Ort, wo der unverzagteste Mann sich hin und hervor drängen kann, sind vierzig Meilen, d. i. ohngefähr vierzehn unsrer Meilen, die man nur mit vieler Mühe und nicht ohne große Gefahren er- und übersteigen kann. Nun findet man sich beym Philosophenthurm, der vom Empedokles den Namen hat, welcher, wie eine ungewisse Tradition sagt, hier umkam, als er unkluger Weise allzunahe dieses große Naturwunder untersuchen und ergründen wollte. Der Volkan hat drey Oefnungen, oder drey verschiedene Schlünde — und aus dem mittlern dünsten unaufhörlich Feuerdämpfe hervor, die so alt sind, als die Welt.

Von diesem Standpunkte des Weltalls den Aufgang der Sonne bemerken, ist das größte und auffallendste Schauspiel, welches das menschliche Auge betrach-

betrachten kann; und für alle ihre Ermüdungen, für alle ihre Mühe finden sich die Reisenden entschädigt, wenn sie von hier aus dieser majestätischen Scene haben beywohnen können, die man vergebens zu beschreiben versuchen würde, und die gleichsam das Wiedererwachen der Natur ist.

Könnte noch etwas das Tagebuch unsrer Zeichner interessanter machen, so wäre es die Erzählung von einer andern Reise, welche, um eben diesen Vulkan zu beobachten, der Commandeur, Herr von Dolomieu, gemacht hat. Man bewundert hier die Kaltblütigkeit und Unerschrockenheit dieses geschickten Beobachters der Natur. Mit einem Worte, der Herr Abbé von S*** hat nichts vergessen, was der Majestät des Gegenstandes nur immer entsprechen kann. Zwanzig Platten, die den Aussichten von Catanea, vom Berg Aetna, und von den umliegenden Gegenden gewidmet sind, können die Neugierde des Lesers hinlänglich und vollkommen befriedigen, der sich gewiß nur mit Mühe von diesen anziehenden Scenen losswinden und entfernen wird.

Nun durchstreichen unsre Reisende, die aufs Fest der heiligen Rosalia, in welchem Augenblick die Stadt Palermo am glänzendsten ist, anlangen wollten, das übrige Sicilien; sie treffen unterwegs zu Abramo ein, wo sie die vergessenen Reste eines Marstempels vorfinden; zu Centorbi, von dem Cicero in seinen Reden wider den Verres spricht, und es als eine der größten und schönsten Städte des Landes schildert; nun ist es mit Mönchen und gödd anglücklichen armen Einwohnern bevölkert; zu Argyra, der Vaterstadt des Geschichtschreibers Diodor's, die mit Syracus selbst um den Vorzug stritte, wo man aber vergebens Merkmale des alten Glanzes aufsucht; zu Sperlinga, das nichts mehr ist, jedem Franzosen aber, der Sicilien durchreiset, lieb und werth seyn muß, weil es die einige Stadt war, die sich weigerte, an der Sicilianischen Mordvesper Antheil zu nehmen,

Quod Siculis placuit, Sperlinga sola negavit.

Weiter hin findet sich das alte und berühmte Enna, der Ceres Vaterland, die unter die Götter versetzt zu werden dadurch verdient hat, daß sie am ersten die Menschen die erste und nützlichste aller Künste, den Feldbau, gelehrt hat. Ceres ist das Bild der Fruchtbarkeit des Landes, und dieser Strich desselben ist die Wiege der Ackerbaukunst. Die erhöhte Imagination der Dichter, und zweifelsohne die Erkenntlichkeit der Völker haben hieher die Wohnungen der Götter versetzt, und die Geschichtschreiber reden hievon eben so, wie die Dichter. Diodor aus Sicilien, Cicero, Livius rühmen uns das alte Enna und dessen wohlriechende Blumen, und den der Ceres geweihten Tempel, der von dem ganzen Alterthum so heilig gehalten ward, daß von allen Saiten Siciliens und Italiens her das Volk dahin wallfahrtete, in eben so zahlreichen Haufen mit eben so heißer Andacht, als es heutiges Tages nach Loretto läuft. Ovid versetzt die Entführung der Proserpina hieher, welche

welche aus der Mitte der Blumenbeete und der sie umgebenden Nymphen nahe bey dem See vorgefallen ist, der seit der Zeit den Namen dieser Göttinn beybehält. Alle Antiquarier und Ciceroni des Landes vergessen nicht, dieß zu wiederholen, und den Neugierigen diese Stelle mit Nachdruck anzuzeigen, die es ihnen denn auf ihr Wort glauben müssen, denn alle diese Wunder sind längst verschwunden — und dieses traurige und öde Land hat nichts mehr, woran man so was erkennen könnte. Die Einwohner sind in Elend und Unwissenheit versunken, und können nicht von Verwunderung zurückkommen, wenn sie Fremde so weit herkommen, Ruinen aufsuchen, Steine untersuchen, und diese Wüsteneyen in Betrachtung nehmen sehen. Endlich wenn man über die Ebene gekommen ist, wo das alte Hymera lag, das so lange das Kriegstheater zwischen den Griechen und Carthaginensern war, und wo Diodor die Bäder des Hercules hin verlegt, langt man zu Palermo, der jetzigen Hauptstadt Siciliens an.

Es sind wenige Städte in Europa, wo der allgemeine Gesellschaftston gefälliger, die Manieren leutseliger, die Lebensart sanfter und weichlicher, die Freyheit völliger und uneingeschränkter — mit einem Worte, die französische Sittlichkeit mehr im Schwange wäre, als hier. Die reichen und wollüstigen Palermitaner haben auch ihre nächtliche Promenade, nicht auf öffentlichem Markte, sondern am Ufer des Meeres und in einer reizenden Gegend; die frische und reine Luft, welche man da einathmet, vortreffliche

38 Beschluß der im 4ten St. abgebroch. Nachr.

Concerte und ein gefälliger Schatten ziehen gegen Abend alles, was die Stadt glänzendes hat, dahin; hier ist der Sammelplatz aller Schönheiten und aller Eleganz von Palermo. „Es herrscht auf diesem Spazirgange, sagen unsre Reisenden, das geheimnißvollste Dunkel, das alle Welt respectiren muß, jeder mengt sich da unter die andern, und verliehrt sich, sucht sich und findet sich wieder. Nie geht man zu Palermo schlafen, ehe man noch einen Gang alla Marina gethan hat; es scheint dieß ein privilegirter Ort zu seyn, mit völligem Ablaß für alle, die sich da begegnen, und daß zu Gunsten dieses Platzes der Sicilianer seinen Hang zur Eifersucht vergessen habe, und dieß geht so weit, daß dahin keine Fackeln vorbringen dürfen, und alles entfernt gehalten wird, was die kleinen heimlichen Freyheiten in Zwang halten könnte."

Fremde reißen sich nur sehr ungern von einem Aufenthalte los, der für sie so viele Reize hat. Unsre Zeichner, nachdem sie dieses Schauspiel genossen, das Pferderennen mitangesehen, das Fest und den Zug der heiligen Rosalia mitgemacht hatten, welche die Schutzgöttinn des Landes ist, und in den Augen des Volks die Feste und den Wagen der Ceres erhält, besahen noch die Gegenden um Palermo herum, die man den Garten von Sicilien nennen möchte, kommen durch das alte Hyccora, Vaterland der berühmten Lais, die unter den verdorbnen Griechen am ersten das Handwerk der Courtisaninnen berühmt gemacht hat, und erreichen nun Segest, welche

Stadt,

von der Voy. Pitt. de Naples & de Sicile.

Stadt, wenn man dem Virgil glauben will, Aeneas erbaut hat:

Interea Aeneas urbem designat aratro.

Die Segestaner errichteten aus Dankbarkeit ihrem Stifter einen Tempel, und gestanden ihm beynahe göttliche Ehren zu. Nicht weniger berühmt war der Tempel der Diana, von dem Cicero wider den Verres spricht; aber alle übertraf der der Göttinn Ceres, von dem man noch Reste sieht, die vollkommen erhalten sind, an Orten, die übrigens unangebaut und öde da stehen, welches von der Gleichgültigkeit der Sicilianer gegen Meisterstücke der Kunst eben nicht zu ihrem Ruhme zeuget. Wenige Denkmale zeigen sich von einer so vortheilhaften und so einnehmenden Seite, als dieser Tempel; und dem Auge des Reisenden zeigen sie in lebhafter Darstellung jenen edlen und majestätischen Ernst, der die ersten Werke der Griechen und den Ursprung der Baukunst bezeichnet. Unser Voyage Pittoresque setzt auch uns in Stand, davon zu urtheilen, indem es uns dieses Denkmal von mancherley Seiten vorstellt, und ein genaues Detail über dessen Bauart giebt, welches alles mit eben so vieler Treue, als Geschmack und Geist ausgeführt ist.

An der Seeküste hin gelangen nun unsre Zeichner nach Trapani, ehedem Drepanum, berühmt durch die Schönheit seiner Frauensperschonen, und wo man noch, sonderlich in dem Innern der Ländereyen, jene regelmäßigen Züge, jene schönen griechischen Profile

E 4 vorfin-

vorfindet, welche der Meisel ihrer Artisten uns noch getreuer aufbewahrt, als es die Natur zu thun nicht vermocht hat. Gierig durchläuft man diesen ganzen Landstrich, den Virgil so berühmt gemacht hat; aber man findet da weder die vom Aeneas gegründete Stadt, noch Anchisens Grabmal, noch jene heiligen Hayne, womit es umringt war; eine trockne, dürre, entblößte Wüste hat die Stelle dieser bezauberten Plätze eingenommen. Wendet man sich zur Rechten, so kömmt man zum Berge Eryx, wo der berühmte, der Venus erycina gewidmete Tempel gestanden hat, der einem so viele wollüstige Ideen wieder ins Gedächtniß zurückruft; immer mit reichen Opfern aus Griechenland und Italien angefüllt, war er als das Heiligthum der Religion der Alten verehrt. Die schönsten Weiber der ganzen Welt waren die Priesterinnen dieses Tempels, und verrichteten darinn alle Ehrenverrichtungen, welches denn nicht wenig dazu beytrug, die Andacht der Gläubigen zu erhitzen. Um da zugelassen zu werden, und sich dem Dienste der Göttinn weyhen zu können, mußte man die Schönheitsprobe aushalten, so wie man heut zu Tage seine Adelsprobe machen muß, um in diesem oder jenem Kapitel Deutschlands zugelassen zu werden, und erstere ware niemals zweydeutig. Den Berg Eryx aber ausgenommen, findet sich von allem dem dort nichts mehr; die Verse des Zauberers allein sind noch übrig, der uns damit so angenehm unterhalten hat.

Geht

Geht man von da links zurück, an dem Ufer des Meeres hin, so fängt man mit unsern Reisenden auf den Ebenen an, wo die griechische Stadt Selinunt gelegen hatte, eine der reichlichst ausgeschmückten Städte des Alterthums, wo die Künste bis zu ihrer Vollkommenheit gebracht waren, und deren auf dem Boden zerstreute Bruchstücke noch jetzo so auffallend sind, daß sie wider Willen Verehrung und Hochachtung einflößen. Der Anblick allein von diesen Ruinen, wie sie in den wahrheitsvollen Zeichnungen dargestellt sind, denen es aber nothwendig an der Illusion und dem Reize der Farben fehlen muß, macht noch eben den Eindruck auf die Leser.

Nachdem uns der pittoreske Reisende mehrere von diesen Aussichten gegeben, und mehrere solcher bezaubernden Blicke gegönnet hat, fügt er eine sehr interessante und unendlich reizende Vergleichungstabelle bey von Tempeln, von Theatern und von mehrern andern alten Denkmälern Siciliens, wonach man auf einen Blick über den Unterschied und die relative Größe eines jeden dieser Gebäude urtheilen kann.

Eine Betrachtung, die man oft zu machen Gelegenheit hat, wenn man so dieß Land durchstreichet, ist diese: daß die Griechen in den Künsten die Meister der Römer gewesen sind, welche jene nie übertroffen, nicht einmal erreicht haben — und daß sie daher noch unsre vollkommensten Muster in jeder Art sind. Hierzu kann man noch setzen: daß bey den Denkmalen der Alten man immer eine große Achtung fürs Volk bemerket; alles daran war für es so:

E 5   gemacht

gemacht und veranstaltet. Eine blos kleine Republik, wie Selinunt, unternahm — um sich Wasser zu verschaffen, um einen Tempel, um ein Theater zu haben, jene Arbeiten, welche die elend kärgliche Pracht der neuern Herren der Welt in Erstaunen setzen würden; bey ihnen war Luxus eine öffentliche Sache, und Bescheidenheit eine Privatsache, und nicht eben hierinn haben wir's uns angelegen seyn lassen, unsern Mustern und unsern Mustern es nachzuthun.

Nahe dabey sind die Bäder von Selinunt, heut zu Tage Sciacca, das Vaterland des Agathocles, wo die Fabel, die ganz gewiß ihren Grund in der Geschichte hat, das Grabmal des Dädalus hingesetzt hat, dieses allgemeinen Genie's, dieses Erfinders aller Künste. Endlich kömmt man gegen Agrigent, jetzt Girgenti, hinab, wo unsre reisende Mahler von der agrigentinischen, ehedem so gerühmten Hospitalität eine traurige Probe gemacht haben; statt des Pallastes des Gellias und der Kundschafter, die er den Fremden entgegenschickte, mußten sie froh seyn, ein wenig Stroh und einen Heuschober vorzufinden, der ihnen zu einem Zufluchtsort dienen konnte.

Agrigent, des Empedocles Vaterstadt, war nach Syracus die erste und beträchtlichste Stadt Siciliens. Noch kann man bey Diodor und Polyb die Beschreibung lesen, welche uns diese Geschichtschreiber von dieser durch die Anzahl ihrer Denkmale und den ungeheuren Luxus ihrer Bürger berühmten Stadt hinterlassen haben. Zur Zeit ihres Glanzes belief sich ihre Bevölkerung auf nicht weniger als achtmal hundert

dert tausend Einwohner, jetzt faßt sie kaum fünfzehn tausend; aber selbst in diesem Stande der Abstuffung und Herabsetzung ist in den Augen der Liebhaber des Alterthums nichts interessanters als diese Ueberbleibsel. Man rühmte vornehmlich die Anzahl und Pracht ihrer Tempel; keine Stadt war in dieser Art reicher; unter den noch vorhandenen zeichnen sich der Tempel der Juno Lacinia aus, der durch Zeuxis Kunst verherrlicht war, welcher, nach Plinius Berichte, darinn diese Göttinn vorgestellt hatte, nach fünf jungen Mädchen von der ausgesuchtesten Schönheit, indem er von jeder nahm, was sie am vollkommensten hatte, um ihm zum Muster zu dienen; und der der Concordia, welcher unter allen Tempeln Siciliens sich am besten erhalten hat, und der einige ist, für den man einige Sorgfalt getragen hat, aus Achtung für einen alten Heiligen, den man darinn verehret, und der dort täglich Wunder thut. Das Wunderthätigste hierbey ist, sagt der Verf., daß in einem Lande, das so vielen Revolutionen ausgesetzt ist, dieser Tempel nach mehr als zweytausend Jahren alle seine Säulen ganz behalten hat. Auch sieht man die Ruinen der Tempel Aesculaps, des Herkules, und insonderheit des Jupiter Olympius, welchem seine Größe, Majestät und unermeßliche Proportionen den Beynamen des Riesentempels verschaft hatten, gleich als ob ordentliche Menschen ein solches Wagstück und ein so ungeheures Gebäude aufzuführen nicht im Stande gewesen wären. Einige Bruchstücke von Kapitälern und Säulen, die noch vorhanden sind, rechtfertigen

diesen

diesen Beynamen; aber alle diese ehrwürdige Bruchstücke, so wie die von den Tempeln des Castor und Pollux, der Minerva und der Ceres, sind in einem solchen Stande des Verfalls, daß man kaum einen Begrif von ihrem Plan und Anbau geben kann. Neunzehn Platten sind dazu verwendet, das darzustellen, was man von diesen kostbaren Resten in Zeichnungen hat bringen können.

Die Köpfe sind aber da noch weit mehr herunter gekommen, als selbst die alten Denkmale; die Natur ist hier noch immer reich, und die Menschen elend und armselig. Alle Gegenden um diese alte Stadt herum bieten ein Land und reizende Aussichten dar, welche auf eine besondre Art mit den Einwohnern des neuen Agrigents contrastiren und abstechen, die größtentheils arm, traurig, andächtig und dumm und verwildert sind.

Dieser ganze Theil Siciliens ist in gleiche Herabwürdigung gefallen, und damit gleichsam bezeichnet. Indem man so immer an der Meerseite herwandelt, sucht man vergebens die alte Stadt Gela, die gänzlich verschwunden ist; zwo kleine neuere Städte, Alicata und Terranuova streiten sich um die Ehre, ihre Stelle ersetzt zu haben.

Da unsre Reisenden in diesem Theile von Sicilien der Insel Maltha so nahe waren, so entschlossen sie sich, dorthin eine flüchtige und kurze Excursion zu machen, woraus aber gleichwohl für das Voyage Pittoresque eine Reihe von Aussichten, Planen und Charten erwachsen ist, welche sehr dazu dienen, die

Nem-

Neugierde zu befriedigen, und hinreichend, von der Gestalt und den einzelnen Theilen dieses berühmten Felsen einen Begrif zu geben.

Nach ihrer Zurückkunft nach Sicilien, und nachdem sie um die Spitze der Insel, oder des Capo Pessaro herum gesegelt hatten, langten unsre Zeichner in Syracus an, der ehmaligen Hauptstadt Siciliens, und einer der reichsten und prächtigsten Städte der Welt; es giebt vielleicht heut zu Tage keine dürftigere und armseligere Stadt, und keine, die von den Verheerungen der Zeiten und der Menschen mehr erlitten habe. Man sieht aus dem umständlichen Plan und Uebersicht des alten Syracuses, welche uns die Reisebeschreibung darstellt, und welche, nach den Berichten der Geschichtschreiber, und des Denkmalen und der Beschreibung, die uns Cicero davon hinterlassen hat, entworfen ist, daß diese unermeßlich große Stadt ein und zwanzig Meilen, oder sieben unserer Meilen, im Umkreise gehabt habe, und daß sie wenigstens so groß als Paris gewesen seyn müsse. Die Mauern, welche sie umgaben, und zur Sicherheit, nicht zum Untergang der Bürger, erbaut worden waren, stehen noch großentheils da. Ihr Hafen, den die Natur gebildet hatte, einer der schönsten und wohlgelegensten in der Welt, ist noch immer eben derselbe; es fehlen darinn nichts als Schiffe. Die Griechen hatten Syracus mit allen Schätzen der Kunst ausgeschmücket; man weiß aber, daß die Römer, nachdem sie diese durch Archimedes Genie lange vertheidigte Stadt erobert, alle Bildsäulen und Gemählde, die Meisterstücke

stücke der vortreflichsten Künstler, daraus weggeführt haben, um den Triumph des Siegers damit zu verherrlichen, und sie sodann zur Verschönerung Roms zu gebrauchen, das noch rohe und ungebildet war; Zeit und Barbaren haben das vollendet, was die Römer angefangen hatten.

Das einzige alte Denkmal, von dem noch einige Reste ein wenig erhalten sind, ist ein Tempel der Minerva; man hat daraus die Kathedralkirche in dem neuern Syracus gemacht. Das Theater, welches sonst das berühmteste von Großgriechenland war, zeigt weiter nichts mehr, als unförmliche Bruchstücke. Der Tempel des Jupiter Olympius ist in nichts mehr vorhanden, als in Schäften von zwo abgestumpften Säulen, und an seiner Stelle steht ein der heiligen Jungfrau gewidmetes Kloster; vergebens aber würde man sowohl den großen Tempel Aesculaps, den Athenäus beschreibt, als den der Diana, Schutzgöttinn von Syracus, und eben so die vom Verres geplünderten Capellen und das Grabmal des Archimedes, das Cicero wieder aufgefunden hatte, hier aufsuchen wollen.

Durch ein Syracus ganz eignes und besondres Schicksal scheint es geschehen zu seyn, daß nur solche Gegenstände, die kränkende Ideen zurückrufen, dort noch ganz erhalten vorhanden sind; dergleichen sind jene, verschriene Steingruben des Tyrannen Dionys, die der Unschuld so fürchterlich waren, und wohin dieser eben so schlechte Fürst, als schlechte Dichter, sogar auch die schlechte und hinbannte, die seine Verse schlechte

von der Voy. Pitt. de Naples & de Sicile. 47

schlecht fanden. Jedes Land hat seine Steingruben gehabt; und wie manche haben in diesen Schlünden ihr Leben verseufzt, die nicht mehr strafbar waren, als Philopomen; und dergleichen sind noch jene unermeßliche Latomien, worein viele tausend Athenienser verschloffen wurden, und vor Hunger und Elend umkamen, und endlich jene Catacomben, die weitläufigsten, die man kennt, und welche eine unterirrdische Stadt bilden, die mit Grabstätten bevölkert ist. Der Zufluchtsort und die Freystätte des Todes und der Vernichtung ist's also, was uns noch jetzt den richtigsten Begrif von dem alten Glanz und von der Bevölkerung von Syracus geben kann.

Der Verf. des Voyage Pittoresque hat von diesen so mancherley und so verschiedenen Gegenständen keinen vergessen; zwanzig verschiedene Zeichnungen, deren jede einen besondern Reiz hat, sind von ihm dieser Stadt und der umliegenden Gegend gewidmet. Nahe beym Tempel Jupiters, wenn man beym Fluß Anapus herauf geht, und auf der Cyanischen Quelle fanden unsre Reisenden den Papyrus, diese so besondre und ehedem so nützliche Pflanze, welche in der ganzen übrigen Welt sich sonst nirgend vorfindet, als in den Sümpfen, welche durch die Ueberschwemmung des Nils entstehen, und dann auf dieser ruhigen und unbekannten Quelle. Die Beschreibung und der Stich derselben werden dem Leser gleiches Vergnügen gewähren.

Nachdem nun unsre Zeichner alles gesehen, bemerkt und abgezeichnet haben, was dieß Land an

Den

48 Beschluß der im 4ten St. abgebroch. Nachr.

Denkmalen und interessanten Gegenständen enthält, so schließen sie ihre pittoreske Laufbahn, indem sie über die Ruinen von Leontium hingehen, und finden sich wieder in Catanea; haben also mit dem Bleystift in der Hand ganz Sicilien in die Runde durchwandert.

Endlich hat der Verfasser, um nichts von alle dem zu wünschen übrig zu lassen, was auf diesen Theil des Königreichs Neapel Bezug haben mag, mit seinem Werke noch vereinigt, und demselben als eine Zugabe und Supplement beygelegt eine Memoire des Commandeurs Herrn von Dolomieu, welches sehr wichtige Beobachtungen über die erloschenen Voltane und die Naturgeschichte dieses Theils von Sicilien enthält. Und eben so auch eine Beschreibung der liparischen Inseln, welche dieser geschickte Naturforscher mit seinem gewöhnlichen Scharfsinn und aller möglichen Genauigkeit beobachtet hat.

Das Ganze schließt sich nun mit einer kurzgefaßten Erklärung sicilianischer Münzen, in welcher man alles zusammen gefaßt hat, was über diese Art von Denkmalen, die für die Kenntniß der Geschichte und den Fortgang der Kunst so belehrend sind, die geschicktesten und genauesten Antiquarier je zusammen getragen haben. Die besondre Sorgfalt, welche der Verf. für die Stiche der Medaillen getragen hat, machte dieselben zu einer der vornehmsten Zierden des Werkes. Achtzehn Platten sind diesem einigen Gegenstande gewidmet, und mehr als hundert und fünfzig dem, was das übrige Sicilien betrift.

Dieß

Dieß ist also die flüchtige Uebersicht eines der wichtigsten Werke, welche leidenschaftliche Liebe für die Künste je hat unternehmen machen, und die Ausführung macht dem Verstande des Verf. und dem, was er dabey abzweckte, wahre Ehre. Nichts ist darinn verabsäumt, und man muß dem Verf. vielen Dank wissen, daß er sich in einer so langen Laufbahn immer mit gleichem Fleiß, Sorgfalt und warmer Theilnehmung erhalten hat. So ein Unternehmen schient sogar alle Hülfsmittel und alles Vermögen einer Particularperson zu übersteigen — aber so viele Reize haben diese Künste für den, der davon belebt und gleichsam inspirirt ist, daß aller Gedanke von Ersparniß, alle vortheilsüchtige Absicht vor ihm verschwindet, so bald von ihrem Ruhm die Frage ist. Es ist dieß eine reizende Geliebte, von der man bezaubert und wie betrunken ist; kein Aufwand, kein Schmuck kostet uns zu viel, um sie mit desto mehrerm Glanz und von einer um so mehr vortheilhaften Seite vor'm Publikum erscheinen zu lassen.

Man fühlt wohl von selbst, daß ein solches Produkt nicht die Frucht der Arbeiten eines einzelnen Mannes seyn konnte. Mit Vergnügen entrichtet der Herr Abbé von S*** den gebührenden Tribut von Lobeserhebungen und dankbarer Erkenntlichkeit allen den Talenten, die ihn in diesem ungeheuren Unternehmen unterstützt, und zur Vervollkommnung desselben beygetragen haben. An der Spitze der Artisten nennt er die Herren Fragonard und Robert, deren geistreiche und lebhafte Zeichnungen diese Sammlung verschönert haben; und den Herrn Paris, diesem erfindungsreichen und geschmackvollen Architekten, dem das Voyage Pittoresque eine seiner größten Annehmlichkeiten zu verdanken hat. Unter den Gelehrten und Liebhabern der Wissenschaften, die ihn mit ihrem Rath unterstützt haben, nennt er mit Vergnügen den Herrn von Champfort, welcher in dem Précis historique des Royaumes de Naples & de Sicile, das dem ersten Bande voransteht, auf wenigen Seiten, aber mit großen Zügen, das Gemählde der Revolutionen, die diese Königreiche erfahren haben, geschildert hat; er hat darinn richtige Genauigkeit und nachdrucksvolle Stärke mit der Eleganz und den Grazien, die man an seiner Schreibart schon gewohnt ist, aufs glücklichste zu verbinden gewußt: die Herren von Dolomieu, Rome de l'Jsle, Faujas, von Roa, einen der eifrigsten Mitarbeiter an diesem Werke, und andere. Wenn er der Freundschaft der mehresten dieser Herren die Mittheilung ihrer Einsichten und ihrer Arbeiten zu verdanken hat, so hat der Herr Abbé von S*** gewiß alle Ursache, sich darüber selbst ein großes Compliment zu machen; wahr aber ist's doch allemal, daß er der Baumeister dieses weitläuftigen Gebäudes gewesen ist.

Styl und Ausdruck sind überhaupt hell, einfach und natürlich, und wir glauben, zum Beschluß versichern zu können, daß dieses Werk in jedem Betracht es verdiene, neben den kostbarsten Sammlungen zu figuriren und aufgestellt zu werden, und daß es allen Kennern und wahren Liebhabern der Künste ungemein gefallen müsse.

Nach=

Nachricht. Noch sind einige Exemplare des Voyage Pittoresque bey Herrn de la Fosse, Kupferstecher auf dem Carousselplatz, zu verkaufen; aber um einen geringern, als der Subscriptionspreis war, kann er sie nicht hergeben. Sollte gleichwohl das Werk jemanden etwas theuer zu seyn vorkommen, um es ihm auf einmal abzunehmen, so wird er sich mit den Abnehmern auf die eine und der andern Parthey annehmlichste Weise einzuverstehen suchen, um ihnen die Anschaffung desselben möglichst zu erleichtern.

6.

Von dem jetzigen Zustand der schönen Künste in Nürnberg, vorzüglich von dem dortigen Künstlerinstitut. In einem Schreiben aus Nürnberg an den Herausgeber des Museums.

Gewiß werden Sie auch schon sagen gehört haben, als schlummerten in Nürnberg die Künste und es fehle unsern Künstlern am gemeinschaftlichen Eifer zur Emporhebung derselben. Schließen Sie aber ja nicht auf alle, und glauben Sie diesen Nachrichten nicht ganz. Seyn Sie vielmehr versichert, daß es hier wirklich Künstler und Liebhaber giebt, die für die Kunst eifrig gesinnt sind. Sie wünschen sehr, daß diesem und jenem Mangel möchte abgeholfen werden. Sie würden dieß gewiß selbst thun, wenn es in ihren Kräften stände. Um Sie hiervon zu überzeugen, will ich Ihnen erzählen, daß ich neulich bey einem Freunde war, und einen Aufsatz antraf, der Vorschläge zur Verbesserung der Künstler-Akademie in Nürnberg enthielt. Ich wurde dadurch sehr aufmerksam gemacht, und bat meinen Freund, mir ihn auf etliche Stunden zum Durchlesen mitzugeben. Er that es, und ich beging die, wie ich hoffe, verzeihliche List, ihn abzuschreiben, um denselben Ihnen mittheilen zu können. So gering auch dieses Verbrechen seyn mag, so würde ich es doch nicht haben begehen können, wenn mich nicht mein Patriotismus für die Kunst dazu verleitet hätte. Ich wünsche nämlich immer so früh, als möglich, alles Gute, was ich von meiner Vaterstadt sagen kann, bekannt zu machen; und daher konnte ich nicht so lange warten, bis die Sache entschieden gewesen wäre. Denn der Aufsatz oder die Vorstellung ist nur erst an den Herrn Direktor gerichtet, um seine Meynung darüber zu vernehmen; da er aber, wie bekannt, sehr umständlich und eigen ist, und sich sehr betroffen finden, und lange rathschlagen wird; so dürfte sich die gute Sache verzögern. Ich kann deßwegen nicht bis dahin warten, sondern übersende Ihnen hiermit den Aufsatz. Ich habe ihn öfters durchgelesen; und es freuet mich herzlich, daß Liebhaber und Verehrer der Kunst sich vereinigt, und solche Vorschläge gethan haben, die auf das allgemeine Beste Einfluß haben,

haben, und zum Vortheil sämmtlicher Künstler ungemein viel Nutzen stiften können, wenn sie, wie ich gar : icht zweifle, angenommen und beherzigt werden. Die ganze Vorstellung ist mit so vieler Freymüthigkeit und Bescheidenheit und mit so starken Patriotismus abgefaßt, daß sich Herr Direktor Jhle, wenn er nur die geringste Empfindung und Liebe zur Kunst hegt, gewiß nicht beleidigt finden wird, und hoffentlich wird auch jeder hiesiger Künstler alles beytragen, was zu Verbesserung der Akademie gereichen kann. Wirklich muß man sich wundern, daß nicht schon lange von dem Herrn Direktor, von dem zweyten Lehrer bey der Zeichenschule, und von andern ältern Künstlern, selbst, dieser gute Gedanke beherzigt und ausgeführt worden ist. Es mußte jüngern Künstlern, ja selbst blossen Liebhabern auffallen, daß keine Vorstellung über jene Mängel schon längst geschehen war. Da sich ein Hochlöbl. Senat ehedem so viele Verdienste um dieses Institut erworben; so zweifle ich gar nicht an der Ausführung dieser Vorschläge; zumal da schon ein Fonds von drey tausend Gulden seit vielen Jahren, der sich durch die Interessen vermehrt haben muß, nebst vielen guten Gypsfachen, Gemälden, schönen Kupferstichen, Gemmen und Kunstbüchern, vorhanden sind. Ich wünsche daher sogar die Bekanntmachung dieses Aufsatzes in ihrem beliebten Museum, und hoffe dabey, daß ich auch künftig von dem guten Erfolg dieser Vorstellung Ihnen und dem Publikum erfreuliche Nachrichten werde geben können.

N. R. P.

Gedanken, Vorstellungen, Bitten und Wünsche; an Herrn Direktor Ihle, über das Nürnbergische Künstler- Institut, oder Academie. Entworfen von Andreas Leonhard Möglich; und übergeben, im Namen aller frequentirenden Mitglieder. Den 3. März, 1788.

Wenn Künste und Wissenschaften in einem Staate blühen, und von Edlen im Lande unterstützt, aufgemuntert und belohnet werden; wie glücklich können sich nicht alsdann seine Einwohner schätzen, wie traurig ist es aber alsdann, wenn erste so zu sagen in einem epidemischen Schlaf darnieder liegen; und von andern auch nicht aufgemuntert werden. Beynahe können wir letzteres sagen.

Wenn aber diejenigen noch nach ihrem Tod Verehrung verdienen, welche auf ihrem Sterbebette noch für das Wohl ihrer Nachkommen sorgen, und ihrem Vermögen und Anordnungen hinterlassen, welche die Blüthe des Staats und das Wohl einzelner zum Zwecke haben; so ist es gewiß den Nachkommen nicht rühmlich, wenn sie in Erfüllung der Wünsche ihrer edlen Vorfahren, saumselig und nachläßig sind.

Nürnberg hatte jederzeit, sowohl vom Adel bis auf die Bürgerschaft Männer in seinen Mauern, die für das Wohl ihrer Nachkommen besorgt waren; nicht allein durch milde Stiftungen für Arme, sondern auch durch vortreffliche Anstalten, Künste und Wissenschaften empor zu bringen. Einer der vortrefflichsten und
nütz-

der schönen Künste in Nürnberg ꝛc. 55

nützlichsten Anstalten dieser Art, ist gewiß unsere Künstler-Academie; aber wie vergraben, wie unbekannt ist sie nicht? nicht allein dem Auslande, nein! sogar den meisten Innwohnern; ja sogar Künstlern selbst muß man sie erst kennen lernen, aber man würde ihnen gewiß unrecht thun, wenn man ihnen dißfalls eine Gleichgültigkeit gegen ihr Vaterland zurechnen wollte. Mangel erster innerer Einrichtung, durch welche jedes Institut erst seine Form erhalten muß, hat unserer Meynung nach vielmehr Schuld, und eben diese Einrichtung und vestgesetzte Regeln, hat seit der Entstehung der Academie gefehlt.

Plane zu entwerfen, und Entwürfe für eine Academie zu verabreden, beweisen hinlänglich wie schwer es sey, dieselben auszuführen, wenn nicht mit vereinten Kräften und patriotischem Eifer, und zusammen sehen, sowohl der Vorsteher und Lehrer, als aller anderer verbundenen Mitglieder des Instituts uneigennützig gedacht wird, diesen Mangel also von bestimmter Form, ist Ursach, daß weder unsere Stadt, noch selbst Sie, werthester Herr Direktor derselben diejenige Ehre davon hat, die ein solches Institut verschaffen könnte, wie andere Städte sich dieses rühmen können, diesem abzuhelfen, wagen wir einige Vorschläge. Wegen der Entstehung und des etwannigen Zustandes der Academie, berufen wir uns auf die Abhandlung des verdienstvollen Herrn Professor Wils, die derselbe zum Gedächtniß ihrer hundertjährigen Dauer entworfen, und wäre die nicht in Künstlershänden, so wüßten wir vielleicht ihre Entstehung und Stiftungen

D 4   nicht;

56 Von dem jetzigen Zustand

nicht; die Einrichtung, die aber in dieser Abhandlung übergangen sind, und die sich auch, so viel wir wissen, nicht finden, sind;

1) Die Art und Aufnahme der Mitglieder, in der Abhandlung heißt es: auch werden sie nicht eher als Mitglieder ernannt, bis sie verheurathet, oder auf Reisen gewesen sind. Vorbeygegangen, ob dieß eben eine nothwendige Regel, eines Instituts dieser Art seye; so ist auch ungewiß, ob sie wirklich befolgt wird, denn, soll der Beytrag zu Ehrenausgaben eines Instituts als Zeichen der Aufnahme angesehen werden; so findet sie nicht statt, und kein ander Zeichen der Aufnahm findet sich nicht, ja bey der geringen Anzahl der Theilnehmer an diesem Institut war man schon in Verlegenheit, ob dieser oder jener als ein Mitglied anzusehen seye, soll die Frequenz derselben darüber entscheiden, so giebt es wieder Mitglieder die nicht frequentiren, und einige die frequentiren, und zu jenen Ehren-Ausgaben nichts beytragen.

Man wußte also bishero schlechterdings nicht, wer Mitglied ist oder nicht. Darf wohl ein Institut sichern Nutzen und Ehre hoffen, daß seine eigene Mitglieder nicht kennt? Dieß glauben wir, wäre also das erste, wo eine bestimmte Einrichtung zu wünschen wäre; es ist allerdings nöthig, daß unter Mitgliedern der Academie und jungen Leuten, die bloß um sich im Zeichnen zu üben hinein gehen, ein Unterschied seye, aber es ist dann auch nöthig, daß eine solche Einrichtung getroffen werde, daß sich ein Mitglied als solches legitimiren könne. Eine Art Diplom von

den

den Herren Vorstehern und Herrn Direktor unterzeichnet, (welches, woferne man sich des Instituts entsagen wollte, zurück gegeben werden müßte) würde geringe Kosten verursachen, und zu dieser Absicht hinreichend seyn; sollte es zu Stande kommen, daß eine solche Verfügung getroffen würde, so sind wir gewiß, daß unsere Academie in kurzem nicht nur mehrere Mitglieder erhalten würde, die sie frequentiren, sondern sogar Ehrenmitglieder, die ihr nicht allein Ehre machen, sondern sie auch thätig unterstützen würden.

2) Hat die Academie ansehnliche Vermächtnisse erhalten, aber so wie die Academie ihre Mitglieder nicht kennt, so kennen diese dafür auch ihre Besitzungen nicht. Die Absicht der seel. Wohlthäter war allerdings, jungen Künstlern durch den Gebrauch der, der Academie gehörige Bücher, Kupferstiche, Gemälde, Gypssachen und Gemmen, das Studium ihrer Kunst zu erleichtern, aber können sie wohl Gebrauch davon machen, wenn sie nicht wissen was da ist, und es ihnen auch vorenthalten wird? Was nutzen also der Academie ihre angehörigen Sachen? so viel als ein todter Hund — wenn den Mitgliedern auf mehrmaliges höfliches Bitten noch nicht einmal die vorhandenen Sachen sind gezeigt worden, aus was für einer Ursache geschiehet denn dieses? also wissen wir ja nicht, was die Academie besitzt. Die Absicht des seel. Stifters war gewiß nicht, daß man den Mitgliedern die vorhandenen Sachen vorenthalten soll. Was nutzt also den Stiftern ihre gute Meynung? — Basta!—
Eben dieß zeiget den Mangel vest bestimmter Einrichtung.

...tung. Schon damals bey Entstehung der Academie hätte freylich alles sollen bestimmter und nutzbarer zum Gebrauch für das ganze Institut besorgt werden, wer daran schuld, wollen wir nicht untersuchen.

Wie glücklich kann sich das Reichsstadt Augspurgische Institut oder Academie nicht schätzen? daß sie gegenwärtig eine solche Einrichtung hat, und durch ihre Directores gethanene Vorstellung an einen hiesigen Magistrat und durch Beyfall solche Beyträge und freywillig Schenkung von Kunstfreunden erhalten, und zu einem solchen Flor gelanget, dergleichen sich wenige Städte ja keine Reichsstadt rühmen kann. Liest man die Nachricht, die seit der vest bestimmten und dauerhaften Einrichtung seit 1780. alle Jahr der Zeit erschienen sind, und die der verdienstvolle Herr Emanuel Biermann J. V. L. und Raths-Consulent abgefaßt, und der mit derselben zu Ermunterung der Künste verbundenen Privatgesellschaft, mit der bey der jährlichen öffentlichen Feierlichkeit gehaltenen unvergleichlichen Rede; so muß sich wirklich Nürnberg schämen, in so grosser Unthätigkeit und Schlafsucht geblieben zu seyn, man siehet den Eifer der Lehrer und des Magistrats, die Beyträge an Geld, und die sich nur in diesen 7 Jahren über 8000 fl. belaufen, ohne die verehrten Kunstsachen, man siehet alles schriftlich gedruckt, was sie besitzt, wer die edlen Geber waren; man siehet wie alles angewandt, alle Berechnungen, Einnahm und Ausgabe, jeder Kunstliebhaber kann Theil nehmen, wenn er nur will, auf

sol-

solcher Art, ist es eine Wohllust für wahre Künstler und Kunstfreunde, wenn sie in ihrem Vaterlande Künste und Wissenschaften blühen sehen, und so edelmüthig ihnen die Hand geboten wird.

Der hiesige Fond der doch bey 3000 fl. beträgt, hätte warlich können zweckmäßiger für das Institut eingerichtet werden; sowohl, daß die Herren Directores ein — ihrem Character besser angemessenes Gehalt bekommen, als auch daß die wesentlichste Einrichtung der Academie selbst in einen bessern Zustand gesetzt worden wäre; zudem ist auch der jetzige Verwahrungsort der Bücher so feucht und stockend, daß der gänzliche Verderb derselben, weil die armen Gefangenen nie an frische Luft kommen, zu befürchten ist, welcher Schaden immer größer wäre, als eine geringe Abnutzung derselben.

3.) Wird über die Vermächtnisse zur Unterhaltung der nöthigsten Geräthschaften in Anschaffung neuer Kunstsachen, ein völliges Stillschweigen beobachtet, da doch die Interessen des Capitals sich ziemlich müssen vermehrt haben, da seit der Erkaufung der Preißl. Sammen nichts als etliche Bücher (und die wir noch nicht gesehen) sind angeschafft worden, und also wenn es rechter patriotischer Ernst wäre, das Institut ziemlich besser könnte hergestellet werden; so mangeln auch der Academie immer die nöthigsten Dinge, als: ein besserer Gliedermann, tüchtige Lampen, und andere Sachen.

Und es ist um so bedauernder, da alle diese Fehler bloß durch den Mangel an bestimmter Einrichtung

tung, wodurch die Academie nicht so viele Mitglieder erhält, als sie erhalten würde, verursachet wird.

Wir können oder wollen Ihnen also, wertbester Herr Direktor, keine Schuld beymessen, daß dieses oder jenes nicht zweckmäßiger eingerichtet ist, sie haben es im J. 1771. so gefunden, und glaubten vielleicht, daß eine Verbesserung oder Reforme, keine angenehme Sache ist; sie werden sich aber ganz gewiß überzeugt fühlen, daß man dieß und jenes anders machen, und bewerkstelligen könnte, wenn mit Ernst und Eifer zu Werk gegangen wird.

Wir bitten sie dahero inständig, sämmtliche frequentirende Mitglieder, daß die erst angeführte Mängel, zu einer bessern Einrichtung gelangen möchte; und daß die der Academie gehörige und bestimmte Sachen, der Absicht der edlen Stifter gemäß, und nicht wie bishero möchte vorenthalten werden, und hoffen auch zugleich, daß diese freundschaftliche Winke möchten beherziget, und nicht übel ausgedeutet werden. Wir wollen alle gemeinschaftlich wo sie es für gut befinden, sie da und dort unterstützen, und alle hiesige Künstler, Liebhaber und alle Edlen im Lande werden sich freuen, wenn sie hören, daß eine bessere Einrichtung getroffen wird. Nochmals empfehle ich die Nachrichten, die zur Ermunterung der Künste gehaltene Reden, des um Augspurgs Wohl sich bestverdient gemachten und verehrungswürdigen Herrn Raths-Consulent Biermann, um diese und jene Einrichtung daraus kennen zu lernen, und ich Möglich will

will dahero dieselben in Originale Ihnen auch zusenden (wir sie aber wieder zurück erbitten.)

Dieß wären also unsere gemeinschaftliche unvorgreifliche Vorschläge, unsere Academie so weit zu erhöhen, daß sie diesen Namen mit recht tragen und führen könnte; den hiesigen Künstlern wahren Nutzen, und dem Herrn Direktor derselben mehr Ehre brächte, und der Vorsorge die der Staat für sie hatte, würdiger wäre, wir zweifeln auch nicht, daß die übrigen respektive Künstler, wenn sie dieses lesen oder hören, von gleich patriotischen Eyfer beseelt, entweder unsere Meynung billigen, oder ihre reifern Vorschläge deßwegen mittheilen werden.

Wir hoffen auch dabey und wünschen, daß sich die Väter des Staats und Beschützer der Künste nach einer unterthänigen Vorstellung deswegen großmüthig entschließen möchten, den abnehmenden Kräften des vaterländischen Bodens zu Hülfe zu eilen, und durch den Spors der Ehre, den an sich beynahe erstorbenen Kunsttrieb hervorzulocken, und durch eine fest bestimmtere Einrichtung unsers Instituts ihren Namen unsterblich machen, ja wir hoffen es, wir empfehlen uns sämmtlich werthester Herr Direktor Ihrer Gewogenheit und Liebe und verharren mit allem Respekt, sämmtliche beystehende Mitglieder

Andreas Leonhard Möglich, Stadt-Tapezier und Liebhaber und Verehrer der Künste.

Ambrosius Gabler, Kupferstecher.

Johann Heinrich Klinger, Kupferstecher.

Johann Georg Klinger, Kupferstecher.

Johann Lorenz Bezolt, Dilettant.
Johann Benjamin Erhard, Dilettant.
Johann Ludwig Stahl, Kupferstecher.
Johann Paulus Dietrich, Kupferstecher.
Georg Vogel, Kupferstecher.
Georg Jacob Schratzenstaller, Kupferstecher.
Johann Philipp Rößler, ist noch in der Lehre als Mahler.

Anmerkung des Herausgebers.

Sowohl das an mich zur Bekanntmachung abgesandte Schreiben, als auch die Vorstellung des braven Herrn Möglich an Herrn Direktor Ihle hat meinen ganzen Beyfall, und ich wünsche herzlich, daß diese beschriebene Vorstellung und Bitte, wohl möchte beherzigt werden; weil ich überzeugt bin; daß sie nicht allein den Unterzeichneten, sondern auch der guten Stadt Nürnberg selbst zur Ehre gereichet.

Aber — so wie oft die redlichsten und best gemeynten Vorschläge zu Verbesserungen schief beurtheilt werden, zumal wenn Privatinteresse dabey obwaltet; so fürchte ich leider, daß es auch dieser gut gemeynten Sache gehen könne; zumal da ich neulich selbst von glaubwürdigen und nicht dabey interessirten Männern, die sich nicht genug wundern konnten, gehört habe, daß, ungeachtet der Bescheidenheit, die in der Vorstellung herrschet und ungeachtet des Versprechens einer kategorischen Antwort von Seiten des Herrn Direk-

rektors, bis jetzt — zu Ende des Julius — noch keine
Antwort erfolgt ist; daß vielmehr derselbe in den hef-
tigsten Ausdrücken sich dagegen gesetzt und es Herrn
Möglich im höchsten Grad verübelt habe, daß er sich
unterstehe, als kein von Profession Kunstgeweihter,
der nur Dilettant sey, dergleichen zu unternehmen und
ihm Gesetze vorzuschreiben ꝛc. daß ferner Herr Ihle
sich mit vier andern Künstlern, von denen doch keiner
ein frequentirendes Mitglied ist, vereinigt habe, dagegen zu protestiren, um, wo möglich, die Sache zu
hintertreiben; der Herr Direktor habe ferner, statt
eine versprochene Antwort zu ertheilen, sich verlauten
lassen, daß er nicht verbunden wäre, darauf zu ant-
worten: er habe vielmehr, mit Beystimmung obiger
fünf nicht frequentirenden Mitglieder eine Klagschrift
abfassen lassen, und sie dem Herrn Baumeister, als
Inspektor oder Vorsteher der Akademie, übergeben:
sie sey aber in einem so hämischen Ton gestimmt, daß
Herr Baumeister es selbst nicht für gut finde, sie den
frequentirenden Mitgliedern vorzulegen. Bis jetzt also—
zu Ende Juls — ist keine weitere Entschließung oder
Antwort erfolget.

Wie glücklich würde sich manche Stadt schätzen, wenn
sie solche Biedermänner, wie einen Möglich und andre, hätte! wenn sie einen solchen Fond zu einer
Academie besäße! Augsburg hatte vor acht Jahren
gar keine. Aber durch Eifer und Liebe zur Kultur der
Künste und durch patriotische Gesinnung so mancher
theuren edlen Männer ist sie entstanden, und blühet
herrlich. Ich bin überzeugt, daß es auch in Nürnberg

berg Männer giebt, die eben so eifrig, als ein Edler von Gretten, und so patriotisch als der verdienstvolle Raths-Consulent Biermann, denken. O, möchten doch solche Männer ihre Namen auch bey dieser guten Sache unsterblich machen, und Herrn Möglichs Vorschlag unterstützen! Mit Vergnügen würde ich auch ihre Namen öffentlich nennen. Ja, ja; ich hoffe, es werde gewiß geschehen!

7.
Carlsruhe.

Ich hatte heute einige sehr vergnügte Stunden bey Herrn Kapellmeister Schmittbaur; an dem ich einen melancholischen, mehr denkenden als sprechenden, in sich selbst gewissermaßen verschlossenen Mann fand; was er gewiß in frühern Jahren nicht war. Er klagte über Nervenschwäche, und schien überhaupt seines Lebens nicht recht froh zu seyn. Er spielte mir auf seinem Clavikord, die Partitur, eines seiner neuesten und besten Werke für. Es war die Partitur zu der Walzischen Oster-Cantate, die Freunde am Grabe des Erlösers.

Sie werden schon von selbst vermuthen, daß in dieser Cantate, Chorale, Arien, Rezitative, Chöre abwechseln, und daß der Dichter dem Setzer alle Gele-

Carlsruhe.

genheit gegeben habe, sich in seiner ganzen Stärke zu zeigen.

Die Cantate theilt sich in zwey Theile ab; entweder, um den Sängern und Zuhörern vielleicht einen entschiedenen Punkt der Ruhe und Erholung zu geben — oder weil es in dem Plan und der Natur der Sache so lag. Der erste Theil begreift hauptsächlich Empfindungen am Grabe des Erlösers. Der zweyte, Freude über seine Auferstehung. Die Poesie selbst ist sehr lyrisch, und hat zwar wenig Bilder für die Imagination, aber große Stellen, die erhabene Sentiments zu erwecken fähig sind.

Das erste Tutti eröffnet mit der Frage: — „Ist nicht der Himmel sein Thron?" Es war sehr natürlich, diese Frage durch eine wiederholt aufwärts steigende Melodie auszudrücken. Auch werden Sie von einem Schüler Jomellis, der seinem Meister Ehre macht, erwarten, daß er hier die Rosalie mit Glück und Geschmack werde angebracht haben; wie es Jomelli in ähnlichen Fällen mit so viel Gefühl der Wahrheit that. Und Sie glauben nicht, was der Ausdruck dieser Frage für einen Eindruck macht.

In dem folgenden Recitativ mußte der Setzer die Stelle, „Ach seine Kinder gruben's ihm!" — (nämlich das Grab) zur Hauptstelle machen, und in sie den Hauptausdruck zu legen suchen. Er mußte den Dichter gewissermaßen umschreiben und erklären; er mußte das Herz dieser Kinder darstellen, und ihre Undankbarkeit wieder zu Herzen bringen lassen. Und Herr Schmittbauer fühlte mit Glück, welches die

Meusels Museum 5tes Stück. E wahren

wahren Töne und Verbindungen waren, dieß Gemälde zu liefern.

In der folgenden Arie kommen große Situationen vor; und der Dichter hat in der That dem Setzer volle Gelegenheit gegeben, sich in seiner ganzen Stärke zeigen zu können.

„Erzittert, Jesu Christi Spötter,
„Ihr Mörder, bebt!" ꝛc.

Herr S. hat hier sehr starke, hervorstechende Schatten angebracht, und die großen tragischen Sentiments hauptsächlich durch verdoppelte Baßparthien in Terzldufen auszudrücken gesucht. Unstreitig ist diese Arie die erhabenste im ganzen Stück, und am meisten voll großer Wirkungen.

Nur noch auf eine Arie muß ich Sie aufmerksam machen. Es ist eigentlich ein Gratioso.

„Schwermuthsvoll, und ohne Schlummer
„Hab' ich diese bange Nacht,
„Nur vertraut mit meinem Kummer,
„An des Mittlers Grab durchbracht."

Sie kontrastirt ganz mit der vorigen; und so wie die Seele schon an sich eine große Zufriedenheit und Behaglichkeit empfindet, wenn sie in eine Reihe abwechselnder Gefühle gesetzt wird; so ist diese Behaglichkeit immer für sie größer, wenn stille, ruhige, melancholische Empfindungen auf große, erhabene, tragische folgen. Immer ist ihr dieser Gang unendlich lieber, als der entgegen gesetzte: denn Ruhe ist immer süß auf Anstrengung. Diese Arie steht also, in Vergleich mit der vorigen, ganz an ihrem Ort.

Carlsruhe.

Setzen Sie nun noch den Fall, daß diese Empfindungen selbst mit aller Wahrheit vorgetragen werden, wie viel Eindruck müssen sie auf das Herz haben! Ich wurde durch diese Arie fast bis zu Thränen gerührt; ich war in den Zustand der höchsten Täuschung versetzt; ich fühlte jene schwermuthsvolle Empfindungen gleichsam in mich übergepflanzt; ich selbst stand gleichsam vertraut mit dem Kummer an des Mittlers Grab. Die ganze Arie schien mir nur das Gemälde meines eignen Herzens, nur der Ausdruck meiner Empfindung zu seyn; ich vergaß es — und vergaß es gerne, daß diese Empfindung für mich erst aus der Arie selbst entstanden war. Wie sehr wünschte ich, (denn Partitur-Vorspielung ist immer nur noch Todtengerippe, und zerstreut, weil man selbst zu viel mitlesen muß) diese Cantate von der ganzen Kapelle aufgeführt zu hören! Ein Wunsch, den die Abwesenheit des Hofes und meine Eilfertigkeit doppelt vereitelte. Auch wünsche ich aus Liebe zum Publikum, daß diese Cantate, die sich getrauen darf, jedem Meisterwerke an der Seite zu stehen, öffentlich erscheinen möchte. Doch nach solchen Speisen ist unser Publikum eben nicht sehr lüstern.

Wissen müssen Sie es, daß es Schmittbauern gelang, die Harmonika gewissermaßen nachzuerfinden*),

*) Diese Erfindung hat freylich nicht so gar viel auf sich denn, als das erstemal eine reisende Engländerin sich auf diesem Instrumente in Rastatt, noch bey Lebzeiten des vorigen Markgrafen, hören ließ, wußte es Schmittbauer

und um einen sehr leidlichen Preis, der kaum die Hälfte des ersten beträgt, zu verfertigen; und zwar vom Baß c, bis zum dreygestrichenen f. Und daß vor einigen Jahren der Domkapitular zu Speyer, Freyherr von Beroldingen, ein blindes Frauenzimmer von Bruchsal — Namens Kirchgaßerin — Schmittbaura zum Unterricht in der Harmonika übergab.

Mit einer Anstalt muß ich Sie noch bekannt machen, die verdiente bekannter zu seyn, und von der ich mich nicht erinnere, sie irgendwo gelesen zu haben. Es ist eine Pflanzschule, die der Marigraf vor einigen Jahren eigentlich für Soldatenkinder stiftete; worinn sie natürlich Bildung und Erziehung erhalten, und

dort dabin einzuleiten, daß das Instrument über Nacht im Schloße stehen blieb. Hier wurde von der Kesten eröffnet, und alles genau untersucht. Ueberhaupt können außer Fraunlin — Friede. Möllig, Herr von Meyer und Nicolai gewissermaßen als Erfinder der Harmonika angesehen werden. Nur von Nicolai *) einige Worte bey dieser Gelegenheit. Er ist Hof- und Stadt-Organist zu Görlitz, und erfand vor einigen Jahren eine Materie, wodurch vermittelst eines besondern Mechanismus der Anstrich auf die Glocken gebracht wird. Er verfertigte durch Handreichung des geschickten Clavierbauers Weise, von Hermsdorf, eine Claviatur dazu, womit er das Instrument nicht allein vollstimmig spielt, sondern auch das Crescendo völlig ausdrückt, ja selbst Triller anbringt. Der Umfang dieser Harmonika gehet vom ungestrichenen d bis zum dreyverstrichenen g, und sie soll mehr leisten, als die bisher bekannte.

*) Vergl. Meusels deutsches Künstlerlexikon.

Carlsruhe.

und nach ihren verschiedenen Neigungen und Fähigkeiten für unterschiedliche Stände bestimmt werden. Eine Anstalt, die sich in Absicht der Würtemberger Akademie merklich dadurch auszeichnet, daß sie alles unentgeldlich ertheilt, und eigentlich nur die niedere Klasse des Volks umfaßt.

Das Erziehungshaus ist ein sehr geraumiges und hübsches Gebäude, im hintern Schloßgarten. Neben an wohnt der Oberaufseher (ein Officier). Bey dem Haus ist ein Gärtchen, zur Unterhaltung der Zöglinge. Ihre Kleidung ist Matrosen-Habit von blauer Farbe. Die Künste, worauf man bis jetzt bey Erziehung dieser Kinder Rücksicht genommen, oder für welche sie ihre Neigung selbst bestimmt hat, scheinen vorzüglich Gärtnerey, Musik und Achatschleiferey zu seyn.

Die Schleiferey selbst ist, so wie die Niederlage der Waaren, im Erziehungshause; und man nimmt dabey Rücksicht nicht allein auf die Bedürfnisse der Nothwendigkeit, sondern auch auf diejenigen des Luxus und Geschmacks. Ich sahe sehr schöne, geschmackvolle Stücke; unter andern Urnen und Vasen.

Nur noch etwas von dem musikalischen Unterricht. Verschiedene von den geschicktesten Kapellisten des Markgrafen, und selbst Kapellmeister Schmittbaur, haben den Auftrag, diese Kinder in der Musik zu unterrichten. Und sie versicherten mir mit Vergnügen, daß es verschiedene ihrer Zöglinge schon zu einem hohen Grad von Vollkommenheit gebracht hätten; so wie ich mich nachher selbst durch den Augenschein davon überzeugte.

Sie finden hier nicht nur allein gute fertige Spieler, sie treffen auch Contrapunktisten an; — Jünglinge, die über die Regeln der Setzkunst, des Styls und der Begleitung, kurz, über die Fundamentalgesetze der Tonkunst mit einer Sicherheit raisonniren, die sich wenigstens von Soldatenkindern nicht so leicht erwarten läßt. Ihre Bestimmung scheint nicht nur diese zu seyn, die Hoboistenbande für Carlsruhe zu formiren; nein! man wird vielleicht auch bedacht seyn, die Lücken der abgehenden Kapellisten nach und nach mit diesen Jünglingen zu besetzen.

Wie manches Genie, wie mancher große Mann geht für die Welt verlohren, blos weil es ihm an Gelegenheit der Ausbildung fehlte! Und wie groß ist das Verdienst des Fürsten, der Menschen, die vielleicht einst die Bürde des Staats geworden wären — nun zu brauchbaren Gliedern desselben erzieht!

J.

8.
Maria Anna Kürzinger *).

Glücklich sind die Länder, wo Künste und Wissenschaften blühen; sie blühen aber nur in denjenigen Gegenden, wo sie nicht mißgekannt, sondern geschätzt und belohnt sind. Nichtachtung schlägt alle Talente

---

*) Entlehnt aus der Pfalzbairischen Musik 1784. S. 75. u. f.f.

Talente nieder, und benimmt ihnen allen Muth; verdienter Beyfall aber, und Hochachtung und Belohnung muntern sie auf, und bahnen ihnen den Weg zur Verewigung ihres Namens, wodurch sie nicht nur sich selbst, sondern auch dem Vaterlande, wo sie leben, und den Großen, die sie schätzen, Ehre zmachen. Bayern hat es zwar nie an großen Künstlern, und eben so wenig an großen Gönnern und Freunden der Künste gemangelt; meistentheils wurden sie aber nicht so allgemein bekannt, als sie es zu werden verdient hätten; seitdem wir nun einige Zeit unserm Durchlauchtigsten Landesherrn die Eröfnung Höchstdero kostbaren Gemälde-Galerie zu banken haben, seitdem siehet man schon die erwünschtesten Früchte, und wir haben an der vortreflichen Maria Anna Kürzingerinn, einer hiesigen Mahlers-Tochter, die noch kaum neunzehn Jahre alt ist, eine Künstlerinn, die sich und unserm Vaterlande Ehre machen, und um die uns mit der Zeit manches Ausland beneiden wird. Schon im siebenten Jahre ihres Alters äußerte sich ihr Genie und ihre Lust zu einer Kunst, die der Beruf ihres Vaters war, und wozu ihr selbst ihre Natur nebst der Anlage so viele Fähigkeit mitgetheilt hat. Ihr Vater mißkannte auch ihr Talent nicht, und unterrichtete sie frühzeitig genug nach den Regeln der vornehmsten Meister in der Zeichnungskunst. Sie übte sich darinnen unermüdet. Der Tag gieng ihr manchmal zu früh unter; sie verwendete aber die Stunden der Nacht darauf, und entsagte dem Genuße der süßen Ruhe, womit uns die Natur erquickt, um des noch weit

süßern

süßern Vergnügens zu genießen, die ihr Kunst und Ruhm darboten. Kaum hörte sie von der Angelika Kaufmann, unserer deutschen Landsmännin, so fieng sie schon jene edle Ruhmbegierde zu beleben an, ohne welche der menschliche Geist nichts Großes unternimmt, und ihr einziger Wunsch, dessen Erfüllung sie auch erleben wird, war schon damals — einer Angelika Kaufmann ähnlich zu werden.

Jetzt fieng sie an zu mahlen; aber, nach der Anleitung ihres Vaters, nur Figuren in Lebensgröße. Sie brachte es in kurzer Zeit sehr weit. Bey Eröfnung der Münchner Bildergallerie ward jedem jungen Künstler erlaubt, die herrlichsten Gemählde der größten Meister zu studieren, und zu kopiren, und bey dieser Gelegenheit ward sie von unserm vortreflichen von Dorner, auf Empfehlung ihres Vaters, mit vielen Freuden aufgenommen; aber Kabinetsstücke zu mahlen angewiesen, die für ein Frauenzimmer überhaupt schicklicher, und ihren Talenten, wie es die Folge zeigt, weit angemessener waren.

Wenn man die Anzahl der Stücke, die sie in einer so kurzen Zeit verfertigt hatte, und den Fleiß und die Kunst darin bemerkt, so kann man wirklich ihr ganz außerordentliches Talent nicht anders als — bewundern. Anfänglich beschäftigte sie sich, etliche schöne Kabinetsstücke von ihrem Gönner, dem Hrn. Generaldirektor Dorner, zu kopiren, der ihr auch alle Anleitung dazu auf die gefälligste Art gab. Jetzt ist sie schon so weit, daß sie die größten Meisterstücke von einem Gerard Dow und Mieris auf eine solche Art kopirt,

kopirt, daß man weder Ähnlichkeit, noch Ausdruck vermißt, und den Geist des Originals in der Kopie leben sieht. Ihre vorzüglichen Arbeiten sind drey Stücke nach Tenier; die Bethsabe nach Näscher; ein Eremit nach Gerard Dow; ein Mädchen, das Wasser ausschüttet, nach eben demselben; zwey Stücke nach Poulenburg; ein Stück nach Rottenhammer; eine Maria von Egypten nach Benedetto Lutti; eine liegende Venus nach Daniel Seiter; die zwey Morillo; drey Stücke nach Mieris. Endlich zog sie das berühmte Mutter Gottes Bild von Vandyck aus dem Großen in die Form eines Quartblattes, wodurch sie sich selbst den Weg zur Selbstempfindung bahnte. Daran fehlt es ihr auch nicht mehr; denn von ihrer eigenen Erfindung ist dasjenige prächtige Stück, das ihr der große Kunstkenner, der Durchlauchtigste Herr Herzog von Kurland, nebst einer Kopie von Mieris, und dem Portraite der Mad. Rubens auf der Stelle, da er es zu sehen bekam, abkaufte. Es stellt dieses Stück den türkischen Großsultan in einer Lage vor, da ihm gerade eine der schönsten Circaßierinnen vorgeführt wird. Der Kompagnon dazu ist eben diese schöne Circaßierinn, wie sie von einem türkischen Frauenzimmer angekleidet wird. In Nachtstücken, die um so schwerer sind, da das Licht nicht vom Tageslichte, sondern bloß von einer Lampe, oder andern zwey Lichtern auf die Personen hinfällt, ist sie überaus glücklich. Ein Hauptstück von ihrer eigenen Erfindung ist das Nachtstück, die Pfyche. Pfyche sucht den Amor auf. In einer

E 5 Hand

Hand hält sie die Lampe, in der andern das Edict, und die Absicht, sich zu ermorden, blickt ihr aus den Augen und der ganzen Stellung heraus. Kaum erblickt sie aber den schönen Amor, so wird sie durch seine Schönheit entzückt — läßt den Dolch fallen — schlägt den Schleyer, der ihren Kopf bedeckt, auf, und — man sieht ihr die Sehnsucht an, Amorn mit starrem Blicke ins Gesicht zu sehen, und sich an seiner Schönheit zu sättigen. Kunstkenner werden in diesem Meisterstücke nicht nur den so lieblichen und zugleich kühnen Ausdruck, sondern auch Licht und Schatten, und die darinn in Absicht auf Stärke und Schwäche desselben getroffene Wahl, nebst dem besten Kolorit, bewundern.

Ihre Kunst und ihr Genie zeichnet sich aber am vorzüglichsten durch ihre feurige Einbildungskraft aus, die so empfänglich ist, daß sie jeden Gegenstand, und jede Handlung, die sie sieht, augenblicklich mit einem so bleibenden Eindruck aufnimmt, daß sie auf der Stelle im Stande ist, treffend auf ein Blatt hinzuzeichnen, was sie gesehen hatte. Man sollte es kaum glauben, und doch ist es wahr; sie sah nur ein einzigesmal das bekannte Trauerspiel, den Grafen von Essex, und Tags darauf entwarf sie vierzig Situationen dieses Trauerspiels in einem Zeitraume von einem einzigen Tage ganz vortrefflich. Zwo davon hat sie wirklich gemahlt. In einem Bilde liegt Rutland, die heimliche Gemahlinn des Grafen von Essex, vor den Füßen der Königinn, die an einem Kredenztische sitzt, worauf zwey Lichter brennen, und beklemt ihr,

daß

daß sie Essex Gemahlinn sey. Im andern Bilde fällt sie auf einen Lehnstuhl ohnmächtig hin. Graf Essex, der gerade von einem Officier zum Vollzuge des Todes- urtheils von ihr abgerufen wird, hält sie noch mit beyden Armen, und sieht auf den Officier mit einem Blicke hin, der nichts weniger als Todesfurcht, wohl aber eben so viel Großmuth in Erduldung seines un- verdienten unglücklichen Schicksals, als Zärtlichkeit für seine Gemahlinn verräth, von der er sich beur- laubt. Der Recensent, der zuvor das Trauerspiel auf der National-Schaubühne aufführen gesehen hat, und während, als er dieses niederschreibt, die gedach- ten zwey Bilder vor sich sieht, weiß wirklich nicht, was er mehr bewundern soll, die lebhaft aufgeführ- ten, oder die so sehr getroffenen und so lebhaft ge- schilderten Handlungen. Wer unsere in manchem Be- trachte unübertreffliche Schauspielerinnen und Schau- spieler überhaupt, und bey diesem Trauerspiele die Mad. Frenau, die Mad. Antoine, und Hrn. Huck spielen gesehen hat, und diese zwey Gemälde der Madem. Kurzinger zu sehen bekommt, der wird meiner Meynung seyn. Portraite von Gesichtern sind es nicht; aber weit schwerer zu treffende Portraite — von meisterlich vorgestellten Handlungen und Situa- tionen. Wie erschrickt die Königinn, da ihr Rut- land, auf den Knien bittend, eröfnet, daß sie Es x Gemahlinn sey? Wie bebt sie vor dieser unerwarte- ten Nachricht zurück? Die rechte Hand läßt sie, und mit der linken hält sie sich an den Tisch, gleich als fürchtete sie sich, zu wanken. Feuer flammt aus
dem

den Augen einer so gütigen Monarchinn. Sichtbare Schwermuth, Schrecken und Zorn mahlen sich an den aufgesperrten Augen und Mund, und vorzüglich an der zusammen gezogenen Stirne. Rutland liegt vor ihr mit ausgestreckten Armen in einer so mitleidswürdigen Stellung, daß sie jeden rühren muß, der sie ansieht, nur die Königinn nicht, deren Liebe gegen Essex sich bereits in Raserey verwandelt hatte. Thränen fließen ihr aus den Augen, und man sieht sie fließen. Ihren Blick heftet sie an den Himmel, und aus ihrem offnen Munde glaubt man ihre Wehklagen und ihre Bitte zu hören, die ihr das Herz für die Rettung ihres Gemahls ausstößt. Im zweyten Bilde sinkt sie zusammen auf den Lehnstuhl hin. Der Kopf sinkt zurück. Die Augen schließen sich. Die Wangen brechen ein. Die langen Haare, der Hauptschmuck eines Frauenzimmers, fliegen in trauriger Unordnung nachlässig nicht nur über den Rücken hinab, sondern auch über den Lehnstuhl hinaus. So sank die schöne Rutland auf der National-Schaubühne dahin. So entfärbte sie sich. So hielt sie noch halb umarmend der vortreffliche Essex. Mit einer solchen Stellung, und mit einem solchen Blicke auf den Officier hin, scheint er sich auf dem Gemälde loszureißen, wie er sich auf der National-Schaubühne losriß. Die ganze Gruppe ist edel, bedeutend, anziehend, mittheilend, lebend, und doch ganz in der griechischen stillen Würde hingestellt. Man wird keines eilenden Pinselstrichs gewahr; denn jeder macht Eindruck. Man sieht keine schwere oder gezwungne Stellung;

Stellung, seine Verkürzung. Das Kolorit ist warm. Ueber die Karnation schwebt in Rutlands Kleide ein violetter Duft, der die Farbe des Gewandes hervor drängt, und doch nicht blendet. Licht und Schatten wechseln im Kerker so gebrochen ab, wie sie von einer Lampe, die an der Wand hängt, und aus der Laterne, die ein an der Thüre stehender Wächter mit sich bringt, auf die ganze Gruppe hinbrechen.

Wer soll nicht Theil an der Freude nehmen, die der noch lebende Vater an seiner noch nicht neunzehnjährigen Tochter erlebt? Wer soll der jungen Künstlerinn nicht alle Hochachtung und Unterstützung wünschen? Sie lebe, und beschenke uns mit recht vielen Kunststücken von ihrer Hand. Wir wünschen ihr deutsche Kenner und Biedermänner ohne Neid zu ihrer verdienten Hochachtung, und zu ihrer Belohnung — Holländer und Britten.

9.

Radirte Blätter nach eigenen historischen Gemälden und Zeichnungen, von Bernhard Rode in Berlin.

Dieses Verzeichniß erschien im Jahre 1783 gedruckt, ist aber bey weitem nicht so bekannt geworden, als es billig seyn sollte. Wir hoffen also bey mehrern Kunstliebhabern für dessen Mittheilung Dank zu verdienen.

I. *Biblische Geschichten.*

Der Engel des Herrn kündigt den ersten Vätern den Tod an. 4.

Eine Familie sucht sich aus der Sündfluth auf einem Berg zu retten. 8.

Der schlafende Noah, von zwey Söhnen zugedeckt, und von dem einen verspottet. 8.

Abraham, der seinen Sohn opfern soll, nimmt ihm das Opferholz ab. 4.

Hagar wendet sich von ihrem verschmachtenden Sohne wehmüthig hinweg. 8.

Rebekka bindet dem Jakob Felle um die Arme. 8.

Esau weint vor seinem Vater Isaak wegen des ihm geraubten Segens. gr. 4.

Potiphars Weib versucht die Keuschheit des frommen Josephs. 4.

Joseph

Joseph will sich seinen Brüdern zu erkennen geben.
Mittel fol.

Hiob in seinem ersten Glück. Mittel fol.

Sauls und Davids Triumph nach Ueberwindung der
Philister. gr. fol.

David zeigt seinem Feinde Saul den Zipfel, den er
ihm vom Kleide geschnitten. 4.

David erhält, mit der Nachricht von Sauls Tode,
zugleich die Krone desselben. gr. fol.

Absalom, zwischen den Aesten einer Eiche hangend,
wird vom Joab mit einem Spieße geworfen. kl. fol.

Simei fällt dem David beym Uebergange über den
Jordan zu Fuß, und wird von ihm beym Leben
erhalten. mitt. fol.

Elias und die Wittwe zu Zarpath (Sarepta), welche
Holz auflieset, mit ihrem Sohne auf den Armen. 8.

Gehasi will mit dem Stabe des Elisa den todten
Sohn der Sunamitinn erwecken. 8.

Der belagerte König der Moabiter will seinen Sohn
auf der Stadtmauer schlachten lassen. (2. B. der
Kön. III. 27.) mitt. fol.

Der König Hiskias auf dem Sterbebett erhält von
dem Propheten Jesaias ein Zeichen seiner Genesung
am Schatten der Sonnenuhr. 4.

Das glückliche Weltalter. (Jesaias, II. 12.) m. fol.

Ein Löwe zerfleischt einen Stier; die Hirten suchen
ihn abzutreiben. (Jesaias XXXI. 4.) 8.

Jeremias wird von dem Mohren Ebed Melech aus
der Grube gezogen. (Jerem. XXXVIII. 11.) Ein
Blatt gr. fol., ein Blatt 8.

Der gerechte Tobias und sein Weib Hanna streiten über eine heim gebrachte Ziege. (Tob. II. 19-22.) 4.

Tobias wird durch seinen Sohn von seiner Blindheit geheilt. 4.

Simeon nimmt das Kind Jesus bey der Darstellung desselben im Tempel auf seine Arme, und weissagt. 4.

Christus schläft auf dem Schiff im Ungewitter; Petrus weckt ihn. 4.

Christus heilet einen Gichtbrüchigen, den man durch das Dach des Hauses an einem Seil herunter läßt. (Markus, II. 4.) Ein Blatt gr. fol., ein Blatt s.

Ein Samariter gießt Oehl in die Wunden eines unter die Mörder gefallenen Mannes, vor welchem ein Schriftgelehrter und ein Pharisäer betend vorüber gegangen sind. 8.

Der Hausvater lohnt die Arbeiter im Weinberge. (Matth. XX. 13.) 4.

Der ungerechte Haushalter. 4.

Der reiche Mann beym Gastmahl, der kranke Lazarus bettelnd. Ein Blatt m. fol., ein Blatt kl. fol.

Das Almosen der Heuchler, mit Posaunen ausgeblasen. (Matth. VI. 2.) Ein Blatt m. fol., ein Blatt kl. fol.

Petrus geht von der Magd und den Kriegsknechten, vor welchen er Christum verläugnet hatte, hinaus, und weint. 8.

Christi Abnehmung vom Kreuz. (Ein Altarblatt des Künstlers, in der Marienkirche zu Berlin.) 4.

Christi Grablegung. m. fol.

Christi Grablegung, als ein Basrelief gearbeitet. 4.
Christus giebt sich den beyden Jüngern zu Emahus
   zu erkennen. (Lukas XXIV. 30, 31.) 8.
Christus giebt sich dem Thomas zu erkennen. (Ein
   Altarblatt des Künstlers in der Marienkirche zu
   Berlin.) 8.
Christus fährt gen Himmel. (Ein Altarblatt dessel-
   ben in der Kirche zu Küstrin.) m. fol.
Petrus, auf dessen und der übrigen Apostel Haupt sich
   der Geist des Herrn niedergelassen, hält vor den
   Juden aller Nationen eine Predigt. m. fol.
Paulus hält zu Athen eine Predigt von dem unbe-
   kannten Gott. m. fol.
Petrus im Gefängniß unter den Wächtern schlafend,
   wird vom Engel des Herrn geweckt. 4.
Paulus und Silas in dem aufgesprungenen Gefäng-
   niß: Silas betet, Paulus wehrt dem Kerkermeister, der sich erstechen will. 4.
Paulus soll gegeißelt werden, und beruft sich für
   einen Römischen Bürger. 4.
Paulus vom Schiffbruch gerettet, wird ohne Schaden
   von einer Otter gebissen, die er ins Feuer schlenkert. 4.
Die Auferweckung der Todten durch den Messias, der
   mit Engeln und Heiligen umgeben ist. (Offenb.
   Joh. XX. 12, 13.) gr. fol.

Anhang einiger kleinen Blätter.

Moses wird in einem Rohrkästlein ins Schilf gelegt.
Ahabs Wagen wird gewaschen, und sein Blut von
   den Hunden geleckt.

Elias wirft dem pflügenden Elisa seinen Mantel um. (1. B. d. Kön. XIX. 19.)
Ein Knabe weidet Stiere, Löwen und Bären; Kinder stecken die Hand in das Loch der Otter. (Jes. XI. 6, 7, 8.
Der lebende Christus am Oehlberge.
Christus am Kreuz.
Die Weiber bey Christi Grabe erblicken einen Engel.
Christi Grablegung.

II. Weltliche Geschichten und Allegorien.

Aegyptisches Gericht über die Todten. (Diodor L. 70. 92.) ff. fol.
Sesostris im Triumphwagen von vier Königen gezogen. ¥.
Zwey Kinder, die Psammetichus an einer Ziege saugen läßt: das eine saugt an der Ziege, das andere füttert sie. (Herodotus II. 2.) 8.
Semiramis hört von dem Einbruch der Feinde, und waffnet sich, ehe ihre Haare in Ordnung gebracht sind. 4.
Des pflügenden Ulysses verstellte Unsinnigkeit wird entdeckt, indem man ihm seinen Sohn vor den Pflug legt. (In der Gallerie Sr. Excellenz des Preuß. Ministers, Grafen von Sacken, von dem Künstler gemahlt.) m. fol.
Ulysses erkennt den Achilles unter den Töchtern des Lykomedes an den Waffen, die er sich unter den Kleinodien ausgesucht hat. 4.
Ulysses wird von seinem alten Hunde erkannt. 8.

Eine

Eine Griechinn tränkt ihr Pferd, spinnt zugleich, und trägt Wasser. (Herodotus Gesch.) 8.

Sokrates, dem die Fesseln abgenommen sind, unterredet sich mit seinen Freunden, und erwartet den Giftbecher, welcher zubereitet wird. m. fol.

Diogenes kömmt mit einer Laterne mitten auf den Markt, die Menschen hervorzusuchen, die sich hier mit allerley Thieren beschäftigen. ll. fol.

Der kranke Alexander trinkt die Arzeney des Philippus, indem er ihm einen Brief zu lesen giebt, worin derselbe der Vergiftung beschuldigt wird. 8.

Der tödtlich verwundete Darius wird von einem Soldaten Alexanders mit einem Helme voll Wasser getränkt. 8.

Alexander weint über den Leichnam des Darius, und bedeckt ihn mit seinem eignen Mantel. 4.

Apelles, der ein Gemählde von der Venus gemahlt hat, räth einem kritischen Schuster allein über die Schuhe zu urtheilen. 4.

Des Apelles Wettstreit mit dem Bildhauer, der sich auf das Urtheil eines Blinden berufen hatte. 8.

Das Opfer des Altalus, der heimlich zwey Wörter auf die Leber des Opferviehes abgedrückt hatte. (S. Polidnus Kriegsgedanke der Feldherren; imgleichen Freinsheims Ergänzung des Kurtius, II. 5. Wo eben diese List von Alexandern erzählt wird.) In der Gallerie Sr. Excellenz des Grafen von Sacken. m. fol.

Romulus und Remus saugen an einer Wölfinn.

Numa mit verhülltem Angesicht wird von dem Wahrsager aus dem Fluge der Vögel für einen glücklichen König erklärt. 4.

Brutus unter den Söhnen des Tarquinius Superbus springt aus dem Schiff, und fällt auf die Erde, sie zu küssen. m. fol.

Coriolan vor Rom will seine Mutter umarmen, die es absicht. (In der Gallerie Sr. Excellenz des Grafen von Sacken.) m. fol.

Der pflügende Cincinnatus wird zum Dictator erwählt. (Von dem Künstler zu Britz im Landhause Sr. Excell. des Preuß. Ministers Herrn v. Herzberg gemahlt.) 8.

Strafe des verrätherischen Schulmeisters zu Faleri, welchem Camillus von den Schulknaben in die Stadt zurückpeitschen läßt. (In der Gallerie Sr. Excellenz des Grafen v. Sacken.) Hiervon 2 Blätter. gr. fol.

Curius brät Rüben, und weiset die Samniter ab. (Zu Britz in dem Landhause Sr. Excellenz des Herrn von Herzberg gemahlt.) 8.

Der junge Scipio Africanus giebt die schönste Spanierinn ihrem Verlobten nebst der Ranzion zurück. (In der Gallerie Sr. Excellenz des Grafen von Sacken.) m. fol.

Antonius fischt in Gesellschaft der Kleopatra, und hat einen gebratenen Fisch an der Angel heraufgezogen. (S. Plutarchs Leben des Antonius.) In der Gallerie S. Excell. des Grafen v. Sacken. m. fol.

Antonius am Fest der Lupercalien überreicht dem Cäsar eine Krone. (S. Plutarchs Leben des Antonius.) m. fol.

Cicero

Cicero in einer Sänfte nahe am Meere, bietet seinen Kopf dem herbeyeilenden Herennius dar. (Plutarchs Leben des Cicero.) m. fol.

Der tödtlich verwundete Antonius wird von der Kleopatra und ihren Frauen zu ihr in ihr festes Grabmahl heraufgezogen. (Plutarchs Leben des Antonius.) m. fol.

Herodes rottet die Räuber aus. m. fol.

Agrippina mit der Asche ihres Gemahls Germanikus, steigt zu Brundusium ans Land. gr. fol.

Das Taurobolium, oder die Bluttaufe der Priester der Cybele unter dem Kaiser Antonin dem Frommen. m. fol.

Ein Opfer der Ceres. 4.

Eines Druiden feyerliche Abnehmung der Eichenmistel. (Plinius XVI. 44.) fl. fol.

Hermann befiehlt des Varus Haupt dem Marbod zu bringen. (Schmidts Gesch. d. Deutsch. 1. Thl. 1. B. 6. Kap. Pag. 74.) gr. fol.

Die Römer stürzen Statuen auf die Gothen, ihre Belagerer. (Winkelmanns Geschichte der Kunst.) gr. fol.

Bonifacius haut in Hessen einen Opferbaum um. (Schmidts Gesch. der Deutschen. 1. Thl. 2. B. 12 Kap. Pag. 377.) gr. fol.

Edler Abzug der Weiber aus Weinsberg. (Schröckhs Weltgeschichte. 3. Th. Pag. 250.) gr. fol.

Der entführte Kaiser Heinrich IV. springt aus dem Schiff. (Schmidts Gesch. der Deutschen. 2. Th. 5. B. 3. K. Pag. 243.) gr. fol.

Rudolph, Gegenkaiser Heinrich des IV, verliehrt im
  Treffen den Arm. (Schröckhs Weltgeschichte.
  3. Th. Pag. 238.) gr. fol.
Herzog Heinrich der Löwe hat die Wenden gedemü-
  thigt. (Schröckhs Weltgeschichte. 3. Th. Pag.
  547.) gr. fol.
Kaiser Friedrich I. bey Seleucia ertrunken. (Bünau
  Deutsche Gesch. Pag. 224.) gr. fol.
Der junge Konradin küßt den Kopf des vor ihm ent-
  haupteten Freundes. (Schröckhs Weltgeschichte.
  3. Th. Pag. 266.) gr. fol.
Rudolph von Habsburg nimmt zum Huldigungseibe
  anstatt des Zepters ein Krucifix. (Schmidts Gesch.
  der Deutschen. 3. Th. 7. B. 1. K. Pag. 341.) gr. fol.
Ein Köhler befreyt die geraubten Sächsischen Prinzen.
  (Walters Dresdnische Chronik, Pag. 123.)
  gr. fol.
Bogislav X. Herzog von Pommern wehrt sich im
  Seegefecht mit einem Bratspieß. (Mikrelius Ge-
  schichte von Pommern.) gr. fol.
Der Kaiser in China zieht die erste Furche zur Ehre
  des Ackerbaues. (In dem Landhause Sr. Excellenz
  des Preuß. Ministers Hrn. von Herzberg, von dem
  Künstler gemahlt.) 8.
Die Kaiserinn in China pflückt die ersten Maulbeer-
  blätter zur Ehre des Seidenbaues. (Ebendaselbst
  von ihm gemahlt.) 8.
Joh. Huß wird als ein Ketzer verbrannt. m. fol.
Wilh. Tell soll seinem Sohne einen Apfel, den ihm der
  Statthalter auf den Kopf setzt, herabschießen. 4.

Der

Der Kurfürst Joachim der Zweyte empfängt das Abendmahl zuerst unter beyderley Gestalt. (Brandenb. Geschichte des Königs.) 4.

Die Göttin der Nacht mit ihrem Gefolge. (An der Decke des königlichen Schlosses zu Potsdam, von dem Künstler gemahlt.) 4.

Die fünf Sinne, weiblich, auf fünf Blättern vorgestellt. 8.

Die drey Parcen, Klotho, Lachesis und Atropos, und der Genius der Gesundheit, welcher die Atropos abhält, den Faden abzuschneiden. 8.

Eine Christin (des Künstlers Mutter) steigt aus dem Sarge, den kleine Engel öffnen; die Ewigkeit zeigt ihr den Ort ihrer Bestimmung. (In der Marienkirche von ihm gemahlt.) 4.

Die Hoffnung am Grabe eines entschlafenen Christen (des Künstlers Vater) sieht einem emporfliegenden Schmetterlinge nach. (Ebendaselbst.)

Schwerin fällt mit der Fahne in der Hand in der Schlacht bey Prag; die Siegesgöttinn setzt dem sterbenden Helden den Kranz auf. 4.

Winterfelds Brustbild auf einem Denkmahl erhöht; vor demselben sitzt die Heldenmuse, und schreibt seine Thaten in ein Buch. 4.

Keiths Urne wird von der Göttinn des Ruhms mit Lorbeern umwunden. 4.

Kleists (des Dichters) Urne auf ein Grabmahl gestellt, über ihr weint die Göttinn der Freundschaft. 4.

(Diese vier Stücke, von vier im siebenjährigen Schlesischen Kriege gebliebenen Helden, sind in der Garnisonkirche zu Berlin von dem Künstler gemahlt.)

38 Radirte Blätter nach Gemälden u. Zeichn.

Alvenslebens Urne mit seinem Bildniß und der Unterschrift: Præfecto equitum forti pio commilitones amici. (In der Kirche zu Friedberg in der Neumark, von dem Künstler gemahlt.) 4.

Ein feyerliches Opfer von der Göttinn Berilus und ihrem Gefolge gebracht, mit der Unterschrift: Pro Salute Hospitis Pauli Petrowitz, M. D. Ruſſ. 8.

Der Skamander und Simois wollen den Achilles mit ihren Wellen ertränken. (Homers Iliade, XXI.) 4.

Mars in der Werkstätte Vulkans verspottet Amors Pfeile, welche Venus in Honig taucht; Amor spielt ihm mit List einen Pfeil in die Hand. (Anakreons 45. Ode.) 4.

Amor, von einer Biene gestochen, klagt der Venus seine Schmerzen. (Anakreons 40. Ode. Theokrits 19. Idylle.) 8.

Amors nächtlicher Besuch bey dem Dichter. (Anakreons 3. Ode.) 8.

Den schlafenden Silen färbt eine Nymphe mit Maulbeeren, in Gesellschaft zweyer Schäfer, die ihn gebunden haben. (Virgils 6. Ekloge.) 4.

Ein Bruder erschießt seinen tödtlich verwundeten Bruder auf dessen Bitte mit einem Pfeil. (Kleists Cissides.) 8.

Amynt und die badende Schäferinn. (Ramlers 3. Ode.) 8.

Amor ritzt sich beym Ausnehmen einer Taube aus einem hohlen Ulmbaum, sein Blut benetzt den Weinstock am Ulmbaum. (Ramlers 23. Ode.) 8.

Ins

Ino und Melicertes werden unter die Meergötter aufgenommen. (Ramlers Kantate Ino.) 8.

Daphnis bringt seine Phyllis vor seinem Vater. (Geßners Daphnis, 1 B. P. 53.) 8.

Amor, als Diener. (Ramlers lyrische Blumenlese, IV. 16.) 8.

Hell geblasene Kriegstrompete und Friedensposaune. (Nach Rabeners Chronik des Dörfleins Quirlequitsch, P. 123.) 8.

Die Seele des Geizigen auf dem Geldkasten. (Nach Rabeners Traum von den abgeschiedenen Seelen, P. 253.) 8.

Die Göttinn der Gerechtigkeit, nach dem neuesten Geschmack. (Nach Rabeners Abhandl. von Buchdruckerstöcken, P. 283.) 8.

Die Wuth der Betschwester bey ihrer Andacht. (Nach Rabeners geheimer Nachricht von Swifts letztem Willen, Pag. 395.) 8.

Kleine Blätter.

Die Liebesgötter schleppen den Eber fort, der den Adonis getödtet hat. (Theokrits 30. Idylle.)

Der Herbst, ein Bacchanal von Kindern.

Der Winter, durch Kinder vorgestellt.

Ein Kind mit dem Geräth zur Mahlerey.

Ein ackernder Mahler.

Zwey Kinder zeichnen nach einem Kopf.

Ein Hirt bläst auf einer Flöte, nach welcher ein Kind greift.

Kinder greifen nach einem Vogel.

90 Radirte Blätter nach Gemälden u. Zeichn.

Eine Frau mit Kindern hinter einem Fenster.
Eine Bettelfrau mit Kindern.
Ein Kind auf einem Stuhl.
Ein schlafendes Kind.

Blätter nach dem Bildhauer und Baumeister Andreas Schlüter radirt.

Zwanzig Larven in dem Hofe des Berlinischen Zeughauses über den Fenstern. 8.
Zehn Helme über den Fenstern des Zeughauses von außen. 8.
Neun allegorische Blätter mit der gedruckten Erklärung:
 1) Titelblatt. Die Giganten von der Weisheit gestürzt, welche König Friedrichs Namen auf ihrem Schilde führt. (Auf dem königlichen Schlosse zu Berlin, im mittelsten Portale. 4.
 2) Sophie Charlotte, Königin von Preußen, im Grabe, von der Sterblichkeit, der Ewigkeit und der Göttinn des Landes umgeben. (In der Domkirche.) 4.
 3) Grabesurne mit zwey Brustbildern, über welchen der Genius der Freundschaft weint, und mit Schrecken sieht, wie der Tod ihr Kind ergreift. (Ebendaselbst.)
 4—7) Die vier Welttheile. (Im Ritterfaal des königlichen Schlosses.) 4.
 8) Der Tapferkeit wird von dem Liebesgott die Keule entführt. 8.
 9) Die Gerechtigkeit hat die Wagschalen zusammengelegt, versteckt ihr Schwert, und will sanft auf dem Gesetzbuch einschlafen. 8.

Der

Der Glaube, die Liebe und der Täufer Johannes, der von der Geduld des Erlösers prediget. (Nach drey Vorstellungen in erhobener Arbeit an der Kanzel der Marienkirche zu Berlin.)

Zwey Blätter, nach zwey allegorischen Vorstellungen in erhobener Arbeit unter der Statue des Kurfürsten Friedrich Wilhelms, auf der Brücke vor dem Schloße zu Berlin. 4.

In diesem gedruckten Verzeichnisse fehlen folgende sehr seltene Blätter, deren Anzeige sowohl, als das Verzeichniß selbst, wir der Güte eines der vorzüglichsten Gönner unsrer Unternehmung verdanken.

Die Zeit, mit zwey Kindern, an einem Stein sitzend, mit der Unterschrift: Historische Sammlung; gemahlt und eingeätzt rc. fol.

Eine todte Frau, in ein Leichentuch gehüllt. In 4.

Drey Bildnisse, J. H. Rode. In 8.

Zwey unbekannte Portraits. (Wahrscheinlich des Künstlers Vater und Schwiegervater.)

Folgende Blätter sind nach Rode gestochen:

Die Stratonike, von Bause.

Christus wird von Pilato dem Volke vorgestellt, Bernh. Rode inv. J. H. Rode sculpf. 1752. fol. Selten.

10.
Vermischte Nachrichten.

1.

Leipzig. Der hiesige Herr Baudirector Dauthe hat, bey einer hier unternommenen Kirchenreparatur, ein bewegliches Gerüste erfunden, welches verdient bekannt gemacht zu werden. Dieses Gerüste hat zur niedrigsten Höhe sieben und eine halbe Ellen, oder funfzehn Leipziger Fuß, und kann durch vier Mann nach Gefallen, von Fuß zu Fuß, bis auf sechzig Fuß in einer Minute gehoben werden. Oberhalb befindet sich ein sechs Fuß langer und vier Fuß breiter Boden, mit einer Brustlehne umschlossen, auf welcher sich einige Personen können in die Höhe heben lassen. Es ist zugleich eine Strickleiter mit angebracht, die sich zugleich mit in die Höhe zieht, auf welcher, ohne das Gerüste wieder herunter zu lassen, Personen ohne Gefahr hinauf und herabsteigen können. Das Gerüste bestehet aus lauter sechs bis zehn Zoll breiten, und zwey bis drey Zoll starken Streben, Bäumern, Riegeln und Säulen, die aus kiefernem Holze gefertigt, und mit eisernen Bolzen und Schrauben zusammen verbunden sind, die sich erheben, und wieder zusammen legen, und vermittelst gezahnter Schrauben fest stellen lassen. Zu Erhebung und Herablassung des Gerüstes sind drey Wellen unten angebracht, vermöge deren erstern, welche neun Zoll im Durchmesser

messer hält, und auf beyden Seiten mit Haspeln versehen ist, das Gerüste, nach zweymaliger Umdrehung der Welle, auf sechzig Fuß erhöbet wird; die zwote Welle ist mit einer Kurbel versehen, an selbiger sind vier Schwungleinen, die nach vorhergegangener Erhöhung angezogen werden; an der dritten Welle, an welcher ebenfalls eine Kurbel befindlich, sind die Federn angehangen, welche bey Erhöhung des Gerüstes die gezahnten Säulen einlegen, und bey Herablassung selbige zurückziehen; alle drey Wellen sind mit Sperrädern versehen. Um dieses Gerüste bequem und geschwind fortzuschaffen, befinden sich unter selbigem zwey Achsen mit vier ordinairen Wagenrädern, davon die vordere Achse zum bequemen Umlenken beweglich ist; und damit das Gerüste auch auf abhängendem oder schiefem Boden lothrecht erhoben werden könne, befinden sich über den Achsen vier Stellschrauben; desgleichen sind, um das Fortrücken der Räder zu verhindern, vier Keile zum Unterschieben angebracht. Dieses Gerüste kann nicht nur bey Reparirung der Gebäude, Reinigung der Kirchen und hoher Säle, ferner bey Illuminationen, Feuerwerken und andern Festivitäten, wo Gerüste geschwinde wiederum hinweggeschaffet werden müssen, und Leitern zu niedrig sind; sondern auch zu Löschung bey Feuersbrünsten, und zu Rettung der Menschen aus hohen Gebäuden, gebrauchet werden. Da dieses Gerüste mit lauter Schrauben versehen ist, so kann es theilweise aus einander genommen, und bey Reparaturen in Gebäude geschafft, allda wiederum zu-

sammen

sammen gesetzt, und hierbey die Räder weggelassen werden; und da das ganze Gerüste nicht über a bzehn bis zwanzig Centner Schwere hält, so können acht Mann, oder zwey Pferde, solches bequem fortschaffen. Die zu Erbauung dieses Gerüstes erforderlichen Kosten richten sich zwar nach Beschaffenheit der Preise jeden Orts, werden aber über vier bis fünfhundert Thaler nicht zu stehen kommen. Verlangt man, daß ein dergleichen Gerüste zu einer weit beträchtlichern Höhe gehoben werden könne, so darf es bloß verhältnißmäßig größer erbauet werden.

2.

Herr Sprenger, Kupferstecher in Würzburg, verspricht seine Sammlung der fränkischen Prospekte in schwarzen und illuminirten Abdrücken herauszugeben. Liebhabern bietet er den Weg der Subscription an. Jährlich kommen zwey Stücke heraus. Die illuminirten sind im Geschmacke der Schweizer Prospekte von Hrn. Aberli verfertiget. Ein Stück schwarzen Abdruckes kostet 45 kr., illuminirt — 1 fl. 30 kr. Die Herren Subscribenten belieben sich an den Künstler selbst zu wenden. Das Geld wird erst beym Empfang bezahlt.

Inhaltsanzeige.

1. Ueber O=Kelly's Papagey. 3
2. Einige Kunstnachrichten von Anspach. 13
3. Einige Kunstnachrichten von Erfurt und Weimar. 20
4. Kurze Beschreibung des Güttlerischen Vogelkabinets. 25
5. Beschluß der im vierten Stück abgebrochenen Nachricht von der Voyage Pittoresque de Naples & de Sicile. 27
6. Von dem jetzigen Zustand der schönen Künste in Nürnberg, vorzüglich von dem dortigen Künstlerinstitut. In einem Schreiben aus Nürnberg an den Herausgeber des Museums. 51
7. Carlsruhe. 64
8. Maria Anna Kürzinger. 70
9. Radirte Blätter nach eigenen historischen Gemälden und Zeichnungen, von Bernhard Rode in Berlin. 78
10. Vermischte Nachrichten. 92

Museum
für
Künstler
und für
Kunstliebhaber

oder

Fortsetzung der Miscellaneen artistischen Inhalts.

Herausgegeben
von
Johann Georg Meusel,

Hochfürstl. Brandenburgischem und Quedlinburgischem Hofrathe,
ordentlichem Professor der Geschichtskunde auf der Universität
zu Erlangen, und Ehrenmitgliede der Königl. Preußischen
Akademie der Künste zu Berlin.

Sechstes Stück.

Mannheim,
bey C. F. Schwan und G. C. Göz.
1788.

I.

Ueber den Verfall der Kunst. *)

In England können alle Fremde an den akademischen Preißgewinnungen Antheil nehmen, so wie auch alle Jahre ihre Gemählde, Bildhauerwerke, Zeichnungen und Steinschneiderey —. Kupferstiche werden nicht angenommen —. öffentlich in der königlich akademischen Exhibition ausstellen. Dies sind, nebst dem, daß es hier mehr, wie in andern kultivirten Ländern, schöne Menschen von beyderley Geschlecht giebt, unstreitig große Vortheile für den Künstler und für den betrachtenden Dilettanten.

Aber, nichts desto weniger müssen oft Künstler in England verhungern, wenn sie nicht genug empirischen Ruf haben, aus der Ursache weil ein Name oft mehr nützet, wie Wissenschaft, und die Nation keine Empfindung für die Kunst hat. Wäre für dies epidemische Uebel irgend ein Mittel vorhanden; so würde die arme Kunst sowohl hier, als in so vielen andern Ländern höher thronen, und weniger darben.

*) Geschrieben in London am 1sten Jun. 1788.

|Ueber den Verfall der Kunst.

Der gröste Theil der dießjährigen Ausstellung bestand, wie gewöhnlich, aus Portraits; welches das Lieblingsfach der Nation und ihrer Künstler ist. Die meiste lassen sich mahlen, um das Vergnügen zu genießen, in der Exhibition gesehen zu werden. Schon Winkelmann glaubte in dem allzuvielen Portraitiren den Untergang der Kunst zu finden.

Joshua Reynolds hat sich dießmahl besonders durch das Portrait des General Elliot ausgezeichnet. Elliot, lebensgroß bis nächst an die Knie gemahlt, steht mit gen Himmel schauendem Blicke, in beyden Händen einen sehr großen meßingenen Schlüssel haltend. Im Hintergrunde bemerkt man wenig von einer Kanone, aber einen desto schwärzern Dampf. Wenn dieser Künstler die Kleidung selbst mahlt; so verwendet er auf diesen Theil wenig Fleiß; und es sieht oft so aus, als wäre der Pinsel nur aufdem Tuch ausgeputzt worden. Eine geringe Uebermahlung der Epauletten und des Degengefäßes könnte dieses Portrait in einen schönen Petrus verwandeln. Aber eben deswegen hätte der Künstler besser beherzigen sollen, daß Stellung und Ausdruck eines Petrus sich nicht für einen General schicken. — Der junge Herkules, wie er die Schlangen erdrückt, von demselben Künstler, bestimmt für die Kaiserinn von Rußland, hat die Kritiker und Zeitungsschreiber nicht wenig in Bewegung gesetzt. — West blieb diesmal unter seinem anerkannten Werth.

Hier ist nöthig anzumerken, daß einige Gemähldeausstellungen und Auctionen sich die königl. akademischen nennen. Die eigentliche königl. akademische Exhibihibition wird im Sommerset-Haus im Anfang des Meymonats gehalten, und dauert vier bis fünf Wochen. Sie dient hauptsächlich zur Vermehrung und Bekanntmachung der lebenden Künstler, deren es ohnehin zu viel hier giebt und zum Geldgewinnen. a) Viele Künstler, als Gainsborough, Romny, und so viele andre, geben keine ihrer Gemählde mehr hinein, wegen Partheilichkeit der Exhibition, wo die Gemählde oft sehr schlecht gehängt und gute Sachen oft nicht angenommen werden.

Es waren diesmal über 200 Portraits da, ohne die von Pferden und Hunden und sonstigen Lieblingsthieren, historische und allegorische Gemählde waren kaum 22. Das Uebrige bestand aus Landschaften, Conversations-, Blumen- und Wildpretsstücken. Der Gemählde waren 446. Mit der Bildhauer-Arbeit, nebst den Zeichnungen in verschiedenen Fächern, belief sich alles auf 656 Stücke. So groß indessen die Zahl der Werke und Künstler ist b) (wovon sich letztere auf 308 beläuft); so gering ist die Zahl der Liebhaber.

a) Die Einnahme beläuft sich oft über 2000 Pfund Sterling.

b) Wenn man nun die große Zahl der Kupferstecher noch dazu nimmt, nebst denen, die nicht exhibiren wollen, und denen, deren Werke wegen des allzugeringen Werthes nicht angenommen werden; so besitzt London vielleicht, ohne die blosen Liebhaber, die sich zum Zeitvertreib mit zeichnen und mahlen beschäftigen, mehr denn 600 Künstler, die von der wenigen Liebhaberey, die hier ist, leben wollen.

Es ist nicht zu bewundern, daß die edle Kunst auf diejenigen, die ihr durch ihren Schutz am besten aufhelfen könnten, so wenig wirkt; wobey zu erinnern nicht überflüssig ist, daß bey jenen, wo der gute Geschmack fehlt, nachgeahmte Fehler sowohl, als natürliche, ihre schönsten und zuverläßigsten Unterscheidungs-Zeichen sind, die sich ihrem Gedächtniß am stärksten einprägen. Ein Kunstwerk das am wenigsten mangelhaft ist, darf sich von dieser Klasse gar nichts versprechen. Dagegen sollte man doch glauben, daß Werke, die voll von Ueberspannung und Mißgewächste sind, wofür der ungebildete Geist immer empfänglichen Sinn hat, bessere Aufnahme zu erwarten hätten: aber auch diese rühren sie nicht mehr. Solcher Leute giebts in England und in so vielen andern Ländern in Menge; es ist durchgehends der herrschende und anerkannte Geschmack. Die Zahl derer, die an den Werken der Griechen Geschmack finden, ist zu gering, so wie auch die Künstler, die sich nach jenen großen Lichtern der Kunst bilden.

Alle schöne Mittel, die der Kunst sonst behülflich waren, sind verschwunden; ihre schönsten Ehrenkränze werden zertreten. Dafür kommen ganz andre Dinge in Aufnahme, als jene coexistirende Wissenschaft, die dem Auge und Herz mit emphatischer Stärke Nahrung geben, und den menschlichen Geist verfeinerte, man kann sagen die Natur spähete und das Allerfeinste und Vollkommenste in ihr abzog und den Geist bis zur Gottheit erhob. *)

Doch,

*) Ich bekenne gern, daß mir diese Stelle unverständlich ist. M.

Doch, das Vorurtheil und die geringe Kenntniß in so vielen Dingen der Kunst, ist Vernachläßigung der Erziehung, welche unmittelbar falsche Vorstellungen und irrgeführte Imagination des Schönen und Guten, folglich üble Begriffe bewirket und durch Gewohnheit erhärtet.

Da die Kunst allgemein im Verfall ist; so sind die Mittel, womit man ihr aufhelfen und sie in Teutschland noch einige Zeit unterstützen will, die besten nicht. Davon unten mehr.

Der Kaiser hat der Kunst einen harten Stoß gegeben, der für sie von der übelsten Folge seyn wird. Es wäre billig, auf Ersatz zu denken: aber, beym Denken wird es auch wohl bleiben. O, arme Kunst! was wirst du noch einst verliehren, bey einer Religion, welche ganz ohne Sinnlichkeit sich dereinst verfeinern könnte. Jetzt beynahe sind deine Hauptquellen verstopft worden, wo du durch Verherrlichung des Gottesdienstes deine blühende Epoche sahest! Von dieser edelsten Seite wird man dich dereinst ganz ausschliessen, an die du doch bey den gesitteten Völkern so viel Anspruch hattest!

Steht es denn etwan auf der andern Seite für die Kunst besser, wo man für große Männer Denkmahle und Statuen errichtet? Wahrlich auch nicht! Denn den darauf zu verwendenden Kosten ist durch Ordens-Bänder, die den Fürsten das Wenigste kosten, so viel wie möglich abgeholfen worden; und hierzu braucht man Fabricken, aber keine Akademien. — Aber, vielleicht hat die Kunst in unsern Tagen doch noch Einfluß in die Verbesserung der Leidenschaften, wird mancher denken. Allein, auch hierzu hat man ihr eben so wenig, wie zur Begeisterung der Tugend, einen Platz eingeräumt. Kurz, man hat Mittel gefunden, deren sich der Blinde wie der Sehende bedienen kann, und die man für besser als die Künste hält. Die schöne, begeisterungsvolle Dollmetscherin der Werke Gottes ist verdrängt. Ich gebe zu, daß man wohl nicht abgeneigt seyn würde die Werke des Apelles, Zeuxis, Parrhasius, Phidias, Alkamenes u. s. w. zu besitzen, obschon sie wenig mehr könnten empfunden werden. So ist auf der Seite, wo man für eine etwan ähnliche Entstehung von Künstlern sorgen sollte, nichts zu erwarten mehr übrig.*)

Die Großen verwenden sich viel zu wenig mehr für die bildlichen Künste und suchen sie nicht gemeinnützig zu machen, wäre es auch nur um dem Geist Erholung zu verschaffen und die Natur durch sie zu veredeln. Denn was ist die wahre Eleganz der Mahlerey, ohne diese erhabene Stufenleiter der schönen und gewählten Natur anders, als ihre Vortrefflichkeiten hervorzusuchen, zu sammeln und in sie überzusetzen? sie dem Verstande wie ein Ganzes vorzutragen, um dem Auge Ergötzlichkeit und dem Herzen Rührung zu geben? Dies sind die Eigenschaften, die sich in ihr genau vereinigen sollen; wofür sie, wenn sie auch nur ein geringes Gnädigen hierinn lei-

---
*) Auch dies ist nicht ganz verständlich.

leistet, mehr Hochschätzung und Aufmerksamkeit verdient, als ihr jetzt vergönnt wird.

Ihr, die ihr noch einigermaßen besorgt seyd, die Künstler für den äußersten Mangel zu bewahren, weil es so herkömmlich ist, sie nicht ganz ausstarben zu lassen, seyd etwas mehr darauf bedacht, sie gemeinnützig zu machen! Euer Wohlwollen erstrecke sich nicht bloß auf euern alleinigen Genuß, sondern auf das gemeine Beste! Durch diese Wohlthat würde Euch der Ehrenkranz am schönsten geflochten werden.

Allgemein ist man mit dem Vorurtheil behaftet, daß man glaubt, die heutigen Künstler könnten die Werke von den Zeiten Michael Angelo und Rophaels nicht mehr erreichen, viel weniger übertreffen. Dies letztere wird freilich nie möglich werden, so lange man jene Werke zum alleinigen Muster wählt. Ich kann mich nicht enthrechen zu erinnern, daß seit der Zeit der neuern Entstehung der Kunst keiner den Geschmack der Alten erreichte, daß aber oft Genies vorhanden waren, die nur mehr oder weniger Nachahmer ihrer Zeitgenossen waren, um sie zu übertreffen, aber nur zu erreichen suchten.

Ob es aber nun ganz wahr sey, beyde vorerwähnte Meister nicht mehr erreichen zu können, ist sehr zu bezweifeln; und diese Zweifel werden sich nicht heben, so lange man sich mit den angeerbten Sammlungen begnügt, und das Genie hiermit außer Thätigkeit setzet, und vorgiebt: Unsre Plätze sind ja alle schon besetzt! wo hinaus mit den neuen Sachen? Solche Leute wollen Vorsteher der Künste genennt seyn! Dieſer Name kommt keinem Sammler alter Kunſtwerke, noch viel weniger einem Hüter oder Bewahrer zu. Was hat der Blindgebohrne für Begriffe vom Licht? und was der durch Vorurtheil Blinde? So könnte man die vielen opulenten Liebhaber fragen, die ſich ſo viel auf das kleine Schärflein das ſie etwa beytragen, zu gute thun, wenn ſie oft nur einen alten Lappen theuer bezahlen und verehren, und es dem lebenden armen Künſtler überlaſſen, ob er etwas hervorbringen werde, das nach ſeinem Tode berühmt und von denen wird bezahlt werden, die ſeine Werke dann kaufen und vielleicht fürſtlich bezahlen, wenn der Urheber nicht mehr darben kann. Ihr ſo oft gepriesene Vorſteher und Kunſtfreunde! ihr denkt, ihr könntet gleich, wenn es euch einmahl gefallen ſollte, hierinn menſchlicher zu werden, c) auch zugleich den geweihten Kranz erlangen, der aber ſo wenig, als Künſtler ohne Pflege blühet.

Wer zum Tempel der Muſen würdige Opfer bringen will, hat ſich lange hierzu vorzubereiten: welches man beym Tempel der Kotytto d) nicht nöthig hat.

Künſtler! da ihr ſeht, daß es aus Mangel der oben angezeigten Mittel nicht ganz in eurer Gewalt ſteht,

c) ſ. Apulejus goldnen Eſel, ztes Buch. Nachdem Lucius, als Eſel der Gottin Cybele, ihre Roſenkränze, als ſein Menſchwerdungsmittel, nehmen wollte, und dabey zu viel Getrampel machte, wurde das arme Thier beynahe von ſeinem vormaligen Reitknechte lendenlahm geſchlagen.

d) Kotytto, die Göttin der Geilheit und aller Ueppigkeit

steht, der Kunst aufzuhelfen; so seyd hiermit ganz freundschaftlich erinnert: Verfolget euch nicht selbst untereinander! Denn der Neid ist eine häßliche Kreatur, und macht sich nur an Lebende: nach dem Tode hört sein Wüthen auf. Plinius sagt „Apelles war gefällig „gegen Miteiferer, und war der erste, der dem „Protogenes zu Rhodus Achtung verschaffte. Die„ser Mann war seinen Landsleuten, wie insgemein „einheimische Dinge, verächtlich. Apelles fragte „ihn, für welchen Preiß er seine vollendeten Gemählde „wohl verkaufen wollte? und er nannte eine Klei„nigkeit, ich weiß nicht welche. Aber Apelles nahm „sie für fünfzig Talente an, und verbreitete das Ge„rücht, daß er sie kaufe, um sie für seine eignen zu „verkaufen. Dieser Umstand machte die Rhodier „erst auf ihren Künstler aufmerksam, und er über„ließ ihnen weiter kein Stück als für höhere Preise." Apelles war ein großer Künstler, und besaß eine edel denkende Seele. Er mißbrauchte das Zutrauen seines Fürsten nicht zum Nachtheil seiner Kunstzeitgenossen. Er ließ andern die größte Gerechtigkeit wiederfahren. Das bleibt doch wohl wahr, daß diejenigen, die nur andere Verdienste schmälern, selbst die wenigsten besitzen. Man hat diese Ungerechtigkeit bey den Griechen in spätern Zeiten gegen ihre verdienstvolle Männer noch viel weiter treiben gesehen. Pausanias erzählt: „An den Bildnissen des Milti„ades und Themistokles hat man die Aufschriften „geändert, und sie Römern und Thrazlern zugeeig„net." Es ist wohl kaum zu erinnern nöthig, da

es

es eine richtige Moral ist, daß man in allem was von Nutzen seyn soll, das Gegenwärtige dem Zukünftigen aufopfern lerne. Weiter, was hilft der verderbliche Kitzel des Lobes, wodurch so mancher glaubt groß zu seyn? Das zukünftige Ziel, worauf der Künstler ein außerordentliches Werk gründen will, muß er nicht aus den Augen verlieren. Die große Selbstgenügsamkeit der angehenden Künstler — und angehende Künstler sind wir gegen die Alten doch wohl alle? — ist höchst verderblich. Die Welt wird dadurch mit Pfuschern und Plagiaten überschwemmt. Ein einziges Werk von großem Verdienst mag für einen Künstler seyn, was für Tynnichus, e) der nie ein anderes Gedicht gemacht hatte, das jemand des Auswendiglernens werth gehalten, sein Lobgesang auf den Apollo war, den alle sangen, und der fast der schönste aller Gesänge war.

Aber, leider! wie oft wird der Künstler gehindert, den besten Plan auszuführen! Daran sind aber jene am meisten schuld, die es vermögen, und doch für die Kultur der Künste nicht sorgen. Dies sind wohl die größten Barbaren, besonders da ihnen das Schätzbare der Künste einigermaßen bekannt ist, dasselbe auch oft, wenn ihnen etwas zu sehen aufgedrungen wurde, bewunderten, aber es dennoch nicht beförderten. Die sind ärger, als jene Barbaren, die so viel zerstörten und vernichteten; denn sie thaten es aus Unwissenheit oder aus Religionseifer. Wer wird es aber billigen oder vertheidigen, wenn man

e) s. Plato's Jon.

man — wie es so oft jetzt geschieht — durch Verstand die Werke des Verstandes zu vernachläßigen oder zu vernichten?

Die Vervollkommung der Mahlerey hängt hauptsächlich von der Gesinnung und dem lebhaften Mitgefühl eines Volkes ab; wozu das Edle und Sinnliche der Religion, Ergößlichkeiten, und schöne Bildungen unter milden Himmelsstrichen, das Meiste beytragen. Sitten und Religion haben sich mehr oder weniger gebildet, je nachdem ihnen der Himmelsstrich und die erste Junctur der Ideen günstig waren, und so bildete sich die Kunst nach Sitten und Religion, die aber auch hinwiederum von ihr verfeinert und verbessert wurden. In Gegenden, wo jene Eigenschaften fehlen, wird die Kunst nie zum schönen Flor kommen; besonders, wenn noch hinzu kommt, daß man sie zwar nicht verhungern, aber desto mehr darben und verelenden läßt. Was kann die Kunst länger für euch seyn? doch wohl keine Beraubung? denn ihr habt sie nie empfunden! In einem Lande, wo ihre reine Quelle nie floß oder vertrocknet ist, wäre zu wünschen, daß man sich auch wenig um den seichten Unrath, der sich trüb bey ihr aufhält, bekümmerte.

In jenen schönen blühenden Zeiten Griechenlands errichtete man Statuen und andre Denkmähle für würdige Männer, verschönerte hierdurch den Staat, und nährte mit Anstand die Künste: indessen durch sie die Poesie reicher an Ideen wurde, und sich für sie

mit

mit Anthologien beschäftigte. Jetzt sind Dichter wenig bekannt und Freund mit ihnen.

Die Prämien, die man heut zu Tage hier und da für Kunstwerke aussetzt, sind meistens so beschaffen, daß kein guter Künstler ein Ehrengemählde dafür machen würde. Griechenland, die Schule aller Künste des Geistes, giebt Beyspiele von Preißaustheilungen, die eben nicht in goldenen Schaustücken oder Geldern bestanden, aber die größte Ehre enthielten, die den Sterblichen zu Theil werden konnten; nämlich die Anerkennung des Vorzuges vor den Augen aller versammelten Griechen bey den Spielen zu Korinth, Delphi und Olympia, wo also kein empirischer Ruf ohne Talent und Wissenschaft die Kenntniß der Richter bestechen oder täuschen konnte. Dieß war das Land, wo das Talent ermuntert wurde und zur höchsten Reife gelangte.

Gäbe es noch edle und unparteyische Wettkämpfe unter den Künstlern; ich wollte gern das Schicksal des Pandnus erleben. Plinius sagt: „Zur Zeit, „als Pandnus blühete, wurden zu Korinth und Del„phi bereits Wettstreite in der Mahlerkunst angestellt. „Er selbst war der erste, der mit dem Timagoras von „Chalcis sich in einen Wettstreit einließ und in den „pythischen Spielen von ihm überwunden wurde."

Bey den Griechen hatte der Sieger nebst der Ehre auch den Nutzen, daß ihm die schönsten Arbeiten aufgetragen wurden. Dadurch konnte er sich noch mehr vervollkommen. Denn die Kunst will durch lange Uebung und Erfahrung erlernt seyn.

Die

Die Theorie mag einem Professor nützen. Bey den Griechen gab man den Anfängern keine Preise: nur den größten Meistern, die sie verdienten, waren sie bestimmt.

Wie gesagt, aus sittlichen und Religions-Ursachen gab es in jenen Zeiten viele Arbeiten: aber bey uns giebt es, aus erwähnten Ursachen, keine. Dafür haben wir desto mehr Kunstschulen. Plinius sagt von Eupompus: „Er hatte so viel Autorität, „daß er eine Eintheilung der Mahlerey in drey „Schulen veranlaßte, da vorhin nur zwey waren, „nämlich die Helladische und sogenannte Jtalische. „Ihm zu Ehren, weil er ein Sicyonier war, wurde „die Helladische getheilt, und deren also drey ange- „nommen: die Jonische, Sicyonische, und Attische."
Bey diesen wenigen Schulen war die Kunst weit fruchtbarer, als sie seit dieser Zeit je wieder war noch werden wird.

Bey uns hingegen giebt sich alles Autorität, Kunstschulen zu errichten. Es wäre zu wünschen, daß nicht mehrere, aber auch nicht weniger Akademien wären; denn so könnte eine die andre mit Ehren verbessern. Denn in Rücksicht auf diesen Punkt hat es mit der einzelnen Zahl sowohl, als mit der zu vielen, immer eine üble Bewandniß. So lange der große Menge lebte giengen die meisten junge Mahler zu ihm; und das mit Recht. Allein, das Zutrauen einiger zu ihm war zu groß, und daher kam es, daß sie sogar seine Fehler nachzuahmen suchten. Ihren Werken sieht man also meistens das Fehlerhafte,

aber

aber nicht dessen Vortrefflichkeiten an. Dadurch wird der Kunst kein geringer Schaden zugefügt.

Fruchtbares, schönes Griechenland! nachdem du schon unterjocht und beraubt warst, enthieltest du noch nach dem Pausanias zu urtheilen, die schönsten und herrlichsten Werke! Deine Quelle schien unerschöpflich zu seyn; sie war auch da noch genießbar, als sie von Barbaren getrübt wurde. Oft versuchtest du nachher noch zu quellen: aber du wurdest keine allgemeine Nahrung mehr für den feinen Geschmack! Denn ein Mann von Geschmack durfte nachher nicht einmal die bildenden Künste kennen. Und wir würden noch vielen Unrecht thun, die sich mit Sachen des Geschmacks beschäftigen, wenn wir sie erst zu den schönen Künsten der Alten verwiesen. Noch unglaublicher würde es den meisten vorkommen, wenn man ihnen sagte, daß alle diejenigen Kunstverderber sind, die nach einem andern, als nach dem Maaßstabe der Alten messen. Winkelmann sagt: „Und wer nur im geringsten vor der Scheibe vorbey schießet, ist eben so gut, als wenn er nicht hinangetroffen hätte."

———

Doch, laßt uns wieder auf das Vorige kommen. Nicht die vielen, sondern die guten Kunstschulen tragen zur Bildung bey. Jetzt, da die Kunst ganz aufhört ein allgemeines Bedürfniß zu seyn, legt man überall Akademien an, ohne zu bedenken, daß dieß täglich mehr und mehr nahrungslose Leute erzeugt,

und

und die Kunst dadurch nothwendig weiter vom Ziel entfernt wird. Ihre Herabwürdigung muß hierdurch täglich zunehmen, indem diese Leute sich mit unwürdigen Gegenständen zu oft beschäftigen müssen, um den geschmacklosen Gaumen zu kitzeln. Was hilft das viele Geschrey von schönen Unternehmungen für die Kunst, wovon so oft geschrieben und Zeitungen angefüllt werden! Seht erst, ob sie entbehrlich sind, oder nicht! Ist es nicht dahin zu bringen, daß ihr sie nothwendig machen könnet; so begnüget euch damit, sie doch nicht zu sehr durch so viele Institute zu verderben. Denn was hilft das ewige Gründen, da ihr doch nie bauen werdet? Laßt denen, die sie durch eigenen Fleiß noch etwan in Andenken erhalten, nichr zukommen!

In Dresden wünschte ich, daß die einzige Akademie in Teutschland wäre, weil dort der schönste Vorrath für den Studirenden ist. Und dabey wünsche ich, daß man ein Institut errichten möchte, wo auf die Uebertreffungen der größten anerkannten Meisterstücke große Preise gesetzt würden. Aber es müßte mehr denn 5 oder 600 Thaler seyn. So könnte z. B. die berühmte Nacht von Correggio in Dresden zum Anfange dienen. Allen Künstlern sollte Zulassung erlaubt seyn; alle Theilnehmende sollten das Original gesehen haben; und drey Jahre Zeit zur Arbeit gegeben werden. Ich dächte, es würde Fürsten nicht gleichgültig seyn, wenn sie Künstler besäßen, die solche Preise gewönnen. Und so könnte man es auch in Ansehung der andern Künste nach Verhältniß einrichten.

1.

Gedancken über die Abhandlung, vom Lohn der Kunst, im 3ten Stück des Museums.

Die Kunst geht nach Brod, sagt Leßing. — Juncker sagt: Nicht immer; ihr Lohn ist oft verhältnißmäßig groß und übertrieben.

Dem ersten Anschein nach, sollte man glauben, daß einer von diesen beyden Männern Unrecht haben müsse, weil nach dem Urtheil aller Weltweisen, eine Sache nicht wahr und falsch zugleich seyn kann. Man kann aber, ohne wider die Wahrheit zu handeln gar wohl beyden Recht geben.

Wenn von Künsten die Rede ist, die der Welt am nützlichsten, und unentbehrlichsten sind; so hat Leßing Recht.

Wenn aber von Künsten die Rede ist, die der Welt am wenigsten nützen, am entbehrlichsten sind und höchstens den Hof vergnügen; so hat Juncker Recht.

Wenn Marlesini, die Sängerin Storazzo, und andere, sich ungeheure Summen ersingen, solli ergeigt, und Tizian, Jucaro, ꝛc. ermahlen; so will dies weiter nichts sagen, als daß es, mit den so sehr gerühmten Einsichten großer Regenten noch nicht so gut aus sehe, und so weit gekommen sey als oft Zeitungs-Schreiber, und selbst einige Gelehrte träumen.

Es

Es ist noch nicht gar lange, daß sich Vestris, in Frankreich und England ungeheure Summen ertanzte, und bekanntlich gehört ja tanzen in unsern aufgeklärten Jahrhundert auch zur Kunst. Er tanzt noch mit gutem Erfolg am französischen Hofe, da unterdessen ein großer Theil anderer Künstler, Manufacturisten, und Fabricanten, im ganzen Königreiche nach Brod saufzen.

Blanchard würde, so kostspielig seine Kunst auch ist, sich ansehnliche Summen in der Luft erfahren, wenn er kein Verschwender wäre, und Gebrauch davon zu machen wüßte, er hat das Geld verschiedener Fürsten in die Luft gefahren, und nur Joseph und Friederich, waren stark genug, sich ihm zu widersetzen, und wollten ihr Geld nicht in die Luft fahren lassen.

Manche Actrice auf dem Theater gefällt dem Fürsten, durch ihre einnehmende Gesichtsbildung, ihre netten Füßgen, und — — — — —, mehr als durch ihren Gesang, und erhält deswegen ungeheure Summen.

Aber was nützen diese drey letztern Künste der Welt? verdienen sie den Namen einer Kunst? Wenn man ihnen denn aber doch den Namen einer Kunst beilegen will, so sollte man sie höchstens unnütze Künste betiteln.

Men muß sich nicht darüber wundern, daß Martosini mit dem Fürsten Repnin in gleichem Gehalt steht; denn 1) käme es bey einer unparteiischen Untersuchung noch immer darauf an, welcher von diesen Beyden der Welt den wenigsten Schaden zufügt. 2) Haben ja nach den neuesten Berichten wirklich die Jagdhunde des Königs von Frankreich mehr Gehalt, wie die Akademie der Wissenschaften; und zwischen Marlosini und dem Fürsten Repnin, findet man doch noch etwas Menschen ähnliches, aber zwischen den Jagdhunden und der Akademie!!! Ueberdem ist es etwas sehr gewöhnliches in Rußland, daß man durch große Versprechungen die Künstler ins Land zu ziehen sucht: man muß sich aber nicht überreden, das ihnen alles auf die Stunde bezahlt werde; ein großer Theil wird gewöhnlich zurück behalten; stirbt nun der Künstler, so hat er deswegen noch nichts bekommen; läßt er sich einfallen, noch bey Lebzeiten das Land zu verlassen; so weiß man ihm ebenfals Schwierigkeiten in den Weg zu legen. — Dem sey nun wie ihm wolle; genug, Marlosini singt jährlich für 10000 Rubel, und hat freye Wohnung und Tafel für zehn Personen.

Große Herren erheben diese Summen leicht von ihren Unterthanen; es ist ihnen daher gleichviel, wie sie dieselbe verschwenden, wenn nur ihr Vergnügen seine Rechnung dabey findet.

Bey Friedrich dem Großen haben aber diese unnützen Künstler nicht zum besten ihre Rechnung gefunden; und wenn alle, die sich bestreben ihm nachzuahmen, ihm auf der rechten Seite nachahmten; so würden viele unnütze Künstler zwar verhältnißmäßig, aber nicht übertrieben belohnt werden.

vom Lohn der Kunst.

Mit der Aufnahme der Künstler bey großen Höfen kommt es also blos darauf an, ist der Fürst ein Liebhaber von Frauenzimmer und Lustbarkeiten; so finden die vorerwähnten Künstler ihre Rechnung, und werden oft übertrieben bezahlt; denn alles wird den Vergnügungen aufgeopfert; und die nützlichsten Künste gehen nach Brod. — Ist hingegen der Fürst ein Liebhaber der Künste und Wissenschaften; so ist er auch vernünftig, und die letztern Künste finden zwar ihre Rechnung, werden aber nur verhältnißmäßig, nicht aber übertrieben, bezahlt, und dieß geschieht noch dazu nur an wenigen Höfen.

Man werfe nur einen Blick auf die Künste, die der Welt am nützlichsten sind, und man wird finden, daß Leßing mehr dann in viel Recht habe. Die Baukunst verdient, nach dem Urtheil aller vernünftigen Menschen, mit unter die nützlichsten Künste gezählt zu werden; ihr Umfang ist groß, und der Dienst eines geschickten Baumeisters dem ganzen Lande wichtig. Man stelle mir aber einen Baumeister auf mit 10000 Rubel Gehalt, und gleichwohl glaube ich, daß ein Baumeister, wenn er nur ein einziges nützliches Gebäude aufführet, mehr ausgerichtet habe, als wenn Marksoflui Zeit seines Lebens singt, und Vestris tanzt. Gleichwohl ist das Fach der Baukunst in vielen großen Städten fast gänzlich vernachlässiget, wo doch Komödien- und Opern-Häuser im Flore sind.

Betrachtet man weiter die mechanischen Künste, als welche vermuthlich Leßing verstanden hat, (denn

B 3   wie

wie konnte es ihm unbekannt seyn, daß sich einige große Summen erfingen) so wird man schwerlich eine beträchtliche Stadt in Teutschland antreffen, wo es nicht dergleichen, und zwar wirklich geschickte Künstler gebe, die mit Mühe ihr Brod gewinnen.

Es giebt noch immer eine ziemliche Anzahl Künstler in Teutschland, von denen wir, wenn sie unterstützt, und nur verhältnißmäßig bezahlt wären, würden Kunstwerke zu sehen bekommen, welche den Französischen, Italienischen, und Englischen, nichts nachgeben würden; aber die Liebe der Teutschen zu allem, was ausländisch ist, schlägt alles zu Boden; die Liebe zu vaterländischen Kunstprodukten ist, fast gänzlich verloschen; daher kommt es, daß die teutschen Künstler laß werden. — Fodert der Teutsche nur eine mäßige Summe für ein Kunstwerk zu verfertigen; so ist der allgemeine Ton, dafür kann ich ja das beste Französische und Englische bekommen; — der Künstler muß entweder, um Brod zu gewinnen, es um halben Werth verfertigen, oder gar unterlassen; — anstatt daß das Französische und Englische niemals zu theuer ist. — Daher kommt es, daß viele teutsche Kunstwerke aus Mangel an Bezahlung, schlecht ausfallen; daher, daß zum Beyspiel die Werke teutscher Kupferstecher, den Französischen, Englischen und Italienischen, noch bis jetzt nicht gleich kommen, und von ihnen größtentheils übertroffen werden; und eben so geht es auch mit andern Kunstwerken. — Es darf daher niemand befremden, daß die mehresten ausländischen Kunstprodukte noch

bis

bis diese Stunde vor den teutschen Vorzug haben; weil nur auserlesene Stücke zu uns herüber gebracht werden, und die schlechtesten im Lande bleiben weil sie hier keinen Abgang finden würden. Der Teutsche schließt aber gewöhnlich hieraus, daß gar keine schlechte Stücke in jenen Ländern verfertiget würden; daher die Verachtung zu allem, was inländisch, und die Liebe zu allem, was ausländisch ist.

Will nun ein teutscher Künstler, durch seine Werke, seinen Landsleuten gefallen; so muß er wenigstens in jenen Ländern gewesen seyn; nachgehends ist es gleich viel, und wenn auch alles seine eigene Erfindung wäre. Er findet Beyfall; denn es ist genug er hats in Frankreich, oder in Italien gelernt. — Mit der Zahlung aber hält es immer noch sehr hart, bis er dasjenige erhält, was für die ausländischen Kunstprodukte bezahlt wird.

Aus diesem bisher Gesagten läßt sich mit leichter Mühe das Resultat ziehen, daß nur diejenigen Künste, welche den Hof kitzeln und vergnügen, oft übertrieben bezahlt werden, daß sich aber dies nicht auf alle Künste überhaupt anwenden lasse. — Und ich glaube daß auch hierinn Herr Junker mit mir völlig einerley Meinung ist: nur hat er sich nicht bestimmt genug ausgedruckt, und es könnten sich leicht hiedurch viele Künstler beleidiget finden. — Nichts wahreres aber hätte er sagen können, als „ Künstler, nur
„ an Höfen blühet euer Glück; nur Höfen ist euere
„ Kunst Bedürfniß: aber in Republiken, in Reichs-
„ Städten, im Schoße eurer Privatgönner." Ich
setze

setze hinzu: im Vaterlande, „ findet ihr eure Rech=
„ nung nicht." Doch, erstere noch immer mehr,
wie die letztern.

F.

3.

Beschreibung eines der merkwürdigsten Ge=
mälde von Albrecht Dürer, vom Jahr
1518; *) welches unter der Vorstellung der
sterbenden Mutter Gottes eine Menge inte=
ressanter Porträte, nämlich Kaiser Maximi=
lian I. seine Gemahlin Maria von Bur=
gund, und seinem Sohn Philipp I. Kö=
nig in Spanien, nebst mehreren ihnen zuge=
thanen Personen, unter dem Bilde der Apo=
stelln dargestellet.

Die ganze Komposition bestehet aus 16 Hauptfi=
guren (die vorderen bey 18 Zoll hoch) und eben so
vie=

*) Dermalen in dem Gräfl. Friesischen Musenm, in
Wien, welches eine durch den Kunstfleiß und Liebe des
im May 1798 verstorbenen jungen Grafen von Fries neu
entstandene Sammlung ist, die aber derselbe, da er kaum
aus Italien zurück kam und im 23sten Jahre zu frühe vor
die Künste und die lebende Künstler verstarb, nicht ein=
mal beysammen sah, weil die meisten Sachen, besonders
die

Von Albrecht Dürer. 25

vielen Kindern oder kleinen Engeln. Es ist auf Holz gemalt und
3 Fuß 1 1/4 Zoll hoch und 2 Fuß 4 Zoll breit.

Das erste, was in die Augen fällt, ist die in der Mitte des Zimmers auf einem Bette liegende Sterbende, g) die mit gesenktem Haupt und andachtsvollem Ausdruck von dem zu ihrer Rechten stehenden Jüngling (der den sanften S. Johannes vorstellen soll) die brennende Wachskerze empfängt, die er ihr darreicht. Hinter ihm bereitet ein anderer ein Weihrauchgefäß. Um das Bette sind die übrigen Apostel meist kniend und betend. Besonders ganz zuvorderst ein Bischoff im weissen Chorgewand, und einem offenen Gebetbuch in Händen, worinn man

B 5   mitten

die Statuen, sowohl antike als moderne von Italien noch unterwegs waren. Hr. von Mechel, der eben damals zu Wien und ein Freund des Hauses war, wurde gebeten, das Museum zu errichten und in Ordnung zu bringen. Von ihm rühret auch obige Beschreibung des Albrecht Dürer. Gemäldes her, welches er mit vielem Fleiß untersuchte.

g) Bei sorgfältiger Nachsuchung unter Dürers Kupferstichen und Holzschnitten fand sich unter letztern in der Sammlung, die das Leben Beatæ Mariæ Virginis vorstellet, der Tod derselben in Ansehung der Hauptfiguren auf dem Bette, eben so mit einem weissen Kopfschleier umgeben, ziemlich mit diesem Gemählde übereinstimmend. Die Holzschnitt ist aber von früherer Zeit, nämlich vom Jahr 1510; der Geschmack der Zeichnung härter, und besonders die Faltungen schärfer, als in diesem Gemählde. —

mitten in der Schrifft das Monogramma
und die Jahrzahl 1518 erblicket. Neben
diesem kniet ein kurzbärtiger mit aufgehobenen Händen eifrig betender, und hinter ihnen ein stehender
Alter etwas gebeugt, seine Rechte auf des Bischofs
Achsel stützend, und mit der Linken auf denselben deutend, gerade, als wenn er ihn der sterbenden Maria empfehlen wollte.

An der linken Seite oben, kommen vier Geist-
liche zur offnen Thüre herein, davon einer den
Weihwasser-Kessel hält, ein anderer (dem Charakter
seines Kopfes nach Petrus) mit dem Sprengel her-
umsprützet, und ein dritter ein Kreuz trägt.

Ueber dem Bette gerade über dem hohen Kopf-
bret desselben erscheint in einer Glorie der Heiland mit
der Figur einer betenden Jungfrau (im Gewand, wie
dasjenige der Sterbenden) auf dem Arm; worunter Dürer nach der Gewohnheit der damaligen Zeit die Aufnahme der Seele Mariens in Himmel vorstellen wollte. h)
Mit der aufgehobenen Linken hält der Heiland über
die

h) Es muß dieser sonderbare Gedanke niemand verwundern,
wer nur die Weise der damaligen Zeit kennet, mag sich
gleich einer Menge derselben erinnern. So wie man zum
Exempel in dem Schaz d e s berühmten R. D. Stifts Kloster Neuburg einen Tod Mariä von Elfenbein geschnitzt
sieht, worin der Heiland die Seele der sterbenden Mutter unter dem Bilde eines eingewickelten Kindes empfängt
welches ein über ihr schwebender Engel schon dem Himmel
zuträgt ꝛc. Anderer Exempel in Gemählden und alten
Stichen zu geschweigen.

die Sterbende eine goldne Krone, und auf einem darüber schwebenden Zettel liest man folgenden darauf anspielenden Vers: *Surge propera, amica mea, veni de Libano, veni coronaberis:* Mache dich auf, die meine Geliebte! Komme von Libanon, komm und lasse dich krönen.

Um die Glorie schweben mehrere kleine singend und jubilirende Engel auf Wolken, von denen einige drey fliegende Zettel mit folgenden Versen (ebenfalls, wie obstehender, aus dem Hohenlied Salomons gezogen) emporhalten. Auf dem Zettel zur Rechten des Heilandes steht: *Quae est ista quae progreditur, quasi aurora consurgens, pulchra ut Luna, electa ut Sol, terribilis ut castrorum acies ordinata?* Wer ist die, welche gleich der aufgehenden Morgenröthe einherschreitet, schön wie der Mond, auserwählt wie die Sonne, und schrecklich wie ein geordnetes Heer? Gegenüber liest man auf dem obersten fliegenden Zettel: *Quae est ista, quae ascendit de deserto, deliciis affluens super dilectum suum?* Wer ist die, welche von der Einöde heraufkömmt, voll seeliger Freuden über ihren Geliebten?

Auf dem untern Zettel steht: *Quae est ista quae ascendit super dilectum suum, ut virgula fumi?* Wer ist die, welche wie ein aufgehender Gewürz-Rauch über ihren Geliebten emporsteigt. Zu den Füssen des Bischofs hält ein kleiner Engel drei über einander aufgestellte Wappen, und über denselben die bischöfliche Thiare. Auf dem Boden liegen dabey Kreuz und Bischofsstab. Der oberste Schild enthält ein getheiltes Wappen, nämlich in dem ersten und dritten Quartier das des Bistums Wien, und im zweiten und vierten Quartier das des Bistums Biben in Istrien, dessen Administrator dieser Bischoff zugleich war. Der zweite Schild, nämlich der zunächst dem Bischoff enthält das Wappen der Probstei Laybach seiner Vaterstadt, dessen Administrator er ebenfalls war.

Und der dritte Schild zeiget ein sogenanntes redendes Wappen, oder Anspielung auf seinen Geschlechtsnamen, nämlich ein goldenes springendes Pferd im weissen Felde. In der slawischen oder krainerischen Sprache (nämlich seiner Muttersprache) heißt Zlato Gold und Kun Pferd, also Zlati Kun ein Goldpferd, daher einige Schriftsteller ihn auch Chrisippus nannten.

Ganz zu den Füssen des knienden Bischoffs ließ man auf einer weissen Tafel:

Aspice terrenis hærentem fecibus, altos
Zlatkonium, scandis dom pia Virgo polos,
Nostra tuos audi modulantia guttura honores,
Semper et in laudes ora soluta tuas.
Orantemque olim, tecum miserata clientem
Auxiliatrici me rape ad astra manu.

Sieh den an den irrdischen Hefen noch klebenden
Zlatkonium an,
Wenn du fromme Jungfrau die hohen Himmel
besteigest.
Höre die Lobgesänge unserer Kehlen, und die Melodien unserer
Lippen an, die dich ewig preisen,

Und

von Albrecht Dürer.

Und führe einst erbarmend den um deinen Schutz
flehenden mit hülfreicher Hand zu den Sternen
empor.

Dieser Vers, so wie das vorerwähnte redende
Wappen giebt die Aufklärung des ganzen Stücks
welches unter dem Bilde eines Andachtstückes, zu
gleich die Porträte so vieler merkwürdigen Personen
(nach der Gewohnheit der damaligen Zeit) dar-
stellet. Der kniende Bischoff ist der, für welchen
es gemalet worden, nämlich der berühmte Georgius
a Slatkonia i) Bischoff von Wien, des Kaisers
Ver-

---

i) Von diesem Bischoff sagt der gelehrte Hr. Denis S. 258.
in seinen Merkwürdigkeiten der k. k. Garellischen Bibliothek im Theresiano (Wien 1780): Georgius a Slatkonia von Laibach Administrator des Bistums Feltina, besaß den Stuhl von Wien von 1513 bis 1522, so daß eine
Grabschrift bey St. Stephan sagt: In ornando Episco-
patu Viennensi omnes Antecessores suos facile supera-
vit. Er heist eben daselbst Archi-Musicus, was wir, wie
ich glaube, nun Spielgraf oder Hofkapelmeister nennen.
Denn Maximilian war ein großer Freund auch der Tonkunst. Quod vel hinc maxime patet, schreibt Cuspinian
in vita, Francof. 1601. p. 491. quod nostra aetate musi-
corum princeps omnes, inomni genere Musices, om-
nibusque instrumentis in ejus curia, veluti in fertilis-
simo agro succreverint.

Mehreres von diesem Bischoff liest man in der neuesten mit vielem Fleiß und Gelehrsamkeit von Hr. Joseph
Ogeser, Kooperator der bischöfl. Kur, im Jahr 1779 ver-
faßten, und bey Gholen in Wien in 8. gedruckten Be-
schrei-

80 Beschreibung eines der merkwürdigsten Gemälde

Vertrauter und Archi-Muſicus, k) (oder Hofkapell-
meiſter.) Der neben ihm knieende eifrig betende Mann
iſt Johann Stabius l) Poeta Laureatus Cæſareus.

Der

ſchreibung der St. Stephans-Metropolitan-Kirche, wo
von Seite 809 bis 814. eine kurze Lebensbeſchreibung,
nebſt der Vorſtellung ſeines Grabmahls, zu ſehen iſt,
welche ſehr zur Ehre dieſes Biſchofs gereichet.

k) Als Archi-Muſicus iſt dieſer Biſchoff in dem eben ſo
merkwürdigen als ſeltenen großen Triumph Kaiſer Maximilians I. aus 135 trefflichen Holzſchnitten beſtehend (meiſt
mit dem Monogramm HB bezeichnet und brav nach von
Hans Burgmayer geſchnitten) auf einem zierlichen Pracht-
wagen (und zu ſeiner Linken den Hofdichter Stabius)
ſtehend vorgeſtellet, wie er das ganze vor ihm hergehende
Muſik-Chor dirigirt. Unter ihm ſteht am Wagen der ihm
hier zu Ehren gegebene Namen Apollo angeſchrieben, und
in der zu jeder dieſer Tafeln auf Angabe des Kaiſers
beygeſagten Erklärung lieſt man folgendes:

Item Herr Gorg Slakony (Biſchoff zu Wien)
ſoll Capellmeiſter ſein, und ſeyn Reim auf die May-
nung gemacht werden.

Wie er hab aus Unterweiſung, des Kaiſers, das
Geſang der Canterey, auf das lieblichſt in Ordnung
aufgerichtet

Nach rechter art und Concordanz
Auch Simphoney und Ordinanz
Junktur, und mancher Melodey,
Hab Ich geziert die Canterey,
Doch nit allein aus meinem bedacht,
Der Kaiſer mich dazu hat bracht.

l) Johann Stabius nach Fiſchers Notit. Urbis Vindob.
P. II. p. 59 und Suplem III. pag. 57. aus der Schrei-

meiſt

von Albrecht Dürer.

Der hinter ihnen gebeugt stehende ehrwürdige Alte (den man in Profil sieht) ist das getreue, frappante Bildniß Kaiser Maximilians I. m) der vielleicht gar der Angeber dieser bedeutungsvollen Komposition war, n) und der unter dem Bilde der sterben-

den

mark gebürtig, erhielt in dem zu Wien von Maximilian gestifteten Collegium poeticum im Jahr 1502 der erste den poetischen Lorberkranz, war dabei Genealoge, Geschichtschreiber, Kosmograph, Mathematiker, Maximilians Gefährte und Theilnehmer in allen litterarischen Versuchen seines Herrn, ward nach dessen Tode Dechant der Domkirche zum heil. Stephan, und starb zu Gräz im Jahr 1522 den 21ten Januar. Dürer hat sein Bildniß, das ihm vom Kaiser verliehene Wappen, und einige seiner astronomischen Figuren in Holz geschnitten, wovon sich Platten und Abdrücke auf der kaiserlichen Bibliothek befinden. Beim Wappen ließt man:

Flammeus ecce volat clypeo Jovis Armiger aureo.
Est Aquila in galea, sunt Crux, Diadema, Corona.
Caesaris Augusti pictus hæc Maximiliani
Manere perpetuo Stabilis sacra contulit arma.

Was Stabius geschrieben hat, ist in Georg Tannstetters Ausgabe von Peurbachs Tabulis Eclypsium, Vien. 1514. f. in Stangs Vorrede zum Versuch einer Geschichte der Gelehrten, in Corr. Caesarei Bibliotheca, in Denis Buchdruckergeschichte Wiens verzeichnet.

m) Der Kaiser, der den 23sten März 1459 geboren war, starb das folgende Jahr nach seinem des Gemäldes (nämlich den 11ten Jan. 1519) folglich ist er hier sehr getreu als ein Herr von 59 Jahren vorgestellet.

n) Wenn die von diesem Kaiser herrührende Werke ein Theu-

32 Beschreibung eines der merkwürdigsten Gemälde

des Maria, seine Geliebte lange schon vorher gestorbene (oder immer unvergessene) Maria Burgundica o) vorstellen ließ. Zu mehrerem Beweis dieser Vermuthung ist, daß die sterbende jung, angenehm, und ohne die tödliche blasse Farbe vorgestellet ist, weil (wie aus der Geschichte bekannt ist) sie in ihrem 25sten Jahre durch einen unglücklichen Fall vom Pferde in wenig Tagen, folglich in der Blüthe ihrer Jahre, und ohne eine sie verstellende Krankheit starb. Ein Umstand den der Maler hier sehr sichtbar beobachtet hat, so wie er auch unter dem Bilde des ihr die Wachskerze darreichenden Johannes, ihren Sohn Philipp den Schönen, König in Spanien schilderte.

erbaut, der weisse König ꝛc. Noch mehr wenn die auf der kaiserl. Bibliothek in Wien noch vorhandenen Probebogen von Dürers zu diesen Werken gehörigen Holzschnitten bekannt sind, auf deren Rand die eigenhändigsten Noten sich befinden, worin der Kaiser seinen Meister Albrechte, wie er ihn da nennt, ganz väterlich behandelt, so wird niemand zweifeln, daß auch diese Kompositionen eine Maximilianische Erfindung habe sein können.

o) Hier wird freylich der gar genaue Zeitrechner sagen, wie trifft dies zusammen, als Maximilian 58 Jahr hatte, war seine Gemahlin Maria, die 1457 geboren war, und 1482 starb, desgleichen sein Sohn Philipp, den sie ihm 1478 gebar und der im Jahr 1506 starb, längst todt, allein es wäre unnöthig die Menge Exempel dieser Art mahlerischen Anachronismen anzuführen, wo auf einer Tafel besonders wenn es von hohen Familien die Frage war, mehrere nicht im Leben zusammengetroffene Personen vorgestellt sind.

derte. (Nicht minder sind auch alle die übrigen Köpfe, der das Bette umgebenden Figuren, Portraite, von denen bisher nur noch der berühmte Geschichtschreiber Johann Cuspinian p) Maximilians

p) Johann Spießhaymer oder Cuspinianus zu Schweinfurt in Franken im Jahre 1473 gebohren, kam nach Matthias Corvinus Tode mit dem römischen König Maximilian nach Wien, und begann kaum 19 Jahre alt unter dem Schuhe des gelehrten k. Raths und Erkrüders Johann Peter Grachenberger, oder Gracchus Pierius die klassischen Schriftsteller mit allgemeinem Beifalle öffentlich zu erklären, so, daß ihm Maximilian bey der Erscheinung seines Vaters Friederichs III. den poetischen Lorbeer ertheilte, und er schon im Jahre 1500 der Universität als Rektor vorstand. Er war Dichter, Redner, Arzt, Geschichtschreiber, kaiserlicher Bibliothekar, Rath, Superintendent und Stadtanwald, besaß das ganze Vertrauen seines Herrn, der sich ast halbe Nächte durch mit ihm besprach, ihn in den wichtigsten Angelegenheiten brauchte, und nur allein in dem Vermählungsgeschäfte Ferdinands mit Annen, und Ludwigs mit Marien, in einer Zeit von 5 Jahren 24 mal an den ungarischen Hof sandte. Er starb im Jahr 1529 laut seiner Grabschrift bey St. Stephan.

> Joannes Cuspinianus Doctor, quondam civitatis Viennensis Praefectus.
> Anna Maria octo Liberorum Mater. Agnes altera conjux.
> Excolui primum Musas, & Apollinis artes.
> Nempe fui Medicus, tuaeque Poeta simul.
> Postra me rebus natum majoribus auxit

34 Beschreibung eines der merkwürdigsten Gemäld

lians Vertrauter unter dem Bilde des kahlköpfigen Alten, der zur linken mitten unter den andern hervorragt, und mit ausgedehnt gefalteten Händen sehr eifrig bethet, zu entziffern möglich war.) Wer wird noch nach dieser Entwickelung mehr zweifeln, daß dieses merkwürdige Bild eben so gut ein kaiserl. Maximilianisch Familienstück als ein Andachtsbild, und folglich in jeder Absicht ein sehr seltenes Stück sey? Als Werk der Kunst gehört es wegen der Schönheit der Farbe, Kraft des Effekts, edlerer, angenehmerer Zeichnung und minderer Härte und Trockenheit unter Dürers beste Werke, wozu noch der große unschätzbare Vortheil zu setzen, daß wenige derselben so gut auf uns gekommen wie dieses, welches auch der Unwissende nicht ohne Vergnügen und Reiz ansehen kann.

4.

Cæsar, & ornavit Præsidis officio.
Illa igitur nostro sint verba inscripta sepulcro
Vitam vixi, olim Cuspinianus eram
Historiæ immensæ monumenta æterna reliqui,
Vivus in his semper Cuspinianus erit.
Vixit annis LVI. Anno MDXXIX. Mense Aprilis die 19 obiit.

Siehe Fischers Notitia Urbis Vindob. P. III. pag. 70 und P. IV. pag 107. In eben dem Werke P. II. pag. 150. befindet sich die Aufschrift eines von ihm in der Kirche des teutschen Ordens gesetzten Altars. Mehr von ihm findet sich in seinem Leben, das Nik. Gerbelius seiner Kaiserhistorie vorgesetzet hat, in Gleich. Adami Vitis Philosoph. in den Scriptorib. Universit. Vienn. in Lochers Speculo Acad. Vienn. in Denis Merkwürdigk. der Garell. Bibliothek, und Wiens Buchdruckergeschichte.

Etwas von dem verstorbenen Medailleur Oexlein in Nürnberg.

Herr Johann Leonhart Oexlein, Medailleur und Edelsteinschneider, wurde zu Nürnberg am 29sten Januar 1715 gebohren. Bey einem nahen Anverwandten, der in Regensburg Münzgraveur war, trat er am 29sten März 1728 in die Lehre, und erwarb sich während seines siebenjährigen Aufenthalts daselbst eine große Fertigkeit in seiner Kunst. Im J. 1735 begab er sich nach Wien, wo er durch die Bekanntschaft mit dem kaiserl. Hofmedailleur Richter und dem Münzgraveur Gennaro noch größere Fortschritte in seiner Kunst machte. Es wurde ihm die Aufnahme in die kaiserl. Münze unter ansehnlichen Bedingungen angebothen, von ihm aber nicht angenommen, weil er den Entschluß gefaßt hatte, auch die übrigen kaiserlichen Münzstätten zu besehen. Als er aber von Besuchung gedachter Münzstätte nach Wien zurück kam und im Begriff war, nach Moskau zu gehen; so wurde er durch ein Schreiben von Hause veranlaßt, nach Nürnberg zurückzukehren, wo er sich im J. 1737. häuslich niederließ, und seiner Vaterstadt als Medailleur Pflicht leistete. Er lieferte nachher nicht nur für Nürnberg und die dasige Münzstätte, sondern auch für auswärtige hohe und fürstliche Personen, vortrefliche Arbeiten. Wovon wir nur einige Beyspiele anführen wollen.

In den Jahren 1746 u. 1748 wurde er auf hochfürstlichen Befehl nach Bayreuth in die dasige Münze berufen um sie mit gravirten Stücken zu versehen. Im J. 1753 wurde er von dem Hrn. Grafen von Unruh nach Leipzig auf einige Monate berufen, um für die dasige neu angelegte königl. polnische Münzstätte die benöthigten Stöke zu graviren. Hier hatte er die Ehre, dem Könige und dem Cronprinzen, welche eben damals nach Leipzig gekommen waren, vorgestellt zu werden, und das Detret als königl. polnischer und churfürstl. sächsischer Hofmedailleur zu erhalten. Es wurde ihm auch der Antrag gemacht, bey der dasigen Münzstätte zu verbleiben und sich mit einer Pension in königl. Dienste zu begeben. Er verbat sich aber diesen Antrag und machte sich durch einen geschlossenen Vergleich anheischig die Münze von Haus aus mit benöthigten Stölen zu versorgen.

Im J. 1759. gieng er wegen einer Medaille auf die Vermählung des Herrn Markgrafen, von dem er ausgezeichnete Gnadenbezeugungen erhielt, abermals nach Bayreuth. Im J. 1760 wurde er von dem Fürstbischofe zu Würzburg berufen, denselben zu bossiren, und bekam zugleich den Auftrag, für die würzburgische Münzstätte die Stöke zu graviren.

Im J. 1763. berief ihn der Fürstbischof zu Fulda, denselben in Wachs zu portraitiren, und eine Medaille nebst Münzstöken zu verfertigen. Im J. 1765 ergieng durch den Herrn Grafen von Gardenberg die Anfrage an ihn, ob er nicht seinen alten

Posten,

Posten, den er unter dem Könige August bekleidet hatte, in Warschau anzunehmen sich entschließen könnte. Er schlug aber auch diesen Antrag aus, obgleich die angebottenen Bedingungen sehr vortheilhaft waren.

Von Kennern werden unter seinen Arbeiten vorzüglich folgende geschäzt.

Die sämtlichen Eurodischen Medaillen.

Kaiser Josephs Mainzische Krönungsmedaille.

Eine regensburgische Sede-Vacanz-Medaille mit dem schönen Dom, vom J. 1763.

Eine bambergische Sede-Vacanz-Medaille vom J. 1779.

Eine Fuldische Huldigungs-Medaille.

Die Vermählungs-Medaille auf Heinrich XXX Grafen zu Reuß, vom J. 1773.

Die Medaille auf den Hubertsburger Frieden.

Die Jubel-Medaille des Gymnasiums zu Hall.

Seine letzte Arbeit war die Jubel-Medaille auf den Antistes und Prediger Mörl zu Nürnberg.

Er zeichnete sich auch im Edelsteinschneiden aus, und verfertigte die herrlichsten Arbeiten. Es war ihm diese Beschäftigung vorzüglich angenehm. So viele Accurateß sie auch erfodert, so hielt sie sein thätiger Geist doch für Erholungen seiner übrigen Arbeiten.

Er war dabey — was seinen Werth eigentlich bestimmt — ein rechtschaffner, biderer, oekonomischer Mann — ein aufgeklärter denkender und tugendhafter Christ — ohne Prahlerey und Ruhmsucht. Von Geiz und Verschwendung gleich entfernt, war er ein liebenswürdiger Gesellschafter — ge-

Medailleur Oexlein in Nürnberg.

gen Arme mitleidig und wohlthätig. — für Freunde ein Freund. Sein Andenken ist mir heilig — seine Asche von mir gesegnet.

Er starb am 26sten Oktober 1787, welches Jahr er als das 50ste seiner Bedienung bey der Reichsstadt Nürnberg zählen konnte.

J. J. N.

§.

Verzeichniß der Kunst- und Kupferstich-Werke, die in der Waltherischen Hofbuchhandlung in Dresden zu haben sind.

Anfiteatro Flavio, delineato dal Cav. Fontana. fol.
Architetture e Prospettive di Bibiena, XI. fogli. fol.
Architettura di Montani, fol. Roma, 206. fogli.
Azioni glorioù. degl'Uomini Illustri Florentini, espresse co'loro Ritratti nell' Imper. Galleria di Toscana, fol. Firenza.
Cabinet des Beaux Arts par Perrault, fol.
Cammini dipinti di Carecci, intagliati da Pisarri. fol.
Collection d'Estampes, gravées par Boetius, fol.
Collection précieuse & enluminée de Fleurs, par Buchoz, 12 Cahiers. fol. Paris.
Collection d'Oiseaux & d'Animaux, enluminés d'après nature, en 107. Planches, fol.
I primi Elementi della Pittura di Barbleri. 22. fogli Roma.
— — — da Mattioli, 24 fogli, Bologna.

Fa-

Fabriche e Vedute di Venezia, da Carlevariis, 103 fogli, fol. Venezia.
Figures pour le Roman comique de Scarron, par Oudry, en 26 Planches, fol.
Fontane di Roma, da Falda, fol. Rom 107 fogli.
Galeriæ Farnesianæ Icones, Annib. Carracii, fol. Rom. 25 fogli.
Galerie Giustiniani de Rome, 2 Vol. fol en 330 Planches.
Galerie du Palais du Luxembourg, fol Paris.
Histoire de Joseph, en 10 Planches d'après Rubens, par le Cte. de Caylus, fol. Amsterd.
Histoires de l'A. & du N. Testament, gr. par Luyken, 60 Feuilles, fol. Amsterd.
Livre d'Oiseaux, Fleurs, Plantes &c. de la Chine, par Huquier, 66 feuilles, fol.
Mercurio geografico del Sansone, Baudrand e Cantelli, in 189 Tav. geogr. fol.
Monumenta Romanæ Magnitudinis, cura de Rubeis 138 f. 4 obl.
Oeuvres d'Architecture de Cuvilliés, en 1672. Pl. fol. Paris.
Opera felectiora Tibiani & Calliari, 24 fogli.
Opera del Cavalier Fr. Borromini, fol. Rom.
Opere di Architettura di Piranesi, 4 parti, fol. Rom.
Pensieri diversi d'Annibale Carracci, 39 fogli, 4. Rom.
Picturæ Raphaelis in Palatis Vaticano, 18 folis, fol. Rom.
Pitture antiche ritrovate in Roma nell' anno 1780, incise da Cassini, fol. Rom,

Rac-

40 Verzeichniß der Kunst- u. Kupferstichwerke ꝛc.

Raccolta di Carricature di Oesterreich, 24 fogli, fol. Dresda.

Recueil de Desseins, du Cabinet du C. de Brühl, gr. par Oesterreich, 40 feuilles, fol.

Recueil d'Estampes d'après les Desseins de la Bibl. Imp. de Vienne, par Bartsch; 3 Cahiers, fol. Vienne.

Recueil, concernant la Construction des Ponts, par Pitrou, 39 Pl. fol. Paris.

Recueil d'Oiseaux enluminés, 87 Planches, fol. Roma.

Recueil des Statues, Fontaines &c. de Verfailles. par Thomassin, 4 Amst.

Recueil des Fortifications, Forts & Ports de mer de France, en 100 Est. gr. 8 Paris.

Britannia's Triumph and Conquest of the Havanah; in 12 capital Prints, by Ousbridge, fol London.

les Restes de l'ancienne Rome, par Overbeke, fol. Haye.

les Ruines de Balbec, fol. Londres.

Scuola per imparar a disegnar il Corpo umano, da Carracci, fol. Roma.

Studio d'Architettura civile, sopra gl'ornamenti di Capelle e sepolcri di Roma, 2 Tomi, fol. Rom.

Tableaux du Temple de Muses, tirés du Cabinet de Favereau, gr. par Blermart, fol. Paris.

Teatro delle Fabriche ed Edifisi di Roma. da Falda, 130 fogli, fol. Rom.

le Temple des Muses, gr. par B. Picart, fol. Amsterd.

Templorum Romae Prospectus, cura de Rubeis 72 folia, Rom.

Ten-

Verzeichniß der Kunst- u. Kupferstichwerke, ꝛc. 41

Tentamen Iconarii univerſalis, 4 Vol. 4 Rom.
Vedute di Napoli, 10 fogli Napoli.
Vues des Chateaux & Palais du Brabant en 300 Pl. enlum. fol. Amſterd.
Vues des plus beaux Chateaux, Jardins &c. de l'Europe, par Schenk, 3 Vol. fol. obl.
Vues de Dresde & des Environs, par Canaletto, 14 gr. Planches. fol.
— — — — par Thiele, en 3 feuilles. fol.
Vues de Paris, de Verſailles &c. par Rigaud, en 65 feuilles.
— des Palais du Roi de Pruſſe, par Broebes. fol. Augsb.
— & Payſages de Marco Ricci, 96 feuilles, fol. Veniſe.
— & Plans de Maiſons Royales en France, fol. Paris.
— — — de Verſailles. fol. Par.
Weinmanni Phytantoza Iconographia, 4 Tomi. fol. Ratisb.
Art de la Charpenterie par Jouſſe, fol Paris.
Diſtribution des Maiſons de Plaiſance, par Blondel, 2 Vol. 4. Paris.
Art de bâtir les Maiſons de Plaiſance, par Briſeux, 2 Vol. 4. ibid.
Il Decamerone di Boccaccio, con fig. di Gravelot, 5 Vol. 8. Parigi.
Anatomie en couleur & grandeur naturelle, en Tableaux imprimés, par du Verney & Gauthier, 2 Vol. fol. Paris.

le Antichità d'Ercolano, 8 Vol. fol. Napoli.
Blaeu Theatrum Sabaudiæ & Pedemontii, 4 Tomi, fol. Amſtelod.
ejusdem Atlas, 6 Tomi, fol. ibid.
Campbell's Vitruvius Britannicus, 3 Vol. fol. London, en 300 Planches.
Cérémonies & Coutumes réligieuſes de tous les Peuples du Monde, 9 Vol. fol. Amſterd.
Hiſtoire naturelle des Oiſeaux, par Edwards & Cateſby, 9 parties, avec 443 Planches enluminées, fol. Amſterd.
la Geruſalemme liberata di Taſſo, colle Figure di Piazzetta, fol. Venezia.
Hiſtoire, Détail & Devis des Edifices publics de Nancy & de Luneville, fol. Paris.
Helyots Ritter-Orden, 8 Bände mit illumin. Kupfern. Leipz.
van der Horſt Theatrum Machinarum de Molarum, 6 Tomi, fol Amſtai.
Monumenta vetera in Aedibus Matthejanis, fol. Rom. 3 Vol.
Muſeum Florentinum, 10 Tomi, fol. Florentiae.
Paſſerii Picturæ veterum Etruſcorum in vaſculis, in 300 Tabulis ad vivum pictis, 3 Tomi, fol. Romæ.
Trophées ſacrés & profanes du Brabant, 4 Vol. fol. Haye.
Junius de Pictura Veterum, fol Roterod.
Virgilius, curante Juſtice, totum opus in æs inciſum, 5 Tomi, fol Londini.
le Vitruve Danois, 2 Vol. fol. Copenhague.

Fables de la Fontaine avec 260 Estampes dessinés
p. Oudry. (4 Vol. fol. Paris.)

Monumens antiques, par Barbault, en 200 Planches,
fol. Rome.

la Ville de Rome, par Magnan, 4 Vol. av. 425
Planches, fol. Rome.

Recueil des Marbres de la gallerie R. de Dresde, fol.

Traité d'Osteologie par Sue, 2 Vol. fol. Paris.

Ruines des plus beaux Monumens de la Grece, par
le Bas, 2 Vol. fol. Paris.

Papillons exotiques par Cramer, 34 Cahiers, 4.
Amsterd.

Collection de 38 Estampes pour les Oeuvres de J. J.
Rousseau, 4. Paris.

Memoires sur différentes Parties des Sciences & des
Arts, par Guettard, 6 Vol. 4. av. 263. Pl. la plu-
part enluminées 4. Paris.

Nouvelles de Marguerite, Reine de Navarre 3 Vol.
8. av. 72 Estamp. Berne.

Essais de bâtir sous l'eau, par Thunberg, avec 42
Pl. fol. Stockholm.

le Costume des anciens Peuples, par Lens, av. 57
Est. 4.

la Conchyliologie par d'Argenville, 2 Vol. av. 84.
Est. 4. Paris.

Déscription des Bains de Titus, 1re Livraison, fol.
Paris.

le Guide du Tapissier, de l'Ebeniste, &c. par Chip-
pendale, av. 200 Pl. fol. Londres.

Représentation des Cicades & Punaises, 8 part. 4. Amst.

Martini Conchylien-Cabinet, 3 Bände, 4. mit illum. Kupfer.

Description des Arts & Métiers, par MMrs. de l'Academie françoise, 32 parties, fol Paris.

6.
Recensionen.
1.

Leben und Bildnisse der grosen Teutschen, herausgegeben von J. Klein, Prof. in Mannheim. 1785.

Chodowiecki lieferte zu diesem Werke 4 historische Kupferplatten aus Hermanns Schlacht von Klopstock. Willkommen muste jedem Freund der Kunst seyn, das Künstler Talent in folgenden Platten prangen zu sehen. Sie sind für Zeichnung und Kupferstiche gros ausgeführt, nicht so ganz kleine Kalenderfigürchen — um so besser für den Künstler der im grösseren Maasstabe sein Gepräge der treffenden Charakteristick einätzen kann. Ich liebe und verehre Chodowiecki's Meisterhand, und danke ihm für so manches Vergnügen, das ich aus dem Stoffe seiner schöpferischen Einbildungskraft schon so oft gesagen habe. Nur die allzustark eingerissene Gewohnheit derjenigen Dilettanten die mit schwärmerischen Kopfe, ohne Kenntniss der praktischen Ausübung, in übermäsige Begeisterung gerathen, wenn
sie

sie auch nur eine Kopie von diesem Künstler zu Gesichte bekommen, verleiten mich der Wahrheit zu Liebe ganz gemäßigt mit Mutter Natursgefühle seine 4 Stücke etwas aufmerksamer zu betrachten. Im freundschaftlichen Tone will ich sprechen, um am Ende vielleicht jenen schwärmerischen Anbetern nicht ganz unnützlich zu werden.

1tes Stück das Tittelblatt. Jener Zeitpunkt ist gut gewählt, eben so meisterhaft angeordnet und gruppiret. Die Hauptfigur ist Hermann, der teutsche Held. Hier wünschte ich, der Künstler hätte den Helden um einen halben Kopf nach Proportion größer gezeichnet. Es hätte sich dadurch mehr Stärke für die alte teutsche Nation sehen lassen. Nicht mit dem leichten Schwung des innern tiefgefühlten Affekts hebt er den Knaben in die Höhe, die Arme, Hände und Füße sind zu schwach für die Zeichnung sowohl als die muskulöse Männerkraft — die Hände sogar sind verzeichnet. Hätte der Künstler den Knaben mehr in die Höhe gerichtet, so würden die Augen des Helden offner, mehr charakteristisch das ganze Mannsgesicht hervorgeraget habe, der Knabe nicht die gerade herabhängende lache Stellung erhalten, sich mehr in einer eckigten Wendung anschmiegen, mehr Zeichnungsform ausdrücken. Thusnelde seine Gattin, edel im Ausdrucke, aber zu viel idealisiret nach griechischer Gipsform, sollte als eine theilnehmende Hauptfigur mehr sichtbar, das Costume der Drapperie mehr ausgezeichnet seyn. Der Opferpriester, ganz wahr im Ausdrucke der Bedeutung,

tung, nur der Mantel fehlerhaft, gegnetteten Brüche, Licht und Schatten Masse, nicht Naturgewand, sollten im Schattentheil die Schraffirungsstriche enger zusammen geführt seyn, um den rückwärts stehenden Figuren mehr Weichheit zu geben; eben so fehlen im Gewande die malerischen Drucke an ihrem gehörigen Ort. Die Opferknaben vortreflich charakterisirret; feste, nachlässige Naturzeichnung. Der Boden, zu flache Ebene, zu kurzer Schlagschatten bey den gruppirten Römerwaffen und Insignien. Die den Berg abwärtsgehende Römer sollten mehr duftig, gar kein Licht haben. Fleißig und wahr ist der Baumschlag und die Rundierung desselben: doch sollten mehrere Bäume wild und verworren gruppirret seyn. Im ganzen bemerkte ich nicht genug Zusammenhaltung für Licht und Schatten. Die Radir-Nadel ist fein und fleißig geführet, die Schraffirstriche leck, und für jeden individuellen Gegenstand anpassend; aufs reinste geätzet, das Eisen mit dem Nadelstrich aufs meisterhafteste verbunden.

2tes Stück. Hermann, der Held, hat hier mehr männlichen teutschen Ausdruck; eben so seine Gattin mehr originellen Zug: doch wünschte ich die Nase kleiner, und dem Auge weniger Schatten, damit der Blick deutlicher sich zeigen könnte. Wäre die Drapperie an Thusnelde mit teutschem Costum, wie malerisch schön würde sie sich herausheben! Der, neben Hermans stehende Teutsche — vortreflich auch gedruckt. Ganz wahre wilde Natur mit Böschen — der Römer Held ganz nichts — zu kurz gezeichnet;

der

der Mantel mit schwülstigen Falten und harten, abgeschnittenen Schatten. Rein radiret und geätzt!

3tes Stück. Bojocal, der Held — sehr viel Wahrheit im Ausdrucke! doch stehet diese Hauptfigur nicht im rechten centralischen Ruhepunkt: der Kopf zu klein, so wie der bloße Arm in Verhältniß mit den dicken Schenkelbeinen. Der Römer Avitus zu weibisch, hauptsächlich Gesicht und Arme (es seye denn, der Künstler hätte dieses als charakteristisches Zeichen angesehen) der Mantel zu schwer und aufgedunsen. Bey dem im Hintergrund stehenden Römer offenbarer Fehler wider die Zeichnung, allzugroßer Kopf, nicht Abweichung der optischen Linien.

4tes Stück. Aus K. Rudolph v. Habsburg. Eine Schlachtscene. Auffallend war mir, daß Hr Chod. die Hauptfigur in die Entfernung setzte, und uns erst da die Rede des Kaisers hören lassen will, wo das Auge kaum hinreichen kann. Der Künstler hätte ja eben so gut den Helden im Vorgrunde unter Leichen zeigen können; das Interesse sichtbarer, theilnehmender geworden, und den Ausspruch des Helden hätten seine tapfere Kriegs-Männer in der Ferne verfolgen können. Das Pferd rechter Hand mit seinem Reuter ist nach allem Verhältnisse zu groß zum Ganzen. Eben so mißfällt der bey dem Vorgrunde im Profil daliegende entleibte Krieger nebst seinem Pferde. Hätte diese Figur in diesem Gesichtspunkte nicht über das Pferd in die Verkürzung gelegt werden können? welchen malerischen Contrast

trast hätte es dem Ganzen gegeben! Dieses Blatt ist am reinsten radiret und geätzet.

Mit Hrn. Chodowiecki's Genius des Kunstgeschmackes läßt sich's auf das angenehmste phantasiren. Ein Künstler, der von der gemeinen Scene der bürgerlichen Welt bis zum erhabenen Schwung eines Schakespeare Gränzlinien der Zeichnungs-Kunst festsetzen kann, verdienet alle Achtung und Verehrung. Wie würdig zeigt er den Mann in der Gesellschaft, dessen vortrefliche Kunstfähigkeiten das Schönheits-Gefühl lebhaft und treffend bey seinen Lesern erwecken und eindzen kann! Hier liefern die bildenden Künste der allgemeinen menschlichen Einbildungskraft Schälle, Speisen zur Verdauung, die auf Herz und Verstand gleich würkend sind. Nicht so die vielen tändelnden Romanenschreiber, die oft ohne alle Bilderkraft zu kalt, oder zu schwärmerisch hinangeschnellt ihr Bildchen als einen Herkules betrachten. Hr. Chodow. nimmt mir nicht ungütig, wenn ich mit etwas mehr als allgemeiner Kunstkenntniß noch einige Worte über historische Scenen mit ihm spreche. Ich weiß, daß jeder Künstler seine Arbeit von seinem eignen Gesichtspunkte aus betrachtet und ausführet. Die Zeichnung ist die Basis für den Künstler, hier aber nicht Gesichtsform allein; die der Künstler, wie Hr. Chod. selten verfehlet, wohl aber die Zeichnung in dem ganzen Umfange. Ich will nur einige Meister aus der allgemeinen Kunstschule ausheben: G. Lairesse, Rembrandt, Callot, (dieser Meister-Arbeiten entlehne ich nur aus ihren

origin

Original geäzten und gestochenen Blättern) ihre Zeichnung ist eckigt, fest, Wahrheit für Natur, hauptsächlich in ihren Umrissen. Selbst Rembrandts und Callots Figuren in kleinstem Maaßstab, welche vortrefliche eckigt gebogene Schwunglinien mit der leichten Hand hingezeichnet trist man nicht an! und G. Lairesse meisterhafte Gruppirung, welch' eine herrliche Licht- und Schattenmasse herrschet durchgängig in seinen gestochenen Blättern? Erfindung, Anordnung, Ausführung, alles ist bey solchen Meistern anzutreffen. Sie machen ein eigenes Studium für den Zeichner aus, besonders für den erhabenen Stil der Geschichte. Mein guter Wunsch wäre, ein Künstler von großen Fähigkeiten, sollte aus solchen Quellen ganz schöpfen, was er oft auf Rechnung seiner eignen Ideen der Welt mittheilet. An guten Malern sowohl, als an verbesserten Kupferstechern fehlt es in diesem Jahrhunderte nicht, aber Zeichner, die der vorigen Kunstzeit an die Seite zu stellen, wären meiner Meynung nach sehr wenige.

2.

Betrachtungen über die kaiserlich-königliche Bilder-Gallerie zu Wien. Bregenz, bey der typographischen Gesellschaft. 1785. 278 Seit. gr. 8.

Herr von Mecheln der im Jahre 1781 die Bilder-Gallerie im Belvedere zu Wien nach chronologischer Ordnung der Kunstschulen aufs pünktlichste einrichtete, versprach nach Vollendung der Arbeit ein raisonnirendes Verzeichniß aller Gemälde; aus welchem Versprechen aber nur ein einfacher Ansage-Katalog der Künstler-Namen bis hieher entstanden ist. Der Verfasser dieses Werkes unternahm, wie es scheinet, die Mühe, mit Ausrüstung aller nöthigen Wissenschaften und Kunstkenntnisse, Betrachtungen hierüber mit seinem ästhetischen angebohrnen Wahrheits-Gefühl der Welt mitzutheilen, wozu er denn auch den obbemeldten Katalog benutzte. Mit gütiger Erlaubniß des Verfassers wollen wir auch in jenes Heiligthum eintretten, das er so streng und feyerlich ernsthaft vor allen Kunstrichtern und Kritikern bewachen läßt, und solchen Kleinheits-Insekten alles Kunstgefühl gerade zu abspricht. S. 6 bis S. 84 schickt der Verf. seine eigne Schönheits-Theorie voran; zuletzt folget der Plan, wie die Werke der malenden Kunst in einem Gebäude, das dieser Muse gewidmet ist, gesetzt werden sollen.

Bey seiner Erklärung über die Schönheit spricht der V. „Junger Künstler! gewöhne dich an das, was jedermann gefällt; denn hast du die Schönheit gefunden." Aus eben diesem Satze leitet er den Geschmack her; seciret unbarmherzig die Analyse vom Begriffe der Schönheit des Ritters Mengs, wird analog mit Raphael, Titian, und Corregio, ohne den ästhetischen Philosophen verstauben zu haben.

S. 23 spricht er ferner: „Künstler stelle dein Gemälde aus! behorche das Urtheil aller Gattungen Menschen, welche nicht so ganz verwildert sind; und du wirst bald erforschen, ob und was sie dabey empfinden, nur deine Hrn. Collegen, die Kunstrichter, vernehme nicht hierüber. Welch ein paßionirter Dunst! Bald springt der Verf. von einem Meister zur Kopie, bald parallelisiret und ordnet er die Meister mit dem Dichter; setzet meinen lieben Rembrandt unter die Optiker, der allen Ausdruck des Griffes der Färbung, dem Licht und Schatten aufopferte; nennet den Gerard Douw den Schmetterlingsfänger und Tenniers den Hanswurst und Jahrbrecher. Nur einige Worte hierüber; vielleicht zur Belehrung des Verfassers! Hätte sich Rembrandt nur durch seine eigne gestochene und radirte Blätter bekannt gemacht; so verdiente er schon Vorzug wegen der Wahrheit in der Zeichnung, und wegen der Charakteristik des Erhabenen im Historischen Stil. In seinen Gemälden ist sein Werth von Kennern entschieden, seine breite und tiefe Schatten-Massen, seine kurz einfallende Schlaglichter verrathen sein sonderbares Genie. Und eben weil seine Gemälde dem Kenner frappant scheinen, erwecken sie Erstaunen und Achtung für diesen Meister.

Gerard Douw, der Vater der niederländischen Schule für Kabinetsstücke, schilderte die Natur getreu, so wie sie vor uns da stehet, wie sie der Spiegel von der Natur kopiret. Hier zeigen sich alle Kleinigkeiten dem Auge. Glaubt denn der Verf. wirklich (und wenn er auch Künstler ist) daß dieses so leicht nachzuahmen sey? In einer solchen Haltung, reinern Färbung, Schmelz derselben, täuschende

Gewänder? Denner aus Hamburg malte mit äuserster Präcision in gleichem Ebenmaas mit der Natur alte Köpfe, so, daß jedes Härchen am Bart zu unterscheiden ist; folglich wäre sein ausgesuchter Fleiß nicht lobenswerth, hätte nichts als sclavisch tändelnden Kunstkram der Welt dargebracht: vor mehreren Jahren besuchte ich mit einem Arzte eine ansehnliche Bildergallerie; der Arzt stieß auf Denners Köpfe, verweilte eine halbe Stunde hieben, wahrhaftig sprach er endlich zu mir, dieser Künstler verdienet dem größten Anatomiker an die Seite gestellt zu werden; so präcis kann der Anatomiker kein Präparat liefern, als hier der Künstler die Natur lieferte. Muß doch das Kunstgefühl nicht so hoch wie beym Verfasser hinauf geschnellt werden, wenn Wahrheit bey der Natur bestehen soll.

Daß der Verf. Tennier einen Zahnbrecher nannte ist unverantwortlich. Von einem Künstler, wie dieser, der so lebhaft die ländlichen Auftritte der holländischen Bauernfreude in Gesellschaftsstücken entwarf, so ausgezeichnet charakterisirte, meisterhaft zeichnete und von diesen Scenen bis zum historischen Auftritt einer Ceremonienmäßigen Burgermeisters-Wahl in einer großen Seestadt, hinüber gieng, ist sein Urtheil zu niedrig. Hätte der Verf. einen Brouwer genannt, so würde ich sein Urtheil noch gut heißen; er hätte dadurch jenen Künstler au seinen gehörigen Platz hin verwiesen. Hier zeigt der Verf. abermal eine Lücke wodurch er vermuthen läßt, wie wenig ihm die praktische Kunstgeschichte eigen ist.

Nun

Nun folgt sein Plan über die Einrichtung der Bilder-Gallerie; dieser enthält so viele Modifikations-Formeln, daß sich die Kenner und Liebhaber unter mancherley Gestalten in diesen Kunstsälen zeigen mußten. Er abstrahiret bis auf den höchsten geistigen Schwung der Bedeutungs-Größe; und vielen Dilettanten würde von seinem Genius für ihren Vorwitz die Thüre vor der Nase zugeschlagen werden, so weit dehnet dieser Aesthetiker seine Begeisterung aus; in dieser fährt er fort, die Kunst habe mehr Einfluß auf Sittenlehre und Herz als die ganze theologische Quintessenz. S. 81 schließt er seine Einleitung auf folgende Art: „Ich behaupte nicht zu viel, wenn ich sage: diese göttliche Kunst war noch der Engel, welcher das flammende Schwerdt des Cherubs vorbey gieng, und den Sünder aus dem Paradiese in die öden Gefilde hinabgeleitete: Sie verrichtet mehr als alles, was um uns erschaffen ist; dann sie ziehet aus vielen Geschöpfen die Schönheiten ab, versammelt sie zu einer einzigen Schönheit, und greift den feinsten aller Sinne an, das menschliche Aug." — Vortrefflicher Schwärmer! ganz im Rosenkreuzer Tone!

Jetzt treten wir in das Heiligthum der Kunst selbst ein. Der Verfasser verfolget Heftweis in 2 Theilen die Gallerie nach ihrer Einrichtung, mit Beschreibung aller Gemälde der italienischen Schule. Bey jedem Gemälde kurze Skizze der Vorstellung und hintenan ein Resultat nach des Verf. eigenem Kunstgefühl. Hier wird nun freilich mit Vergröse-

D 3

rungs-Gldsern gemustert entweder bis an Himmel erhoben, oder bis zum Tartarus hinabgeschleudert. Des Verf. Urtheil über Ant. Raphael Mengs, dessen Gemälde unter die römische Schule aufgenommen, soll Probe seyn. „Vorstellung. Der H. Petrus mit einer Flamme auf dem Haupt, auf einem Stuhl sitzend: mit der Rechten deutet er gen Himmel, mit der linken hält er ein Buch und die Schlüssel. Die Figur, Lebensgröße. Was — Mengs ist dieses! Alle Größe verschwand, mit der er schon so lange wie Phidias Jupiter vor meiner Seele stand; Pöbelhafter Ausdruck! schreyendes unreines Colorit; eine Griechische Erfindung nach den Zeiten des Constantins, ein Bild, das nichts weiter sagt, als: hier. siz ich, und dieses von Mengs! der hat es im Fieber, seinen Barbirer gemalt." Das heißt nun den Künstler in Koth getreten. Auch Recensent sahe diesen Petrus in Belvedere; so erniedrigend denkt er aber nicht von diesem Gemälde, ob es gleich nicht die beste Wirkung bey dem ersten Anschauungsblick auf sein Kunstgefühl machte. Der Verf. muß nicht wissen, daß bey einer Figur, en Face entworfen, die grelle Färbung durch Horizontal einfallendes Licht breite Licht-Masse und abgestumpfte Schlagschatten entstehet. Dabey ist dieses Gemälde von der besten Zeit des Mengs, fleißig, ohne Zagheit und Zwang ausgeführet. Gleich hierauf schwingt der Verf. ein Gemälde von eben diesem Meister zu himmlischen Sphären hin. — Das nenn' ich artistische Kur.

Solche

Solche Resultate streuet der Verf. über das ganze reiche Kunstfeld, und er weiß sie bey den größten Meistern anzubringen. Und da einem solchen scharffinnigen Kenner-Auge nichts entgehen kann, so sah er auch bey den meisten alten Gemälden die Kunst des Verderbers ein, der mit seinem Schmirpinsel nach Willkühr ausgebessert, zugemalt, und gefirnißt hat. Hie und da hat der Verf. Recht, aber auch diesen Fehler hätte er nicht mit so großer Verächtlichkeit rügen sollen. Der Wiener Kunstacademie bin ich, als ihr ehmaliger Schüler, die Pflicht schuldig, jene eingeschlichene Fehler nicht auf ihre Rechnung setzen zu lassen. Haben Ausländer Kunstsünden begangen, so fallen sie gewiß nicht auf den, der seinen guten Rath vorausschickte, der aber nichts fruchtete.

Dem Verfasser muß ich noch etwas nach Gewissen rügen, daß er die Kunst Technick durch die Worte Ioustume, Contornen, Sculzirung, Leberetische Zange ꝛc. ꝛc. so gar sehr verunstaltet hat. Eben so auffallend klingen die Provincial-Wörter: Hochen, weißt, eindte, Nähmen, ausgedenkt ꝛc. Ein schöner Geist, wie der Verf. sollte, voll des harmonischen Wohlklanges, von dergleichen Sprachschnitzer entwöhnt seyn, der häufigen Schreib- und Druckfehler nicht zu gedenken.

Sollte übrigens den Verfasser noch die Lust anwandeln, über die übrigen Kunstschulen seine Betrachtungen dem Kunstpublikum mitzutheilen; so bittet Rec. recht sehr, ganz in der Stille für sich seine

Geheimnisse zu betrachten. Das Publikum verlieret gewieß nichts, wenn sein gutes unverdorbenes Natur-Gefühl von solchen schwärmerischen Ueberspannungen über Kunstwerke frey bleibet.

P. Sprenger.

7.

Verzeichniß der Kupferstiche des Herrn Abbé Saint Non. Voraus ein Brief des Hrn. Einsenders an den Herausgeber.

P. P.

Von den Werken des Abbé Saint Non ist, ein Paar Anzeigen in der Bibliothek der schönen Wissenschaften ausgenommen, meines Wissens noch wenig (in Teutschland) bekannt. Ich glaube mir daher wo nicht Ihren Dank, doch nicht Ihr Mißfallen zu erwerben, wenn ich Ihnen für das Museum einen Katalog gebe, so genau, als ich es im Stande war. Ich besitze dieses Werk aus des Abbé's Händen selbst, so vollkommen, als es jetzt noch zu haben ist. Von den meisten sind gar keine Abdrücke mehr zu haben, weil seine Manier sehr wenige Abdrücke aushält, wenn er nicht zufällig glücklich gewesen ist, gute Kupferplatten zu erhalten. Es sind ihm, wie er mir selbst schrieb, drey Viertheile von den Platten Suite de Venise durch die schlechten Platten so zuge-

richtet

des Herrn Abbé Saint Non.

richtet gewesen, daß er nur äusserst wenig Abdrücke davon konnte nehmen lassen, die dann ausser Frankreich gar nicht bekannt worden. Deswegen glaube ich den Liebhabern einen Gefallen zu erweisen, wenn ich ihnen bekannt mache, was der Abbé verfertigt hat ꝛc.

1753 bis 1754.

Nro.
1. 8 kleine Landschaften theils nach Le Prince theils nach Boucher.
2. 1 länglicht schmale nach Le Prince eine wandernde russische Familie.
3. 6 kleine auf ovale Plättgen radirte Landschaften nach Le Prince.
4. 6 Bl. Cahier de 6 Caricature Neapolitain.
5. 1 g. Bl. in einer ganz andern als seiner gewöhnlichen Manier radirt, ein Mann mit einem Korb mit Stroh auf dem Rücken neben seinem Esel von einer Anhöhe herabsteigend, vor ihm eine Gruppe von Schafen.
6. 1 eben so kleines g. Bl. und in derselben Manier die Flucht nach Egipten, beyde ohne Namen des Mahlers noch seines eignen der sonst auf allen stehet.

1755.

7. 1 klein folio Bl. Eine Hirtin die Kühen Wasser in einen Trog gießt, hinter ihr stehet eine einen Eimer aus dem Brunnen nach Le Prince.
8. 1 länglicht 4. Bl. ein pohlnischer Reuter mit einer Art von Streit-Kolben auf der Achsel nach de la Bella.

Nro.
9. 8 4 Bldt. Varie vedute del Gentile mulino nach Le Prince.

1756.

10. 6 folio Bldt. große ovale Aussichten von Rom nach Le Prince.
    1. Parte del antica via Appia.
    2. Tempio di Pola in Istria.
    3. Arco di Druso.
    4. Vestigie della Curia Ostillia.
    5. Aqua Claudia.
    6. Termo di Tito.

1757.

11. 1 folio Bl. nach Berghem. Ein Hirte mit 3 Ziegen.
12. 1 Detto in die Queer, das innere eines Bauern-Hofes wo ein Mädchen mit einem Körbgen Eier sitzt, eine andere vor ihr stehet, hinter benden kommt ein Esel, auf dem ein Junge liegt, neben und hinter ihm Schafe nach Le Prince.

1758.

13. 2 quer folio Bl. das innere von Bauerhöffen nach Bouche.
14. 1 4. Bl. Ein Frauenzimmer im Bette und eine andre die zu ihren Füßen sitzt ohne Namen des Zeichners.

1761.

15. 1 quer folio Bl. Eine Statue zwischen den Säulen eines Tempels der im Gebüsche liegt.

Das

Nro.
das ganze, das Innere eines römischen Gartens nach Fragonard.
1762.
16. 1 quer folio Bl. Elevation d'un Temple, que l'on croit estre celui de Jupiter Serapis a Pouzzuolo nach Robert.
17. 1 etwas kleineres Vue de l'entrée du Temple de Serapi, a Pouzzuolo.
18. 1 dieselbe Größe. Vue dessin dans les Jardins de villa Borghese a Rome beyde nach Robert.
1763.
19. 18 folio Blät. Statuen, Vasen, Opfertische, Basrelief und andre Alterthümer, nach eigenen in Rom gemachten Zeichnungen.
1765.
20. 8. Bl. kleine Köpfe ohne seinen noch des Zeichners Namen, einen einzigen ausgenommen nach Tiepolo.
21. 1 quart Bl. Ein liegender Polichinel nach demselben.
22. 1 Detto les Pensionair de l'Academi dallant a Rome nach Dogens Zeichnung.
23. 2 Detto in Ovale, Marc Aurel und der pendant 1 Tempel in dem Tücher an Stangen hängen, beyde nach Roberts Zeichnungen.
Diese 4 Numern sind auf getuschte, oder Zeichnungs Manier.
24. 6 quart Bl. Racolta di Vedute deffignatta d'appesso natura nelle Ville a intorno di Roma
de

Nro.

de Robert & intagliato d'al Abbate di St. Nona.
- 2. Vue prise dans les jardins de Villa Maltei.
- 3. & 5. Vue prise dans les jardins de Villa d'Est a Tivoli.
- 4. Vue de l'entre'e de Tivoli & des Murs de la Ville d'Est.
- 6. Vue prise dans les jardins de Villa Madama suprés de Rome.

1766.

25. 1 groß rund Bl. mit der Unterschrift: Il primo pensiere del quadro sopra il quale il Sig. Roberti u. s. w.

26. 1 ovaler Plafon: Zephir & Flora nach Boucher.

27. 1 Ansicht eines römischen Gartens, nach Frago, daran kenntlich daß 2 Cipressen-Bäume über einer Treppe eine Laube bilden.

28. 1 ein quer folio Bl. Im Vorgrund stehet eine Menge kleiner Bäume in Töpfen, und ein Mädchen führt ein paar Kinder die von einem andern gehalten werden in einem Kastenkarn.

29. 1 4. Blat Porte de Nasete nach Robert.

30. 1 folio Blat. Ecurie du Papes Jules, u ich b.m. selben.

31. 1 4. Blat. Darriere de St. Pierre de Rome nach Robert.

1767.

32. 1 groß oval Bl. wo man zwischen Säulen eine Piramide erblickt.

des Herrn Abbé Saint Non. 61

Nro.
33. 1 quer folio Blat. Vue de l'entrée du Temple de Serapis à Puzzuolo.
34. 1 8. Bl. in Oval. Ein Mädchen die ihre Hände über einen kleinen Korb zusammen legt, nach Greuze.
35. 10 Bl. klein folio — Basrelief, Vasen, Friesen und Monumente nach Fragos Zeichnungen.
36. 2 Bl. große in die Runde, Kinder-Tänze zu Blasons, ohne Nahmen des Zeichners und Stechers.
37. 1 quer folio Bl. wo unter einem prächtigen Bogen eine Fontaine springt, das ganze find römische Ruinen einer Villa, nach Robert.

1768.

38. 3 kleine Landschaften nach Elsheimer.
39. 1 quer folio Blat. Vue de l'Arc de Constantin prise de dessous une des Arcades du Collise à Rome.
40. 1 Bl. gleiche Größe. Vue prise dans les jardins de Villa Albani à Rome, beyde nach Robert.
41. 1 quer fol. Bl. verschiednes Federvieh nach Bened. Castiglione von Frago gezeichnet.

1770.

42. 1 8. Blättgen, 1 Kerl der Hunde nach einer Violine tanzen läßt, nach Loutherburg.
43. 1 quer folio Bl. Grange de Savogard nach Fragonard.
44. 1 4. Bl. in die Höhe — Ein Mann, eine Frau mit einem Kind auf dem Rücken, und ein
Knabe,

Nro.

Knabe, empfangen Almosen für einer Thüre, nach einer Zeichnung von Rembrand.

1771.

45. 1 etwas kleineres Bl. Ein Junge mit einer Sackpfeife, und ein alter Mann mit einer Leyer, spielen für einen Bauern, mit seiner Frau und Kinde, nach Rembrands Zeichnung.

46. 40 Bl. alle in 4. Fragmentes choisies dans les Peinture et les Tableaux les plus interessans des palais et des Eglises de l'Italie premiere Suite Rome. Es sind Gruppen und einzelne Figuren aus Gemälden von Carrach, Pietro de Cortona, Albani, Dominiquino, Salv. Rosa, Raphael, Julius, Romanus, Michel Angelo, Correggio, Titian, Daniel de Voltera, Ciguani, Caravagio, Carl Marat, Ciroferri, Rubens und ganze Gemälde von Bartolomeus Amanti, Caravagio, Guercino, Salv. Rosa, Dominiquino & Vandyck, einige von Ango die mehrsten von Fragonard gezeichnet.

47. 20 Bl. in 4. Seconde Suite Rome. Enthält ganze Gemälde von Rubens, Pietro de Cortone, Guido Reni, Poussin, Caravagio, Guirlandago, und einzelne Figuren und Gruppen aus Gemälden von Michel Angelo, B. Luti, Basano, Paul Veronese, Raphael, Anib. Carachi, alle nach Fragonards Zeichnungen.

Nro.

1772.

48. 1 B. Bl. Ein kleines Mädchen die im Hembe vor einer kleinen Bank kniet und aus einem Näpfgen ein Tuch hebt, nach Greuze.

49. 40 Bl. in 4. Troisieme Suite Bologne Enthält ganze Gemälde von Carl Cignani, Anib. Car-racchi, Franchesini, Cavedone, Lud. Carach, Albani, Guido Reni, Goercino, Viani Jarmesan, Nicolo Tornioli, Guido Cagnaci, und Gruppen und Figuren aus Gemälden von Lud. Carachi, Calabrese, Guido Reni, Beleg-Tibaldi, nach Fragonards Zeichnungen.

1773.

50. 30 Bl. in 4. Quatrieme Suite Neaples enthält ganze Gemälde von Luca Giordano, Solimena Calabrese, Poussin, Joseph de Ribera, Schidone, Lanfranc. und einige einzelne Gruppen von Joseph Ribera und Solimena.

51. 20 Bl. Choix de quelques morceaux de peintures antiques d'Herculanum. Extraits du Muséum de Portici von Abbé St. Non selbst gezeichnet.

1774. & 1775.

52. 40 Bl. in quart Fragments des Peintures Cinquieme Suite Venise, Enthält ganze Gemälde von Paul Veronese, Pietro, Vechia, Sebast. Ricci, Tintore. Cavalieri Liberi, Tiepolo, Giovani Lys, Titian, Lucchesi und Gruppen von Benedetto, Castiglioso, Sebast. Ricci, Tiepolo

64 Verz. der Kupfers. des Hrn. Abbé Saint Non.

Nro.
polo, Paul Veronese, nach Zeichnungen von Fragonard und Robert.

53. 1 4. Bl. Eine Caricatur-Figur eines Juden auf einem sehr dürren Pferd nach Montlinger. 1776.

54. 1 quer folio Bl. Ein Hirte läßt Schafe aus einem Stalle, von dem er die Thüre aufhält, nach einer Zeichnung von Fragonard.

55. 1 klein folio Bl. Le Docteur Franklin Couroné par la Liberté.

56. 3 kleine 8. Bl. Etwas freye Basreliefs nach Frago in oval jedes ein Satyr mit einem Mädchen.

Von 1766 bis hieher sind alle Blätter in getuschter Manier.

Der Herausgeber des Museums erinnert hierbey, daß im 4ten Stück des Museums, wo der Anfang des Auszuges aus der Voyage pitoresque de Naples et de Sicile vorkommt, der Hr. Abbé von Saint N * * * eben derselbe Hr. Saint Non sey, von dem bisher die Rede war.

9.

Nachrichten von dem Leben und den Werken des berühmten Tonkünstlers Sacchini. Von Hrn. Framery *).

Anton Maria Kaspar Sacchini war gebohren zu Neapel, am 11ten May 1735. Der Verfasser des *Essai sur la musique* war falsch unterrichtet worden, wenn er ihn in der Gegend von Neapel 1727 läßt gebohren werden. Ich eile, diese Angabe zu berichtigen, welche schon mehrere öffentliche Schriften in Irrthum geführt hat. Es ist nicht gleichgültig: je weiter er von dem Alter entfernt war, von jener Lebenszeit, in welcher der Geist seine Kräfte verliehrt und aufhört zu denken, desto schmerzlicher mußte sein Verlust für diejenigen scheinen, denen seine Person oder seine Fähigkeiten nicht gleichgültig waren. Wie viele Meisterstücke hätten in diesen acht Jahren zum Vorschein kommen können! Wie viele, der Freundschaft entzogene Augenblicke!

Früh schon zur Musik bestimmt, thaten ihn seine rechtschaffenen, aber nicht beglückten, Eltern, in das Conservatorium Santa Maria di Loretto zu Neapel, wo er unter dem berühmten Durante studirte.

*) Uebersetzt aus dem journal encyclop. 1786. T. VIII. P. III. p. 118. sqq.

dirte. Er machte schnelle Fortschritte, und legte sich vorzüglich auf die Violine, auf welcher er sehr stark wurde. Dieses Studium wurde ausserordentlich nützlich für ihn. Indem er selbst ein Instrument spielte, das einst dazu dienen sollte, seine eigenen Gedanken auszudrücken, so lernte er den wahren Charakter desselben begreifen, und unterwarf sich den Gesetzen anderer, um sich in den Stand zu setzen, nach seiner Art welche vorzuschreiben; wie sich der, welcher Flotten oder Armeen zu kommandiren geschickt ist, anfangs im Gehorsam in den geringeren Graden übt. Allemahl, wenn man in seiner Gegenwart die Vollkommenheit seiner Akkompagnements bewunderte, schrieb er das Verdienst blos diesem ersten Studium zu.

Bald ergab sich sein Genie, zu ungeduldig, um länger verborgen zu bleiben, ganz der Composition. Lange genossen Neapel und Rom seinen glücklichen Fortgang, und machten in Italien einen Namen bekannt, der sich schnell zur Unsterblichkeit erhob. Man verlangte ihn nach Venedig. Diese Stadt bot damals jungen Mädchen die nämlichen Mittel gegen die Armuth an, als Neapel jungen Männern: Conservatorien, wo, mit Hülfe einer kleinen Anzahl Lehrmusiker, unter der Aufsicht eines einzigen, alle Theile der Musick mit der größten Sorgfalt cultivirt wurden. In Italien, wo die Schauspielkunst, unzertrennlich mit der Musick verbunden, nicht durch Vorurtheile erniedrigt wird, werden diese Häuser, deren bewundernswürdige Einrichtung in Frankreich

zur

nur zu wenig bekannt ist, von frommen Stiftungen unterhalten. Die Direktion eines derselben, Opidaletto genannt, ward Sacchini anvertraut. Hier entwickelte er vorzüglich seine Talente für die Kirchenmusick und bewieß, daß er alle Hülfsmittel seiner Kunst von Grund aus kenne; aber er zeigte zugleich, daß es möglich sey, einen angenehmen und leichten Gesang dabey zu behalten, ihn mit reitzenden Bildern zu schmücken, ohne diesen Styl mit dem Theaterstyl zu vermischen, ohne sich von der Genauigkeit, die er erfordert, zu entfernen. Der berühmte Doktor Burney, der damals Italien durchreißete, bezeugt eben dies; er versichert, daß die Musick ihm nirgends so viel Vergnügen gemacht habe, als zu Venedig; und über alle Musick, die er in dieser Stadt hörte, erhob er die Musick des Sacchini. (1.)

Indem der Ruhm dieses Komponisten täglich wuchs, besuchte er einige Höfe Deutschlandes, durchreißte Holland und gab endlich den Wünschen Englands Gehör, welches jederzeit nur die berühmtesten Meister beruft. In den 11 Jahren, die er daselbst zubrachte, arbeitete er 6 für das Londoner Theater, wovon vor ihm kein Beyspiel zu finden ist. Die Engländer suchen besonders die Abwechslung in ihren Vergnügungen, und die Musick eines Meisters muß ihnen ausserordentliches Vergnügen verschaffen,

wenn

(1.) Siehe The present state of musick in France and Italy &c. London 1771. von Hrn. Ch. Burney, einem gründlichen Musiker, Vater der reitzenden Urhebrin der Romane Evelina und Cäcilia.

68 Nachrichten von dem Leben u. den Werken

wenn sie kein noch grösseres damit zu vertauschen haben.

Während dieser Zeit wurde die Kolonie zu Paris vorgestellt. Frankreich kannte damahls die Italienische Musick sehr wenig, und schätzte sie noch weniger. Man glaubte, daß der Ausdruck den Komponisten dieser Nation ganz unbekannt sey, daß alle ihre Arien allein dazu bestimmt wären, die Stimme zu heben; man gestand ihnen wohl einiges Verdienst in der Karikatur zu; das Andenken an die Serva Padrona und einige ähnliche Werke, war nicht ganz erloschen; aber man hatte nicht ihre Fortschritte verfolgt, und hielt sie nicht für fähig, sich über diese Gattung zu erheben. Die Namen der Sacchini, der Piccini, der Traetta, der Paisiello waren einer kleinen Anzahl Liebhaber bekannt; aber der übrige grössere Theil der Nation wußte nichts davon 2). Indessen gab man schon auf dem Operntheater Iphigenie und Orpheus; man hatte La Buona Figliuola auf dem Italienischen gesehen; allein diese Werke hatten noch nicht die Empfindung verursacht, die sie hätten verursachen sollen, und die Herr Gluck jetzt erst hervorgebracht hat. Die musikalische Revolution wurde zubereitet; aber noch nicht ins Werk gesetzt.

Endlich erschien die Kolonie. Man kennt ihren Erfolg; man weiß, daß, ohnerachtet des Eigensinnes

(2). Als ich die Olympiade im Opernhause vorstellte, fragte mich eine für dieses Theater eingenommene Person, wer dieser Hr. Sacchini sey, ob er einige Geschicklichkeit besitze, ob er schon etwas gethan habe.

finnes der Intrigue, ohnerachtet des wenigen Werths, den ich in die Anordnung und Ausführung dieses Stücks gelegt habe, das einzige Verdienst der Musik über den allgemeinen Wahn und über alle heimliche Ränke, die man lange anwandte, um dessen Glück zu hindern, triumphirte. Das überraschte und zu gleicher Zeit bezauberte Ohr, das bewegte, erwichte, hingerissene Herz, bewunderten jene Menge neuer, glänzender, edler und pathetischer Züge, wovon diese Oper voll ist, den Reichthum und die Eleganz des Orchesters, die Annehmlichkeit und das Natürliche des höchst melodischen Gesangs. Die Franzosen glaubten damals, wider die Meinung eines berühmten Mannes, daß ihre Sprache für die Musik empfäng'lich sey, und wollten den geschickten Künstler, der ihnen dies neue Vergnügen verschaft hatte, an sich fesseln. Die Administration der Oper bat mich, für ihr Theater ein Sujet der schon verfertigten Musik anzupassen, wie ich schon für das Italienische gethan hatte. Die Olympiade von Metastasio, schien mir wegen der Vermischung der Hirtensitten mit den Heldensitten, das schicklichste Stück zur dramatischen Form, die damals Mode war. Ich richtete darnach, so gut als ich konnte, die beste Musick Sacchini's die er zu Mayland und London verfertigt hatte, ein. Aber dies war der Nation nicht genug, einige, so zu sagen, abgerissene und zu andern Wörtern bestimmte Stücke zu hören; der Künstler von dem sie eine so große Idee bekommen hatte, mußte für sie und in ihrer Sprache Werke

E 3 schrei-

schreiben, deren sie sich rühmen könnte. Dies war der Wille der Administration. In Hoffnung dazu beytragen zu können, begab ich mich nach London; Sacchini nahm meine ersten Vorschläge sehr gut auf; aber er ward bald auf andere Gedanken gebracht, durch den Rath der Leute, die um ihn waren, und denen er, vermöge der Güte seines Herzens, oft ein zu blindes Vertrauen schenkte. Er schlug es auf eine eigensinnige Art ab, that seiner Seits Forderungen, die man nicht annehmen konnte, und ich sah in der Folge, daß er nicht einmal wußte, was man von ihm verlangte. Ich mochte noch so eifrig die Sache betreiben, so war es mir doch unmöglich, weder die Hindernisse, die man in den Weg legte, noch das Mißtrauen, das man ihm eingeflößt hatte, zu überwinden.

Unterdessen erhielt Herr Gluck verdientes Glück in der Oper; er genoß seinen ganzen Ruhm; und einige Akteurs dieses Schauspiels, glaubten, eingenommen von der neuen Schöpfung, die er ihnen gegeben hatte, er könne alles erfüllen, und es sey unnöthig, einen andern Komponisten anzunehmen. Diese Meynung war der Olympiade nachtheilig; wenn ich sie vorstellte, so wiederholten sie sie mit Widerwillen, weigerten sich die Rollen anzunehmen, und machten die Musik lächerlich; und als ich das Werk zurücknahm, so verbreitete sich in Paris die Sage, der geringe Werth der Musik habe den Widerwillen dagegen verursacht.

Ich konnte mich nicht entschließen, eine, für einen von mir geliebten Mann, so nachtheilige Meinung

nung bestehen zu lassen. Ich opferte meine Eigenliebe, meine Liebe für seine Talente, der Sorge für seinen guten Namen auf; und ob ich gleich überzeugt war, daß, wenn ich dies Werk den Italiänern gäbe, dieses Stück, welches sich nicht für sie schickt, eine schlechte Figur machen, der Heldenton, der den meisten Akteurs dieses Theaters fremd ist, übel angebracht scheinen würde, daß die Ballete, die Dekorationen, der Spektakel da nicht die schickliche Pracht haben, die Chöre noch das Orchester zahlreich genug seyn würden, endlich daß die Schwäche des Styls und die Fehler der Anordnung des Stücks, die sonst durch tausenderley Umstände versteckt werden, hier entdeckt erscheinen und viel strenger beurtheilt werden würden; so machte ich doch diesen Versuch, versichert, diese im Finstern verldumbete Musick beklatscht und gerechtfertigt zu sehn. Der Ausgang betrog nicht meine Hofnung. Der Erfolg der 7 ersten Vorstellungen war bewunderswürdig und tröstete mich wegen der theils gerechten, theils ungerechten Urtheile, welche doch nur mein Werk trafen. Es wurde durch ganz besondere Verfolgungen, die ich nicht wieder in Erinnerung bringen mag, unterbrochen. Ich hatte keine Hofnung, daß es sich lang erhalten würde; aber endlich ward Sacchini's Musick bekannt und beurtheilt; sie ist in den Concerten geblieben und wird noch in der Provinz aufgeführt. Dies war alles, was ich wollte. Indem ich auf allen Ruhm Verzicht that, hatte ich doch wenigstens den Ruhm meines Freundes gerettet ....

E 4   Diese

Diese Umstände, in die ich verwickelt bin, haben mir zu interessant geschienen, um mit Stillschweigen übergangen zu werden, weil sie dazu gedient haben, diesen grossen Mann an uns zu fesseln. Ausserdem kenne ich ihn durch die Verhältnisse, in denen wir mit einander standen, am besten: aber endlich erschien er allein auf der Bühne, und wenn ich genöthigt bin, mich noch anzuführen, so wird dies blos deswegen geschehen, um Dinge zu bekräftigen deren Kenntniß ich der innigen Freundschaft schuldig bin, in welcher ich mit ihm gelebt habe.

Sacchini spürte seit langer Zeit, daß seine Gesundheit abnahm; das Londner Klima war ihm gar nicht günstig. In jedem Jahre empfand er schreckliche Anfälle von der schweren Krankheit, die ihn uns entrissen hat; sie waren so regelmäßig, daß er von dem Cid, dem ersten Werke, welches er zu London verfertigte, bis zum Renaud, dem ersten, das er zu Paris verfertigte, niemals den ersten Vorstellungen seiner Opern hat beywohnen können. Er glaubte, daß eine Reise in sein Vaterland, oder auch blos eine Veränderung seines Aufenthaltes ihm vortheilhaft seyn würde. Er kam nach Frankreich, ohne noch einen Entschluß deswegen gefaßt zu haben.

Einige Jahre eher würde seine Ankunft ohne Zweifel lebhaftere Bewegung zu Paris verursacht haben. Sie bewürkte noch eine grosse am Hofe. Eine einsichtsvolle Königinn, die in allen Künsten dem ausgezeichneten Verdienste einen vorzüglichen Schutz gewährte, konnte ihn nicht einem so berühmten Komponisten,

ponisten, deffen Arien sie auswendig wuste, verweigern. Sacchini ward vom ganzen Hofe auf die schmeichelhafteste Art empfangen; und die vorzügliche Aufnahme, die ihm der Kayser, der sich damahls dort befand, erzeigte, war ein neuer Triumph für ihn. Dieser Herr deffen grosse Aufmerksamkeit sich bis auf die geringsten Dinge erstreckt, und ihm so grosse ausführen hilft, erwähnte seiner schönsten Stücke und die, welche den stärksten Eindruck auf ihn gemacht hatten, und erinnerte ihn an besondere Umstände, die Sacchini selbst vergessen hatte. Er erwähnte vornemlich eines Chors im Cid, der Geist des Tacitus, in der französischen Olympiade unter dem Namen, Chor der Priester bekannt; man wollte ihn hören; er wurde in der Kapelle aufgeführt und verursachte allgemeine Entzückung.

Der Hof schien zu wünschen, daß Sacchini einige Werke für Frankreich schriebe; es war nicht sein Projekt; aber der Kayser würdigte die Sache seiner Aufmerksamkeit und brachte ihn endlich dazu.... Es wurde ausgemacht, daß man ihm 30000 Livres für 3 Opern, oder 10000 Livres für jede geben sollte, so wie man es vor ihm andern fremden Componisten gegeben hatte. Er machte nach und nach Renaud, Chimene und Dardanus. Es ist unnöthig, von seinen folgenden Schicksalen, die bekannt sind, und von seinem Verdruß der geheimer blieb, zu reden; ich will nur den Nationalkompositeurs sagen, die durch die Art des Vorzugs, den man andern bewilligt, beleidigt seyn könnten, daß sie nicht genug Achtung gäben, was er ihnen bisweilen kostet.

Nachdem er seinen Akkord erfüllt hatte, machte Sacchini für den Hof den Oedipus Koloneus, der im vorigen Jahre mit einem bewundernswürdigen Beyfall zu Versailles aufgeführt wurde, der so war, wie ihn ein so geschickter Compositeur, wenn er auf einen interessanten Grund bauet, haben wird. Er sollte in diesem Jahre Evelina geben, ein aus einem Englischen Trauerspiele gezogenes Stück. Es war beynahe fertig, als er erfuhr, daß diese Oper zu Fontainebleau nicht aufgeführt werden würde. Es sey nun, daß er Ruhe nöthig hatte, oder aus einer andern mir unbekannten Ursache, kurz, er hörte plötzlich mit einer Arbeit auf, die ihm nicht nothwendig schien, und in dem Augenblick, wo er wieder genesen wollte, überfielen ihn Krankheit und Tod. Ich brauche dem Publikum nichts vorher vom Verdienst dieses letztern Werks zu sagen, kann mich aber nicht enthalten, zu bemerken, daß der Verlust dieses grosen Mannes, grosen Schmerz verursachen muß, wenn man bedenkt, welche erstaunliche Fortschritte unser Nationalgeschmack durch ihn machte, und mit welcher Leichtigkeit sich dieses geschmeidige und fruchtbare Genie der Originalität des zu bearbeitenden Stoffes bemächtigte.

Der Stil des Sacchini's zeichnet sich vorzüglich durch seine Anmuth, Lieblichkeit und Eleganz, durch seine Melodie unterstützt, aus; seine Harmonie ist rein, richtig und ausnehmend deutlich; sein Orchester

ster stets glänzend, immer sinnreich. Ob er gleich seine eigene Manier hatte; so sieht man doch, daß Hasse und Galuppi, die er ausserordentlich hochschätzt, seine Muster waren. Er wich den gemeinen Wendungen aus; nahm sich aber doch noch mehr vor dem Gekünstelten in Acht. Seine unerwartetesten Modulationen betäubten nie das Ohr; sie flossen natürlich aus seiner Feder, und wer seine Partituren durchstudirt hat, weiß, welche Kunst er gebrauchte, um seine Wissenschaft zu verbergen. Als er einst zu London bey Hrn. le Brun, einem berühmten Hoboisten, zu Mittag speiste, wiederhohlte man in seiner Gegenwart die Beschuldigung, die manchmahl die Teutschen und Franzosen den Italienischen Komponisten machen, daß sie nicht genug moduliren. Wir moduliren in der Kirchenmusick, sagte er; da kann die Aufmerksamkeit, weil sie nicht durch die Nebensachen des Schauspieles gestöhrt wird, leichter den mit Kunst verbundenen Veränderungen der Töne folgen; aber auf dem Theater muß man deutlich und einfach seyn; man muß mehr das Herz rühren, als in Erstaunen setzen; man muß sich selbst minder geübten Ohren begreiflich machen. Der, welcher, ohne den Ton zu ändern, abgeänderte Gesänge darstellt, zeigt weit mehr Talent, als der, welcher ihn alle Augenblicke ändert. Dann ergriff er die Feder und schrieb auf der Stelle eine Menuet von 16 Takten, in welcher er, ohne Verletzung irgend einer Regel, 16 mahl aus der Tonart wich.

wich. Jedermann bewunderte sie: spielt sie, sagte Sacchini, Ihr werdet sie abscheulich finden.

Bey einem so fließenden Gesange und so vieler Empfindsamkeit der Seele mußte er nothwendig viel Ausdruck haben; da er aber zu gleicher Zeit einen richtigen Geschmack besaß, so ist sein Ausdruck nie übertrieben. Er behielt die großen Mittel für die Augenblicke der Ueberraschung auf, und verschwendete nicht die Wirkungen, um ihrer dann, wann es nöthig war, gewiß zu seyn. Er glaubte, der musikalische Ausdruck müße der Beredsamkeit ähnlich seyn; er müßte eher durch eine sanfte und angenehme Bezauberung in die Seele eindringen, als sie durch heftige Gewalt beunruhigen, und außer sich selbst bringen, und daß es nicht nöthig sey, unaufhörlich von der Bühne herab zu donnern, um zu bewegen.

Noch ein Verdienst, das er im höchsten Grade besaß, war, daß er sich so zu sagen, des Geschmackes der verschiedenen Nationen, für welche er schrieb, bemächtigte und ihn errieth. Die Stücke, die er in Italien verfertigt hat, gleichen gar nicht denen, die er zu Stuttgard ausarbeitete, noch denen die er in Frankreich schrieb. Man muß indessen zugeben, daß er für das Lustige nicht das nämliche Talent, als für das Ernsthafte, hatte. Seine Seele, die von Natur zur Zärtlichkeit und Schwermuth geneigt war, hatte viel eher Empfänglichkeit für angenehme, interessante und edle Ausdrücke; die Karikatur kam ihm seltsam vor; und wenn er auf diese Weise

Weise zu arbeiten genöthigt war, so verlohr er beynahe ganz seine Originalität. *L'Amore Soldato*, welches er zu London verfertigt hatte, und das man zu Paris hörte, ist seine beste komische Oper. Ich nehme *Isola d'Amore* (die Kolonie) davon aus, wo man seine ganze edle und ernsthafte Weise antrift (3). Aber die Vortreflichkeit, welche dieses Zwischenspiel in Frankreich so wohl hat gelingen lassen, ist die Ursache seines geringen Glückes ausserhalb gewesen. Es gefiel nicht zu Rom, wo es vorgestellt wurde, ohnerachtet der schönen Stimme des Hrn. Rauzzini, der die Rolle des ersten Frauenzimmers sang. Man hörte es mit mehr Wohlgefallen zu Lissabon und Florenz; aber in London konnte es nicht mehr als 4 oder 5 Vorstellungen aushalten. *La Contadina in Corte* (dies ist der Stoff zur *Ninette à la Cour*) fand vielen Beyfall zu Rom. Dieses ist ein geringes Werk, in dem dennoch zwey sehr angenehme Stücke sind. Das eine ist der Auftritt des Blasius in der Kolonie: Morgen wird man mich vielleicht hängen. Die komische Oper, welche Sacchini am meisten schätzte, ist *L'Avaro deluso*, die er zu London verfertigte, und in welcher ihm besonders die Endtöne gefielen. Ich hatte es lange Zeit unter den Händen, und ich gestehe, daß es meine Art zu denken

(1) Man muß vielleicht auch das erste von allen seinen Werken davon ausnehmen, ein für das Conservatorium gemachtes Zwischenspiel, welches zu einer Anekdote Anlaß gegeben hat, die zu artig ist, als daß ich sie nicht bereinst erzählen sollte.

ten nicht änderte, Sacchini ist zu groß in der Gattung, die ihm die Natur angewiesen hatte, als daß er nöthig gehabt hätte, in einer geringern gelobt zu werden. Hier ist ein Verzeichniß seiner Werke, welches nicht ganz vollständig, aber viel genauer ist, als die, welche man bisher geliefert hat.

Zu Neapel: Andromaca, Lucio vero, Alessandro nelle Indie, il Creso, Ezio; mehrere Italienische komische Opern, von denen ich die Tittel nicht weiß. Zu Rom: Eumenes, Semiramis, Artaserpes, il Cid, la Contadina in Corte, ein Zwischenspiel, so wie auch L'Isola d'Amore und L'Amore in Campo. Zu Mayland: Olimpiade, Armida. Zu Turin: Alessandro nelle Indie. Zu Venedig: Olimpiade, Alessandro, il Nicoraste, Adriano in Siria ꝛc. Zu Münchm: Scipio, l'Eroe Cinese. Zu Stuttgard, Il Vologese, Die Namen der übrigen weiß ich nicht. Man hat noch mehrere Cantaten von ihm, die Oratorien, Esther, Sankt Philipp, die Mutter der Maccabäer, Jephta, die Hochzeit Ruths ꝛc. Zu London hat er gemacht, den Cid, Tameriano, Lucio vero, Perseus, Mitetti, Montezuma, Erisile, Creso Rinaldo, Enea Elavinia, Mitridate, L'Amore Soldato, la Contadina mit einigen neuen Stücken, und L'Avaro deluso. Zu Paris: Renaud, Chimene, Darbanus, Oedipus Koloneus, und zuletzt Evelina.

Wenn es wahr ist, daß die Schriftsteller sich in ihren Werken schildern; so ist dies in Ansehung der

der Tonkünstler minder wahr. Die Leidenschaften, die sie vorzustellen haben, nehmen nothwendig einen Anstrich von der Seele an, durch die sie gehen; sie können sie nicht anders ausdrücken, als sie gewohnt sind, sie zu empfinden. Sacchini's Musik hat überall das Gepräge seines Charakters; und dieser war wirklich schön. Eine vortreffliche und starke Empfindsamkeit war der Grund davon; großmüthig, wohlthätig bis zur Ausschweifung, wie es sich für ein Genie schickt, war er nur von dem Vergnügen gerührt, Geschenke auszutheilen; selbst die Undankbarkeit hatte nicht die Macht, ihn abzuhalten. Seine Freunde wissen, ob er ein guter Freund war! Man konnte ihn der Schwäche beschuldigen, wenn es darauf ankam, Vorsicht, die der Eigennutz fordert, zu verschmähen oder zu brauchen. Wenig besorgt um seine Angelegenheiten, und als ein Opfer seiner Wohlthaten, wurde er oft durch diejenigen verfolgt, an denen er am meisten gethan hatte; indessen hatte seine Seele, auffer den Gelegenheiten, die nur sein Glück betrafen, Stärke; und wenn man zu viel von ihm forderte, so wußte er seine ganze Standhaftigkeit zu zeigen. Man hat gesagt, der Verdruß habe sein Leben abgekürzt; man hat Unrecht gehabt. Das geheime Bewußtseyn seines Talents triumphirte über seine natürliche Empfindlichkeit und setzte ihn weit über allen Verdruß weg. Und doch war kein Mensch bescheidener; den Beweis dazu giebt seine unglaubliche Gelehrigkeit gegen die Rathschläge seiner Vertrauten.

Er

Er liebte die Musick ausserordentlich, und diese Liebe erstreckte sich auf alle ausgezeichnete Künstler. Nie erregte der geringste Funken von Eifersucht in seiner Seele Unruhe. Ich bin Zeuge von den Bemühungen gewesen, die er sich gab, daß das Stück eines Mannes vorgestellt wurde, den er hätte fürchten können, des Hrn. Paisiello. Er bestand so hartnäckig darauf, als er niemahls für sich selbst gewesen seyn würde. Er wünschte aufrichtig, die gute Art der Musick in Frankreich empor kommen zu sehn, und sein eigener Vortheil würde nicht im Stande gewesen seyn, dieses Verlangen in ihm wankend zu machen. Man hat behauptet, daß sein Hang zur Wollust und Unmäßigkeit seinen Tod verursacht habe: ich bin ihm nicht in seine Jugend nachgefolgt; wenn man aber von den Handlungen der Menschen nach dem Innersten ihres Characters, der der Veränderung nicht unterworfen ist, urtheilen kann, so scheint es mir, daß er mehr zum Empfindsamen, als Ungestümmen geschickt war; daß seine Leidenschaften mehr sanft als heftig waren, und daß, wenn sie ihn zuweilen auf böse Wege gebracht, sie ihn nie hingerissen haben. Während er in Frankreich war, habe ich ihn niemahls von der Diät abweichen gesehen, die ihm vorgeschrieben war. Uebrigens ist das Podagra, das ihn lange Zeit her quälte, selbst eine Krankheit, die schmerzlich genug ist, als daß man anderswo die Ursache suchen sollte, die ihn uns geraubt hat. Seit 18 Monaten gebrauchte er ein Mittel, das vor allen die Anfälle geschwächt

schwächt hatte; er glaubte davon befreyt zu seyn, als er sich Freytags, am 22 September 1786, da er von Versailles zurückkam, übel befand. Man glaubte eine Zeitlang, daß dies wenig auf sich hätte; aber 8 Tage nachher offenbarte sich ein hitziges Fieber in ihm, in welchem man Bösartigkeit zu erkennen meynte. Man behandelte ihn darnach, ohne doch die gewöhnliche Vorsicht wider das zurückgetretene Podagra zu vernachläßigen. Sie war ohne Nutzen, und Sonnabends am 7 Oktober war Sacchini nicht mehr.

Ich fühle, daß ich zu weitläufig geworden bin. Ich kann mich aber nicht enthalten, weil es einen Mann betrift, der mir so werth war. Ich rede lange von dem, dessen Andenken lang dauern wird. Es bleibt in ganz Europa (4) bey allen, die sich um seine Talente bekümmern. Diese werden doch wenigstens seine Meisterstücke wieder lesen; sie werden bald diejenigen genießen, die er noch nicht bekannt gemacht hatte, und dies wird für sie eine Art von Entschädigung seyn; aber wer wird seine Freunde, die so zärtlich mit ihm verbunden waren, und denen das Andenken seiner herrlichen Eigenschaften bittere Thränen auspreßt, wer wird sie aber ihren Verlust trösten? Wer wird den treuen

(4) Dieser Ausdruck, der anderswo gebraucht worden ist, hat einigen Personen zu übersetzen geschienen. Man hat gefragt, was für Hrn. Sacchini Europa wäre? Ich antworte: ganz Italien, ein Theil von Teutschland, England, Frankreich, für welche Länder er geschrieben hat; Rußland, Spanien, Portugal wünschten ihn zu besitzen, führten seine Werke auf und bewunderten sie.

Meusels Museum 6tes Stück.

treuen Diener trösten, der über sein Bette geneigt, ihn mit sterbender Stimme sagen hörte: Aermer Lorenz, was wird aus dir werden? Wer wird die Seufzer, die Verzweifelung der Schwester zurückhalten, die er zu Neapel hinterläßt, ohne Hülfe und ohne Unterstützung, jener zärtlichen Anna, die er unaufhörlich in seiner letzten Stunde nannte, und die bloß von seinen Wohlthaten lebte? Die Unglückliche, über die das Schicksal seine ganze Wuth erschöpft zu haben scheint! Es sind zwey Jahre, da sie glücklich war; glücklich durch die Zärtlichkeit eines Mannes, der ihr eine anständige Bequemlichkeit verschaffte; glücklich durch die Liebkosungen von 17 Kindern, von welchen sie umringt war, durch die Liebe eines Bruders, der so entfernt er war, dennoch nicht aufhörte, damit beschäftigt zu seyn. Ach! von ihren 17 Kindern fallen 15, in einem einzigen Monate, zu ihrer Seite darnieder, als Opfer einer fürchterlichen Landplage, ihr Mann, von der Gicht befallen, ist nicht mehr im Stande, für seinen Unterhalt zu sorgen. Ihr Bruder blieb ihr allein auf der Welt übrig, und ihr Bruder geht ihr in das Grab vor! Sie wird diese traurige Nachricht erhalten, und seine Freunde, die Freunde dessen, den sie verlohren hat, werden nicht gegenwärtig seyn, um an ihrem Schmerze Theil zu nehmen.

Allein es ist Zeit daß ich schließe. Ich habe ohne Zweifel zu viel für diejenigen gesagt, deren Gemüth weniger bewegt als das meinige ist, und ich würde nie genug davon für die sagen, welche die nämlichen Gesinnungen, wie ich empfinden.

Ver-

9.
Vermischte Nachrichten.

1.

Aus Neapel kommt die Nachricht, daß der berühmte Hackert an einer Abhandlung über die Landschaftsmahlerey arbeite, und daß man sich viel von ihr verspreche.

2.

Römische Neuigkeiten aus der allgemeinen Littraturzeitung 1788. Nr. 167 u.: Herr Hofrath Reiffenstein hat jetzt ein Werk unter der Hand: Ueber die Wachsmalerey der Alten, welches in jeder Rücksicht, besonders für die Geschichte der Kunst merkwürdig seyn wird. Einige zweifelten, ob die Herkulanischen Gemälde von Wachs wären. Im Anfange, da sie entdeckt wurden, hielt man sie nicht dafür, und überzog sie mit einem Firniß, der ihnen schädlich wurde. Es fielen allmählig ganze Stücke ab; und nun zeigte sich der Irrthum. Jetzt ist kein Kunstkenner in Italien, der es bezweifelt, daß sie nicht alle Wachsgemälde seyn sollten. Vielleicht setzt Hr. H. Reiffenstein dieses in sein wahres Licht. So viel kann man versichern, daß weder Caylus, noch Bachelier, noch Taubenheim, noch Lorgna auf dem rechten Wege waren. — Eben dem Hrn. Hofrath Reiffenstein hat die Kaiserin von Rußland den Auftrag gegeben, für sie Tapeten zu einem Zimmer mit dem von ihm wieder erfundenen punischen Wachse malen zu lassen. Die Arbeit ist unter seiner Aufsicht schon vorlängst angefangen worden. — Unter den jungen Leuten, welche jetzt sich zu Rom in der Kupferstecherkunst hervorthun, zeichnet sich ein gewisser hoffnungsvoller junger Mann, mit Namen Savorelli, zu seinem Vortheil sehr aus. Es ist indessen kein Wunder, da die Künstler dort ganz anders gezogen werden, wie in Teutschland. Sie müssen täglich und unterbrochen ihre Stunden arbeiten, wie der Bildhauer in seinem Atelier. Aber man glaube nicht, daß diese Einrichtung die schlimmen Folgen haben könne, welche Fabrikeneinrichtungen dieser Art bey uns würden haben müssen. Täglich zeichnet der Zögling nach den besten Meisterstücken der alten Künstler, und erlangt durch das unaufhörliche Arbeiten eine Fertigkeit in schönen Contouren, wozu die Bildsäulen ihm die beste Veranlassung geben, und in allem, was die Kunst griechisches schönes liefert. Anderwärts, wo der Zögling nach Kopien zeichnet, die nicht immer die besten sind, würde dieses Studium und diese Einrichtung freylich nicht so nützlich seyn. Uebrigens gewöhnt sich dabey auch der Künstler zum Fleiße, wodurch seine Vortheile um so viel gewisser werden.

3.

Dem jungen Drouais, Eleven der Pariser Mahlerakademie, der seit kurzem in Rom zu großem Bedauren gestorben ist, hat jemand in einer Lettre sur l'Exposition des Tableaux au Palais royal von diesem Jahre ein verdientes Eloge geschrieben, aus dem das Merkwürdigste folgendes ist: Sein Vater war ein beliebter Portraitmahler. Gegen Ende 1763 ward ihm dieser Sohn gebohren, der schon als Kind für die

Kunst

Kunst Enthusiast war; unter Hrn. Brenet that er sehr schnelle Fortschritte, und als Hr. David aus Rom zurück kam, begab er sich in dessen Schule; hier kamen Feuer und Flammen zusammen. Im Jahr 1783 concurrirte er um den Preiß der Akademie; eines Tages aber, da seine Arbeit beynahe fertig war, schnitt er sie in Stücke und brachte eines davon seinem Lehrer. Unglücklicher, rief ihm dieser zu, was machen Sie? Sie bringen sich um den Preiß. Nicht doch, erwiederte er, ich besitze ihn, da ich ihren Beyfall habe; übers Jahr hoffe ich was zu liefern, das eines Schülers von Ihnen würdig seyn soll. Er hielt Wort und gewann den Preiß vom Jahr 1784: es war das Canandische Weib zu den Füßen Jesu, und allgemeiner Beyfall ward ihm zu Theil. Man wollte ihn von dem Augenblicke an als Mitglied aufnehmen, und es wäre geschehen, wenn nicht die Gesetze es ausdrücklich verböten. Im Triumph ward er zu seinem Lehrer, und von da zu seiner Mutter geführt. Das Jahr darauf gieng er mit Hrn. David nach Rom; hier war Raphael sein Muster; alle Tage arbeitete er von Morgens 4 Uhr an bis an den Abend. Mahler oder Nichts war seine Antwort, wenn ihm sein Lehrer von allzugroßer Anstrengung etwas abbringen wollte. Nach einem Jahre kam Hr. David zurück und Herr Trouais blieb in Rom; und seinem Wahlspruch getreu: Vorerst Ruhm, dann wird Vergnügen auch an die Reihe kommen, verläugnete er alle Zerstreuungen und Ergötzlichkeiten. So brachte er seinen Marius zu Stande, den ganz Paris bewundert hat, und an dem, weil er sein Alter weit übertraf, auch der strengste Kunstkenner nur sehr wenig auszusetzen hatte. Dem folgte eine akademische Figur, Philoktetes, wie er seine Verwünschungen wider die Götter ausstößt, ein Meisterstück, das aber auch dem allzueifrigen jungen Mann das Leben gekostet hat. Noch hatte er ein großes, eilf Schuh hohes und sechszehn Schuh breites Tableau entworfen und angefangen, das alle seine vorigen Arbeiten übertroffen haben würde; es stellte den C. Gracchus vor, wie er von seinen Freunden umringt aus seinem Hause geht, um den Aufruhr zu stillen, bey dem er umkömmt. Ein hitziges Fieber und der Blattern Ausbruch nahmen aber den Künstler in wenigen Tagen hinweg. Wer ist nicht gerührt über so einen Tod! und nun denke man sich seine Mutter, die er und die ihn zärtlich liebte, und die ihn überlebt hat, die ihren Mann, auch noch jung, und ein liebes, herrliches 16jähriges Mädchen auch schon verlohren hat, bey schönem Vermögen sich nun Mann- und Kinderlos sieht, und verdammt ist, in einer Welt fortzuleben, wo für sie nichts mehr Anziehendes übrig ist! Der junge Drouais war schon groß, stark und edel gestaltet; seine Seele las man in seinem Blicke; sie war sanft, edel, gut und groß; sein Vermögen hatte für ihn keinen Reiz, als dadurch, daß es ihm die Mittel erleichterte, seinem Ruhm entgegen zu arbeiten; sein ganzes Betragen war ohne Tadel und rein; unschuldig waren seine Sitten und seine Aufführung. Oft sagt jetzt sein Lehrer: Nun er todt ist, hab ich

nichts

nichts mehr, das mich anspornt; er wärmte mich, er erregte meinen Wetteifer; er unterhielt meine Kunstliebe. Schönstes Lob für einen Schüler! Nur wem es hier unter der linken Brust recht ernstlich pocht, ist fähig, einst ähnliches Lob sich eigen zu machen. — Aus der Goth. gel. Zeit. 1788. Ausländ. Litter. S. 251 u. f.

4.

Es sind dem Herausgeber des Museums vor kurzem einige neue Blätter von unserm braven Landsmann, Herrn Klauber, der sich in Paris aufhält, zu Gesichte gekommen, welche wegen der meisterhaften Ausführung allgemein empfohlen zu werden verdienen. Sie sind ganz in Willischer Manier und sämtlich um beygesetzte Preise bey dem Hrn. Kunsthändler Frauenholz in Nürnberg zu haben, nämlich:

Das Bildniß des Malers Vanloo für 2 fl.
Das Bildniß des Bildhauers Allegrün für 2 fl.
Pauvreur du Monde, nach Stella für 1 fl.
Ecolier de Harlem, nach Poelembourg für 1 fl.

Auch das neue ganz vortreffliche Blatt von Hrn. Berger in Berlin, Servius Tullius, nach Angelika Kaufmann, in der englischen punktirten Manier, ist bey demselben für 4 Rthlr. Sächs. oder 7 fl. 12 kr. zu haben. So auch ein meisterhaftes Blatt von dem jüngern Hrn. Preisler in Kopenhagen, Dedale & Icare, welches er pour sa reception à l'Academie à Paris nach Vien verfertigte. Endlich auch verschiedene Blätter von dem ältern Herrn Preisler.

5.

Der geschickte Künstler unter der Brüder-Unität in Eberdorf, Hr. Streuli,*) dessen wir im 1sten Stück dieses Museums S. 97. erwähnten, hat das dort beschriebene Stück eingelegter Arbeit um den genannten Preiß verkauft, aber auch wieder ein neues von eben der Grösse eines länglichten Quartblattes fast ganz fertig, dessen künstliche Arbeit ebenfalls Bewunderung verdient. Es bestehet abermals nach einer richtigen Zeichnung aus künstlich zusammengesetzten, theils natürlichen, theils farbichten, theils gebeizten Holzarten, ohne daß man irgend einen Zwischenraum bemerkt, sondern es vielmehr für ein Gemälde halten sollte. Es stellt eine französische Bauernstube vor, in der ein Bauer und eine Bauersfrau einander gegen über am Tische sitzen, und eine Partie spielen. Dem Bauer, der eben ein Blatt ausgespielt hat, sieht man deutlich seine Verlegenheit an; noch sprechender aber ist das Gesicht der Frau, die den linken Zeigefinger gegen ihn aufhebt, und mit treffender Miene anzuzeigen scheint, daß sie ihn überlistet habe. An der Wand stecken Löffel, Messer ic. ic. — Auch bearbeitet er dem Anfang einer Gruppe zu einer Tischblatte. Dieser alle Aufmerksamkeit und Schätzung verdienende Künstler ist aus dem Kanton Zürich gebürtig. — Wir verdanken diese Nachricht dem vor vielen andern Wochenblättern sich auszeichnenden Lobensteinischen gemein-

*) Strubi, wie er am angef. Orte des Museums heißt, ist ein im 2ten Stück verbesserter Druckfehler.

Vermischte Nachrichten.

gemeinnützigen Intelligenz-Blatt 1788. St. 21. S. 87.

6.

Der Herausgeber des Museums konnte selbst schon den im 4ten Stück S. 47 in der Recension der Voyage pittoresque de Naples & de Sicile stehenden Satz: die Alten kannten nichts, als die Fresco-Mahlerey, nicht billigen. Er unterdrückte aber diese Mißbilligung, weil der Satz nicht von seinem Mitarbeiter, der jene Recension einschickte, herrühret. Weil sich indessen doch andere daran zu stoßen scheinen und diese Behauptung zu Irrthümern Anlaß geben könnte; so theilt er hier mit, was ihm ein Kenner neulich darüber schrieb: „Ich glaube nicht „einmahl, daß die Alten häufig auf nasse Gründe „gemahlt haben (al fresco hieß udo tectorio pin„gere.) Alle *) Gemälde des Herkulans sind auf „trockene Gründe (a tempera) gemahlt; daher sie „auch so bald in freyer Luft verwittern. Und hat„ten denn die Alten nicht ihre Monochromata und „enkaustische Mahlerey?"

7.

Berlin, am 10ten Oktober 1788. Der König hat den verdienstvollen Direktor der hiesigen Akademie der Künste, Herrn Rode, um ihn, bey seinem herannahenden Alter, die Verwaltung der wichtigen Directions-Geschäfte

—————
*) Das nun eben auch nicht, sondern einige sind wirklich auf nassem Grunde gemahlt. S. Winkelmanns Sendschreiben von den herkulanischen Entdeckungen.

schäfte zu erleichtern, in der Person des Rektors und Sekretars, Herrn Chodowiecki, einen Gehülfen zu geben, diesen zu dem Ende zum Vicedirektor der Akademie zu ernennen, und dem bisherigen Ehrenmitgliede und Assessor der Akademie, Herrn Klem, das hierdurch vakant gewordene beständige Sekretariat der Akademie hinwiederum anzuvertrauen geruhet.

Am 30sten Sept. beehrte der Herr Koadjutor von Mainz die jetzige akademische Kunstausstellung mit seiner Gegenwart, und als geschmackvoller Kenner und Beschützer der Künste, trat er als Ehrenmitglied der Akademie bey, und empfieng an demselben Tage das darüber ausgefertigte Patent aus den Händen des Herrn Curators.

Zugleich wurden wegen ihrer bekannten und mannichfachen gelehrten Kenntnisse zu Ehrenmitgliedern aufgenommen: Herr geh. Oberfinanzrath Gerhard allhier, der Herr Legationsrath Bertuch zu Weimar, der Herr Justizrath Hirschfeld zu Kiel, und Herr Hofrath Pfeffel zu Colmar.

8.

Ich wünschte im 4ten Stück dieses Museums S. 5 eine Erklärung über eine dort stehende, mir dunkle Stelle. Der Hr. Verfasser war so gefällig, sie mir mitzutheilen. Ehe ich sie aber erhielt, und jene Stelle im Druck noch einmahl las, fand ich die Erklärung selbst. Dem Hrn. Verfasser sind nämlich üblich und gewöhnlich Synonyme. Hätte er geschrieben: „Die Griechen fühlten, daß die hohe Be-
„stim-

„ ſtimmung ihrer Kunſt ſie auf die völlige Entbehrung
„ des Gewöhnlichen führe"; ſo würde mir —
der ich mit andern unter dem Ueblichen das Ko-
ſtume verſtehe. — der Sinn ſeiner Worte ſogleich
eingeleuchtet haben. Indeſſen will ich doch unſern
Leſern die Gedanken, die der ſcharfſinnige Hr. Verf.
bey dieſer Gelegenheit äuſſerte, nicht vorenthalten.
„ Bey den Griechen, ſchreibt er, war die Schönheit
„ der höchſte Endzweck der Kunſt, indem ſie das
„ größte Wunderwerk der Natur iſt, das wir ſehen
„ und empfinden, aber ſchwer begreifen. Die Künſte
„ geben den deutlichſten Begriff von ihr, und ohne
„ jene wäre dieſe für uns meiſtens verlohren. Ohne die
„ Ueberbleibſel der Alten würden wir gar nicht entſchei-
„ den können, worinn ihr, nachher von allen geſitteten
„ Nationen anerkannter Werth beſtehe. Die Schön-
„ heit iſt verſchieden von der Gefälligkeit, ſagt Winkel-
„ mann, und das mit groſſem Recht! — Was von ſo
„ vielen für Schönheit angenommen wird, kann ihr ge-
„ wiſſermaſſen entbehrlich ſein, z. B. Farbe, Geberde
„ und Ausdruck. — Die Schönheit iſt eine Abſonde-
„ rung von dem, woran wir ſo oft gefeſſelt ſind.
„ Wir ſehen ſie nur Theilweiſe in der Natur. Nach-
„ dem die Schönheit durch Theile in die Augen ge-
„ drungen iſt, wird die Seele erwärmt, und wagt
„ es, auf den Flügeln des Verſtandes ſich ein Gan-
„ zes zu ſchaffen, und es durch die Weisheit der
„ Kunſt nachher dem helleſten und ſchärfſten Blick
„ des Geſchmacks aufzuſtellen. Das Uebliche" (oder
vielmehr Gewöhnliche oder Alltägliche) „ in der
„ Na-

„ Natur und dessen Nachahmung in den Künsten er-
„ zeugt kein Ideal. Ideal ist nichts anders als zu-
„ sammensetzung der allerschönsten Theile der Körper-
„ lichkeit. Schönheit ist nur durch weise Wahl und
„ durch Vermeidung des Ueblichen in der Natur aus-
„ zudrücken u. s. w."

9.

Herr Johann Jakob Herman Wild, Wein-
wirth zum römischen Kaiser unter den Hütern in
Nürnberg, hat zum Besten einheimischer und fremder
Kunstliebhaber ein Kunstkabinet angelegt, das an
jedem Tage und zu jeder Stunde für einen Konventionsgulden gesehen werden kann. Es enthält
Gemählde von italienischen, niederländischen und
teutschen Meistern; Originalhandzeichnungen berühmter Künstler; ferner, viele von Holz, Elfenbein,
Stein und Wachsgeschnittene und boussirte Figuren,
Basreliefs und Gruppen; auch antike Urnen, Figuren von Bronze, und andere alte Seltenheiten, z. B.
eine ägyptische Mumie; und endlich noch eine starke
Sammlung aus den drey Reichen der Natur, nämlich Mineralien, Petrefakten, Konchylien u. s. w.

10.

Anspach, am 19ten Okt. 1788. Unser Herr
Hofmaler Naumann hat ohnlängst für die deutsche
Kunstgeschichte eine der wichtigsten Entdeckungen gemacht. Sie wissen nämlich, wie äusserst selten in
unsern Zeiten die Wohlgemuthischen Stücke sind.
Historische Schriftsteller der Kunst wollen sogar zweifeln, ob noch ein Gemälde von Wohlgemuth mehr

vorhanden sey? Allein, Herr Naumann hat in einer unsrer vaterländischen Kirchen an einem Altar eine Sammlung von Gemälden aus der Lebens- und Leidensgeschichte Jesu entdeckt, welche Wohlgemuth wirklich gearbeitet hat, und welche, wie H. N. selbst sagt, der größte Meister sich freuen dürfte. Daß sie ächt sind, kann man allenmäßig beweisen, und daß sie vortreflich genannt werden können, wird Herr Naumann, der mit Entzücken von seinem Funde spricht, in diesem Museum bey erster Gelegenheit umständlich zeigen. Er hat einen grossen Theil dieses unschätzbaren Werkes kopirt und mit Erstaunen beschaute ich seine davon genommene Zeichnungen, die er bey sich aufgehängt hat. Unter andern rührte mich aufs äusserste ein Johannes, in der würdigsten Stellung, die je ein Griechischer Künstler einem erhabenen Charakter gab, mit emporgehobenen Augen auf ein vor ihm ruhendes Lamm mit der rechten Hand zeigend in dem Augenblicke, als er voll heiliger Ueberzeugung spricht: Siehe! das ist Gottes Lamm, das der Welt Sünde trägt! Niemand wird diesen Johannes sehen können, ohne von heiligen Gefühlen durchdrungen zu werden. Aber nicht von Wohlgemuth allein, auch von dessen Schüler, Säufelein aus Nördlingen, hat er in einer andern vaterländischen Kirche neue Entdeckungen gemacht; nicht minder von Wohlgemuths anderm Schüler, dem mehr als sein grosser Lehrer, bekannt gewordenen Albert Dürer, so daß man jetzt beinahe etwas Ganzes und Zusammenhängendes aus dieser Schule

auf

aufweisen kann. Ohne Zweifel wird die Künstler-
welt sehr begierig auf nähere Nachrichten von diesem
merkwürdigen Funde seyn. Aber noch mehr wird sie
sich vielleicht freuen, wenn sie ihre Erwartung, die
sie sich zum voraus davon gemacht hatte, in der Folge
durch eine nähere Darstellung in diesem Journal oder
noch durch eine andere Art von Bekanntmachung der
schönen Sammlung übertroffen sehen wird.

11.

Rom, am 1sten Oct. 1788. Herr Wilhelm
Tischbein aus Cassel, Pensionär des regierenden
Herzogs von Sachsen-Gotha, ist von der Königin
von Neapel für das Portrait des Kronprinzen mit
einer goldenen Dose und zwey hundert Unzen be-
schenkt worden.

Die Gemählde in der eingebrannten Wachsmahlerey, welche die russische Kaiserin unter der Aufsicht
des Hrn. Hofr. Reiffenstein zur Verzierung eines
Spiegelzimmers hier machen ließ, sind 8 Tage in
dem Pallast des Russischen Konsuls Hrn. Santini
zur öffentlichen Schau ausgestellet worden. Hr.
Nesselthaler, ein Bayer, der sich bisher am meisten in dieser Malerey hervorgethan, hat die größern
historischen Stücke mit einigen kleinern grau in grau
gemahlt. Die kleinern sind von Hrn. dell' Era,
einem Mayländer, und Hrn. Gianni, einem Bo-
logneser. Zwey Landschaften sind von Campovecchio einem Römer, und die Arabesken mit andern
Verzierungen von Angeloni, der gleichfalls aus
Rom gebürtig ist. Die Ausstellung der französischen

Akademie in Rom, hat sich dies Jahr besonders durch ein Gemälde von Gauffier, die Kleopatra vor Augustus vorstellend, und durch eine Skizze von demselben, die Ankunft des ersten Schiffers auf der Insel nach Geßner darstellend, ausgezeichnet. Sauſé hat ein vortreffliches Portrait von einem seiner Freunde gemacht. Die akademischen Figuren waren ziemlich mittelmäßig. Die Bildhauereyen waren durchaus in einem elenden Stil, auſſer einem Paar Portraits, das eine vom vorigen, das andere vom jetzigen Direktor der nämlichen Akademie, welche Chaudet mit sehr viel Wahrheit modellirt hat. — Architektonische Plane waren gar keine da. Dies ist das erste Jahr, daß die drey Pensionaires der Architektur während ihres 3jährigen Aufenthaltes zu nichts anderm verbunden sind, als daß ein jeder während dieser Zeit der Akademie in Paris die Restauration eines alten Monuments nach eigener Wahl in allem Detail ausgeführt liefern. Was aber diese Ausstellung besonders interessant machte, waren die wenigen hinterlassenen Arbeiten von Drouais, der verflossenen Winter auf der Akademie an Blattern im 25sten Jahr seines Alters starb. Dieser Jüngling ist seit Raphael das einzige Beyspiel, der in so früher Jugend sich durch Meisterwerke auszeichnete. Die Stücke, die hier noch zu sehen waren, bestehen in einer Figur von dem verlassenen Philoktetes, einer Kopie nach Domenichini, und einer Zeichnung, das Scheiden des Cajus Gracchus von seinem Weibe vorstellend, welche er in Lebensgröße ausführen wollte. Die Künste haben den

be

bedauerungswürdigster Verlust durch seinen Tod erlitten. — Das kleine Denkmal, welches ihm seine Freunde und Mitpensionaire weihen, wird in kurzem in der Kirche S. M. in Vialata auf dem Ort seines Begräbnisses errichtet werden. Es besteht in einem Basrelief, wo die drey vereinigten Künste den Medaillon des Todten krönen, mit einer kurzen Inschrift. Die Arbeit ist von Michallon in einem sehr guten Stil.

Hr. Morelle, ein französischer Kupferstecher in Rom, der sich schon durch verschiedene Stiche nach Philipp Hackert bekannt gemacht hat, ist nun mit einer Platte nach dem berühmten schottischen Landschaftsmahler Moore fertig geworden. Sie stellt ein Bad der Diana beym Mondschein vor, wozu jetzt der Compagnon, die Jagd der Diana an einem frühen Morgen, gestochen wird. Der Mahler dirigirt die Arbeit des Kupferstechers selbst, und nach Woollet dürfte, besonders was den Effect betrifft, nicht leicht etwas besseres in dieser Art gesehen werden. Man kann darauf pränumeriren, um die bessern Abdrücke zu bekommen; die Ausgabe geschieht erst, wenn das Gegenstück fertig ist.

12.

München, am 2ten Dec. 1798. Die kurfürstl. Bildergallerie feyerte neulich das hohe Namensfest ihres Durchlauchtigsten Stifters auf eine Art, welche das Publikum von dem grossen Nutzen ihres Daseyns überzeugt, und den Freunden der Kunst das angenehm-

Vermischte Nachrichten.

mehrste Vergnügen macht; es wurden nämlich die Arbeiten schon über 14 Tage öffentlich ausgestellt, und auf Verlangen einiger hohen Gönner noch einige Tage vorgezeigt, welche das Jahr hindurch unter der Anleitung des Herrn Hoflammerrath Dorners in derselben verfertigt worden. Gleich wenn man die Treppe hinauf kömmt, machen Zeichnungen der jungen Leute, meistens von 12 bis 17 Jahren, ein auffallendes Ansehen; unter denen die Venus nach Daniel Seider von Banro von Mirkl; des Kaspar, und Simon Kloß, und Albert Jungermayrs Historienstücke, von Quaglio's Architekturen, vorzüglich aber Gilhards schraffirte Zeichnungen, insbesondere ein Kupferstich von diesem, ausserordentlich gelobt werden: Doch sind auch die übrigen theils Historien, theils Landschaften, Figuren, Köpfe u. d. g. von Karl Sturm, Karl Orgl, Ignaz und Aloys Kürzinger, schön gearbeitet. Was man an Handzeichnen, theils Erfindungen, theils Kopien nach den größten Meistern sieht, übertrifft alle Erwartung. Man sieht manchmal vor einem Bilde da, und zweifelt, ob man das Urbild eines Rubens, Hupsams, Tenniers, Meris, Wouvermanns, oder die Kopie eines Mitterers, Schrayers, Haubers, Manenhofers rc. vor sich hängen habe; so meisterhaft wußten diese die größte Originalien nachzuahmen. Eine hübsche Kopie nach Morillo macht der Hand des Fräulein von Drown Ehre, und drey Pastellmahlereyen nebst einem Stiche in englischer Manier, nach Correggio, der den Kupido vorstellt, zeugen von der Geschicklichkeit des Fräuleins Amalia von

Bader, die sie in dieser Arbeit besitzt. Auch sind von Zeller, Neer, Hüttmayr, Parier, Kunon, Aloys, und Ignaz Kürzinger, Martin Obersteg, wohlgerathene Kopien nach Berghem, Hurismann, Vandyk u. a. zu sehen. Unter den Erfindungen nehmen sich die Musikanten des Hofmahlers Höchele im niederländischen Geschmacke, die Semiramis der Mademoiselle Kürzinger, und Haubers Vesperbild vorzüglich aus. Franz von Paula Gail hat die 2 Köpfe des Mieris in seiner Gattin sehr fein und schön in Mignatur gemahlt; auch sind 2 Mignaturgemählde von Pupelle nach Rubens sehr artig. Wer dies alles so siehet, Kenner und Nichtkenner, bewundert das Genie, und den Fleiß der jungen Leute, und wünscht ihnen Belohnung und Unterstützung. Wie nützlich würde hier manche Stiftung, deren wir in unserm Vaterlande so viele haben, angelegt seyn? Wirklich ausgehängte Zeichnungen zählt man 65, Gemählde aber 79, eine Menge, die allen Kunstverständigen auffallend ist. — Ein von Herrn Hofkammerrath Dorner gemahltes Altarblatt wurde um so mehr bewundert, als man bisher geglaubt hatte, daß Arbeiten von der Art seine Sache nicht seyen. Die zwey Apostel Peter und Paul in Lebensgröße werden von den Henkersknechten aus dem Gerichtshofe herausgeführt, und beginnen die Treppe dieß- und jenseits hinabzusteigen; Peter umarmet seinen Freund noch einmahl mit der zärtlichsten Empfindung, der sich mit unerschrockener, grossen, erhabenen Mine zu ihn wendet, die Linke gegen den Himmel ausstreckt, und mit dem Finger auf denselben hin-

hinzeiget, als an dem Ort, an dem sie sich bald einander sehen würden; ein herrliches Bild! In welchem nicht nur Komposition, Haltung, Kolorit und was die Mahler Schönheit nennen, sondern auch Geist, Ausdruck und Wahrheit ist! Ein Pfarrer auf dem Lande zu Waldkirchen der Herrschaft Hollnstein in der obern Pfalz hat es in seinem Pfarrgotteshause mahlen lassen: der wackere Mann muß wohl wissen, daß ein gutes schönes Bild nicht nur zur Verschönerung eines Tempels Gottes, sondern auch zur Erbauung und Erweckung der Andacht beytrage.

13.

Aus dem Brief eines Reisenden. Dresden, am 29sten November 1788. Sie waren, glaub' ich, nie in Dresden? Schade! Da ist Nahrung für Kunst und Geist, und zugleich ein angenehmer Umgang. Ich bin nun drey Wochen hier, und habe schon vielfache Weide für meine Kunstliebhaberey gefunden. Aber ich bekenne, daß es mir jetzt schwerer als jemahls scheint, zu einem gewissen Grad von Kenntniß zu gelangen. Das Reich dieser Wissenschaft ist gar zu groß, und die Verschiedenheit in ihren Theilen unendlich. Von den jetzt hier lebenden Künstlern ist keiner, der den grossen Nachruhm, wie Künstler der älteren Zeiten erlangen wird. Gute und geschickte Leute sind wohl da, aber doch kein sich auszeichnendes Genie. Graff ist der einzige, der an Nachruhm Anspruch hat und ihn auch haben wird. Vielleicht möchte Ihnen dies Urtheil verwegen scheinen; aber, ich bin überzeugt, daß Sie eben so denken würden, wenn

Sie

Sie hier wären. Man versäumt zu sehr das Studium der Natur, und die jungen Leute wollen sich nur durch Kopiren nach grossen Meistern bilden, die sie nicht genug verstehen. Ohne Leitung halten sie oft Nachlässigkeiten eines grossen Mannes für Schönheiten, und sehen die eigentlichen Schönheiten nicht aus dem gehörigen Gesichtspunkt. So sah ich einen jungen Menschen das grosse Meisterstück des Correggio, la Notte di Correggio, kopiren. Aber er schien mir in seiner Kunst zu schwach für ein solches Stück; er konnte unmöglich den ganzen Umfang von dessen Schönheit selbst empfinden. — Die Natur ist und bleibt immer das erste Studium eines Künstlers, und ich dächte das Kopiren nach grossen Meistern sollte nur als Leitfaden dienen, um die verschiedenen Gegenstände aufs wahreste und angenehmste hervorzubringen; sie sollten nur den Geschmack bilden u. s. w.

10.
Todesfälle.

1.
Am 1sten August 1788 starb in Lübeck der allgemein beliebte und geschickte Portraitmahler, Herr Theodor Friedrich Stein, an einer Brustkrankheit.

2.
Am 2ten August starb in London der berühmte Mahler, Herr Thomas Gainsborough, im 61ten Jahr

Jahr seines Alters. Die Natur hatte diesen Mann zum Mahler, besonders für Landschaftsgemählde, gebildet. Sein Charakter war verehrungswürdig, und in der Musik war er auf einigen Instrumenten, beynahe eben so sehr Meister als in der Mahlerey.

3.

Um 13ten August starb in Berlin an einer gänzlichen Entkräftung Herr Johann Georg Unger, im 73sten Jahr seines Alters. Er war ein grosser Meister in der Holzschneidekunst, die er ohne alle Anleitung für sich selbst erlernt, und sie zu einer Vollkommenheit gebracht hatte; wie sie seit dem Anfange des 17ten Jahrhunderts nicht mehr gewesen war. Sein erfinderischer Geist zeigte sich bey allen seinen Arbeiten. So erfand er z. B. zu seinem Gebrauch eine Presse, worauf geschwinder, als auf den gewöhnlichen Buchdruckerpressen, gedruckt werden konnte. Seine letzte Erfindung war eine Rammmaschiene, womit man weit mehr ausrichten kann als mit der gewöhnlichen. Noch schätzbarer war dieser würdige Mann durch seinen edlen Charakter, dessen Hauptzüge wahre innige Gottesfurcht, Rechtschaffenheit, Wohlthätigkeit und unbegränzte Bescheidenheit waren.

4.

Im Oktober 1788 starb zu London Herr Georg Robertson, ein vorzüglicher Landschaftsmahler und Mitglied der königl. Akademie der schönen Künste daselbst.

5. In

5.

In der Nacht vom 1ten zum 2ten Sept. starb in Darmstadt der Hofkupferstecher Herr Göpffert, in einem Alter von etwa 28 Jahren. Er war zu Schlatstadt in Ober-Elsaß gebohren, und ein Schüler, des in seiner Kunst grossen, aber höchstunglücklichen Ryland zu London. Unter seine letzten Blätter gehört das Bildniß des Herrn geheimen Tribunal-Raths Höpfner in Darmstadt; und sein allerletztes ist ein Johannes mit dem Jesuskind nach Rubens, eben so meisterhaft gezeichnet, als gestochen und colorirt.

II.

Register

über die 6 ersten Stücke des Museums für Künstler und Kunstliebhaber.

A.

Ambrosi in Prag IV. 109.
Angeloni VI. 94.
Anspach; herrschaftliche Bibliothek und Münzkabinet daselbst, enthalten auch Kunstsachen I. 55. Kunstnachrichten von daher V. 13.
Arzazia I. 65.
Augsburg, artistische Bemerkungen I. 20 von der dortigen Kunstakademie IV. 102.

B.

Bader (Frdulein Amalie von) in München VI. 97.
Baletti in Stuttgard II. 81.
Barcelona, Errichtung einer Kunstakademie daselbst III. 77.

Bau-

Register über die 6 ersten Stücke des Museums 103

Baumer, 2 Brüder u. Waldhornisten v. Anspach V. 17.
Pause, neuer Kupferstich von ihm III. 41.
Bayreuth, Kunstnachrichten daher III. 52.
Beck, ehedem Mahler zu Erfurt V. 20.
Benno von Rießl VI. 97.
Berger Daniel I. 97. VI. 87.
Berlin, von der dortigen Kunstakademie IV. 97.
Bertuch zu Weimar VI. 90.
Brand Karl I. 100.
Brenet VI. 85.
Broschard in München I. 36.
Bruckberg, Porzellanfabrick daselbst I. 62.

C.

Campovecchio VI. 94.
Cannabich III. 26
Carlsruhe, Kunstnachrichten daher V. 64.
Carnoli III. 27.
Casanova IV. 98.
Chaudet VI. 95.
Chodowiecki I. 93. VI. 44. VI. 90.
Clemens Kupferstecher II. 47.
Coply IV. 26.
Correggio, ein Originalgemählde von ihm in Hildesheim III. 77.
Crotch III. 29.
Crux in München I. 38. III. 28.
Cunego, Nachricht von ihm III. 32.
Cunningham, Nachricht von ihm III. 34.

D.

Von Dalberg Coadjutor zu Mayntz wird Ehrenmitglied der Akademie in Berlin VI. 90.
Dänzel in Augsburg III. 70.
David VI. 85.
Dauthe, Baudirektor in Leipzig V. 92.
Deahna in Bayreuth III. 57.
Deberndorf, fürstl. Anspach. Lustschloß; Kunstsachen daselbst I. 59.
Diem v. Ederheim bey Nördlingen IV. 97.
Dobrowsky III. 68.
Dorner Jak. Nachricht von ihm I. 74.
Dorner Hofkammerrath in München VI. 97. 98.
Douw Gerard, Urtheil über ihn VI. 51.

G 4   Dres-

Dresden Kunst Nachrichten daher VI. 99.
Drouin Fräulein von in München VI. 97.
Dünkelsbühl, artistische Bemerkungen I. 20.
Dürer Albr. Beschreibung eines seiner merkwürdigsten Gemählde VI. 24.
Drouais Nachrichten von ihm und seinen Werken, VI. 85.
— — sein Denkmal 97.

E.

Edle, das, in der bildenden Kunst; Gedanken darüber I. 1.
Engel in Berlin I. 5.
England, vom ietzigen Zustand der Mahlerey daselbst IV. 9.
Erklärung über Ueblich und Gewöhnlich in der Kunst VI. 90.
Erfurt, Kunstnachrichten daher V. 20.
Era (deß) VI. 94.
Esenbeck III. 68.

F.

Stessinger III. 49.
Fluisch III. 67.
Fischer, Bildhauer in Wien, Nachricht von ihm III. 47.
Framery Hr. Nachrichten von Sacchinis Leben und Werken VI. 65.
Franz, Bassonist IV. 100.
Frauenholz Kunsthändler in Nürnberg VI. 87.
Frauenzimmer zu Paris, das keine Bilder in Bücher sehen kann I. 89.

G.

Gabler zu Eger III. 28.
Gail, Franz von Paula VI. 98.
Gainsborough IV. 24. VI. 100.
Garve I. 5.
Gauß in Stuttgard II. 81.
Gebhard VI. 97.
Gerhard in Berlin VI. 90.
Giasmi VI. 94.
Gluck III. 78.
Göpffert in Darmstadt VI. 101.
v. Götz in München I. 40.
Götzinger in Anspach I. 51.
Graf in Augsburg I. 24.

Graf

Graf in Dresden VI. 99.
Greiner Joh. Martial, sein Leben v. Junker III. 15.
Grillo I. 43.

H.

Hackert VI. 81.
Hänlein, Demoiselle, in Anspach V. 15.
Haller in Stuttgard II. 83.
Hartlaub in Regensburg I. 90.
Hauber VI. 97. 98.
Heidelof (nicht Heydlof) in Stuttgard II. 71.
Herkules, der Farnesische II. 87.
Heß in München I. 40.
Hessel in Nürnberg II. 87.
Hetsch in Stuttgard II. 70.
Hirschfeld in Kiel VI. 90.
Hirsching IV. 96.
Höchele in München VI. 98.
Höck in München I. 42.
Huttmayer VI. 98.

J.

Jlger der jüngere in Anspach III. 28. V. 14.
Jungermayrs Albert VI. 97.
Junker F. C. I. 20. II. 64. III. 15. 27. 30. 39.
  V. 12.

K.

Römeler zu Bruckberg I. 63.
Klauber Nachrichten von seinen neusten Werken VI. 87.
Kleinknecht der jüngere in Anspach V. 13.
Klein's Leben u. Bildniß der großen Teutschen VI. 44.
Klinger J. G. in Nürnberg II. 85. III. 77.
Kloz Kaspar und Simon VI. 97.
König in Bayreuth III. 60.
Kopenhagen, Kunstnachrichten von daher II. 47.
Kraus in Weimar V. 22. 23.
Krauseneck in Bayreuth III. 57.
Krüger J. K. Nachricht von ihm III. 35.
Krull I. 100.
Kürzinger, Maria Anna, Nachrichten von ihr
  V. 70. VI. 98.
— — Ignaz u. Aloys VI. 97. 98.
Kunon VI. 98.
Kunst. Ueber das Edle in derselben I. 1. Junker vom Lohn der Kunst III. 3. Vergl. VI. 18. über

den Unterschied des Geistes u. Gebrauchs der alten u. der neuen Kunst IV. 3. über ihren Verfall VI. 3.
Kunst- u. Kupferstichwerke in der Waltherischen Buchhandlung zu Dresden VI. 38.
Kupferstiche, neue I. 65. II. 47. 57. III. 37. 41.

L.

Lang, Sängerin I. 42.
Lang, Karl II. 1. III. 47. V. 24.
Langenhöfel, Nachricht von ihm I. 14.
Lavater II. 67. 85.
Liebhard zu Frankfurt am Mayn IV. 106.
London, Gemähldeausstellung von 1788. IV. 99. 102.
Ludwigsburg, artistische Bemerkungen II. 73.

M.

Mablerey, eine neue Art II. 67. Von dem jetzigen Zustand der M. in England IV. 9.
Manlich I. 18.
Meinecke in Magdeburg I. 98.
Mayenhofer VI. 97.
Mettenleiter I. 26.
Meusel, Nachricht von der Fortsetzung seines Künstlerlexikons I. 100. II. 88.
Michallon VI. 96.
Mitterer VI. 97.
Möglich A. E. in Nürnberg II. 94. V. 61.
Morelle Kupferstecher VI. 96.
Mozart III. 29.
Müller in Stuttgard I. 46. II. 71.
München, artistische Bemerkungen I. 20. III. 31.

N.

Naumann Hofmahler in Anspach, entdeckt Gemälde von Wohlgemuth VI. 93.
Neer VI. 98.
Nesseltbaler VI. 94.
Nördlingen, artistische Bemerkungen. I. 22.
Nopitsch I. 22.
Nürnberg, von dem jetzigen Zustand der schönen Künste daselbst, besonders vom dortigen Künstlerinstitut V. 51. *)

Nüßle

*) Wieder Vermuthen hat doch Hr. Dir. Nüßle gegen diesen beschendenen (nicht beschriebenen, wie durch einen Druckfeh-

über die 6 ersten Stücke des Museums. 107

Nüßle III. 30.

O.

Obelisk, David Hartley in London zu Ehren II. 86.
Obersteg Martin VI. 98.
Oeser V. 22.
Oexlein Medailleur in Nürnberg, Nachricht von ihm VI. 35.
O'Kelly's Papagey V. 3.
Oper, von einer zu Triesdorf unter freyem Himmel aufgeführten III. 62.
Orgl Karl VI. 97.

P.

Papagey OKelly's V. 3.
Parier VI. 98.
Parma, Preisaustheilungen der dortigen Akademie III. 72.
Pascal in Berlin, von seinem Kunstetablissement I. 43. III. 37.
Paulsen in Kopenhagen II. 49.
Pfeffel in Colmar VI. 90.
Pfeiffer in Bayreuth III. 59.
Pigalle, Nachricht von ihm II. 63.
Pinebas in Anspach I. 48.
Ploos von Amstel II. 55.
Poggi I. 91.
Poll in Stuttgarg II. 78.
Pommersfelden Lange Briefe über einige Gemählde der dortigen Gallerie II. 1. u. f. f.

Preis-
fehler in dem Ruf V. (s. steht) Auffaß eine Invective oder sogenannte Ehrenrettung drucken lassen, worinn er zwar nicht alles, aber doch das Meiste gerade weg läugnet, nicht anders, als wenn der rechtschaffene u. patriotisch gesinnte Hr Möglich ein Lügner wäre; da er doch 24 unterschriebene Zeugen, u. außer ihnen die meisten unpartheischen Nürnberger für sich hat. Letztere sind es auch, die mir das schon einige Jahre her bestätigten, was ich durch Hrn Möglichs Vorstellung umständlicher erfuhr. Es ist daher ein armseliger Ausfall, wenn er von mir sagt, ich hätte es von hörensagen. Doch, die ganze Sache geht mich weiter nichts an, indem ich als ein unpartheyischer Mann Wahrheit u. Kunst zu befördern suche, u. eine Vertheidigung von Hrn. J. eben so gern in das Museum aufgenommen hätte NB. wenn sie desselben abgefaßt gewesen wäre. Hr. M. wird hoffentlich seine gute Sache zu vertheidigen wiß. u. Likeusel.

Preisler in Koppenhagen VI. 97.
Puhlmann I. 95.

Q.

Quadal, Mahler in Wien III. 66.
Quaglio VI. 97.

R.

Rabe in Anspach I. 53.
Ramm in München I. 38.
Raphael, ein Originalgemählde von ihm in Hildesheim III. 76.
Read II 88.
Recensionen v. Kunstbüchern VI. 44.
Redelmayer in Prag IV. 107.
Reiffenstein (Hr. Hofrath) in Rom arbeitet ein Werk über Wachsmahlerey der Alten VI. 83.
Rennau iu Stuttgard II. 83.
Reynolds IV. 17. VI. 4.
Richardsons Traité de la peinture et de la sculpture, Auszüge daraus IV. 78.
Robertson in London VI. 101.
Rom Kunstnachrichten von da VI. 94.
Rode in Berlin, Verzeichniß seiner radirten Blätter nach eigenen hist. Gemählden V. 78.
Romberg III. 30.
Romry IV. 24.

S.

Sacchini Nachrichten von dessen Leben und Werken von Hr. Framery VI. 65 — 82.
Saint-Non, Abbé, Verzeichniß seiner Kupferstiche VI. 56.
Salieri II. 76.
Säuselein aus Nördlingen VI. 93.
Savorelli VI. 84.
Schatzmann zu Burgfriedberg I. 88. IV. 32.
Scheffauer (nicht Schefauer) in Stuttgard II. 73.
Schega III. 78.
Scheffel III. 87.
Schmid J. E. in Nürnberg; Nachricht von seinen Miniaturfarben II. 52.
Schmitzbauer III. 30. V. 64.
Schön in Anspach I. 51.
Schönhammer in Bruckberg I. 63.
Schröder, Karl, in Braunschweig IV. 97.

Schu-

Schubart in Stuttgard II. 80. seine Tochter 80.
Schule, Christian II. 47.
Schwarz der jüngere in Anspach V. 16.
Schweickhard in Nürnberg II. 92.
Schweitz. Neue Prospekte II. 57.
Schweizer in Gotha III. 78.
v. Seckendorff, Geheimer Minister in Bayreuth III. 55.
Semler, das musikal. Wunderkind III. 28.
v. Spergs in Wien IV. 97.
Sprenger, Kupferstecher in Würzburg V. 94. VI. 56.
Städler in Bayreuth III. 56.
Städtler in Neustadt an der Aisch VI. 91.
Stahl in Nürnberg I. 92.
Stain, Demoiselle, in Augsburg III. 29.
Stein in Lübeck VI. 100.
Stengelein in Bruckberg I. 63.
Strange Ritter I. 87.
Streull (nicht Strubi) in Ebersdorf I. 97. VI. 88.
Sturm Karl VI. 97.
Stuttgard. Artistische Bemerkungen II. 69.

T.

Tassaert, Felicitas I. 91.
Tassaert, J. P. A. III. 78.
Tausch in München I. 38.
Tefrazer VI. 97.
Tenier, Urtheil über ihn VI. 52. 97.
Thomas von Mutina III. 68.
Tischbein (Wilhelm) aus Cassel VI. 94.
Todesfälle. Krull u. Brand I. 100. Pigale II. 87.
  Read u. Wunder 88. Schweickhart 92. Gluck,
  Schweizer, Schega, Tassaert III. 78. Liebhard
  IV. 106. Nedelmayer 107. Toeschi 108. Umbroß 109.
  V. 106. VI. 100.
Toeschi IV. 108.
Tonkünstler, junge, unsrer Zeit III. 97.
Triesdorf, Nachricht davon II. 41.
Trumbull I. 91.

U.

Unger in Berlin VI. 101.

V.

Veit in Augsburg I. 87.
Verhelst I. 18.

Vogelkabinet, das Güettlerische in Nördlingen V. 25.
Voßleria zu Ludwigsburg III. 29.
Voyage pitoresque de Naples et de Sicile, Auszüge aus diesem Werk IV. 36. V. 27.

W.

Weimar, Kunstnachrichten daher V. 20.
Welsch in Braunschweig III. 75.
Werberlin I. 22.
Wels in Bayreuth III. 56.
Wien, von der dortigen Kunstakademie I. 93. II. 84. 85. III. 74. Betrachtungen über die dortige k. k. Bildergallerie VI. 49.
Wild (Joh. Herm. Wild) in Nürnberg. Nachrichten von seinem Kabinet VI. 92.
Winter in München I. 36.
Wolf in Koppenhagen II. 50.
Wunder in Bayreuth II. 88.

Z.

Zebelein in Bayreuth III. 57.
Zell in Augsburg I. 26.
Zumsteeg in Stuttgard II. 76.

Druckfehler im 3ten Stück.

Seite 50 Zeile 11 lies Anatomie statt Akademie.

Im 4ten Stück.

Seite 61 Zeile 3 von unten lies Horazens.
— 63 — 15 lies Angulus.
— 76 — 14 — Bleystift.
— 78 — 20 — Uebersetzer-Fabriken.
— 79 — 14 — Romuald u. Kommunion.
Ebend. — 15 — Hyeronimus.
— 80 — 25 — Seraph statt Seraphin.

Im 5ten Stück.

Seite 23 Zeile 4 v. u. lies Tieffurt statt Düffurt.
— 56 — 9 — — Das statt Daß.
— 62 — 14 lies bescheidene statt beschriebene.

Im 6ten Stück.

Seite 4 Zeile 4 lies meisten statt meiste.
Ebend. — 6 — Winckelmann statt Winkelmann.
Ebend. — 9 — Generals.
— 15 — 5 v. u. lies lebte, giengen die meisten jungen ꝛc.

Die übrigen ein andermahl.

Inhaltsanzeige.

1. Ueber den Verfall der Kunst S. 3
2. Gedanken über die Abhandlung vom Lohn der Kunst, im 3ten St. des Museums 18
3. Beschreibung eines der merkwürdigsten Gemälde von Albr. Dürer, vom J. 1518. u. s. w. 24
4. Etwas von dem verstorbenen Medailleur Oexlein in Nürnberg 35
5. Verzeichniß der Kunst- und Kupferstichwerke, die in der Waltherischen Hofbuchhandlung zu haben sind 38
6. Recensionen 1) Kleins Leben und Bildnisse der grossen Teutschen 44
   2) Betrachtungen über die k. k. Bildergallerie zu Wien 49
7. Verzeichniß der Kupferstiche des Hrn. Abbé Saint-Non 56
8. Nachrichten von dem Leben und den Werken des berühmten Tonkünstlers Sacchini 65
9. Vermischte Nachrichten 83
10. Todesfälle 100
11. Register der 6 ersten Stücke des Museums 101

www.ingramcontent.com/pod-product-compliance
Lightning Source LLC
Chambersburg PA
CBHW021228300426
44111CB00007B/460